제4의 혁명

우리는 누구를 위한 국가에 살고 있는가

제4의 혁명

존 미클스웨이트 · 에이드리언 울드리지 지음 | 이진원 옮김

The
Fourth
Revolution

21세기북스

톰, 가이, 그리고 에드워드
엘라와 도라를 위하여

차례

상하이 교외, 스모그로 뒤덮인 내부순환도로 인접 지역에 자리
한 중국푸동간부학원中國浦東幹部學院, CELAP: China Executive Leadership
Academy in Pudong은 군사적 목적을 지닌 기관처럼 보인다. 이 거대한
학원 건물 주변에는 민간인들의 접근을 막기 위해 날카로운 칼날
이 박힌 철책이 쳐져 있고, 경비원들이 정문을 지키고 있다. 하지만
미래유산로Future Expectations Street라는 특이한 이름이 붙은 거리에서
학원 캠퍼스로 차를 몰아가보면 마치 영화〈007 살인번호Dr. No〉에
서 007과 대결했던 중국계 노 박사*가 다시 설계한 하버드 대학교
캠퍼스에 들어가는 것 같은 느낌을 받는다.

---

* 노 박사Dr. No는 자메이카에 비밀기지를 차려놓고 미국의 인공위성과 미사일 시스템을 파괴하려
다가 007에 의해 계략이 좌절된다 - 옮긴이

캠퍼스 입구 정중앙에는 본관만큼이나 웅장한, 진홍색 잉크통이 붙어 있는 책상 모양의 거대한 선홍색 건물이 세워져 있다. 주변에는 약 42만 제곱미터에 걸쳐 호수, 나무, 도서관, 테니스 코트, 스포츠 센터(체육관, 수영장, 탁구대가 설치되어 있다)와 펼쳐놓은 책들처럼 보이게 설계된 낮은 갈색 기숙사 건물이 줄지어 세워져 있다. CELAP는 이 모든 건물을 합쳐 '캠퍼스'라고 부르지만, 대학이라고 말하기에는 지나치게 규율과 서열이 엄격한 기업 같은 느낌을 준다. 현지인들이 말하는 '간부단 훈련소'라는 호칭이 더 어울리는 것 같다. CELAP는 세계 지배를 목적으로 세워진 조직이기 때문이다.

이곳 학생들은 중국의 미래 통치자들이다. 이 기숙 시설은 베이징에서 온 고위 방문객들에게 스위트룸을 제공하는 등 엄격한 서열을 중시하고 있음을 감추고 있다. 또한 전 세계 패권을 잡기 위한 다른 시도들이 그렇듯, 이곳에서도 복수의 분위기가 물씬 풍긴다. CELAP 직원들이 상기해주듯 중국은 1,300년 전에 공무원으로 채용할 최고의 젊은 인재들을 찾기 위해 과거제도를 만들었다. 그리고 수 세기 동안 이 시험을 통과한 '만다린mandarin'(신해혁명 이전의 중국 고급관리를 가리키는 영어 - 옮긴이)들이 세계에서 가장 발전한 정부를 이끌었지만, 19세기가 되자 영국과 프랑스인들(그리고 궁극적으로는 미국인들)이 중국의 이 정부 시스템을 훔쳐서 개량했다. 이후로 더 나은 정부는 서양이 가진 위대한 장점 중 하나가 되었다. 이제 중국인들은 그런 장점을 되찾아오기를 고대하고 있다.

2005년 CELAP 설립 당시 후진타오胡錦濤 국가주석은 "중국을 모든 면에서 현대화하고 번창한 사회로 만들고, 중국의 성격에 부합하는 사회주의 개발을 위해서는 지도자들의 자질을 대폭 개선할 수 있는 대규모 훈련 프로그램을 선보이는 것이 급선무다"라고 CELAP의 설립 취지를 밝혔다. CELAP와 징강산井岡山, CELAJ · 예안延安, CELAY에 있는 다른 두 자매 학원은 중국 공산당 고위 간부를 양성하는 중앙 공산당 학교, 이른바 당교黨校처럼 교화에 초점을 맞추기보다 실용적인 지식 전달을 목적으로 설립되었다. 따라서 이들은 기술 개발, 세계화 사고관 강화, 프레젠테이션 능력 개선을 위해 힘쓴다. 또한 당교에서 가르치는 것을 보완하는 역할도 맡는다. 하지만 중앙 당교가 베이징에 있는 반면, CELAP는 상하이에 있기 때문에 두 곳 사이에는 미묘한 경쟁 관계도 유발된다.

푸동의 한 훈련생이 CELAP에서는 "어떻게"에 관심을 갖는 반면, 공산당 학교에서는 "왜"에 초점을 맞춘다고 말할 때, 그는 둘 중 어느 질문이 중국의 미래에 더 중요한지 분명히 생각하고 있다. CELAP가 내세우는 모토가 있다면, 그것은 영국의 시인이자 비평가 알렉산더 포프Alexander Pope의 2행 연구시連句詩인 "정부 형식을 위해 바보들끼리 경쟁하게 하라 / 가장 관리가 잘되는 것이 최상이다"가 될지도 모른다.

'최고의 관리자'가 되려는 야망을 품고 매년 약 1만 명이 CELAP 과정을 밟고 있으며, 이 중 약 900명은 신입생이다. 일부는 직무상 이곳에 오기도 한다. 국영기업체의 경영을 맡게 된 관료나 성省을 통치하게 된 당 서기, 새로 부임한 대사가 단기 재교육을 받기 위해 푸동으로 파견된다(대사들은 그에 대한 감사의 표시로 도서관에 그들이 맡은 새 자리를 상징하는 책을 보낸다). 보다 일반적으로 봤을 때 CELAP 과정은 야심찬 관료라면 누구나 받고 싶은 상이 되었다. 중국의 모든 공무원은 5년마다 3개월씩, 즉 연간 133시간 정도의 훈련을 받아야 한다. CELAP 과정을 듣기 위해서는 3 대 1의 경쟁률을 통과해야 하는데, 지원자들 중 대부분이 고위 관료다.

한 교관의 말을 들어보면, CELAP에서 가장 자주 던지는 두 가지 질문은 "무엇이 가장 효과적입니까?"와 "그것을 여기서도 적용할 수 있습니까?"다. 수업은 일반적으로 세 부분으로 나눠서 진행된다. 관료들은 먼저 강의를 듣고 곧바로 현장 연구를 하게 되며, 유용한 주제에 대해 연구를 시작한 후 응용 방법을 토의한다. 토의 주제는 인프라 개발 프로젝트를 위해 주택들을 철거할 수 있는 가장 편리한 방법과 같이 비교적 간단한 것부터 가장 평등한 연금제도를 설계하는 방법 같은 중요한 일까지 다양하다. 아이디어들을 얻고자 하는 욕구는 탐욕스러울 정도다. 현지 기업들(쿤산昆山에 있는 미니 CELAP 캠퍼스를 포함해 창강삼각주長江三角洲에만 200곳이나 되는 현장 연구 센터가 있다)과 여러 국립대학, 서양의 경영 사상가들로부터 아이디어를 얻는다.

중국 경제의 현대화가 추진되었을 때 중국인들은 영감을 얻기 위해 서양으로 눈을 돌렸다. 또한 CELAP는 여전히 혁신을 연구하기 위해 실리콘밸리로 사람들을 보낸다. 정부는 다른 이야기다. CELAP가 '중국의 (하버드) 케네디 스쿨'*로 변신하고 있다는 말이 있는 가운데, 하버드 케네디 스쿨의 학장을 지낸 조지프 나이Joseph

---

*미국 하버드 대학의 전문대학원 중 한 곳인 케네디 공공정책 대학원에서는 공공정책, 행정학, 국제관계학, 경제학, 정치학 등 다양한 학문을 교육하고 연구한다 - 옮긴이

Nye 교수는 CELAP에 초빙되어 연설하기도 했다.

하지만 하버드가 중국이 현재 필요로 하는 것에 비해 지나칠 정도로 이론적이라는 사실을 보여주는 단서들도 존재한다. CELAP에서는 민주주의나 소프트파워의 미덕을 높이 사는 사례는 물론이고, 그 어떤 역사적 사례도 요구되지 않는다. CELAP는 '지금 여기서' 효율적인 정부를 창조하고, 저렴한 의료 서비스와 잘 훈련된 수업을 제공하는 데 집중한다. 그런 시각에서 봤을 때 중국에는 그리드락gridlock에 빠진 미국보다 참고가 되는 더 좋은 나라들이 있다. 가장 눈에 띄는 나라가 싱가포르다.

도시국가인 싱가포르는 규모는 작아도 세계적 수준의 교육, 효율적으로 운영되는 병원, 법과 질서, 산업 계획 등 중국인들이 정부로부터 원하는 대부분의 것을 제공해왔다. 또한 전체 인구 대비 싱가포르의 공공 부문 규모는 미국의 절반에 불과하다. 중국인들의 눈에 싱가포르는 실리콘밸리 같은 정부다. 중국인들은 자신들이 요구하는 조건이 훨씬 더 까다롭다고 자랑하지만, 엘리트 고위 공무원 훈련이라는 CELAP의 핵심 모토조차 싱가포르를 모델로 삼고 있다. 따라서 CELAP가 싱가포르에서 열리는 회의에 참석하는 고위 공무원들과 캠퍼스를 방문하는 리콴유李光耀 싱가포르 전 총리의 모습이 담긴 사진을 자랑스럽게 내세우는 게 결코 놀랄 만한 일은 아니다.

CELAP는 다소 코믹해 보일 수도 있다. 이곳 관리들은 민주주의와 언론의 자유처럼 외국에서는 효과적인 정부의 개념들이 왜 '문화적 이유'로 중국에서는 효과적이지 않은지를 설명하려고 애쓰면서 갈팡질팡한다. 한 강사는 "강남의 유자도 강북에 심으면 탱자가 된다"는 고사를 인용하기도 한다.

중국 최고의 국가 권력기관인 전국인민대표대회 위원들 중 최고 부자 50명의 재산이 중국보다 엄격히 통제되는 미국 의회 최고 부자 50명의 재산을 합친 것보다 여섯 배나 많은 950억 달러에 이르지만, 미국 정부의 부패는 강력한 비판을 받는다.[1] 상하이 현지 인터넷 사이트는 비효율성과 부정부패에 얽힌 이야기로 넘쳐난다. CELAP가 존재하는 실제 이유는 중국인들이 더 나아져야 한다는 사실을 알고 있기 때문이다.

하지만 전체적으로 봤을 때, CELAP를 방문하는 서양 정치인의 반응은 20년 전 상하이에 있는 공장을 방문한 서양 제조업자들이 보여준 반응과 비슷하다. 그것은 두려움에 버금가는 경외감이다. 중국은 몇십 년 전 자본주의 기술을 습득하기 위한 노력을 의도적으로 시작했듯이 통치 기술을 다시 습득하기 위해 애쓰고 있다. 그 당시와 현재의 중요한 차이점이라면, 중국인들은 과거 서양의 자본주의를 공부하면서 얻을 수 있었던 것보다 이제 서양 정부를 공부하면서 얻을 수 있는 게 훨씬 더 줄어들었다고 믿게 되었다는 점이다.

리바이어던과 그에 대한 불만

CELAP는 특별하지만 특이하지는 않다. 칠레의 수도 산티아고에서 스웨덴의 수도 스톡홀름에 이르기까지 전 세계적으로 이전보다 더 똑똑해진 정치인과 관료들도 아이디어를 찾기 위해 전 세계를 샅샅이 뒤지고 있다. 이유는 간단하다. 향후 10년 내에 닥칠 중대한 정치적 도전이 곧 정부를 변화시키는 일이 될 것이기 때문이다. 미국 헌법을 지지하는 85개 논문을 묶어놓은 『연방주의자 논집The Federalist Papers』에 실린 논문에서 미국의 정치가인 알렉산더 해밀턴 Alexander Hamilton은 미국 국민에게 "인류 사회가 진정 사색과 선택을 통해서 좋은 정부를 세울 수 있을지, 아니면 사고와 무력에 의존하는 정치 헌법을 따를 운명을 받아들일지 결정하라"고 촉구했다.[2] 그의 말은 오늘날에도 유효하다. '좋은 정부'를 세울 수 있는 국가는 시민들에게 양호한 생활수준을 제공해줄 가능성이 높다. 반면 '좋은 정부'를 세울 수 없는 국가는 과거 중국이 그러했듯 쇠퇴하고 온전한 기능을 못하는 상황에 놓일 것이다.

국가는 변화에 직면해 있기 때문이다. 자원 감소에 따른 필요성, 국민국가nation-state(국가의 주권이 동일 민족 또는 국민에게 있는 주권국가 - 옮긴이)들 사이에 새로 생겨난 경쟁 논리, 그리고 일을 더 잘할 수 있는 기회 등으로 인해 혁명의 기운이 감돌고 있다. 정부가 겪을 제4의 혁명은 세상을 바꿔놓을 것이다.

우리는 왜 이것을 '제4의 혁명'이라 부르는 것일까? 무엇보다 정부가 극적으로 변할 수 있음을 상기시키기 위해서다. 대부분의 서양인은 오직 하나의 정부 모델, 즉 제2차 세계대전 이후로 서양인의 삶을 지배해온, 끊임없이 팽창하는 민주 정부에 대해서만 알고 있다. 하지만 그 이전의 역사는 사뭇 다른 이야기를 해준다. 실제로 유럽과 미국은 정확히 말하자면 계속 변했기 때문에 크게 앞서

나갔다. 즉 정부가 지속적인 개선 과정을 밟아나갔다. 돌이켜보면 15세기 영국의 정치가인 토머스 크롬웰Thomas Cromwell이 영국의 왕 헨리 튜더Henry Tudor 왕조 시기에 일으킨 '정치 혁명'*이나 19세기 철혈 재상으로 불리는 독일의 오토 폰 비스마르크Otto von Bismarck** 가 도입한 연금제도 같은 수십 차례의 소규모 혁명을 찾아내는 사람들도 있을지 모른다. 필자는 이 책에서 근대에 서양 정부는 세 차례 반에 걸쳐 위대한 혁명을 겪었다고 주장할 것이다.

제1의 혁명은 17세기 유럽의 왕자들이 전 세계 다른 국가들을 앞서 나가기 시작한 중앙집권적 국가를 세운 시기에 일어났다. 당시 도주 중이던 토머스 홉스Thomas Hobbes라는 중년의 왕정주의자가 영국 시민전쟁***을 배경으로 정부를 해부했던 1640년대에는 미래가 중국이나 터키에 달려 있다고 믿을 만한 이유가 있었다.

홉스는 불결함, 잔인성, 그리고 덧없는 인생의 문제를 해결할 수 있는 유일한 답으로 간주했던 정부를 성경에 나오는 거대한 바다 동물인 '리바이어던Leviathan'이라고 불렀다. 하지만 그것이 얼마나 성공적인 괴물로 입증되었던가! 경쟁하는 괴물들로 이루어진 유럽의 네트워크는 언제나 발전하는 정부 시스템을 만들어냈다. 국민국가들은 처음에는 교역 제국이 되었다가 다시 기업가 정신이 느껴지는 자유민주국가가 되었다. 정치와 경제적 위업을 달

---

*크롬웰은 1642~1651년의 청교도 혁명에서 왕당파를 물리치고 공화국을 세우는 데 큰 공을 세웠다 - 옮긴이
**비스마르크는 1880년대에 독일의 연금제도를 최초로 도입했다 - 옮긴이
***1642~1649년 왕당파와 의회파 사이에 일어났으며 영국 절대주의의 파멸의 조짐을 예고했다 - 옮긴이

성하고자 벌인 투쟁은 간혹 유혈과 혼란으로 이어졌지만(영국은 사실상 모든 서유럽 국가와 전쟁을 치렀다) 서양이 세계의 다른 지역들보다 확실히 앞서 나갈 수 있게 만들어주었다.

제2의 혁명은 18세기 말부터 19세기에 일어났다. 이 혁명은 프랑스와 미국의 혁명들에서 시작된 후 진보적 개혁주의자들이 정부에 만연한 정실주의(영국에서는 '낡은 부패'라고 불렸다)를 능력을 중시하고 책임감이 있는 정부로 대체하는 가운데 결국 유럽 전역으로 확산되었다. 우리는 영국에서 일어난 이런 혁명에 주목한다. 그럴 수밖에 없는 이유 중 하나는, 이 혁명보다 더 잘 알려진 프랑스와 미국의 전형적 혁명으로 보기 힘들기 때문이다. 즉 프랑스 혁명은 대학살로 변질되었고, 미국의 독립혁명은 대륙 크기의 국가만이 보여줄 수 있는 특이한 미덕을 지녔다. 또한 영국 혁명이 오늘날 가장 적절해 보이는 빅토리아 시대(1830년대~1900년대 초반 – 옮긴이)의 혁명이기 때문이다. 영국의 자유주의자들은 효율성과 자유를 강조하면서 노쇠한 과거의 시스템을 자체적으로 개혁했다. 그들은 시험을 통해 선발된 중국의 전문 공무원 조직 개념을 '훔쳤고', 정실주의를 공격했으며, 시장을 개방했고, 자유를 전복할 수 있는 정부의 권리를 제한했다. 철학자이자 경제학자인 존 스튜어트 밀John Stuart Mill 같은 사람들이 제기한 '야경국가夜警國家'*는 규모는 작았지만 더 유능했다. 1816~1846년에 영국의 인구가 50퍼센트 가까이 늘어났고, 빅토리아 시대가 최초의 근대 경찰을 만드는 등 많은 서비스를 개선했지만 국가의 세수는

---

*국가는 시장 개입을 최소화하고 국방과 외교, 치안 등 질서 유지 임무만 맡아야 한다는 자유방임주의 국가관, 또는 그러한 영향으로 18~19세기에 나타난 자본주의 초기의 국가 형태 – 옮긴이

8,000만 파운드에서 6,000만 파운드로 감소했다.[3] 훗날 윌리엄 글래드스톤William Gladstone** 같은 개혁가들은 "국가를 위해서 쓸모없고 하찮은 것들을 아낄 수 있는" 방법을 계속해서 모색했다.

하지만 종종 그렇듯이 하나의 혁명은 다른 혁명의 씨앗이 되었다. 19세기 후반 내내 진보주의자들은 자신들이 표방하던 작은 정부의 뿌리에 대해 의심하기 시작했다. 밀과 그의 추종자들은 학교 교육이나 의료 서비스 혜택을 받지 못하는 육체 노동자에게 자유가 무슨 의미가 있을지 의심했다. 그리고 그런 노동자가 (그리고 궁극적으로는 여성이) 투표권을 가질 자격이 있으며, 그렇지 않다고 생각하는 것이 반자유주의적이라면, 학교 교육은 광범위하고 야심차게 추진되어야 한다고 믿었다. 그리고 정부끼리 서로 경쟁한다면(비스마르크가 프러시아를 강대국으로 만들면서 이러한 생각에 더욱 힘이 실렸다) 노동자들을 가장 잘 교육시킨 쪽이 승리할 게 분명했다.

따라서 모든 시민에게 생활수준의 개선은 리바이어던과의 계약 조건 중 일부가 되었다. 그것은 공산주의의 일탈과 함께 위대한 제3의 혁명, 즉 근대 복지국가가 태동할 수 있는 길을 열어주었다. 복지국가의 모습은 또한 영국의 사회주의자이자 개혁가인 시드니 웹Sidney Webb과 베아트리스 웹Beatrice Webb 부부 같은 창시자들이 상상했던 것과 비교해 상당한 변화를 겪었지만 오늘날 서양인들은 복지국가에서 살고 있다. 서유럽과 미국에서는 1980년대에 마거릿 대처Margaret Thatcher 영국 총리와 로널드 레이건Ronald Reagan 미국 대통령이

** 19세기 영국의 자유주의 정치가. 세 차례에 걸쳐 영국 총리를 지냈다 — 옮긴이

밀턴 프리드먼Milton Friedman 같은 고전적 자유주의 사상가들로부터 영감을 얻어 일시적으로 정부의 팽창을 중단하고, 기간산업을 민영화했을 때를 제외하고 제2차 세계대전 이후 복지국가는 아무런 도전을 받지 않았다. 우리는 이것을 반쪽 혁명이라고 부르는데, 제2차 '자유주의적' 혁명의 추진 이념 중 몇 가지를 상기시켜주었지만 결국 정부의 크기를 되돌리는 데는 아무런 소용이 없었기 때문이다.

앞으로 살펴보겠지만, 혁명마다 온갖 중요한 우여곡절을 겪었다. 하지만 지난 500년간 유럽과 미국은 정부에 대한 새로운 아이디어의 생산지 역할을 해왔다는 사실만은 분명하다. 그런 아이디어들이 모두 성공하진 못했지만 파시즘*과 공산주의의 기괴한 변형 속에서도 서양은 적어도 이론적으로는 미래를 만들어나가기 위해 노력했고, 나머지 세계는 그 뒤를 따랐다.

중국과 러시아는 마르크시즘을 추종했다. 1947년 독립 당시 인도는 영국의 제국주의에 맞서 햇불을 들었지만 영국의 페이비어니즘Fabianism**을 수용했다.

영화〈엘노르테El Norte〉***에 나온 것처럼 미국인과 남미인 사이에는 애증의 관계가 존재하지만 남미 경제는 20년 전 그곳 국가들 대부분이 '워싱턴 컨센서스Washington Consensus'(공개 시장과 신중한 경

---

* 1919년 이탈리아의 베니토 무솔리니가 주장한 국수주의적·권위주의적·반공적인 정치적 주의 및 운동 - 옮긴이

** 1884년 영국 런던에서 결성된 영국 사회주의 단체의 이념. 사회주의 실현을 위해 '끈질기게 때를 기다리고, 때가 오면 과감히 돌진한다'는 모토로 점진적인 사회주의를 추구하는 사람들의 모임인 페이비언 협회의 이념을 나타내는 말이다 - 옮긴이

*** 1983년 작품으로 미국에 불법 입국하는 사람들을 통해 선진국의 안락이라는 환상과 제3세계 사람들의 현실을 묘사하고 있다 - 옮긴이

제 운용의 결합을 의미하고자 영국 경제학자인 존 윌리엄슨이 처음 만든 표현 – 옮긴이)를 받아들인 이후로 크게 발전했다. 푸동에서조차 최근까지 서양식 모델은 근대성의 황금 기준을 상징한다는 인식이 만연해 있다.

자유와 민주주의가 그러한 표준의 중심에 있었다. 서양 국가들이 부흥할 수 있었던 것은 단순히 유능한 공무원 조직을 설립했기 때문만은 아니었다. 앞으로 살펴보겠지만 홉스가 말한 괴물조차 왕정주의자가 제안하기에는 위험할 정도로 자유주의적이었다. 리바이어던은 통치자와 피통치자의 사회계약이라는 개념에 의존했기 때문이다. 빅토리아 시대의 자유주의자들은 통치가 잘되는 정부를 개인 해방의 전제 조건으로 간주했다. 그들의 페이비어니즘 계승자들은 복지국가를 개인 성취의 전제 조건으로 삼았다. 서양 정부는 팽창하면서 사람들에게 투표하고, 교육과 의료 서비스와 복지 혜택을 누릴 수 있는 권리를 더 많이 부여하는 경향을 보였다. 1세기 전 부유한 백인 남성의 전유물이었던 대학 교육은 이제 경우에 따라 정부의 재정 지원까지 받으면서 모든 사람이 누릴 수 있는 공공 서비스로 간주되고 있다.

그런데 오늘날 서양 정부는 또 다른 특성을 보여주는데, 그것은 바로 '팽창'이다. 통계를 확인해보면 이것이 무슨 말인지 대략적이나마 알 수 있다. 미국의 정부 지출이 국내총생산GDP에서 차지하는 비중은 1913년 7.5퍼센트, 1937년 19.7퍼센트, 1960년 27퍼센트, 2000년 34퍼센트, 그리고 2011년 41퍼센트로 점점 더 높아졌다. 영국은 1913년 13퍼센트에서 2011년 48퍼센트로 높아졌고, 13개

부국의 GDP에서 정부 지출이 차지하는 비중의 평균은 같은 기간 10퍼센트에서 47퍼센트로 높아졌다.[4] 하지만 이러한 숫자들은 정부가 어떻게 해서 우리 삶의 일부가 되었는지를 백퍼센트 알려주지 못한다. 미국의 리바이어던은 시민들에게 플로리다 주에서 미용사가 되기 위해 얼마나 오랫동안(2년) 공부해야 하는지를 말해줄 권리와 이메일을 검열할 권리를 주장한다. 그것은 또한 미국의 병원들이 거북으로 인해 부상자들이 걸린 질병까지 포함, 치료 대상인 14만 개의 질병 코드를 따르도록 의무화한다. 정부는 인생의 간헐적 파트너이자, 홉스가 말한 사회계약 이면에 있는 계약자이자,* 밀이 말한 계약에 따라 우리를 돌봐주는 야간 당직 경비원이곤 했다.

오늘날 정부는 어디에나 있는 유모다. 영국의 역사학자 테일러A. J. P. Taylor는 1914년에는 "양식 있고 준법정신이 투철한 영국인은 한평생 살면서 사실상 우체국과 경찰 이외에 정부의 존재를 인식할 수 없을 정도였다"면서 "그는 자신이 원하는 곳에서 원하는 대로 살 수 있었다"라고 말했다. 이어 테일러는 "광범위하게 봤을 때 정부는 자력으로 생활할 수 없는 사람들을 돕는 역할만 했으며, 성인 시민이 혼자서 살게 내버려뒀다"라고 덧붙였다. 오늘날 양식 있고 준법정신이 투철한 영국인은 정부의 존재를 의식하지 않고는 한평생은커녕 한 시간도 그냥 보낼 수가 없다.

정부가 지나치게 커지는 것을 막기 위한 노력은 주기적으로 펼쳐졌다. 1944년 영국의 경제학자 프리드리히 하이에크Friedrich Hayek

---

*홉스는 "사람들은 자신이 맺은 계약을 상대방이 그것을 준수하려는 의지가 있는 한 이행해야 한다"는 사회계약 개념을 중시했다 – 옮긴이

는 자신의 책 『노예의 길The Road to Serfdom』에서 정부가 한때 생기를 불어넣어주었던 사회를 으스러뜨릴 수 있다고 경고했다. 이런 경고는 당시부터 지금까지 여전히 보수적 정치인들에게 중요한 주제다. 현재 캘리포니아 주지사인 제리 브라운Jerry Brown은 1975년에 '한계의 시대'를 선언하기도 했다.**

'한계'에 관한 이런 우려는 향후 15년간 정부에 대한 사고에 일대 전환을 가져왔다. 1990년대에 좌파와 우파는 모두 세계화의 결과로 정부의 크기가 줄어들 것이라고 생각했다. 실제로 빌 클린턴 미국 대통령은 "거대한 정부의 시대는 끝났다"고 공언했다. 하지만 리바이어던은 잠시 숨을 고르고 있었을 뿐이었다. 정부는 재빨리 다시 커지기 시작했다. 조지 W. 부시 대통령은 린든 존슨Lyndon Johnson(미국의 제36대 대통령) 이후 그 어떤 대통령보다 더 미국 정부를 키워놓았고, 세계화는 사람들의 사회 안전망에 대한 욕구를 확대시켰다.

최근 성장에 차질이 생겼다는 점을 감안하더라도 현대 서양 정부는 역사상 그 어떤 정부보다 강력하며, 지금까지 어떤 민간기업보다 강력하다. 월마트가 세계에서 가장 효율적인 할인매장일지는 몰라도 사람들을 감금하거나, 사람들에게 세금을 부과하거나, 사람들의 전화를 도청할 수 있는 힘을 갖고 있지는 않다. 현대 정부는 버튼 한 번만 눌러 지구 반대편에 있는 사람들을 죽일 수도 있고, 그

** 1976년 민주당 대선 후보였던 브라운은 "미국은 부유하지만 우리가 믿고 싶은 것만큼 부유하지는 않다. 한 가지 일을 하기로 선택하면 다른 일을 못할지도 모른다. 다시 말해서 우리는 '한계의 시대'에 접어들고 있다"라고 주장했다 - 옮긴이

곳을 실시간 감시할 수도 있다.

많은 사람들이 정부가 지속적으로 성장할 것이라고 생각하는 데는 강력한 인구 및 경제적 차원의 이유들이 존재한다. 인구 고령화와 더불어 복지 혜택은 늘어나고 있다. 정부는 생산성 향상을 거부하는 건강과 교육 등의 경제 영역을 지배한다. 하지만 정부가 팽창한 또 다른 이유는 정치적인 데서 찾을 수 있다. 좌파와 우파 모두 자기주장만 펼치면서, 좌파는 병원과 학교의 찬양가를 부르고 우파는 감옥과 군대와 경찰의 세레나데를 부르며 색종이 조각 같은 규제들을 양산했기 때문이다. BBC나《뉴욕 타임스》에서만큼이나 폭스뉴스나《데일리 메일》로부터 "뭔가를 해야 한다", 즉 또 다른 규칙이나 부처가 생산되어야 한다는 요구가 종종 등장한다. '보조금 도둑'과 '복지 여왕welfare queen'*에 대한 우려에도 불구하고 대부분의 정부 지출은 중산층의 몫으로 돌아가고, 그들 중 다수는 보수주의자다.

유권자들은 항상 더 많은 서비스를 받기 위해 투표를 해왔다. 그러나 어떤 사람들은 이를 위해 다른 사람들보다 더 많은 세금을 내야 하는 것에 분개한다. 티파티Tea Party 모임에 내걸렸던 "내 메디케어에서 손을 떼라"는 '큰 정부'를 겨냥한 출처가 불분명한 경고 표지판은 많은 미국인의 정부에 대한 이러한 위선을 함축적으로 보여준다.**

---

*사기나 조작에 의해 과도한 복지비를 수령한다며 비난받는 사람을 일컫는 말로, 보통 여성들을 가리킬 때 쓰인다 – 옮긴이

**2009년 열린 티파티 모임에 걸렸던 표지판. 노인의료보험제도인 메디케어는 다수의 미국인에게 지지를 받고 있던 정부 운영 프로그램이지만 티파티는 자신의 정책을 고수하기 위해 국민 부담이 늘어날 수 있는 메디케어의 민영화를 주장하다가 큰 홍역을 치렀다 – 옮긴이

좋든 싫든 민주주의와 상피병(림프관이나 정맥의 국소성 만성정체로 주위의 결합조직이 증식되어 코끼리처럼 피부가 단단하고 두껍게 변형되는 병 – 옮긴이)은 동시에 발달해왔다. 정치인들은 우리가 원하는 것을 더 많이(더 많은 교육, 건강관리, 감옥, 연금, 보안, 복지권 등) 주기 위해 애써왔다. 하지만 우리는 행복하지 않다.

정부에 수많은 요구를 해온 유권자들은 정부가 이처럼 엉터리로 돌아가는 데에 분노한다. 미국 시애틀에서부터 오스트리아 잘츠부르크에 이르기까지 서양에 그토록 많은 도움이 되었던 정부 시스템은 기능장애에 빠졌고, 여론조사 기관들의 표현을 빌리자면 상황이 "잘못된 방향으로 흐르고 있으며", 앞으로 우리 아이들이 더 갑갑한 삶을 살게 될 것이라는 걱정이 확산되고 있다. 미국 연방정부는 미국의 독립혁명 당시 영국의 조지 3세***가 받았던 것보다 더 낮은 지지를 받고 있다.

미국인 중 17퍼센트만이 연방정부를 지지하는 것으로 나타났는데, 이는 1990년대의 지지율 36퍼센트의 절반에도 미치지 못하며, 1960년대의 지지율 70퍼센트의 4분의 1에 불과하다.[5] 미국 의회의 지지율은 보통 10퍼센트에 그친다. 정당 가입률은 바닥으로 떨어졌다. 영국에서는 전체 인구 중 정당에 소속되어 있는 사람의 비율이 1퍼센트도 되지 않는다. 1950년대에 300만 명이었던 정식 토리 당원(보수당의 전신 – 옮긴이)은 오늘날 13만 4,000명으로 감소했다. 직원이 이 정도로 줄었다면 민간기업은 정리 절차에 들어갔을 것

*** 왕권 회복을 꾀하여 왕실 비용을 줄인 돈으로 의원을 매수, 어용당을 만들어 조종함으로써 국정의 지도력을 강화했지만 미국의 독립이라는 뼈아픈 실패를 초래했다 – 옮긴이

이다. 미국에서는 공화당이나 민주당을 지지하기보다 지지 정당이 없다고 말하는 사람이 더 늘어났다. 야심찬 정치인들은 어떤 정부도 원하지 않거나 정부 개혁을 거부하거나, 그것도 아니면 이민자들이나 은행원들 또는 유럽연합의 모든 것을 비난하는 극단주의자들 같다.

중도가 현실에 맞설 수 있는 능력이 결여된 이상 이러한 극단으로의 흐름이 그다지 놀랍지만은 않다. 서양 정부에서 일어났던 가장 큰 위기인 미국의 재정 혼란과 유로존의 대실패를 살펴보면, 주류 정치인들이 마치 현실도피주의자처럼 행동했음을 알 수 있다. 재정 혼란의 경우 대부분의 경제학자는 지출 축소와 세금 인상을 진행해야 문제를 해결할 수 있다는 데 동의한다. 다만 경제학자들 사이에 조정 비율에 대한 이견이 있을 수는 있다. 가장 성공적인 국가들의 '재정 조정' 사례에서 지출 축소가 대부분의 조정에 기여했지만 모두 그랬던 것은 아니다. 하지만 지난 대통령 선거 때 공화당 후보들은 단 한 명도 빠짐없이 이유 불문하고 세금 인상안에 반대했다. "단 1센트의 세금도 올릴 수 없다"는 게 그들의 공통된 목소리였다. 민주당은 복지 혜택 축소 방안을 검토하지 않겠다는 고집을 조금 덜 부렸을 뿐이다.

어쩌면 미국인들에게는 재정 위기를 피할 수 있는 약간의 시간적 여유가 있지만 유로존의 위기는 아주 생생한 현실이 되어버렸다는 주장이 나올 수도 있다. 하지만 유로존의 3대 경제국가에서 치러진 선거를 살펴보자. 2012년 프랑스 대선은 니콜라 사르코지나 프랑수아 올랑드 중 누구도 유럽 대륙에서 가장 커져버린 프랑스 정부 축소안을 지지하지 않은 '거부 행사'였다. 2013년, 자국 경제가 전후 최악의 위기를 겪고 있었지만 이탈리아 국민 네 명 중 한 명은 투표를 하지 않았다. 그리고 투표를 한 사람들 중 절반 이상이 코미디언 출신인 베페 그릴로나 타고난 광대인 실비오 베를루스코니 중 한 명을 뽑았다. 누구도 앙겔라 메르켈 독일 총리의 광대짓을 비난하지 않겠지만, 2013년 그녀가 쉽게 거둔 승리*조차 유럽의 위기가 남유럽 지역의 문제이고, 검소한 독일인들은 실패를 맛보지 않을 것이라는 현실을 직면하지 않으려는 범국가적 거부가 낳은 결과였다.

누구도 남유럽 차입국들이 구제금융을 받았기 때문에 독일 은행들이 여전히 버티고 있다는 사실을 이야기하지 않았다.

이처럼 이성이 위기로 쏠리는 데는 몇 가지 역학적 이유가 존재한다. 미국에서 게리맨더링gerrymandering(특정 정당이나 후보자에게 유리하도록 자의적으로 부자연스럽게 선거구를 정하는 일 – 옮긴이)으로 많은 선거구가 강경파의 손에 넘어갔고, 유럽연합의 통치 체제는 종잡을 수 없이 복잡한 미로로 변했다. 하지만 분명한 사실은, 유로를 펑펑 쓰며 달콤한 인생을 살고 있는 게으른 이탈리아인들에게 분노한 독일 바이에른 사람들이건 메르켈의 긴축정책에 분노한 그리스인들이건 상관없이 유로존 유권자들은 이런 식의 통치 체제에 좌절하고 있다는 점이다. 그들은 머리끝까지 화가 났으며 더 이상 그것을 용인할 수 없다. 서양은 이런 식의 통치 방식에 신뢰를 상실했다.

----

*2013년 9월 치러진 독일 총선에서 메르켈 총리가 이끄는 기민당·기사당 연합이 득표율 41.5퍼센트를 기록하여 메르켈 총리는 3선에 성공했다 – 옮긴이

신흥국에서도 똑같은 현상이 벌어지고 있다. 지난 10년간 눈부시게 성장해온 많은 신흥 시장에서도 정부에 대한 논쟁이 뜨겁다. 태자당太子黨(중국 당·정·군·재계 고위층 인사들의 자녀 - 옮긴이)이라 불리는 중국의 신흥 특권층은 중국이 더욱 발전하기 위해서는 시장 개방뿐만 아니라 정부를 개혁해야 한다고 믿는다. 그리고 그들은 인도 동료들과 마찬가지로 더 자유로운 시장이 야기한 결과, 즉 구시대적이면서 부패한 정부에 점점 더 질려 하는 교육받은 중산층의 성장이란 새로운 현실에 직면하고 있다.[6] 브라질에서는 부패를 겨냥한 시위들이 일어났다. 브라질 국민 네 명 중 한 명은 뇌물을 준 적이 있다고 말하고 있다. 터키에서는 레제프 타이이프 에드도안Recep Tayyip Erdogan 대통령의 위압적인 자세에 불만이 많다. 그가 민주주의자라기보다는 회교도 국가의 군주인 술탄처럼 행동한다는 것이다. 날카롭기로 정평이 난 인도의 사회평론가 구르차란 다스Gurcharan Das는 얼마 전까지만 해도 인도 국민들은 "인도는 정부가 잠을 자고 있는 저녁에 성장한다"라고 말할 수 있었지만, 지금은 학교의 수준이 떨어지고 도로에 온통 구멍이 파여 있는 상황에서 인도는 지속적으로 성장할 수 없다는 사실을 깨닫고 있다고 주장한다.[7] 중국도 예외는 아니었다. 중국 광저우에서도 이집트 수도 카이로에 있는 타흐리르 광장이나 브라질 상파울로의 빈민 지역만큼 열악한 학교들에 대한 사람들의 좌절감이 느껴진다.

이처럼 서양과 신흥 세계 어디서나 정부에 문제가 생겼다. 다만, 왜 급진적인 정부의 변화가 불가능하다고 생각하는 사람들이 그토록 많은지가 미스터리다. 사실상 현재 상태를 유지하는 것은 가장 개연성이 낮은 선택 방안이다. 미국의 경제학자 허버트 스타인 Herbert Stein은 한때 무미건조한 투로 "중요한 뭔가가 영원히 지속될 수 없다면 그것은 멈출 것이다"라고 말했다. 정부는 향후 수십 년간 극단적으로 모양이 바뀌어야 할 것이다. 신흥 세계가 밤에 성장하는 시대는 끝났다. 서양의 팽창 시대는 마무리되고 있다. 제4의 혁명 시대가 도래했다.

정부가 변해야 하는 이유

왜 이제는 달라져야 할까? 실패, 경쟁, 기회라는 세 가지 힘이 합쳐지면서 리바이어던을 통제하는 문제가 전 세계 정치의 중심이 될 것이다. 서양은 파산하고 있기 때문에 바뀌어야 한다. 신흥 세계는 계속 전진하기 위해 개혁해야 한다. 전 세계적으로 경쟁이 벌어지고 있지만, 이것은 두려움 때문만큼이나 '정부가 더 잘할 수 있다'는 약속을 토대로 한 경쟁이다.

부채와 인구 변동 때문에 부유한 국가의 정부는 변해야 한다. 2008년 미국의 투자은행 리먼브라더스가 파산하기 전에도 이미 서양 정부들은 수입보다 지출이 많았다. 미국 정부는 1960년 이후 불과 다섯 차례만 재정 흑자를 달성했다. 프랑스는 1974~1975년 이후 단 한 번도 흑자 재정을 운용한 적이 없다. 경제 위기가 닥치면 당연히 정부가 차입에 나섰기 때문에 부채는 늘어나기만 했다. 2011년 말 11조 달러어치에 불과했던 국채 발행 규모는 2012년

3월이 되자 약 43조 달러로 늘어났다.[8] 연금과 의료 서비스에 드는 돈까지 포함하면 이 액수는 서양 정부들의 실제 부채 중 일부일 뿐이다. 많은 도시의 상황이 이보다 더 열악하다. 캘리포니아 주 남부 도시인 샌버너디노와 미시간 주 최대 도시인 디트로이트는 재무제표상에 나타나지 않는 부외海外 채무로 인해 파산 신청했다.

그런데 이 빚은 모두 누가 갚을 것인가? 예를 들어 '늙은 유럽Old Europe'에서 생산 가능 연령 인구(만 20~65세 인구 – 옮긴이)는 2012년 3억 800만 명으로 정점에 도달한 이후 2060년까지 2억 6,500만 명으로 감소할 것으로 전망된다. 이들이 점점 더 고령화되고 있는 노인들을 부양해야 한다. 노년 부양 비율(만 20~65세 인구 중 65세 이상 노년 인구의 비율 – 옮긴이)은 같은 기간 28퍼센트에서 58퍼센트로 늘어날 것이다. 단, 이 계산은 유럽연합이 매년 100만 명이 넘는 젊은 이민자들을 받아들인다는 전제하에 이루어진 것이다.[9] 미국은 작은 정부 국가처럼 세금을 거두면서도 큰 정부 국가처럼 세금을 쓰고 있다. 그러면서 미국은 희대의 금융 사기범인 버나드 매도프Bernard Madoff*도 부끄럽게 만들 정도의 꼼수를 써서 실제 부채를 감추고 있다.

제2차 세계대전 이후 태어난 베이비붐 세대의 고령화로 미국 의회예산국은 의료보험료가 향후 10년간 60퍼센트 늘어날 것으로 예상하고 있다. 의료보험료 적자는 아직까지 관리 가능한 수준이

---

*나스닥 증권거래소 위원장을 지낸 매도프는 자신을 뉴욕에서 가장 좋은 실적을 낸 자금 운용자라고 떠벌리며 수만 명을 상대로 650억 달러에 달하는 사기를 벌이다가 2009년 150년형을 선고받고 노스캐롤라이나 주 연방 교도소에서 복역 중이다 – 옮긴이

지만 미국은 그런 복지 혜택을 억제하느냐, 특정 수준으로 세금을 인상하느냐, 혹은 연이은 위기를 겪으며 비틀거리느냐 사이에서 선택을 해야 한다.

국제통화기금IMF은 반년 주기로 각국의 재정 상황을 전망하고 재정 건전화 방안을 분석한《IMF 피스컬 모니터》라는 자료를 발표한다. 이 자료의 통계표 13a에는 '선진국 경제 : 장기 채무 목표를 토대로 한 조정 필요성의 실제 사례'라는 제목이 붙어 있다. 표의 마지막 줄에는 연령 관련 지출을 반영해서 각국 정부가 2030년까지 현재 부채를 합리적 수준으로 낮추기 위해 얼마나 많은 지출을 줄이거나 세수를 늘려야 하는지를 추정해놓고 있다. 미국의 합리적인 부채 수준은 GDP의 11.7퍼센트이고, 일본은 16.8퍼센트다. 그리고 'G20'으로 불리는 주요 20개국의 합리적인 부채 수준 평균은 GDP의 9.3퍼센트다. 국제통화기금이 각 국가에 요구하는 주문은 논란의 여지가 있다. 예를 들어 일부 경제학자들은 국제통화기금이 미국에 지나치게 가혹한 주문을 하고 있다고 생각한다. 그들은 국제통화기금이 불필요할 정도로 야심찬 정부 부채(GDP의 60퍼센트) 축소 목표치를 정해놓고, 성장 수치나 세수가 조금만 바뀌어도 미국의 향후 전망에 큰 변화가 일어난다고 경고하고 있다고 주장한다.[10]

하지만 지난 20년간 미국 정치사를 살펴보면, 미국에 증세 능력이 있다고 믿는 것은 우둔한 짓임을 알 수 있다. 그리고 이런 수치가 어느 정도 균형을 이룰 수 있더라도 공공 부문의 중대한 개혁이 수반되지 않을 경우 미국은 모든 돈이 복지와 국방에 쓰이고, 교육이나 기타 분야에 쓸 돈이 남지 않은 채 "대규모 상비군에 의해 보호되는 보험기업"으로 전락할 것이다.[11]

가까운 미래에 서양 정부는 대부분의 사람들이 인식하는 수준 이상으로 훨씬 더 많은 것을 줄여야 할 것이다. 그리스와 일부 미국 도시들처럼 특히 재정 운용을 방만하게 했던 곳에서는 이미 상당한 수준의 긴축 조치가 취해졌다. 미국 캘리포니아 주 남부에 있는 도시 샌버너디노의 변호사는 시민들에게 시에 돈이 없어 더 이상 치안 유지를 해줄 수 없으니 "문을 걸어 잠그고 총기를 소지하라"고 조언하기도 했다. 유럽에서 가장 합의를 중시하는 사고관을 가진 정치인들조차 뭔가가 바뀌어야 한다는 것을 이해하고 있다. 앙겔라 메르켈 독일 총리는 유럽연합이 전 세계 인구의 7퍼센트, 전 세계 GDP의 25퍼센트, 그리고 전 세계 사회 지출의 50퍼센트를 각각 차지한다는 통계를 자주 인용한다.[12]

하지만 변화가 시작되면 서비스를 줄여야 하는 재정난에 빠진 각국 정부와 기존의 사회적 권리를 유지하고 싶어 하는 불만을 품은 유권자들의 갈등과, 납부한 세금보다 더 많은 가치를 뽑아내길 원하는 납세자들과 기득권을 유지하고 싶어 하는 강성 공공노조의 갈등으로 혼탁한 정치 상황이 연출될 것이다. 프랑스의 니콜라 사르코지 대통령이 연금 수령 개시 연령을 60세에서 62세로 올리자 프랑스 국민 수백만 명이 거리로 뛰쳐나온 사실을 감안할 때 프랑수아 올랑드 대통령이나 그의 후임자가 이 연령을 70세로 더 미룰 경우 과연 어떤 일이 벌어질지는 아무도 예측할 수 없다.

이런 싸움은 곧장 민주주의 심장부로 향할 것이다. 서양 정치인들은 민주주의의 미덕을 자랑하고, 이집트로부터 파키스탄에 이르기까지 엇나간 국가들에게 민주주의를 포용하라고 종용한다. 이들 정치인은 한 사람의 한 표가 빈곤으로부터 테러리즘에 이르는 모든 것을 치유해줄 수 있다고 주장한다. 하지만 미국 의회는 돈과 당파 근성으로 오염되었고, 유럽 국가들의 의회는 표류하고 있으며, 일반 대중의 불만은 고조되는 등 서양의 민주 관행은 과거 어느 때보다 더욱 이상으로부터 벗어나고 있다. 볼썽사나운 사실은, 서양의 민주주의는 주로 퍼주는 역할을 할 때 오히려 무기력하고 추레해졌다는 점이다. 정부를 위해 일하는 다수의 사람이 포함된 이익집단들은 정부 장악에 놀랍도록 성공적이었음이 입증되었다. 일본의 사례는 깜짝 놀랄 정도다. 지난 수십 년간 경제는 휘청거렸지만 일본은 경직된 정치 시스템을 뜯어고치는 데 실패했다. 유럽연합도 유사한 경로를 걷고 있는 것 같다.

서양에서는 실패가 변화의 첫 번째 유도제라면, 경쟁은 두 번째 유도제다. 정부에 크게 좌절했지만 신흥 세계는 몇 가지 두드러진 새로운 아이디어를 내기 시작했고, 그 과정에서 서양의 경쟁우위를 무너뜨리고 있다. 의료 서비스의 미래를 살펴본다면, 브라질의 조건부 현금 이전 프로그램*이 미래 복지의 일부인 것처럼 병원에 대량생산 기술을 적용하려는 인도의 시도가 해답의 일부가 될 수 있다.

하지만 이 정도로 끝나지 않는다. 중국 중심의 아시아는 서양에

---

*자녀의 교육 및 건강을 위해 사용한다는 '조건'하에 가난한 사람들에게 교육과 건강에 대해 공평한 기회를 가질 수 있도록 현금을 지원하는 프로그램 – 옮긴이

서 가장 중시해온 보편적 선거권과 위에서부터 아래로 베푸는 관용이란 서양에서 가장 중시하는 두 가지 가치에 도전하는 새로운 정부 모델을 제시한다. 이러한 '아시아의 대체 모델'은 싱가포르를 장기 통치한 리콴유에 의해 가장 잘 상징화된 권위주의와 작은 정부의 특이한 결합이다. 리콴유는 서양의 무제한적인 민주주의와 복지국가를 엄중하게 비난했다. 특히 그는 복지국가를 '모든 것을 먹을 수 있는 뷔페'에 비유하면서, 무료 대학 수업료와 노인 의료 서비스처럼 가난한 사람들에게 초점을 맞춰야 하는 복지 정책이 중산층의 권리가 되면서 부풀고 감당할 수 없게 되었다고 믿었다. 그리고 중국은 복지와 민주주의에서 서양보다 싱가포르를 따르려고 애쓰는 중이다. 중국은 지난 2년간 미국의 공적 연금을 받고 있는 전체 국민 수보다 훨씬 더 많은 2억 4,000만 명에게 연금을 추가 지급했지만, 분명 미국과 같은 과잉을 피하고 싶어 한다.

아시아 정부 모델에서 허점을 찾기는 쉽다. 그리고 우리 두 필자는 이 책에서 그런 허점들을 찾았다. 싱가포르는 아주 작은 나라다. 중국 정부의 효율성은 지방 차원에서 크게 떨어진다. 지금까지 신흥 세계는 기술이 선사해준 도약의 기회를 붙잡지 못하고 있다. 브라질은 그리스와 디트로이트에서 일어난 연금 위기보다 더 심각한 위기로 치닫고 있다. 인도에는 세계에서 가장 혁신적인 병원이 몇 군데 있을지 모르지만, 도로는 엉망진창이고 정치인들은 게으르기 짝이 없다. 하지만 신흥 세계가 서양 세계보다 한참 뒤떨어져 있다는 바보 같은 생각에 현혹되어선 안 된다. CELAP 관료들의 생각은 옳다. 서양이 똑똑한 정부를 독점하던 시절은 이미 오래전에 끝났다.

이 같은 사실은 세 번째 힘, 즉 '더 나은 정부'를 만들 수 있는 기회로 이어진다. 서양 국가의 위기와 신흥 국가의 확장은 모두 상서로운 시기에 일어나고 있다. 즉 새로운 기술뿐만 아니라 "정부는 왜 존재하는가?"라는 더할 나위 없이 기본적이고 낡은 질문을 던지는 것도 정부를 극적으로 개선할 수 있는 기회를 선사한다. 이전에 일어난 혁명들처럼 혁명의 위협이 커지는 것은 분명 파산, 극단주의, 표류 때문이다. 하지만 기회, 즉 우리가 수많은 책임을 떠맡겼던 조직을 현대화할 수 있는 기회 또한 분명하다.

아이디어가 중요한 이유

정부는 어떻게 변해야 할까? 우리 두 필자는 이 질문에 대한 어떤 대답도 실용주의와 정치 원칙에 근거한 것이어야 한다고 생각한다.

신념과 상관없이 누구나 관심을 가져야 하는 실용적 대답은 경영 방법의 개선과 기술, 특히 그중에서도 정보기술의 활용과 관련되어 있다. 50년 전에 기업들은 현재 정부가 겪고 있는 것과 똑같은 팽창 문제로 고통을 받았다. 이후로 기업들은 슬림화, 집중화, 조직 계층의 단순화를 통해 극적인 변신에 성공했다. 정부도 그럴 수 있다. 정부는 '자동차의 왕'이라 불렸던 헨리 포드Henry Ford가 자신의 자동차 시트 커버에 사용되는 양모를 제공하는 양을 소유하는 것이 당연하다고 생각하던 시대에 살았던 것처럼 수직적 통합의 시대에 갇혀 옴짝달싹 못하고 있다. 정부는 성공적인 아이디어들을 퍼뜨리는 데 서툴다. 캘리포니아 주 학교들의 학생 1인당 지출은 더 높아도 핀란드나 싱가포르 학교들에 비해 훨씬 더 열악해야 할 합리적인 이유는 없다. 미국의 모든 고등학교가 매사추세츠 주에 있는 고등학교들만큼 좋다면 미국은 2012년 국제학업성취도평가PISA의 읽기와 수학 순위가 각각 17위와 26위가 아니라 모두 4위는 차지했을 것이다. 이탈리아 북부 도시인 트렌토는 세계에서 수학 점수가 가장 높은 곳 중 하나였지만, 서남부에 위치한 도시 칼라브리아는 트렌토보다 2년이나 뒤처진 것으로 나타났다. 정부는 또한 스스로를 통제하는 데도 서툴다. 수천 쪽에 이르는 도드-프랭크Dodd-Frank 금융개혁법(리먼브라더스 사태로 촉발된 금융 위기의 재발을 막기 위해 2010년 오바마 정부가 마련한 금융 개혁법안 – 옮긴이)에 대해 생각해보라. 혹은 그냥 숫자만 봐도 그렇다는 것을 알 수 있다. 영국 통계청은 민간 서비스 부문의 생산성이 1999년에서 2013년 사이에 14퍼센트 증가한 반면, 공공 부문의 생산성은 1999년에서 2010년 사이에 1퍼센트 감소한 것으로 추산한다. 각국 정부는 한때 급성장하던 기업들이 1980년대에 일본 자동차 회사인 도요타의 생산 방식으로부터 배웠던 것과 같이 최고의 경영 관행으로부터 배워야 한다.

　기술은 경영보다 훨씬 더 큰 잠재력을 갖고 있다. 인터넷은 신문에서부터 소매업에 이르기까지 건드리는 모든 것마다 혁명을 일으켰다. 인터넷이 정부 혁명을 일으키지 못했다고 말하는 것은 어불성설이다. 정보기술IT 혁명은 정부로부터 과거 그것이 가진 위대한 힘의 원천 중 하나인 '정부가 다른 누구보다도 훨씬 더 많은 정보를 소유하고 있다'는 사실을 빼앗고 있다. 혁명은 또한 보몰병Baumol's cost disease을 일부 치료하는 방법이 될 수도 있다. 1960년대에 미국의 경제학자 윌리엄 보몰William J. Baumol은 정부가 의료 서비스와 교육처럼 인플레이션보다 지출이 더 빠른 속도로 계속 늘어나는 노동 집약적 분야에 전념하고 있기 때문에 정부의 크기를 줄일 수 있다고 주장했다. 공공 부문의 생산성은 실제로 아주 심각한 수준이다. 하지만 컴퓨터와 인터넷은 기계가 농업과 산업에 제공한 서비스를 해주기 시작했다. 이제 누구나 냄새 나는 강당에서 시간만 때우는 사람들을 보기 위해 거액의 돈을 지불하지 않고도 아이패드로 세계 최고의 강의를 무료로 들을 수 있다.

더 나은 경영의 명분은 전적으로 비정치적 차원에서 옹호해야 한다. 누가 어린아이들이 인생에서 좋은 출발을 하게 해주거나 노인들에게 안락한 은퇴생활을 누리게 해줄 수 있다고 믿지 않겠는가? 하지만 그렇게 해줄 수 있는 가능성은 낮다. 그 이유는, 미국의 교사 노조건 프랑스의 철도 노조건 간에 좌파 정당들과 긴밀히 연결되어 있는 공공 부문 노조들이 현대화의 주된 장애물 노릇을 하기 때문이다. 사실상 좌파는 사람들의 삶, 특히 가난한 사람들의 삶을 개선해줄 수 있는 정부의 능력에 대해 더 많은 희망을 준다는 단순한 이유 때문에 정부 경영 방식을 개선함으로써 우파에 비해 더 많은 것을 얻을 수 있다. 정부의 이런 선행의 가치를 믿는 사람들 입장에서는 정부가 최고의 인재를 채용하거나 (혹은 최악의 공무원들을 해고하거나) 기득권층에 의해 운영되지 못하게 막는 것이 비합리적이다. 오바마케어Obamacare(버락 오바마 대통령이 주도한 미국의 의료보험 시스템 개혁 법안. 재정 부담을 폭증시킨다는 이유 등으로 공화당의 반발을 샀다 - 옮긴이)의 전면 시행을 둘러싸고 전국적으로 뜨거웠던 논쟁 중에 등장한 아주 놀라운 사실을 생각해보자. 즉 지난 10년간 연방정부의 IT 프로젝트 중 94퍼센트가 실패했다. 절반 이상은 연기되거나 예산을 초과했고 41.4퍼센트는 완전히 실패했다. 미국 국방부는 효과를 거두지 못한 두 가지 의료보험제도에 30억 달러가 넘는 돈을 퍼부었다. 이런 제도들 중 일부는 정부의 경직된 고용규정으로 인해 IT 전문가들을 채용하지 못했기 때문에, 또 일부는 이보다 더 경직된 하도급 계약 관련 규정들로 인해 정부가 1,800쪽에 달하는 연방조달규정FAR : Federal Acquisition Regulation 내 난해한 법률규정들을 다룰 수 있는 극소수 납품업체의 포로로 전락해버렸기 때문에 실패했다. 좌파가 정부를 지키기 위해 정말로 애쓴다면 정부를 최대한 효율적으로 만드는 일부터 시작해야 한다.

하지만 정부의 미래를 위해서는 단순히 경영을 더 잘하는 것보다 더 중요한 요소가 있다. 향후 언젠가 더 거대한 결정이 내려져야 한다. 기존 정부를 얼마나 잘 기능하게 만드느냐와 상관없이 우리는 그것이 올바른 정부인지를 묻게 될 것이다. "정부는 왜 존재하는가?" 이 질문은 오래된 논쟁, 즉 근대 민주주의의 '무제한 차지할 수 있는' 단계 도중에 사라졌던 논쟁의 중심에 서 있다. 홉스에게 리바이어던은 사회 안전망을 제공하기 위해 존재했다. 밀과 급진적 성향의 혁명 이론가인 토머스 페인Thomas Paine에게 이 질문에 대한 대답은 '자유'였다. 페이비언주의자들에게 이 질문의 답은 '인류의 복지'였다. 하지만 이 모든 사상가는 실질적이고 구체적인 부분까지

들어가기 전에 중요한 질문부터 해결해야 한다고 생각했다. 이제 이런 질문들은 단편적으로만 논의되고 있다. 현대 정치인들은 집의 전체 설계 방식은 전혀 고려하지 않은 채 이쪽에서 창문을 고치거나 저쪽에서 갑자기 새로 도색하기 위해 서두르면서, 허물어지는 집의 방들에 대해 논의하는 건축가들과 같다. 우리는 전체 구조물의 설계를 살펴보고, 빅토리아 시대의 사람들이 근대 민주주의 시대가 태동했을 때 그러했던 것처럼 급변하는 사회 속에서 정부의 역할에 대해 엄밀히 따져봐야 한다.

이런 위대한 논의 속에서 우리 두 필자에게 뚜렷한 편견이 있음을 인정해야 한다. 그것은 우리가 개인의 자유에 높은 웃돈을 지불하는 (그리고 빅토리아 시대의 재발견 시기에 우연히 세워진) 고전적 자유주의에 뿌리를 내린 언론사 출신이라는 사실이다. 일반적으로 우리는 더 작은 국가를 선호한다. 우리는 무엇이 잘못되었는지를 이해하는 노력의 일부는 정부가 통제 상태에 놓여 있어 둔감한 도구가 되어야 하고, 자율에 맡겨지면 가차 없이 규모가 커질 것임을 인식하는 것이라고 생각한다. 하지만 이것은 맹목적으로 믿어야 할 사항이라기보다 여러 가지 사실을 근거로 검증해봐야 할 편견이다.

따라서 우리는 정부는 기껏해야 '필요악'에 불과하다는 진보적 사고를 용인하지 않는다. 지나치게 작은 정부는 지나치게 큰 정부보다 위험하다. 미치지 않고는, 누구나 덴마크처럼 잘 경영되는 큰 나라보다 리바이어던의 부재로 국민들이 진정 '더럽고, 짐승 같고, 짧은' 삶을 살아야 하는 콩고와 같은 실패 국가에서 사는 것을 선호하지 않을 것이다. 각국 정부는 교육과 의료 서비스 같은 공공재에 필요한 돈을 지원함으로써 복지와 함께 효율성을 제고할 수 있다. 미국의 소위 '민간' 건강보험제도는 스웨덴의 공적 건강보험제도 보다 더 많은 세금을 걷으면서 더 열악한 의료 서비스를 제공한다. 독일이 그리스보다 훨씬 더 많은 성공을 거둔 이유 중 하나는 성공적으로 세금을 걷고, 서비스를 제공하고, 존중받을 수 있는 능력이 있기 때문이다. 말레이시아보다 싱가포르가, 러시아보다 중국이, 혹은 아르헨티나보다 칠레가 이 같은 능력을 더 많이 소유하고 있다고 말할 수 있다.

정부는 문명의 도구가 될 수 있다. 하지만 우리는 아직까지 '정부가 커진다고' 문제를 해결할 수 있는 것은 아니라는 말에 아무런 잘못이 없다는 진보적 생각을 수용하지 못한다. 경제가 침체의 늪에 빠지는 걸 막기 위해 단기적으로 공적 지출을 활용하는 실용적인 사례가 있을 수 있다. 하지만 중기적으로 리바이어던을 길들일 필요성을 아예 없애버리기란 불가능하다. 과부하가 걸린 현대 정부는 민주주의를 위협한다. 즉 리바이어던의 책임이 늘어날수록 그들은 더 엉망으로 일하고, 국민은 더 분노하게 된다. 결국 국민은 계속해서 정부에 더 많은 도움을 요구하게 될 뿐이다. 이것이 진보 정치의 악순환이다. 보다 근본적인 차원에서 현대 정부는 자유도 위협한다. 정부가 국민이 생산하는 모든 것의 절반을 가져가고, 정부가 국민이 많은 돈을 들여 자격증을 따지 않으면 미용업으로 생계를 꾸려가지 못하게 막고, 채용 가능한 사람들의 인종과 성을 결정하고, 테러와 폭주족, 마약과 '전쟁'할 수 있는 엄격한 힘을 지니면 종이 아닌 주인이 되기 시작할 것이다. 리바이어던은 길들여져야 한다. 그것은 통제하에 양육되어야 한다.

영국의 경제학자 존 메이너드 케인스John Maynard Keynes는 한때 또 다른 위대한 변화에 대해 "우리는 아직 새로운 곡조에 맞춰 춤을 추지 않는다. 하지만 변화의 기운이 감돌고 있다"라고 말했다.[13] 오늘 날에도 이 말은 사실이다. 서양 정부들은 변화에 반응할 최고의 기회를 얻었다. 즉 민주주의는 각국 정부에 더 많은 융통성, 즉 사람들의 목소리를 경청할 수 있는 길을 열어주고 있다. 더 위대한 자유를 위한 변화가 추진되어야 하며, 민주주의는 또한 가장 자유로운 정부 형태다. 하지만 서양은 거대한 위험도 겪고 있다. 사람들의 목소리를 경청하다 보니 그토록 과도한 부담을 안게 되었고, 정치인들은 그런 정부에 더 많은 책임을 떠맡기고 싶은 유혹에 빠지게 되었다. 지금 이 순간 민주주의는 가끔 스스로 무덤을 파고 있는 것처럼 보인다. 서양이 이제 최고의 본능과 최악의 본능 중 어느 쪽을 경청하느냐에 따라 제4의 혁명의 결과가 판가름날 것이다.

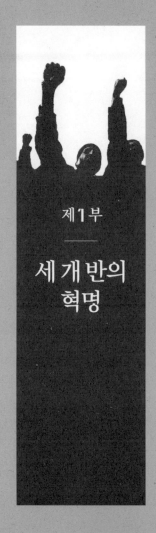

제1부

———

세 개 반의
혁명

1장

★ ★ ★ ★

토머스 홉스와 국민국가의 부흥

지난 300년 동안 서양 국가들이 세계 다른 국가들보다 앞서 나간 이유는 무엇일까? 광활한 유라시아의 끄트머리 돌출 지역에 불과한 서유럽이 근대 세계 역사에서 두각을 나타낸 이유는 또 무엇일까? 역사학자들은 재산권을 확립시킨 로마법부터 도덕적 보편주의*를 발전시킨 기독교에 이르기까지 이 질문에 대한 대답을 찾아보았다. 그 결과 대답은 주로 정부 조직에서 찾을 수 있었다.

서양이 어떻게 정부 수립 면에서 앞서갈 수 있었는지를 보여주는 광범위한 역사는 아주 중대한 의미를 갖고 있다. 영국의 정치과학자이자 역사학자인 사무엘 파이너Samuel Finer가 미완성으로

---

*보편자(또는 전체)를 개별자(또는 개인)보다 상위에 두고, 개별자는 보편자와의 관계에서만 그 존재 이유와 의의를 갖는다는 입장 – 옮긴이

남기고 작고한 「위대한 정부의 역사」는 분량이 1,701쪽에 이른다.[1] 우리 두 필자는 이것을 종합적으로 살펴보려는 시도를 삼가기로 결정했다. 즉 우리는 서양 정부를 재정의한 세 가지 위대한 재발명에 집중하고, 그러한 재발명을 세 명의 위대한 사상가인 토머스 홉스(자유주의적 국가의 단초를 마련한 국민국가의 해부학자)와 존 스튜어트 밀(복지국가를 예견한 자유주의 국가의 철학자)과 베아트리체 웹(복지국가의 전형적인 과잉을 보여준 복지국가의 대모)의 프리즘을 통해서 살펴볼 계획이다. 7장에서 우리는 로널드 레이건과 마거릿 대처에게 상당한 영향을 미친, 노벨 경제학상을 수상한 밀턴 프리드먼의 사상을 통해 정부에 맞선 절반의 혁명을 살펴보려 한다. 이들 사상가는 이론부터 실전까지 광범위한 스펙트럼에서 각자 다른 위치를 점하고 있다. 홉스는 정치철학의 생산을 꿈꾸었다. 웹 부부는 세상을 바꿀 수 있기를 원했다. 두 사람의 중간 위치에 있었던 밀과 프리드먼은 정치·경제 분야에 지대한 업적을 남겼으며, 각각 의회 의원과 대통령·총리의 자문관으로 정계에서 활발히 활동했다. 하지만 홉스의 철학적 이론이 궁극적으로 정부의 성격에 중대한 영향을 미쳤다고 한다면, 웹 부부의 끈질긴 행동주의는 굳건한 철학적 기반에 토대를 두고 있었다고 할 수 있다. 그리고 이 네 사람(혹은 우리가 시드니 웹을 절반으로 간주한다면 네 명 반) 모두 이 책의 중심에 있는 "정부는 왜 존재하는가?"라는 질문에 대해 뚜렷하게 다른 대답을 내놓았다.

우리 두 필자는 이 책에서 많은 아이디어를 가진 사람들에게 집중하기로 했다. 이들 중 먼저 소개한 세 명은 영국인이고, 네 번째 사람은 영국 총리와 밀접한 관계를 맺고 있다.*

영국은 이 책 내용의 근간을 이루며, 좋든 나쁘든 많은 아이디어를 가장 먼저 찾아낸 나라다. 그 어느 나라도 영국만큼 지난 400년간 서양 정부의 부침浮沈을 보여주는 사례가 되지 못한다.

'리바이어던'의 탄생

어떤 위대한 변화든 그것이 시작된 날짜를 정확히 추정하기는 힘들다. 영국의 소설가 버지니아 울프Virginia Woolf는 모더니즘의 출현을 주제로 한 글에서 이러한 점을 인상적으로 기술했다.

1910년 12월 즈음에 인간의 성격이 바뀌었다. 나는 누군가가 정원으로 나가 장미가 피었다거나 수탉이 알을 낳는 모습을 봤다는 말을 하는 게 아니다. 변화는 그렇게 갑작스럽고 확실하게 일어나지 않았다. 하지만 어쨌든 변화는 일어났고, 사람이란 임의적으로 행동해야 하니, 그것이 일어난 연도를 1910년이라고 하자.[2]

마찬가지로 1651년 5월을 정치사상에 변화가 일어난 순간이라고 하자.[3] 그때 토머스 홉스가 『리바이어던』을 출간했고, 그와 더불

---

*여기서 '네 번째 사람'은 밀턴 프리드먼을 가리키며, 마거릿 대처 영국 총리는 재임 시절 "밀턴 프리드먼이 모두에게 잊혔던 자유의 경제학을 되살렸다"면서 그의 이론을 바탕으로 경제 정책을 운용했다 – 옮긴이

어 국민국가의 근대적인 개념이 태동했기 때문이다.

인간성에 대한 냉철한 시각에 토대를 두고 정치이론을 편 것은 홉스가 처음이 아니었다. 그 영광은 니콜로 마키아벨리Niccolò Machiavelli의 것이다. 마키아벨리 역시 최초로 연역적 추리에 따라 이론을 정립하지는 않았다. 그렇게 한 것은 이탈리아의 신학자이자 철학자 토머스 아퀴나스Thomas Aquinas였다. 하지만 그 역시 도시국가나 기독교 국가보다 국민국가에 초점을 맞추지는 않았다. 그렇게 한 것은 프랑스의 법학자이자 사상가 장 보댕Jean Bodin이었다. 하지만 홉스는 이 세 가지를 책으로 집대성한 최초의 사람이었다. 그리고 그는 최초로 통치자와 피통치자의 사회계약에 관한 폭발성이 큰 아이디어를 책에 첨가했다. 인류의 천재성이 빚어낸 위대한 산물 중 하나가 근대 정부라면, 『리바이어던』에는 그에 관한 건국 기록이 담겨 있다.

『리바이어던』의 핵심 철학은 정부의 가장 중요한 의무가 법과 질서의 제공이라는 것이다. 이것은 궁극적으로 인간을 빈곤으로부터 구해내고, 인류 문명을 가능하게 해주는 공익과 관련된다. 홉스는 무자비할 정도로 논리적인 결론에 도달했다. 그는 기계공이 작동 원리를 알아내기 위해 자동차를 분해하는 것과 아주 흡사하게 사회를 여러 구성 요소로 해체했다. 그는 '자연 상태'에서 삶이 어떤 모습일지 자문해보았다.

홉스는 인간은 본래 사회적 동물이라는 그리스 철학자 아리스토텔레스의 생각을 혐오했다. 반대로 그는 인간은 본래 두려움과 탐욕에 의해 이리저리 휘둘리는 작은 에고ego의 원자라고 생각했다. 그는 인간은 본래 운이 좋게 태어나면 명령하며 살지만, 운이 나쁘게 태어나면 나무를 자르고 물을 나르며 살도록 미리 운명 지어진 사회적 역할에 따라 살게 된다는 봉건적 개념을 거부했다. 또한 인간은 애착이나 소속 계급에 의해서가 아니라 오직 안전에 대한 두려움 때문에 서로 어울리려는 동기를 얻는다고 주장했다. 홉스의 말대로라면 인간은 자연 상태에서 "만인에 대한 만인의 투쟁" 속에 갇힌 채 "불쾌하고 야만적이고 짧은" 생을 살면서 서로를 이기려고 끊임없이 애쓴다. 미국의 보수주의자이자 신문 칼럼니스트 조지 윌George Will은 "홉스는 '있는 그대로의' 인간을 그리기보다 인간의 나쁜 점만 그렸다"고 꼬집었다.[4]

홉스는 이런 영원한 투쟁에서 벗어나는 유일한 길은 원하는 대로 할 수 있는 자연권을 포기함과 동시에 첫 번째로 권력을 휘두르는 기능을 갖고 있으며, 두 번째로 효율성에 따라 존재의 타당성이 달라지고, 세 번째로 무조건 진실만 말하고, 네 번째로 명령이 정의인, 즉 철학자의 가운을 걸쳐 입은 빅 브라더Big Brother(정보의 독점으로 사회를 통제하는 관리 권력, 혹은 그러한 사회체계 - 옮긴이)나 다름없는 정부를 세우는 것이라고 주장했다. 이런 '리바이어던'을 반대할 여지는 없다. 그랬다가는 인간은 다시 '정부가 없는 비참한 인생'을 살게 될 거라는 위협을 받을 것이다. 인간은 유일하게 극단적 환경 속에서 자신의 목숨을 구할 수 있는 권리만 소유하고 있다. 정부의 존재 목적이 사람의 목숨을 지켜주는 것인데, 정부가 사람을 완전히 파괴하는 것을 용납할 수는 없기 때문이다.

이런 엄격한 논리에도 불구하고 홉스의 주장은 그 자신의 개인적 경험으로부터 영향을 받아 감정적인 성격을 드러냈다. 그에게 는 질서 정연한 삶이 얼마나 쉽게 야만주의와 혼란 속으로 빠질 수 있는지를 이해할 만한 이유가 있었다. 1588년 거친 폭풍이 휘몰아 칠 때, 홉스의 어머니는 스페인(에스파냐) 무적함대가 쳐들어왔다 는 허무맹랑한 소문을 듣고 공포에 질려 예정보다 빨리 홉스를 칠 삭둥이로 낳았다. 홉스는 자서전에서 "당시 어머니는 너무나 공포 에 질린 나머지 나와 함께 공포라는 쌍둥이를 낳으셨다"라고 말했 다.[5] 홉스의 아버지는 영국 잉글랜드 남부 주인 월트셔에서 극빈층 으로 살면서, 교회보다 동네 맥줏집에서 더 많은 시간을 보내다가 어쩔 수 없이 '교회로 돌아간' 제대로 된 교육조차 받지 못한 목사 였다.[6] 엘리자베스 1세 시대의 영국은 늘 위협을 받았다. 스페인의 펠리페 2세가 편성한 무적함대를 보라. 그리고 종교적 갈등에 의해 심화된 피해망상증은 제임스 1세 시대에도 지속되었다. 1605년에 일어난 화약음모사건(당시 영국 가톨릭교도가 계획한 제임스 1세 암살 미수 사건 - 옮긴이)을 보라. 1640년, 이들 스튜어트 왕가가 이끈 독 재 정권은 재정난 속에 무너졌다. 그 결과로 일어난 찰스 1세와 의 회 청교도 적들 사이의 내전은 국왕 시해와 독재로 마무리되었고, 영국 전체 인구 중 목숨을 잃은 사람의 비율이 제1차 세계대전 때 보다도 높았다.*

당시 실각한 이들 중에 홉스의 절친한 친구이자 그가 『리바이어

---

*왕권신수설을 지지하면서 절대 권력을 얻으려고 했던 찰스 1세는 제1차 영국내전(1642~ 1645년)에서 그의 권력에 도전한 의회파와 그의 로마 가톨릭 우대 정책에 반대한 청교도와 맞서 싸웠으나 패하면서 대역죄로 사형을 선고받았다 - 옮긴이

던』을 헌정했던 프랜시스 고돌핀Francis Godolphin의 동생인 영국의
정치가 시드니 고돌핀Sidney Godolphin이 있었다.

홉스는 강력한 후원자들에게 붙어 이와 같은 인생의 불확실성들
을 해결했다. 옥스퍼드 대학 졸업 직후(그의 말에 따르면, 그곳에서 홉
스는 공부보다 치즈 조각을 미끼로 갈까마귀를 잡는 데 더 많은 시간을 쏟았
다) 홉스는 카벤디시Cavendish 가족의 개인교사가 되었다. 그로 인해
그는 매나 동물 사냥 같은 귀족 생활을 접할 수 있었고, 그랜드 투어
(17세기 중반부터 19세기 초반까지 유럽, 특히 영국 상류층 자제들 사이에
서 유행한 유럽 여행 – 옮긴이)를 떠날 때 제자인 윌리엄 카벤디시와 동
행했다. 실제로 홉스가 불혹의 나이에 우연히 유클리드의 『기하학
원론Geometry』 사본을 접하고, 책 속의 47번째 명제를 펼쳐보았던
때가 두 사람이 외국에 머물고 있던 1628년이었다. 그 명제는 프리
메이슨Freemason들로부터 여전히 많은 사랑을 받던 '피타고라스의
정리'라 불리는 기하학적 퍼즐이다. 이것은 직각삼각형의 빗변을
한 변으로 하는 정사각형의 넓이는 나머지 두 변을 각각 한 변으로
하는 두 개의 정사각형 넓이의 합과 같다는 정리다. 홉스는 "말도
안 돼! 그건 불가능해"라고 소리쳤다.[7] 그는 피타고라스의 정리에
매료되었고, 목적의식 없이 살던 호사가에서 철학자다운 철학자가
되었다. 홉스는 "내가 공부하면서 느끼는 극단의 희열은 내 안에 있
는 다른 모든 욕구를 초월한다"라고 말했다.[8]

처음부터 홉스의 철학은 논란을 일으켰기 때문에 위험했다. 그
는 군주제의 타당성에 대해 이단적인 생각을 가진 왕정주의자이자
체제 전복적 생각을 좋아하는 전제주의자였다. 1640년, 이미 당시

영국인의 평균 수명보다 10년 더 살았던 홉스는 영국을 떠나 파리로 간 다음, 그곳에서 17년 동안 미래의 찰스 2세를 비롯해 왕정주의자 망명가들의 개인교사로 일했다. 이어 1651년, 마침내 『리바이어던』을 출간했을 때 그는 올리버 크롬웰Oliver Cromwell이 통치하는 런던으로 되돌아가야 했다. 왜냐하면 종교에 대한 두드러진 경멸감 탓에 왕 주변 사람들과의 관계가 소원해졌기 때문이었다. 홉스는 찰스 2세가 1660년에 왕정복고에 따라 귀국하여 즉위한 뒤 개인교사였던 그를 각별히 아끼고, 그가 크롬웰 지지자들과 어울리고 가시 돋친 말로 교권 개입에 반대했던 일들을 용서하면서 연간 100파운드라는 후한 연금에 자유롭게 드나들 수 있게 해준 후에야 비로소 안전해졌다.

언뜻 보면 『리바이어던』의 내용 중 상당 부분은 우리 시대와 전혀 맞지 않는 듯하다. 삶이 미개하고 짧았던 시절에 도망자가 쓴, 절대권력을 정당화하는 책 같기 때문이다. 하지만 속지 말라. 이 책이 지금도 의미가 있는 것은 깊이와 폭이 대단한 내용을 담고 있는, 철저하게 근대적인 문건이기 때문이다.

홉스는 사회계약의 원칙을 토대로 삼은 최초의 정치이론가였다. 그에게는 권력은 신성한 권리라거나 왕가 계승의 산물이라는 왕정주의자의 주장을 옹호할 시간이 없었다. 즉 그는 리바이어던은 왕이 그런 것만큼이나 의회의 형식을 취할 수 있으며, 리바이어던의 본질은 가족 영토의 수집보다는 국민국가에 있다고 주장했다. 홉스가 꿈꾼 세상의 주연은 자유에 대한 갈구와 파괴될지 모른다는 두려움 사이에서 균형을 잡으려고 애쓰는 합리적인 개인들이다.

이런 개인들은 사회계약을 통해 위업을 달성한다. 그들은 가장 중요한 권리, 즉 자기 보존의 권리를 확보하기 위해 덜 중요한 권리들을 포기한다. 국가는 궁극적으로 왕을 위한 국민이 아니라 국민을 위해 만들어진다. 『리바이어던』의 표지 그림에는 수천 명의 작은 사람들이 뭉쳐 만들어진 강력한 왕의 모습이 그려져 있다.

홉스는 개인이 놀라울 만큼 많은 자유를 누릴 여지를 남겼다.[9] 주권자는 그가 선택한 것은 무엇이나 법률로 제정할 수 있는 권리를 갖고 있었을지 모른다. 하지만 어떤 권리건 그것이 의미나 기호를 나타내지는 않았다. 합리적인 주권자들은 적은 간섭만으로 통치했고, 그들도 진보적·합헌적 질서에 의해 제약을 받는 것처럼 행동했다. 정부는 사람들에게 어떤 일을 할 수 있는지 말해줄 필요가 없었다. 사람들은 굶주림을 피하기 위해 자발적으로 조직화하곤 했다. 홉스는 상업 사회에서 정부는 두 가지를 제공해야 한다고 주장했다. 하나는 원활한 상거래와 사기를 막기 위한 법률이고, 다른 하나는 사회의 희생자들을 돌봐주기 위한 최소한의 사회복지제도다.

왕정주의자들의 눈에 홉스는 위험한 평등주의자였다. 홉스가 말한 '자연 상태'는 사회의 위계질서에 적용된 산酸 같았다. 어떤 사람들은 다른 사람들보다 더 멋진 칭호를 받고, 더 멋진 옷을 입겠지만 자연 상태에서 그들은 모두 대동소이했다. 가장 키가 작은 사람이 속임수를 써서 가장 키가 큰 사람을 죽일 수도 있다. 홉스는 또한 현상에 대한 어떤 종교적인 정당성도 거부한, 아주 철저한 물질주의자였다. 그는 『리바이어던』에서 "우주는 물질적이고, 실재하는 모든 것은 물질적이며, 물질적이지 않은 것은 실재하지 않는다"

라고 썼다. 그에게 정부가 적법한지는 그것에게 인간의 물질적인 이익을 제고해줄 능력이 있는지에 달려 있었다. 그 외의 모든 것은 환상일 뿐이었다.

홉스가 쓴 방법들도 근대적이었다. 유클리드 기하학을 접한 이후 그는 마키아벨리의 가벼운 경험론보다 과학적 논리(사실상 수학적 연역법) 위에 자신의 정치적 이론을 세우려 했다. 홉스는 "국가를 만들고 유지하는 기술은 연산과 기하학이 그러하듯 특정한 규칙에 들어 있다"라고 말했다. 『리바이어던』은 마키아벨리와 동시대 화가인 카스틸리오네Castiglione가 그런 것처럼 왕을 보필하는 신하들에게 조언하기 위한 것이 아니었다. 그보다는 최고의 과학자들이 물질이나 동작 이론을 제시하는 것과 아주 똑같은 방식으로 정치 이론을 제시하기 위함이었다.

결과는 상당히 거북했다. 법과 질서를 선호함으로써 그는 의회 세력의 적이 되었고, 사회계약과 세속주의에 대한 열정은 그를 왕정주의자가 내세우는 명분의 적으로 만들었다. 91세가 되어 홉스가 침대에 누워 숨을 거두자 그가 공부했던 옥스퍼드 대학은 그의 글을 체제 전복적이라고 비난하며 보들리언 도서관 안뜰에 묻어버렸다. 하지만 오늘날 『리바이어던』은 체제 전복 훈련보다 억압의 정당화 수단으로 비난받을 가능성이 높다. 인도 출신 조각가 아니시 카푸어Anish Kapoor는 자신이 PVC로 조각한 거대한 작품 '리바이어던, 마뉴멘타Leviathan, Monumenta 2011'를 중국의 반체제 인사인 아이웨이웨이艾未未에게 헌정했다. 2012년 미국 대통령 선거 때 자유의지론자 정치인 론 폴Ron Paul은 『리바이어던』의 표지 그림을 보여주며 어떤 종류의 '사회계약' 때문에 한 사람이 다른 모든 사람을 통제하게 되는지를 알아야 한다고 호되게 비난하는 광고를 만들었다. 그가 대통령이 되면 이러한 비난을 받지 않는 사람이 되겠다는 뜻이었는지 모른다.

리바이어던 세우기

홉스가 『리바이어던』을 출간할 당시 영국만 내전을 겪고 있는 것은 아니었다. 영국에서 전도사 생활을 했던 제레미아 휘태커Jeremiah Whitaker는 1643년에 "요즘 세상이 흔들리고 있는데, 이런 흔들림은 팔츠(라인 주의 팔라틴 백작이 다스리던 독일제국 영토-옮긴이), 보헤미아(체코 서부 지역-옮긴이), 독일, 카탈로니아(스페인 동북부 지방-옮긴이), 포르투갈, 아일랜드 등지에서 나타나는 보편적인 현상이다"라고 말했다.[10]

17세기 상반기와 하반기에 유럽 국가들 사이에서 전쟁이 일어나지 않은 시기는 각각 1년(1610년)과 2년(1670·1682년)에 불과했다. 이름만 들어도 얼마나 잔혹했는지 알 수 있을 것 같은 30년 전쟁 동안 독일어를 구사하는 인구는 25~40퍼센트(이 수치는 도시와 시골 지역이 서로 다르다), 즉 600만~800만 명이 감소했다.

가장 선진화된 문명은 모두 동양에 있었다. 베이징은 100만 명이 넘는 세계 최대 도시였다. 난징은 베이징보다 조금 작은, 두 번째로 큰 도시였다. 이 외에 다른 6개 도시의 인구가 50만 명이 넘었고, 10만 명 이상 되는 도시도 스무 곳에 달했다. 인도에서는 3개 도시 인구가 40만 명 이상이었고, 10만 명 이상인 도시는 아홉 곳이었다. 이스탄불의 인구는 80만 명이었다. 유럽의 도시 중에서는 런던, 나폴리, 파리 세 곳의 인구만 30만 명이었고, 10만 명이 넘는 도시는 열 곳에 그쳤다.[11] 유럽 방문객들은 거대한 오스만제국과 보스포루스에 있던 휘황찬란한 수도에 압도당했다. 슐레이만 대제는 주군 중의 주군, 전 세계 군주들을 위한 왕권 배포자, 지구에 드리운 하느님의 그림자 등 온갖 명칭으로 불렸기 때문에 유럽의 구세주라는 소리는 그에게 시적 허용 정도로 느껴졌을 뿐이다.[12] 오스만제국은 터키와 아랍 세계로부터 발칸 반도, 아프리카, 인도, 동남아시아, 동북아시아로까지 세력을 확대하면서 기독교 국가들을 왜소해 보이게 만들며 활 모양으로 둥글게 펼쳐져 있던 이슬람 국가들에 속해 있었다.[13] 중국제국은 이보다 더 발전했다. 중화왕국中華王國('세계 문명의 중심'이라는 뜻으로 중국인들이 자기 나라를 이르는 말. 주변국에서 중국을 높여 이르는 말이기도 하다 – 옮긴이)은 유럽과 크기는 비슷했지만, 다양한 인구 밀집 지역과 대형 강을 연결시킨 광대한 운하 체제를 중심으로 통합되었다. 중국의 정부 구성도 이와 유사한 모양 같았다. 스텝 지대와 열대 정글, 테라스식 쌀 농가들과 히말라야 정상들이 있는, 유럽만큼 지리적으로 다양한 중국은 단 한 사람의 통치자인 '천제지자天帝之子'에 의해 통치되었다. 중국에서 그려진 세계지도를 보면, 옛 중국은 속국들과 굳이 이름을 가질 만큼 존재 가치조차 없는 야만국들에 둘러싸인 국가로 그려져 있다.

영국의 성직자 조셉 홀Joseph Hall은 중국 여행을 마치고 돌아온

1608년에 "우리는 우리가 사는 세상에서만 학습이 이루어지고 있다고 믿었다. 그러나 중국인들은 그런 우리의 생각을 비웃었고, 그들이 지구상에서 자신들만 눈이 두 개이고, 이집트인들은 외눈이며, 다른 나머지 세계 사람들은 맹인이라고 믿는 이상 그런 웃음은 당연할지도 모른다"라고 썼다.[14] 중국은 유럽보다 규모가 더 웅장했다. 황제의 궁전인 자금성에 머무는 사람의 수는 황제 가족, 관료, 환관, 수비대, 상인, 그리고 오가는 사람들을 포함해 30만 명에 이르렀다. 홉스의 어머니를 그토록 놀라게 한 스페인 무적함대도 17세기 중국 명나라 때 정화鄭和 제독이 인도와 아프리카의 뿔(에티오피아·소말리아·지부티가 자리 잡고 있는 아프리카 북동부 지역 – 옮긴이)과 호르무즈 해협(페르시아 만과 오만 만을 잇는 해협 – 옮긴이)으로 끌고 갔던 보선단과는 비교조차 되지 않았다.[15] 홉스를 매료시켰던 17세기 서양 학문을 체계적으로 정리하고자 하는 시도는 명나라 황제인 영락제가 만든 중국 최대 백과사전 『영락대전』의 편찬 활동에 비하면 초라한 수준에 불과했다. 2,000명 이상의 인재가 참여한 『영락대전』은 1,000권 이상으로 이루어져 있으며, 2007년에 다국적 온라인 백과사전인 위키피디아에 의해 밀려날 때까지 세계 최대 백과사전의 자리를 유지했다.

그런데 홉스의 생애 동안 유지되던 힘의 균형은 극적으로 바뀌었다. 홉스가 숨을 거두고 4년 뒤인 1683년에 투르크제국군은 2차 비엔나 포위 공격에 실패했고, 말 그대로 유럽의 환자*로 전락하게

---

* '유럽의 환자'는 경제적 어려움이나 곤란을 겪고 있는 유럽 국가를 칭할 때 쓰는데, 19세기 중반에는 오스만제국을 칭할 때 처음 사용되었다. 오스만제국이 유럽 강대국들의 경제적 통제하에 쇠락하면서 전쟁에서도 잇따라 패해 영토를 상실했기 때문이다 – 옮긴이

되는 전염병에 걸렸다.

아시아의 강대국들은 더욱 내향적인 것처럼 보였다. 일본은 쇄국정책을 펼치면서 자기만족적 망상에 빠졌다. 인도의 무굴제국이 심각한 부패에 빠지자, 홉스가 죽고 1세기도 지나지 않아 수천 명의 동인도회사 직원들이 인도를 점령할 수 있었다. 정화 제독이 이룬 공적은 근대 이전 중국의 위대함을 보여주는 중대한 의미를 지녔다. 황제가 제독에게 추가 대외 항해를 금지하고, 모든 외항선과 그가 이룬 공적 기록들을 삭제하라고 지시한 1433년부터 세계에서 가장 강력한 국가인 중국은 내향적으로 바뀌었다.

반면 유럽의 새로운 국민국가들은 해외로 눈을 돌렸다. 영국인, 프랑스인, 네덜란드인, 스페인과 포르투갈인 등 유럽의 모험가들은 도처로 진출했다. 유럽의 과학자들은 하늘을 탐구했고 유럽의 배들은 바다를 항해했다. 유럽 국가들은 인도와 극동 지역을 정복했다. 1500년에는 미친 사람만이 미래가 유럽의 것이 되리라 확신했을 것이다. 그런데 1700년이 되자 미친 사람만이 미래가 유럽 외에 다른 지역의 것이 되리라 확신했다.

유럽이 가진 비밀은 그곳 정부들이 혁신을 조장할 수 있을 만큼 가벼우면서, 질서를 부여할 수 있을 만큼 강력한 상태로 전성기를 구가하고 있었다는 점이다. 유럽의 왕자들은 왕국 내 귀족들이나 교회처럼 자신들과 경쟁 관계에 있는 권위의 중심들을 점차 경시했다. 종속 정도는 국가마다 달랐다. 프로테스탄트 국가들은 신성함의 후광을 교황에게서 왕에게로 이전했다. 하지만 스페인의 페르디난드 왕과 이사벨라 여왕, 프랑스의 프랑수아 1세에서부터 시작해 일련의 가톨릭 군주들은 또한 준국가적 교회들을 세우는 데 성공했다. 프랑스인들은 다른 어떤 나라보다도 귀족들을 왕의 '꼭두각시'로 만드는 데 수완을 보였다. 하지만 어디서나 왕들이 중앙정부의 힘을 강화하고, 보다 효율적인 징세 기구를 만들고, 중세 유럽의 주된 특징이었던 혼란스러운 지방 통행료, 규제, 제한들을 합리화한 강력한 귀족들(영국의 토머스 크롬웰, 프랑스의 리슐리외 추기경, 스페인의 올리바레스 백작 등)을 승진시키는 경향을 보였다.

이로 인해 유럽은 인도 문명을 무기력하게 만든 문제로부터 벗어날 수 있었다. 인도는 너무나 허약해(혹은 스웨덴의 경제학자이자 정치가인 군나르 뮈르달Gunnar Myrdal의 말을 빌리자면, 너무나 '무른' 나머지) 계속해서 소규모 공국으로 와해되었고, 이들 공국은 궁극적으로 회교도이건 영국인이건 간에 보다 강력한 침략자들의 먹잇감이 되었다. 동시에 유럽에서 가장 강력한 힘을 지닌 군주라고 해도 중국 황제에 비하면 훨씬 힘이 없었다. 중국 황제가 휘두른 광대한 관료주의(엄격한 시험을 통과한 가장 똑똑한 사람들을 거느린 상태로)는 중국의 토지 귀족이나 도시 중산층으로부터 아무런 반발을 사지 못했다.

사실상 유럽의 군주들은 지방의 주요 세력과 권력을 공유하지 않을 수 없었다. 도시건 기업이건 귀족이건 간에 군주에 맞서지 않기로 한 이상 그들은 상당한 정도의 자치권을 부여받았다. 독재자인 루이 14세는 "짐이 곧 국가다"라고 주장했을지 몰라도 다른 많은 군주들은 자신을 홉스가 암시했듯 국가의 종으로 간주하게 되었다. 왕관을 "비가 스며들게 해주는 모자"라고 부르기도 했던 프리드리히 대왕은 통치자를 국가의 '첫 번째 사람'으로 간주하며 이렇게 말했다. "통치자는 집무실의 품위를 유지하기 위해 많은 보수를 받는다. 대신에 그는 국가의 복지를 위해 효율적으로 일해야 한다."[16] 유럽의 정부들은 '사람 아래가 아니라 법 아래'라며, 사람의 기분보다 법에 기초한 통치 개념을 받아들였다. 그들은 또한 재산과 의회 같은 대표적인 제도를 용인했다. 이런 제도들은 분명 군주들이 더 많은 권력을 축적하려고 할 때 엄격한 검증을 받곤 했지만, 그럼에도 불구하고 살아남아 다시 등장하며 본래 갖고 있던 이점들을 보여주었다.

유럽의 국민국가들은 홉스의 생애 전반기 동안 그들을 갈기갈기 찢어놓겠다고 위협할 정도로 위험한 문제였던 '종교 전쟁'을 억제하는 데도 성공을 거두었다. 1648년에 체결된 베스트팔렌 조약은 피비린내 나는 '30년 전쟁'을 종식시키는 데 그치지 않았다.

그것은 또한 유럽 정세에 "각 지역 주민의 신앙은 지역 통치자의 신앙에 따른다"는 새로운 급진적 원칙을 표방했다. 군주들은 다스리는 국가 경계 내에 있는 종교에 대해 절대권력을 가졌지만, 다른 왕국의 종교적인 사안까지 개입할 권리를 갖지는 않았다. 이런 평화는 마침내 국가이성에 대한 신조를 유럽 외교의 지도 원칙으로 만들었다. 물론 종교 전쟁들은 계속되었다. 영국의 시민전쟁은 1660년 찰스 2세가 돌아오기 전까지 계속되었고, 당시의 유산 중 하나인 아일랜드 내 프로테스탄트와 가톨릭의 싸움은 지금까지도 이어지고 있다. 하지만 종파적 갈등이 더 이상 유럽 외교 정책의 중심에 있지는 않았다. 유럽의 국민국가들은 국경을 넘어 종교적 진실을 전파하려고 애쓰기보다 세속적인 우위를 점하기 위해 서로 경쟁하는 데 집중했다.

유럽의 정부들은 수 세기에 걸쳐 극적인 통합 과정을 밟았다. 중세 말기에 주권체 수는 400개 정도였을지 모르지만, 제1차 세계대전이 시작될 무렵에는 25개 정도로 감소했다.[17] 하지만 어느 한 정부도 터키나 중국인들이 그랬던 것처럼 지역 전체의 헤게모니를 쥘 만큼 강력하지는 않았다. 대신 유럽의 통치자들은 계속해서 패권 다툼을 벌였고, 국가 경영과 경제 개발에 집중했다.

안정 추구 노력은 혁신으로 이어졌다. 중국인들은 중국을 중화왕국으로 간주할지 모른다. 하지만 유럽의 군주들은 자신들이 현재와 미래의 적들에게 포위되어 있다는 사실을 고통스럽게 인정했다. 그들은 중국인들이 오락용으로 보유했던 화력을 신속히 전쟁 용도에 맞게 개량하면서 군사 기구들을 만들었다. 또한 중국인들이 궁극적으로 군함을 포기했던 반면, 유럽의 군주들은 범선들을 "주위를 속사포로 감싼 부성浮城"으로 만들었다. 사회학자 찰스 틸리Charles Tilly의 말대로 "전쟁이 국가를 만들고 국가가 전쟁을 만든다면"[18] 유럽인들은 전쟁을 했고, 따라서 다른 누구보다 더 국가를 잘 만들었다. 유럽인들은 또한 다른 국가에서 일어나는 일을 지속적으로 감시하는 외교 기구들을 개발했다. 국내에서 벌어진 경쟁은 유럽이란 한정된 지역에서뿐만 아니라 공해公海에서도 서로 앞서 나가기 위한 국가 간 경쟁으로 이어졌다. 유럽의 갤리언선들은 남미와 북미를 점령했고, 인도에서 동남아시아 지역까지 이어지는 광범위한 제국을 탄생시켰다.

유럽은 무역과 경쟁에서뿐만 아니라 싸움 면에서도 경쟁국들보다 뛰어났다. 유럽의 정부들은 이런 활동에 필요한 군인과 선원들에게 지불할 자금이 필요했고, 자금 공급 능력은 궁극적으로 경제의 건전성에 달려 있었다. 또한 17세기 영국의 상인이자 정치가인 조시아 차일드 경Sir Josiah Child이 말한 대로 "(유럽의) 정부들은 이윤과 권력을 동시에 고려해야 했다".[19] 이 점에서는 영국이 선두를 달렸고, 나머지 유럽 국가들은 뒤를 따랐다. 영국의 군인과 선원들은 대부분의 갈등 지역에서 승리했으며, 점차 해외로 활동 범위를 넓힌 영국 상인들을 지원했다. 영국은 세계 최초의 유한책임회사(홉스는 카벤디시 가족과의 인연으로 버지니아 컴퍼니와 소머 아일랜즈 컴퍼니라는 유한책임회사에서 일했다)를 대부분 세웠다.[20]

그러한 생각은 가끔 중상주의적 정책을 촉진했다. 즉 일반적으로 세계 열강들 중에 가장 자유로운 무역 국가인 영국조차 동인도회사에 동인도 무역에 대한 독점권과 함께 영국 해군의 전폭적인 지원을 해주었다. 영국은 동인도회사가 국력을 키워줄 수 있다고 믿었다. 하지만 유럽의 중상주의는 왕의 편애나 황제의 기분에 의해 주도되기보다 보통 특허를 포함한 재산권에 기반을 두고 있었다. 그리고 일반적으로 상거래 활동은 이슬람이나 아시아 지국들보다 유럽에서 훨씬 더 자유로웠다.

중국의 황제들은 황금알을 낳는 거위를 구하기도 했다가 죽이기도 하는 등 갈팡질팡했다. 다시 말해, 한때는 무역으로 거액의 임차료를 뽑아내기도 했다가 다음에는 사회질서를 위협한다며 무역을 전면 금지시켰다. 1661년 강희제는 남부 해안(지금도 그렇지만 당시에도 남부 해안은 중국에서 상거래가 가장 활발한 지역이었다)을 따라 거주하던 모든 백성에게 내륙 쪽으로 17마일(약 27킬로미터 - 옮긴이)을 이주하라고 지시했다.[21] 1,000년 동안 중국을 통치한 학자 출신 관료들은 상거래를 통해 생계를 꾸려나가는 천한 백성들을 규제해야 한다고 믿었다. 위대한 헝가리-독일-프랑스계 중국학 학자인 에티엔느 발라즈는 "몰록국가Moloch-State"*와 그것의 어처구니없는 규제들이 중국이 장기적으로 유럽과 경쟁할 수 있는 기회를 모두 말살해버렸다고 주장했다.

> 복장과 공공과 민간 건설(주택 면적)은 물론이거니와, 의상 색깔과 듣는 음악과 축제 등도 모두 규제 대상이다. 생과 사에 대한 규정도 존재한다. 하늘이 도와 이루어진 국가가 국민들의 일거수일투족을 요람에서 무덤까지 이 잡듯이 감시한다. 이것은 서류 작업과 괴롭힘, 아니 끝없는 서류 작업과 끝없는 괴롭힘을 특징으로 하는 정권이다.[22]

중국의 우월성에 대한 자부심은 다른 세계에 대한 철저한 무관심을 낳았다. 1792년 9월 영국의 조지 3세는 조지 매카트니 경Lord George Macartney의 인솔하에 망원경, 시계, 기압계, 스프링 현가장치를 장착한 대형 사륜마차, 공기총을 포함해 수많은 선물을 준비해 중국에 무역 대표단을 파견했다. 청나라의 건륭제는 처음에 대표단을 몇 달 동안 기다리게 한 후 마침내 만나기로 해놓고 그들을 통해 영국에 다음과 같이 철저히 무시하는 답변을 보낸 것으로 유명하다.

---

*몰록은 본래 이스라엘의 이웃인 암몬족이 숭배했던 무시무시한 신을 말하며, 몰록국가는 법과 정의가 아니라 강압적인 질서에 따라 통치하는 국가를 일컫는다 - 옮긴이

우리는 기발한 물건들을 중요시한 적이 없다. 또한 우리는 당신 나라에서 만든 물건들이 전혀 필요 없다. 따라서 왕이시여, 누군가를 우리나라 수도에 머물게 해달라는 당신의 요청에 대해 말씀드리자면, 그것은 중국 왕조의 법도에 어긋날 뿐만 아니라 우리는 그것이 당신 나라에도 아무런 도움이 되지 못한다고 절실히 느낀다.[23]

이것은 '기발한 물건들'에 대한 차별화된 태도이자 현재 '제품 개발'이라고 불리는 것을 하는 데 필요한 아이디어와 열정에 대한 개방성을 보여주는 대답이었다. 중국인들은 일련의 인상적인 '최초의 것들(최초의 시계와 망원경 및 화약)'을 발명했지만, 그런 발명품들을 이용하는 데는 거듭 실패했다. 실제로 이후의 황제들은 심각할 정도로 지적 무기력감에 빠져 있었기 때문에 중국을 방문한 예수회 수도사들은 그들을 위해 망원경과 다른 '천체 관측 도구들'을 만들어줘야 했다. 이와 동시에 이슬람 국가들은 점차 종교를 위해서라는 명분으로 과학을 맹비난하면서 성직자들에게 학생들이 『코란』을 배우게 만드는 데 집중할 수 있도록 책과 학교들을 불태울 것을 장려했다. 미국의 정치학자 새뮤얼 헌팅턴Samuel Huntington은 한때 "이슬람 세계에서 신은 곧 시저다. 중국과 일본에서 시저는 신이다. 그리스정교회에서 신은 시저의 하급 동업자다. 서양 문명에서 전형적인 교회와 국가 사이의 분리와 거듭된 충돌은 다른 어떤 문명에서도 존재한 적이 없다"라고 말했다.[24]

17세기 후반이 되자 새로운 철학이 뿌리를 내리면서 왕들이 아이디어의 후원자가 되고, 과학은 과거 어느 때보다 더 많은 원칙에 질문을 던질 수 있는 직업으로 바뀌면서 유럽에서 지적 혁명이 일어났다.[25] 유럽의 통치자들은 종교적 정통주의에 지쳐갔다. 그들은 또한 두뇌 경쟁에서 진다면 이웃국가들과의 참혹한 경쟁에서 살아남을 수 없다는 사실을 깨달았다. 그들은 과거에 정통주의를 지지하기 위해 경쟁했던 것처럼 이제는 아이디어의 후원자가 되기 위해 경쟁하기 시작했다. 1660년 자연과학학회인 왕립학회 설립 특허장을 내주기로 한 찰스 2세의 결정은 재빨리 유럽 전역으로 퍼져나갔다.

과학적 아이디어들이 유행하자 정치적인 아이디어들도 덩달아 유행하기 시작했다. 『리바이어던』은 권력의 성격을 둘러싸고 가열된 정치적 논쟁의 단초가 되었다. 『리바이어던』이 출간되고 1년 후 옥스퍼드에서 학위를 시작했던 존 로크John Locke는 사회는 사회계약의 결과라는 홉스의 생각에 동의했지만, 그의 냉정한 시각을 다양한 방식으로 수정했다. 로크는 자연 상태는 갈등으로 점철되었다기보다는 조화롭다고 생각했다. 신은 인간에게 재능과 기술을 선사했고, 인간에게 이용할 수 있는 자원의 세계를 제공해주었다는 것이다. 로크는 정부가 합의보다는 갈등의 원인이 될 수도 있다는 점을 지적했다. 그때까지 모든 기존 사회의 역사는 통치자들의 야심에 의해 야기된 전쟁과 갈등의 역사였기 때문이다. 로크는 사람들은 단지 두려워서가 아니라 편하게 살려고 주권자에게 권력을 위임하기 때문에 앞으로는 훨씬 덜 위임해야 한다고 생각했다. 로크의 주장대로 사람들이 정부에 세금을 물리거나 본인의 소유물에 참견할 수 있는 전권을 위임하는 것은 "재산의 보존을 정부의 존재

목적이 되게 하기 위해서"였다.[26]

1688년 영국에서 일어난 시민혁명인 명예혁명은 통치자들의 야심을 억누르기 위해 유럽이 벌인 가장 성공적인 시도의 상징이었다. 가톨릭교도인 제임스 2세는 시민전쟁 당시에 잃었던 일부 권력을 되찾으려 했다. 또한 그는 영국이 유럽의 가장 위대하고 강력한 가톨릭 국가인 프랑스와 보다 유사해지도록 애썼다. 1688년 의회는 신교도인 왕의 장녀 메리와 그녀의 남편인 네덜란드 총독 윌리엄과 교섭하여 왕위를 폐하고, 두 사람을 공동 통치 형태의 영국 왕으로 맞이했다. 1689년 2월 의회는 윌리엄에게 국가의 '고전적인 권한과 자유'가 정리된 권리장전을 제출했고, 그에게 세금을 걷거나, 법률을 정지시키거나, 상비군을 소집할 때 의회의 동의가 필요하다는 점을 상기시켰다. 그러자 재산과, 재산이 있는 엘리트들의 권리가 왕의 권리를 능가하기 시작했다. 1688년 5월 메리와 함께 네덜란드 망명 생활을 접고 귀국한 존 로크는 새로운 정권을 열렬히 지지했다.*

로크는 또한 1694년 새로운 정권의 가장 중요한 업적인 영란은행Bank of England**의 탄생에 적극적으로 나선 인물 중 한 명이다. 영란은행의 탄생은, 영국이 세계 금융시장에서 초강대국으로 부상할

---

*로크는 샤프츠베리의 백작인 애슐리 쿠퍼 경의 간 종양을 치료해준 것을 계기로 정치에 참여하게 된다. 애슐리 경은 휘그당의 지도자였는데, 휘그당은 로마가톨릭교도인 요크 경 제임스(훗날의 제임스 2세)의 왕위 승계를 반대했다. 애슐리 경이 추진한 왕의 암살 음모가 실패하자 로크는 1683년 네덜란드로 망명했다 - 옮긴이

**1600년대 말에 영국은 통화가치의 안정 없이 자본주의가 발전하기 어렵다는 점을 깨달았는데, 이를 관철시킨 장본인이 경제학자로도 활약한 로크였다. 1694년 로크의 주도하에 영국의 국립중앙은행인 영란은행이 민간 은행으로 처음 세워졌다. 영란은행이 국유화되어 제대로 된 중앙은행으로서의 모습을 갖추게 된 것은 1946년 제2차 세계대전 이후이다 - 옮긴이

수 있는 계기를 마련해주었다.[27]

근대 진보국가로 발전하는 전환점이 된 명예혁명은 영국이 프랑스식 모델에 따라 절대주의 국가가 될 가능성에 종지부를 찍는 동시에 급진주의자들에게 영국 정부의 무절제한 행동에 대해 불평할 수 있는 기회를 만들어주었다.[28] 18세기에 영국인의 급진주의를 평가하는 데 유용한 척도는 그가 리바이어던이 가진 힘을 줄이기 위해 얼마나 애쓰고 있는가였다. 일부 사상가에게 이것은 부수적인 일이었다. 고전 경제학의 창시자인 애덤 스미스Adam Smith는 시장이 발전을 이끄는 실질적인 엔진이기 때문에 국가는 시장에서 손을 떼는 게 최선이라고 믿었다. 그의 동료인 스코틀랜드 출신의 철학자 데이비드 흄David Hume은 권력과 법치의 분리에 초점을 맞추었다. 국가에 대한 훨씬 더 직접적인 공격은 미국 작가이자 혁명 이론가인 토머스 페인Thomas Paine으로부터 나왔다. 페인은 사람들이 성직자들에 의해 속거나 통치자들에 의해 괴롭힘을 당하지 않는다면 당연히 많은 일을 합리적으로 처리할 것이라고 믿었다. 페인은 『상식Common Sense』과 『인간의 권리Rights of Man』(이 책은 영국에서 프랑스혁명 직후인 1776년에 출간되었다)에서 정부를 기생충 같은 존재로 폄하했다. 그는 "사회는 우리의 욕구에 의해, 정부는 우리의 사악함에 의해 생성된다. 전자는 우리의 애정을 통합함으로써 우리의 행복에 긍정적으로 기여하는 반면, 후자는 우리의 사악함을 억제하며 우리의 행복에 부정적으로 기여한다"라는 유명한 문구를 남겼다.[29] 페인은 정부를 사회로부터 빼낸 세금을 부자와 법원의 사치품을 사는 데 쓰기 위한 기구에 지나지 않는다며 깎아내렸다.

유럽 대륙 내 많은 지역에서 정부의 크기를 둘러싼 논쟁은 후순위로 밀렸다. 네덜란드와 스칸디나비아인들은 영국과 같은 걱정을 했다. 유럽 대륙의 몇몇 진보주의자는 군대에도 유사한 요구를 했다. 하지만 대개 거물들은 그보다 더 심각한 사안이라고 생각했던 것들에 집중했다. 프랑스의 사상가 장 자크 루소Jean-Jaques Rousseau는 『사회계약론The Social Contract』(1762년)에서 "인간은 자유롭게 태어났지만 어디서나 사슬에 묶여 있다"라는 말로 홉스의 생각을 완전히 뒤집었다. 루소에게 올바른 정치의 목적은 리바이어던을 제한하는 게 아니라 리바이어던이 개인들의 의지가 모여서 만들어지는 일반의지에 의해 확실히 통제되게 만드는 것이었다. 이런 철학은 루소를 로크에 비해 더 민주적 사상가로 만들었다. 하지만 그것은 또한 자유화와 전체주의의 구분을 흐려놓으면서 파멸적인 결과를 초래했다. 영국의 사상가이자 역사학자인 토머스 칼라일Thomas Carlyle이 정확히 말한 대로 『사회계약론』 2판은 1판을 보고 웃었던 사람들의 피부로 묶여 있었을지 모른다.[30]

이러한 생각은 단지 공상에 그치지 않았다. 페인은 "우리에게 세상을 다시 시작할 힘이 있다"라고 믿었다.[31] 또한 18세기 들어 수십 년 동안에는 그 생각이 맞는 것 같았다. 1787년 미국 헌법 제정 시기에 헌법의 초안을 잡고 국가의 기초를 다진 이른바 건국의 아버지들은 미국의 본보기를 찾고자 영국의 진보주의적 전통으로 눈을 돌렸다. 그들은 인간은 천사가 아니라는 홉스의 시각을 받아들였지만 그와 정반대의 결론을 내렸다. 그것은 주권자의 손에 권력을 모아주기보다는 최대한 권력을 분산해서 각 파들이 서로 견제하고 균형을 잡을 수 있게 해야 한다는 것이었다. 그들은 또한 정부의 가장 중요한 존재 목적은 개인들이 각자의 목적(특히 모두 당연히 재산의 보호 문제와 얽혀 있는 인생, 자유, 행복 등)을 추구할 수 있는 권리를 보호하는 것이라는 로크의 관점을 수용했다. 새로운 미국에서 가장 눈에 띄는 부분은 주권을 다양한 정부 부서들과 단계들 사이에서 분할하는 것이었다.

이것은 급진적인 일이었다. 미국에서 일어난 혁명들은 진보적 철학의 가장 완벽한 전형을 낳았다. 철학자 헤겔G. W. F. Hegel이 말한 대로 미국은 "훗날 세계 역사학자 짊어진 부담의 정체를 밝혀줄 미래의 땅"이었다. 하지만 18세기 후반 미국은 문명화된 세계의 변방에 있는, 인구도 많지 않은 국가였다. 문명화된 세계의 중심은 여전히 유럽이었고, 따라서 미국의 혁명은 훨씬 더 피비린내 나는 사건에 의해 가려졌다.

프랑스 혁명은 유럽을 뿌리째 뒤흔들었다. 프랑스 혁명은 세속적인 사안은 왕과 귀족들이 결정하고 영적인 사안은 성직자들이 결정하는 구舊유럽의 근본 원칙들에 대해 가차 없이 공격을 퍼부었다. 그것은 모든 인간은 동등하게 창조되었고, 모든 주장은 논리의 검증을 받아야 한다는 완전히 다른 원칙들을 선언했다. 또한 러시아 혁명이 공산주의 창시자인 칼 마르크스Karl Marx의 철학을 토대로 삼았듯, 프랑스 혁명은 장 자크 루소의 철학을 토대로 삼았다. 혁명 당시 발표된 「인간과 시민에 관한 권리 선언」에는 루소의 위대한 책 『사회계약론』에서 다량 발췌한 문구가 포함되었다.

프랑스 혁명은 유럽 전역으로 확산되었다. 그럼에도 불구하고 그것의 기본 원칙들은 안에서부터 흔들리고 있었다. 즉 이성의 통치는 단두대의 통치로, 국민의 통치는 관념론자들의 독재로 이어졌다. 1793~1794년에 일어난 공포정치*는 보다 지속적인 질서의 추구로 이어졌다.

당시 쿠데타로 정권을 장악한 나폴레옹은 스스로 황제 자리에 오른 후 형제자매에게 왕권을 나눠주었다. 그리고 1814년에 일어난 부르봉 왕정복고**는 이런 기존 상태로의 복귀에 종지부를 찍었다.

미국에서 일어난 혁명들과 달리 프랑스에서 일어난 혁명들은 국가의 권력에 제한을 두는 문제를 다루지 않았다. 그들은 단순히 구체제를 무너뜨렸고, 왕과 귀족들을 새로운 인물로 대체했다.

따라서 진보적 혁명의 태동을 이해하기 위해 우리 두 필자는 미국과 프랑스를 뛰어넘어 다시 세계 최강 제국의 중심에 서 있으며, 산업혁명의 소용돌이를 일으킨 영국으로 돌아가고자 한다. 영국의 철학적 진보주의자들은 어떤 면에서 미국 독립혁명의 주도자들만큼 특별했다. 그들은 역사적 전통으로 수놓인 고대 국가를 골라서 그곳을 효율성과 개방적 경쟁이라는 진보적 원칙들에 따라 개조했다. 빅토리아 시대의 진보주의자들은 개인의 에너지에 대한 제한을 일소했다. 그들은 개인의 자유, 특히 경제적 자유를 억제할 수 있는 온갖 변칙을 발본색원하는 한편, 실력주의를 정부의 중심 이념으로 삼았다. 그 어떤 면보다 바로 이 점에서 홉스가 생각했던 국가

---

*프랑스 혁명기에 민중의 지지를 받던 자코뱅당이 투옥, 고문, 처형 등 폭력적인 수단을 사용한 정치 형태를 말한다 - 옮긴이
**1589~1792에 프랑스를 통치한 부르봉 왕가의 루이 18세가 나폴레옹 몰락 이후 1814년에 왕위를 되찾은 사건 - 옮긴이

는 훨씬 진보적인 국가가 탄생할 수 있는 계기를 마련해주었으며, 이는 다시 복지국가가 탄생할 수 있는 길을 열어주었다.

한 빅토리아인이 이것을 구현했다.

2장

★ ★ ★ ★ ★

존 스튜어트 밀과 자유국가

존 스튜어트 밀은 유럽의 발전을 보여주는 생생한 사례다. 홉스가 타계하고 127년이 지난 1806년에 태어난 그는 홉스가 살던 당시와는 크게 달라진 영국에서 살았다. 당시 영국은 기능장애, 후원, 두려움보다 개선, 개혁, 낙관주의를 특징으로 하는 나라였다. 밀에게는 카벤디시 가족 같은 귀족 후원자가 필요 없었다. 그의 아버지이자 유명한 사상가인 제임스 밀James Mill은 아들을 세상에서 성공할 수 있는 영재로 키웠다. 밀은 회사 평직원(동인도회사), 의회 의원(웨스트민스터를 대표하는), 그리고 사회참여 지식인(당시 위대한 저널들에 글을 기고하는)으로서 비교적 근대적인 경력을 쌓아나갔다. 밀은 내전이나 망명을 경험한 적이 없었다. 그는 "나처럼 정말로 특별한 사건이 없는 삶"에 대한 이야기를 하게 되어 죄송하다는 말로 자서

전을 시작했다.[1] 밀이 자서전에 적어놓은 유일한 싸움은 그가 세 살과 여덟 살 때 각각 그리스어와 라틴어를 익히느라 벌였던 것뿐이었다. 그리고 그가 목격한 유일한 혁명은 한정된 토지 귀족으로부터 카벤디시 가족과 밀의 가족이 모두 포함된 보다 광범위한 교육을 받은 엘리트들로의 평화로운 권력 이양이었다.

이런 점은 밀의 사고의 바탕이 되었다. 그에게 가장 중요한 정치적인 관심은 혼란으로부터 질서를 창조하는 방법이 아니라 질서의 수혜자들이 가진 능력을 최대한 개발함으로써 확실한 행복을 성취하게 만드는 방법이었다. 그는 자아실현을 가로막는 장애물들을 제거함으로써 훗날 영국의 철학자이자 정치사상가인 이사야 벌린 Isaiah Berlin이 말한 '소극적 자유'*를 확대하는 데 집중했다.

하지만 그런 경우 리바이어던은 어떻게 될까? 무엇보다 밀은 이 질문에 쉽게 답할 수 있다고 생각했다. 그는 리바이어던이 시장에 대한 개입을 최소화하고 국방과 외교, 치안 등 질서 유지 임무만 맡는 야경국가(밀이 직접 야경국가라는 말을 언급한 적은 없지만 결국 그의 국가관을 요약해놓은 게 야경국가다)가 될 것이라고 생각했다. 하지만 나이가 들면서 그는 이런 생각을 재고해보기 시작했다. 가난한 사람에게 적절한 교육을 제공하지 못하는 국가 역시 그의 행복과 자유를 제한하는 것은 아닐까? 밀은 서양의 자유주의의 중심에 있던 전형적인 논쟁을 보여주었다. 순전히 작은 정부만 옹호하는 자유

---

*"어떤 주체가 타인으로부터 간섭받지 않고, 자신이 가능한 것을 하거나 있을 수 있는 상태가 되는 것이 방임되는 범위는 어떠한 것인가?"라는 질문을 토대로 '타인에 의한 간섭의 부재'라는 소극적인 기준에 의해 자유를 파악하는 것. 로크나 밀 등이 제창한 자유주의를 그 전형으로 한다 – 옮긴이

주의자로 자란 밀은 점차 더 큰 국가에 대한 명분을 수용했다.

밀은 토지 귀족들과 영국 성공회 성직자들로 이루어진 영국 구체제의 대안을 모색하는 데 한평생을 바친 철학적 급진주의자들인 빅토리아 시대의 지식인 집단에 속해 있었다. 그들 중에는 그때까지 밀에게 가장 중대한 영향을 미친 그의 아버지도 포함되어 있었다. 아버지 제임스 밀은 스코틀랜드의 가난한 집안에서 태어났지만, 재능과 성실함 덕분에 당시 세력을 떨치던 동인도회사에서 좋은 자리를 얻은 후 인도에 대한 영국의 개입을 주제로 한 고전적인 연구에 매진했고 프리랜스 언론인으로서 가족을 부양하며 장남 존 스튜어트를 똑똑한 경주마처럼 훈련시켰다. 제임스가 내세운 위대한 좌우명은 '자유', '이성', '노력'이었고 그는 영국의 전통적인 지배자들은 이 세 가지 면에서 모두 위험한 존재라고 믿었다.[2] 한량 같은 지주들이 다른 사람들이 애쓴 노동의 결실에 의지해 살고 있을 때 과연 산업이 어떻게 번창할 수 있단 말인가. 무식한 성직자들이 사람들의 사고방식을 좌지우지할 때 어떻게 과학적 이성이 발전할 수 있단 말인가. 존 스튜어트는 어린 시절에 배운 가장 중요한 교훈 중 하나가 종교개혁이 "자유로운 사고를 위해 사제의 폭압에 맞서 벌인 위대하면서도 단호한 싸움이었다는 점"이라고 회상했다.[3] 그는 또한 30세가 넘은 남성들만 가질 수 있는 보통선거권을 주제로 저녁식사를 하면서 벌였던 논쟁들을 기억했다.

제임스는 아들에게 그러한 특별한 교육 체제를 맛보게 해주려는 실질적인 동기를 갖고 있었다. 그는 아들이 구체제의 심장을 겨냥한 초강력 미사일과 같은 '세상의 개혁가'가 되어주기를 바랐다.[4]

그는 젊은 개혁가인 아들을 위대하고 훌륭한 작은 정부를 옹호하는 진정한 티파티에 소개했다. 존 스튜어트의 대부이자 영국의 공리주의를 대표하는 사회 사상가인 제레미 벤담Jeremy Bentham(어린 밀이 보기에 벤담은 "역사상 가장 효율적으로 자애로운 사람이었다")은 그에게 제도를 실질적으로 검증하기 위해서는 그것이 얼마나 오래갈 수 있는지가 아니라 최대 다수에게 최대의 행복을 줄 수 있는지를 알아봐야 한다고 가르쳤다. 당시 영국의 대표적인 고전파 경제학자인 데이비드 리카도David Ricardo는 그에게 부는 토지 형태로 고정되어 있는 것이 아니라 인간의 노력에 의해 크게 늘어날 수 있는 것이라고 가르쳤다. 어리지만 조숙했던 밀이 우연히 마주친 사람들은 모두 성공의 비밀은 민간기업을 국가의 죽은 손으로부터 풀어주고, 자유로운 사고와 시장이 행복하게 기능할 수 있는, 즉 생각하고 말하고, 묻고, 개발하고, 저렴하게 사서 비싸게 팔 수 있는 자유를 누리는 여유를 만들 수 있는지에 있다는 데 동의했다.

철학적 급진주의자들은 문필가이자 정치가인 윌리엄 코빗William Cobbett이 비난한 '낡은 부패'에 맞서 벌인 광범위한 운동에 앞장섰다. 코빗처럼 급진주의자였던 작가 존 웨이드John Wade는 『특별한 검은 책The Extraordinary Black Book』을 편찬했는데 여러 장소, 연금, 한직, 족벌인사, 법원, 교회, 정부 부처, 식민지, 지방자치단체, 길드, 사법부, 군대 등에서 목격되는 다원주의 사례가 수백 가지나 담겨 있는 이 책은 1816년 이후 수없이 많은 판본이 등장했다. 1830년에 나온 한 급진적 성격의 책은 그렌빌Grenvilles과 둔다스Dundases라는 두 집안이 "지난 40년 동안 같은 기간 미국의 전체 시민정부를 유지하는 데 들었던 비용보다 더 큰 돈을 여러 한직에 종사하면서 벌었다"고 꼬집었다.[5] 당시 유행하던 시는 다음과 같은 2행 연구로 시작했다.

동료란 무엇인가? 쓸모없는 것
값비싼 장난감, 왕을 기쁘게 해주기 위한…….

이 시는 계속해서 귀족을 '싸구려 보석 같은 존재', '야하고 변화무쌍한 흥미로운 존재', '큰 걱정거리', '게으름뱅이', '국고로 생활하는 극빈자' 등으로 묘사했다. 소설가들도 이런 비난에 가세했다. 19세기 영국을 대표하는 소설가인 찰스 디킨스Charles Dickens는 소설 『황폐한 집Bleak House』(1853년)에서 영국의 법률제도를 '터무니없는 시간 낭비'로 풍자했고, 소설 『리틀 도릿Little Dorrit』(1857년)에서는 발전을 가로막는 데 전념하는 정부 부처를 '관료주의적인 관공서'로 묘사했다.

밀의 생애는 홉스 시대 이후 일어난 영국의 가장 중요한 변화, 즉 특권, 후원, 구입을 특징으로 하는 구체제를 자본주의 국가로 대체한 조용한 혁명과 밀접한 관련이 있었다. 1815~1870년에 등장한 정부들은 동인도회사, 서인도제도에서 생산된 설탕 선호,* 항해조례,** 곡물법***을 포함해 상품의 자유무역 원칙을 모독하는 일련

---

*18세기 영국의 최대 수입 품목은 서인도제도의 노예들이 생산한 설탕이었다 - 옮긴이
**1651년 영국 공화제 정부에 의해 제정된 해운·무역 보호 입법으로, 영국 및 그 식민지의 재화 수송은 영국선 및 영국 선원에 의해서만 행할 수 있도록 규정해놓았다 - 옮긴이
***1815년 영국 정부가 외국으로부터 값싼 곡물의 수입을 금지함으로써 지주들의 이익을 옹호하기 위해 제정한 법이다 - 옮긴이

의 요소들을 없앴다.

정부들은 또한 실력주의를 모욕하는 일련의 요소들도 없앴다. 과거 권력을 쥔 영국인들은 관공서를 마음대로 거래하거나, 후원 기구로 이용하거나, 아니면 단순히 아무 일도 하지 않고 그냥 쓸 수 있는 사적 재산으로 취급했다. 1784년, 몇몇 호사가는 재무부에 소속된 사무 변호사 두 명 중 한 명이 1744년 이후 일하러 나오지 않았다고 불만을 터뜨렸다.[6]

빅토리아 시대 사람들은 공무원은 연줄보다 능력에 따라 선출 되어야 한다고 주장했다. 보다 일반적으로 말해 그들은 정부가 단순히 임대료를 걷기보다는 여러 가지 문제를 해결해줘야 한다고 주장했다. 성장하는 도시들에는 하수도 시설이 갖춰지고, 경찰관들이 배치되었다. 철도가 건설되고, 도로는 포장되었다. 화이트홀 Whitehall(많은 관공서가 있는 런던의 거리 – 옮긴이)은 깔끔하게 정리되었다. 선거권이 확대되었다. 밀이 태어난 당시에 선거권은 영국국교회 신도(남성 일곱 명 중 한 명꼴로 영국국교회 신도였다)인, 재산을 소유한 남성들에게만 한정적으로 부여되었다. 또한 영국에는 '부패한 자치구'(강력한 후원자들이 통치한 의회 선거구)가 많았다. 일련의 개혁과 해방 법안들로 인해 선거권이 확대되었고, 1884년이 되자 남성 세 명 중 두 명이 유권자가 되었다.

빅토리아 시대의 개혁은 특별한 성과를 낳았다. 즉 영국이 급속도로 산업화하는 사회의 문제들을 해결하고 있는 와중에도 정부의 크기가 축소되었다. 초기 빅토리아 시대 사람들은 해외 전쟁을 벌이지 않고, '낡은 부패'에 맞서 잠정적인 공격을 가함으로써 정부의 크기가 축소될 수 있는 기틀을 마련했다. 모든 형태의 조세를 통해 거둬들인 총소득은 1816년 8,000만 파운드에 조금 못 미쳤지만, 인구가 50퍼센트 가까이 늘어난 1846년에는 6,000만 파운드에 한참 못 미치는 수준으로 감소했다.[7] 빅토리아 시대 중기의 사람들은 영국 재무부가 가진 힘을 통합하고, '평화와 축소'의 정책을 추구함으로써 이러한 이익을 확대해나갔다. 윌리엄 글래드스톤William Gladstone이 이런 2단계 개혁의 중심에 서 있었다. 그는 1852~1855년과 1859~1866년에 영국 재무장관을 지낸 후 총 네 차례에 걸쳐 총리직을 맡았다. '돈이 사람들의 호주머니에서 불어날 수 있게 해야 한다'는 생각을 열렬히 옹호한 그는 소득세를 걷지 않는 세상을 만들겠다는 꿈을 꾸었다(그가 이런 꿈을 실현하지는 못했지만 1860년대에 소득세를 파운드당 7펜스에서 4펜스로 3년 연속 인하했다). 그는 또한 필수 품목들에 부과하는 세금을 없앰으로써 노동자들이 조세 부담에서 벗어나게 해주기 위해 최선을 다했다. 즉 차티스트Chartist(영국에서 1830년대에서 1840년대에 걸쳐 노동자의 정치적 권리, 특히 보통선거권의 획득을 목표로 싸운 참정권 운동가 - 옮긴이)가 내세웠던 조세법정주의 요구에 대한 최선의 대응책은 대의권을 확대하는 것이 아니라 조세를 줄이는 것이라고 믿었다.

글래드스톤과 다른 빅토리아 시대에 '절약을 중시했던 사람들'은 중앙정부에 빵과 물만으로 검소한 생활을 하라고 요구했다. 그들은 국가의 기본 기능을 최소한으로 줄인 다음, 그러한 최소한의 기능조차 다시 최소한으로 줄였다. 글래드스톤은 자신이 국가의 대의명분을 위해 최대한 아끼며 구두쇠 생활을 하는 것에 자부심을 느꼈다. 그는 부패와 사치를 상대로 끝없는 싸움을 벌였다. 심지어 정부 부처에 저렴한 필기 용지를 사용하라고 지시했다. 그는 투명성(아주 분명한 회계 처리와 정부 정책에 대한 세세한 공개적 설명)을 낭비에 맞서 싸울 수 있는 가장 중요한 무기 중 하나로 활용했다. 18세기의 국가 재정상태 파악이 기본적으로 쉽지 않았지만 글래드스톤과 그의 동시대인들은 돈이 들어오고 나가는 곳을 최대한 쉽게 알아볼 수 있게 만들었다.[8] 혼란이 낭비를 일삼는 시녀였다면, 투명성은 검소함을 지키는 수호자인 셈이었다.

글래드스톤이 한 정당의 성명서에서 썼듯이, 이처럼 절약을 중시했던 사람들은 "자발적 노력에 의해 더 잘할 수 있는 어떤 일도 정부가 해서는 안 된다"고 믿었다. 기부금으로 운영되는 병원들이 의료 서비스와 노동조합의 실업보험 서비스를 제공해야 한다는 식이었다. 그들은 지방정부가 낭비 요인을 더 잘 걸러내고, 낭비를 용인할 가능성이 낮다는 이유로 지방정부에 최대한 많은 책임을 이양했다. 또한 공적 지출로부터 최대한 많은 가치를 뽑아내기 위해서 광범위한 척도와 유인책을 활용했다. 영국 정부는 1862년 개정 법규에 따라 일명 세 가지 'R'로 불리는 읽기Reading·쓰기Writing·산수Arithmetic의 중요성을 강조하는 전 국가적 커리큘럼을 만든 다음 학생들에게 주입시켰다. 더불어 주입 정도와 관련해 전국 교사들을 상대로 실시한 조사 결과를 바탕으로 교사들에게 임금을 지불했다.

빅토리아 시대 중기의 사람들은 또한 실력주의에 대한 관심을 두 배로 높였다. 1854년 스태포드 노스코트 경Sir Stafford Northcote과

찰스 트리벨리언 경Sir Charles Trevelyan은 단 23쪽 분량의 아름다운 글을 통해 공개경쟁을 토대로 공무원 조직을 개편하는 데 지대한 영향을 미칠 개혁안을 발표했다.[9] 이 개혁안에서 지적된 "공적 사업이 점점 더 크게 늘어나고 있다는 사실"은 영국에 새로운 정부가 필요하다는 것을 의미했다. 후원이 중심이 된 구체제는 귀족들이 공무원 조직을 실력이 떨어지는 귀족들, 즉 글에 적힌 대로 "게으르고 쓸모없는 사람들, 가족 바보들, 폐결핵과 심기증 환자들, 즉 정신 이상 경향을 보이는 사람들"을 모아놓는 쓰레기 하치장으로 사용하게 해주었다.[10] 노스코트와 트리벨리언은 효율적인 조직에서는 "능력 있고 활력 넘치는 사람들이 승진하고 멍청하고 비효율적인 사람들은 좌천되지만, 공무원 조직에서는 이와 정반대로 모든 사람이 똑같이 승진하는 게 일반적이다"라고 주장했다.[11] 이런 문제를 해결하기 위해 두 사람이 제시한 해결책은 공개시험을 통해 능력에 따라 후보자들을 선출한 다음, 업적에 따라 승진시키는 것이었다. 공개시험은 단순히 후보자들의 학문적인 성과보다 일반적인 지능을 검증할 수 있게 해준다. 두 사람은 행정상의 효율성뿐만 아니라 도덕적 개혁을 추구했다. 또한 근면과 자립의 미덕을 홍보하고, 의존과 부패라는 '도덕적 질병'을 없앨 수 있기를 바랐다. 존 스튜어트 밀은 지금까지 말한 이 모든 일을 열정적으로 추구했으며, 정부가 "호의가 아니라 실력에 따라 선물을 주는 위대하고 유익한 도덕적 혁명"을 갈구했다.[12] 구체제에 속한 다수의 사람은 실력주의에 관심이 덜했다. 보수주의자들은 1870년까지 국내 공무원 조직에 노스코트와 트리벨리언의 개혁안이 온전히 도입되지 못하게 하기 위해 애썼다. 하지만 어떤 기준에서든 빅토리아 시대의 정부는 이전 정부에 비해 훨씬 더 날씬하고, 더 효율적인 짐승 같았다.

국가의 군살을 빼려는 단호한 의지는 빅토리아 시대 사람들을 가혹하고도 동시에 관대하게 만든 것 같다. 한편에서 빈자들은 일자리를 잃으면 자유를 잃었다. 이때 게으름에 대한 제임스 밀의(그리고 이 점에서는 리콴유의) 설교 목소리가 연상되었다. 즉 실직은 시장의 실패가 아니라 도덕적 실패를 의미했다. 극빈자들은 투표할 권리를 잃었고, 게으름을 피우지 못하고, 일하고 저축하게 만들 인센티브를 제공하기 위해 구빈원救貧院으로 보내졌다. 다른 한편으로 빅토리아 시대 사람들은 특히 1848년 유럽에서 일어난 혁명들의 실패 이후 늘어난 외국 망명자들을 보다 동정적으로 대했다. 영국 정부는 1844년 런던에 망명 중이던 이탈리아 통일 운동 지도자인 주세페 마치니Giuseppe Mazzini가 보낸 편지들을 열어보기로 결정한 데 대해 국민들이 격렬히 반발하자 국민들의 편지를 열어보는 구태의연한 관행을 중단했다. 이후 30년간 영국 정부는 유럽에서 혁명의 기운이 감돌고, 수백만 명의 국민이 시골을 떠나 도시로 향하고, 수천 명이 선거권의 확대를 요구하면서 유럽 사회가 역사상 가장 극적인 변화를 겪는 와중에도 자국 시민이나 방문객 누구도 전혀 감시하지 않았다.[13]

빅토리아 시대 사람들은 작은 정부가 표방하는 자유주의는 역사의 종말을 상징한다고 생각했다. 영국의 사회 이론가인 해리엇 마티노Harriet Martineau는 실질적인 공리설, 즉 벤담이 주창한 최대 다수의 최대 행복설이 발전을 이끄는 엔진이라고 주장하면서 영국의 역사를 집필했다. 또 다른 급진적 성향의 역사학자인 조지 그로트 George Grote는 고대 그리스인들은 소규모 국가들과 자유주의적인 개인주의 세계의 미덕들을 보여주는 '미완성 상태의' 철학적 급진 주의자라고 주장했다. 1851년에 열린 대영 박람회는 일반적으로 자유무역이 가진 경이적인 힘의 증거로 해석되었다. 대영제국 역시 마찬가지였다.

19세기 중반 유럽 전역에서 꽃피웠던 자유주의 운동은 작은 정부와 다수제 민주주의를 포용했다. 1848년에 일어난 여러 혁명은 귀족적인 규정과 그것의 낭비성 사치에 반발해 일어난 저항을 상징했다.

유럽을 근대화하려는 사람들에게 전달된 메시지는 간단했다. 그것은 "세계에서 가장 강력한 나라인 영국을 작은 정부 유지에 집착하는 사람들이 통치한다면, 그들이 다른 것들을 참아줄 이유가 뭐란 말인가?"였다. 그리고 영국이 자유주의의 유일한 모델은 아니었다. 미국은 대서양 전역에 걸쳐 자유주의의 반향실反響室 역할을 했다. 즉 1830년대에 미국을 여행한 프랑스의 역사학자이자 정치사상가인 알렉시 드 토크빌Alexis de Tocqueville은 미국의 입헌민주정체가 큰 성과를 냄으로써 미국은 지방 타운미팅(지방자치단체에서 정책 결정권을 그 지역 주민들이 직접 갖는 주민 참여의 한 형태-옮긴이) 외에 어떤 정부가 존재하지 않아도 아무런 문제 없이 돌아갈 수 있다는 결론을 내렸다. 미국의 제7대 대통령인 앤드루 잭슨Andrew Jackson은 정부를 '권력자들을 위한 특권과 보조금을 확보하는 데 에너지를 쏟는 적'으로 간주했다.[16] 당시 월간지인《데모크라틱 리뷰》는

1838년에 "최고의 정부는 최소한도로 통치하는 정부다"라고 선언하면서 우체국과 정신병원 운영과 제과점 감시를 정부가 절대 맡아서는 안 되는 일로 간주했다. 이 잡지는 "상식적인 차원에서 봤을 때 강력하고 적극적인 민주주의적 정부는 강력한 폭정과 정도와 운영 방식 면에서만 차이가 있을 뿐 성격에는 차이가 없는 악이다"라면서 "정부는 국민들이 일반적으로 하는 일과 그들의 이해관계에 가능한 한 최소한으로만 관여해야 한다"라고 덧붙였다.[15]

이처럼 전 세계적으로 일어나는 자유주의 운동의 중심에 밀이 있었다. 그가 쓴 책 『정치경제학 원리Principles of Political Economy』(1848년)에서 자유무역을 두드러지게 옹호하자 미국의 한 비평가는 그에게 "사악한 자유무역왕"이라는 별명을 붙여주기도 했다.[16] 밀의 『자유론On Liberty』(1859년)은 심지어 오늘날에도 작은 정부 유형을 설명한 바이블처럼 간주된다. 밀은 다른 사람들의 생활에 개입하는 게 정당화되는 때는 그들이 해를 끼치지 못하게 막을 때뿐이라고 주장했다. 그 이외의 경우 사람들을 그냥 내버려둬야 한다는 것이다. 이러한 자유에 대한 급진적 시각은 개인이 자유롭게 자기 나름대로 사적 이익을 추구하게 해주었으며, 사회 전체도 그 구성원들로부터 나오는 에너지에서 수혜를 입게 만들어주었다. 밀이 보여준 가장 위대한 열정은 지적 자유에 관한 것이었다. 그는 여러 의견의 무제한적인 충돌은 동시에 세 가지 위대한 미덕을 발전시킨다고 주장했다. 그중 첫 번째는 나쁜 생각을 제거함으로써 얻는 진실이고, 두 번째는 통치자들이 자신들의 결정을 옹호하게 함으로써 만드는 좋은 정부이며, 세 번째는 사람들이 집단적인 일을 할 때 보다 적극적인 역할을 맡게 장려함으로써 생기는 자기 발전이다.

과도한 권력을 휘두르는 무능력한 정부의 개혁 방안을 찾는 21세기의 급진주의자에게 19세기 영국은 좋은 출발점이 된다. 빅토리아 시대의 자유주의자들은 돈이 더 적게 들고, 더 작고, 훨씬 더 나은 정부를 만들었다. 하지만 지금 한 공화당 출신 의원이 혹시 '존 F. 케네디 공항'을 '존 스튜어트 밀 공항'으로 개명하려 한다면, 그 전에 그는 자유주의가 작은 정부의 신조로 남을 수 없었다는 문제점부터 해결해야 한다.

19세기가 흘러가면서 자유주의가 내세웠던 목표들의 범위가 확대되었다. 그리고 자유주의의 주창자인 밀 자신이 그런 변화의 중심에 서 있었다.

큰 정부의 자유주의?

밀에게는 또 다른 면이 있었다. 즉 그는 사회운동가이자 간섭주의자였으며, 심지어 권위적인 성격의 소유자였다. 그가 내세운 작은 정부 원칙들은 항상 어느 정도의 사리사욕은 물론이거니와 아주 영국적인 실용주의를 특징으로 했다. 밀은 후원과 독점이라는 두 가지 악 덕분에 안락한 삶을 영위할 수 있었다. 그의 아버지는 밀이 동인도회사에서 자신의 직속 부하(그리고 궁극적으로 후계자)로 일할 수 있게 해주었다.[17] 그리고 동인도회사 자체가 구체제의 온갖 폐단을 보여주는 완벽한 사례였다. 즉 동인도회사는 엄청난 규모의 부를 소수 영국인의 호주머니로 넣어준 독점 회사였고, 이런 탐욕과 허세에 빠진 영국인들 때문에 네이봅nabob*과 약탈loot이라는 단어가 생겨났다.

자유무역주의자인 밀은 항상 자신의 고용주(아버지)를 예외로 취급했다. 그리고 자유주의자인 밀은 제국주의를 일컬을 때마다 신중한 표현을 썼다. 영국의 정치가이자 자유무역주의자인 리처드 코브던Richard Cobden과 존 브라이트John Bright가 제국을 상류층을 위한 원외 구호제도**라며 비난했지만, 밀은 제국을 백인의 문명화 사명의 일부라며 옹호했다.

밀은 또한 이후 많은 사람들을 추종하게 만든 기나긴 지적 여행을 떠났다. 그는 점점 더 아버지가 내세우던 자유방임주의의 확실성에 비판적으로 변하면서 온정적인 사회학에 끌리게 되었다. 지진아들은 이튼Eton(명문 사립중등학교인 이튼 칼리지 - 옮긴이)으로 가고, 천재들은 굴뚝 안에 처넣어진다면 어떻게 각 개인을 실력에 따라 평가할 수 있단 말인가. 사회가 순탄한 인생을 살게 도와주지 않는다면 어떻게 개인이 잠재력을 백퍼센트 발휘할 수 있단 말인가. 밀은 어떤 사회나 최대 다수의 최대 행복이라는 똑같은 추상적인 기준에 의해 판단될 수 있다는 벤담의 믿음에 의문을 제기했다. 분명 고대 이집트인에게 유익했던 것이 근대 영국인에게도 반

---

*원래 네이봅은 '인도 태수'라는 뜻이었지만 인도에서 한몫을 크게 잡은 영국인들(대개 동인도회사 직원들)을 경멸하는 의미로 부를 때도 사용되었다 - 옮긴이
**영국의 빈곤법에 의해 시정된 빈민 구제법 중 하나로, 빈민을 구빈시설인 작업장에 수용하는 원내 보호와 달리 빈민을 그의 거택에서 보호하는 것을 말한다 - 옮긴이

드시 유익한 것은 아니지 않은가? 그리고 분명 시詩는 푸시핀 게임(1950~1960년대 영국에서 유행한 아이들의 놀이 - 옮긴이)보다 사회에 훨씬 더 유익하지 않았는가? 정부가 대중의 문명화에 해야 할 역할이 존재했다.

이처럼 밀에게 선거권 확대와 정부의 개입 확대라는 좌편향적인 움직임은 쉬운 일이 아니었다. 민주주의가 배우지 못한 무리의 폭압으로 전락할까봐 두려웠던 그는 대학 졸업자들에게 추가 투표권을 줘야 한다고 믿었다(실제로 옥스퍼드와 케임브리지, 그리고 몇몇 영국 대학 졸업생들은 1950년도까지 두 장의 투표권을 가졌다). 하지만 그는 국가의 의무라고 생각한 새로운 일들을 찾는 노력을 계속했다. 그의 제자 중 한 명인 영국의 철학자 헨리 시지윅Henry Sidgwick은 밀이 쓴 맨체스터 자유주의*의 바이블 격인 『정치경제학 원리』는 3판과 4판에서 집산주의(경제적 개인주의의 반대 개념으로, 개인의 자유방임을 부정하고 사회 전체의 복지를 실현하기 위해 개인의 자유에 제한을 가할 필요를 인정하는 사상 및 운동 - 옮긴이) 옹호서로 바뀌었다고 지적했다.

고전적 자유주의의 위대한 옹호자 중 한 사람인 영국의 헌법학자 앨버트 다이시Albert Venn Dicey는 밀의 공리주의의 본뜻이 희석되었을 뿐만 아니라 시간이 갈수록 그 본질이 변형되었다고 우려했다. 사람들이 자신의 이익을 추구(그럼으로써 자신의 행복을 추구)할 의사가 있어야 한다는 생각이 사람들이 타인의 행복을 위해 자신

---

*19세기 초 반反곡물법 동맹의 중심지로 떠오른 맨체스터 지역에서 노동자들은 곡물 가격 안정을 외치면서 자유주의를 지지했다. 자유무역으로 보다 저렴한 가격에 물건과 서비스를 얻을 수 있다고 생각했기 때문이다. 이런 믿음을 '맨체스터 자유주의'라고 한다 - 옮긴이

의 행복을 희생할 의사가 있어야 한다는 생각으로 바뀌었다는 것이다.[18]

이런 모든 점에서 밀의 사상은 여론의 흐름에 순응하고 있었다. 자유무역만으로는 전염병 통제와 학교 교육 제공 같은 급속히 산업화하고 있는 사회를 괴롭히던 다수의 실질적인 문제가 해결될 수 없었다. 그러자 점점 더 많은 사람들이 급속히 확대되고 있는 문명으로 인해 커지는 고통의 원인이 자유주의적 개인주의 때문이라고 비난하기 시작했다. 토머스 칼라일은 자유방임주의를 '기계적'이며 '비인간적'이라고 비난했다. 영국의 소설가 엘리자베스 가스켈Elizabeth Gaskell은 소설 『메리 바턴Mary Barton』(1848년)에서 파업 노동자들을 동정적으로 묘사했다. 찰스 디킨스 같은 사회개혁가들에게 공리주의는 '낡은 부패' 못지않은 공격 대상이었다. 디킨스는 소설 『어려운 시절Hard Times』(1854년)에서 공리주의를 무자비한 계산을 의미하는 상투어로 바꿔놓았다. 같은 영국 작가 찰스 킹슬리 Charles Kingsley는 소설 『앨턴 로크Alton Locke』(1850년)에서 정부의 개입을 차티스트들에게게도 동정적이었던 기독교의 도덕성과 동일시했다.

교육은 예전과 새로운 형태의 자유주의가 통합되기 시작한 분야였다. 개혁가들은 '낡은 부패'에 맞서 싸울 무기로 공개경쟁에 집중하기 시작했다. 1850년 옥스퍼드와 케임브리지 대학에 설치된 왕립위원회는 특정 지역, 학교, 가족 출신 후보자들에게로 평의원직을 제한하는 관행 때문에 옥스브리지Oxbridge(옥스퍼드와 케임브리지 대학을 함께 일컫는 말-옮긴이)가 가르치는 것보다 항구에 앉아 더 많은 시간을 보내는 바보들 및 사치와 향락에 찌든 무리로 뒤범벅이 되었다고 주장했다. 왕립위원회 회원 중 한 사람인 프레더릭 템플 Frederick Temple은 "천성적으로 국가 성직자에 아주 잘 어울리는 사람들은 매수를 당한다. 왜냐하면 그들은 러틀랜드Rutland에 있는 교구에서 태어나 옥스퍼드 교구뿐만 아니라 다른 모든 곳에 부적합할 때까지 왕립위원회 회원으로 남을 운명을 타고나기 때문이다"라고 비난했다.[19] 이런 종류의 문제를 해결하는 유일한 방법은 학계의 일자리를 '오직 우수한 인재들에게만' 개방하는 것이었다.

1861년 공립(과 사립) 학교들에 세워진 또 다른 위원회 역시 학교들이 제공하는 교육에 대해 혹평하고 있었다. 당시 케임브리지 대학의 철학자였던 헨리 시지윅은 이튼을 "과거 시대의 불필요한 유물, 즉 이상적으로 봐도 자기부정과 은둔 학습의 생활이자 사실상 호화로우면서 배우지 않아도 터득한 태만한 수도승 같은 생활의 잔재물"이라면서 혐오 대상으로 비난했다.[20] 하지만 영국의 기존 기관들이 인재들에게 문호를 개방하자 개혁가들은 교육 기회 확대에 집중하기 시작했다. 시지윅은 케임브리지에 뉴넘 대학을 세우면서 새로운 실력자들의 자매를 위한 교육을 옹호했다. 매슈 아널드Matthew Arnold, 윌리엄 포스터William Foster, 로버트 로우Robert Lowe 같은 교육자들은 대중을 위한 교육을 옹호했다. 그들은 누구나 기초 교육을 확실히 받을 수 있는 초등학교 시스템 구축의 필요성을 외쳤다. 그들은 또한 비범한 재능을 지닌 사람이 가장 초라한 학교를 나와도 크게 성공할 수 있는 기회의 사다리를 세우고 싶었다. 로우는 글래드스톤 밑에서 감세를 주창한 재무장관이었으며, 더불어

"정부는 우리 주인들을 교육시키는 데 더 많은 돈을 투자해야 한다"
고 생각했다.

빅토리아 시대 후기 영국에서는 자제력이 강했던 작은 정부가
커지기 시작했다. 정부는 단순히 자유로운 상거래를 허용하는 것
이 본연의 임무라는 시각에서 벗어나 어두운 '악마의 맷돌'*을 문
명화시키는 방법을 찾기 시작했다.

좌편향으로의 움직임

1873년 밀이 숨을 거두자 『자유론』이 옹호했던 빅토리아 시대의
자유주의는 국가의 위대함에 대해 우려한 정치인들, 동정심에 대
해 우려한 성직자들, 정의에 대해 우려한 철학자들, 엄청난 낭비에
대해 우려한 실용주의자들, 그리고 당연히 자본주의에 대해 우려
한 사회주의자들 등 온갖 방향으로부터 공격을 받았다.

하지만 여전히 몇몇 순수한 자유주의자가 남아 있었다. 철학자
허버트 스펜서Herbert Spencer는 사실상 1870년대에서 1880년대에
가장 유명한 사회참여 지식인이자, 유명 간행물들(그에게 몇 년간 집
을 제공해준 《이코노미스트》를 포함해서)의 정기 기고자이면서 『개인
대 국가The Man Versus the State』(1884년) 같은 베스트셀러 저자였다. 스

---

*시장 만능주의에 맞선 경제학자 칼 폴라니Karl Polanyi가 시장경제를 묘사하기 위해 썼던 말로, 산
업혁명이 인간을 통째로 갈아서 바닥 모를 퇴락의 구렁텅이로 몰아넣는다는 공포의 상징이다 – 옮
긴이

펜서는 타협할 줄 모르는 자유시장의 수호자였다. 그는 심지어 8세 아이가 굴뚝 청소부로 일하는 것을 막는 법을 통과시키는 것을 포함해 시장에 대한 어떤 개입도 분명 사회주의를 조장할 것이라고 믿었다. 그는 자유시장을 옹호하면서 영국의 생물학자 찰스 다윈Charles Darwin으로부터 도움을 받았다. 그는 자연에서 생존을 위한 투쟁(스펜서는 자연을 "피로 물든 이빨과 발톱"이라고 묘사했다)은 경제에서 생존을 위한 투쟁과 유사하다고 주장했다. 즉 사회개혁은 필연적으로 방탕한 가난한 사람들과 그들의 수많은 자식에게 보상해주되 존경받는 계급들에게 벌을 줄 것이므로 국가적 퇴보로 이어질 것이라는 생각이었다.

글래드스톤도 이와 같은 생각에 동조했다. 1889년 그는 "우리는 정부가 이것저것 해줘야 한다고 생각하고, 정부가 모든 걸 해줘야 한다고 생각하는 경향을 보이는 시대에 살고 있다"라고 경고했다.[21] 이어 "정부가 국민이 혼자 힘으로 해야 할 일까지 해주려 한다면, 정부는 국민에게 그들이 향후 받게 될 온갖 혜택보다 큰 거대한 피해를 입힐 것이다"라고 덧붙였다. 이것은 영국의 위대한 사회개혁가들 중 한 사람이 외쳤던 주장이다.

하지만 19세기가 끝나갈 무렵, 이들 개혁가에 대한 반감이 상당히 커지기 시작했다. 1898년에 타계한 글래드스톤은 존경을 받았지만 다른 시대에 살던 사람처럼 간주되었다. 그로부터 5년 뒤 세상을 떠난 스펜서는 당시 냉정한 기인처럼 여겨졌다. 특히 절대주의 전통이 훨씬 더 강해 고전적인 자유주의 전통이 약할 수밖에 없었던 유럽 대륙에서는 개입적 성격의 정부가 더 일반적이었다. 프랑스는 사회연대를 내세우며 정부에 관료 엘리트들을 창조했다. 1871년 비스마르크에 의해 통일된 독일에서 프러시아인들은 최고의 학교와 대학, 가장 발전된 연금제도, 가장 체계적인 행정 업무, 그리고 손쉽게 프랑스군을 격퇴할 수 있는 군대를 만들었다.

독일의 부흥은 철학자 헤겔을 주변 인물(독일의 철학자 아르투르 쇼펜하우어Arthur Schopenhauer는 헤겔을 "역겹고, 무식하고, 위선적이며, 편향된 생각을 하는 필사가"라고 불렀다)에서 새로운 시대의 예언가로 바꿔놓았다. 헤겔은 그가 경멸했던 모든 것을 포용한 영국의 경제학자이자 철학자인 제임스 밀과 동시대 사람이었다. 헤겔은 상식보다 형이상학을, 시장 원리보다 정부의 숭배를 경멸했다. 그는 정부를 이성과 발전(헤겔의 말을 빌리자면 '지구 위에서 신이 하는 행진')의 구현체로, 그리고 관료주의자들, 특히 프러시아 출신 관료주의자들을 자본주의자들과 노동자들의 이기주의보다 공익 증진 임무를 맡은 보편적 계급으로 각각 간주했다. 빅토리아 시대에 자유주의의 서광이 비치자 헤겔은 영국뿐만 아니라 해외에서도 제자들을 찾았다. 옥스퍼드에서 영국의 철학자 토머스 H. 그린Thomas H. Green은 헤겔의 형이상학을 베일럴 칼리지(옥스퍼드에서 가장 오래된 칼리지 중 하나 - 옮긴이)의 고상한 학풍과 결합시켰고, 자유당원으로 제1차 세계대전 중에 영국의 총리를 지냈던 허버트 애스퀴스Herbert Asquith와 1920년대와 1930년대에 가장 영향력 있는 지식인 중 한 사람인 리처드 H. 토니Richard H. Tawney 같은 똑똑한 젊은이들을 육성했다. 순식간에 야경국가는 과거의 유물로 변했고, 독일제국이 모든 근대적인 것들의 평가 기준이 되었다.

역사학자들은 이러한 변화를 주로 동정심 유발 관점에서 설명한다. 영국의 엘리트들은 더러운 빈민촌과 굶주린 아이들이 있는 '다른 영국'에 눈을 떴고, 그들에게 복지 혜택을 제공하고, 아이들이 굴뚝 청소를 못하게 막는 법안을 통과시켰다. 동정심이 도움이 되었다. 하지만 사실상 이보다 더욱 강력하고 중요한 뭔가가 작동했는데, 그것은 '국가의 위대함'이었다.

19세기 말이 되자 불편한 질문을 던지는 영국인이 늘어나기 시작했다. 그것은 "유럽 내 독일과 대서양 건너 미국 같은 새로운 강대국이 세력을 확대하고 있는 반면, 산업의 우위를 잃고 있는 세상에서 영국이 계속 경쟁에서 승리해 남아 있을 수 있을까?"라는 질문이었다. 1883년부터 1913년 사이에 세계 제조업 제품 교역에서 영국이 차지하는 비중은 37퍼센트에서 25퍼센트로 하락했다.[22] 1899년부터 1902년 사이에 일어난 보어전쟁에서 영국이 입은 치욕은 우려되는 상황에 대한 걱정을 가중시킨다. 영국이 고립되어 있는 아프리카너들Afrikaners(아프리칸스어 사용자들 – 옮긴이)이 사는 소국조차 무너뜨릴 수 없다면 더 큰 적과 대면했을 때 과연 어떤 일이 벌어질 것인가? 정치인들은 영국 인구 구조의 취약성에 대해 우려했다. 예를 들어 맨체스터에서는 1만 1,000명의 입대 지원자 중에서 8,000명이 부적합 판정을 받아 되돌려 보내졌다. 그들은 근시거나 새가슴이거나 평발이거나 구루병에 걸렸거나, 너무 왜소하거나 병에 걸렸거나, 그것도 아니면 기준에 미달했다. 자유방임주의라는 '구식 원칙'은 영국을 독일에 뒤처지게 만들었다. 영국의 정치인 로이드 조지Lloyd George는 "C3급 사람들로 A1급 제국을 유지할

수는 없다"면서 당시 영국의 분위기를 함축적으로 설명했다.[23]

초기 복지 시책들은 전적으로 이런 문제를 해결하기 위해 설계되었다. 영국의 보건의료제도인 국민보건 서비스의 원형 학교 의료 서비스는 고결한 영국 민족의 퇴보를 막기 위해 창설되었다. 학교급식 우유와 식사 무료 제공, 강제 검역 실시, 그리고 산부인과와 아동복지 클리닉 창설 등에는 모두 "정부는 유아들의 발걸음을 토대로 전진한다"는 믿음이 깔려 있었다.

19세기 후반 미국도 자유주의 영국처럼 정부 행동주의 개념을 포용했다. 에이브러햄 링컨은 인구가 서쪽으로 팽창하고,* 새로운 기술과 농업 대학들이 세워지는 데 국가적인 지원을 아끼지 않았다.**

링컨은 "정부의 합법적인 존재 목적은 국민에게 그들이 해야 하지만, 개인이 가진 능력만으로는 절대 혼자서 할 수 없거나 잘할 수 없는 일을 해주는 것이다"라고 주장했다.[24] 그리고 링컨의 후임자들은 거대한 산업 대기업들이 등장하고 노동 불안이 확산되는 가운데서도 정부의 행동주의를 강화했다.

따라서 1870년대 이후로 리바이어던은 좌파로 쏠리고 있었다. 이때 중요한 질문은, 그것이 어느 정도까지 좌편향을 띨 것인가였다. 극단적 좌파 쪽에서 가장 강력한 목소리를 낸 사람은 당연히 수십 년간 영국 국립도서관에서 부지런히 책을 읽었던, 진보한 난민

---

* 1862년 자영농 창설법이 제정되면서 미국 서부의 광활한 땅이 정착민들에게 개방되었다 - 옮긴이
** 1862년 모릴법 제정으로 각 주가 선출해서 연방의회에 보내고 있는 상·하원 의원 한 명당 3만에 이커의 국유지를 무상으로 줘 그 토지의 총수익 중 90퍼센트를 농학·공학 관계 강좌가 있는 주립대학의 기금 또는 유지비로 사용할 수 있게 되었다 - 옮긴이

법의 수혜자인 칼 마르크스였다. 마르크스가 큰 정부를 옹호했다고 생각할 수도 있지만, 사실 그는 정부의 규모나 범위에 별다른 관심이 없었다. 그에게 역사를 움직이는 엔진은 생각이나 헌법 같은 부수적 현상들이 아니라 생산력이었다. 마르크스가 보기에는 생산 수단을 소유한 사람들과 노동력을 파는 사람들 사이에서 일어나는 이해관계의 충돌이 영원한 계급 투쟁을 유발했다. 그에게 정부는 계급 통치의 수단에 불과했다. 즉 정부는 우연히 시대의 정상에 서 있는 누군가(마르크스가 살던 시대에는 부르주아)의 통상적인 일을 수행하는 위원회이자 노동자들을 억압하기 위한 수단이었다. 따라서 마르크스는 계급을 없애는 순간 정부가 "취약해질 것"이라고 생각했다. 즉 정부의 유일한 역할은 사람들을 통치하고 억압하는 것이 아니라 단순히 "여러 가지 일을 관리해주는" 데 그쳐야 한다는 것이었다.

마르크스의 이런 철학은 이후 그가 매도한 바로 그 제도의 개발에 막대한 영향을 미치게 되었다. 이후 수십 년간 전 세계의 절반은 이런저런 식으로 마르크스 정권하에서 살았다. 오늘날에도 중국을 통치하는 공산당은 시장뿐만 아니라 마르크스주의에 충성을 서약한다. 하지만 사실상 마르크스가 내세운 정부에 대한 이론은 공허했다. 그것도 아주 위험한 방식으로 그랬다.

마르크스가 정부 건립 방법에 대해 지나칠 정도로 말을 아꼈기 때문이 아니라 그가 정치 형식이 중요하지 않다는 그릇된 주장을 펼쳤기 때문이다. 마르크스가 도서관에서 시간을 보낼 수 있었던 자유로운 런던과 그가 수배를 받았던 독재적인 베를린 사이에는 상당한 차이가 있었다. 마르크스는 또한 정부가 극단적인 형식일 경우, 그의 행복을 앗아가는 정부에서 그렇게 될 수 있었던 것처럼 이익단체가 될 수도 있다는 사실을 무시했다. 하지만 그가 저지른 가장 큰 실수는 정부가 모든 인사를 평화롭게 수행하는 데 필요하다는 홉스의 위대한 통찰을 인정하지 않았다는 데 있었다.

정부에 대한 마르크스의 순진한 관점은 특이하게도 "위대한 혁명이 일어나면 누구에게나 정부가 불필요해지고, 따라서 문제는 사라질 것이다"라고 생각한 티파티의 관점과 유사했다. 그런 순진한 생각은 많은 사람들의 목숨을 앗아갔다. 마르크스는 정부를 단순히 계급 통제의 수단으로 간주하면서 독재 정부가 탄생할 수 있는 길을 준비했다. 여러 가지를 관리하는 데 전념하는 정부에서 사람들은 그저 그런 여러 가지 것들과 동급으로 취급되었다. 1917년 초 독일 정부가 레닌을 치명적인 독처럼 밀봉한 열차에 실어 핀란드역으로 추방하지 않았다면 정부에 대한 마르크스의 이론은 안타깝게도 지금 그가 가끔 자본주의에 대해 보여주었던 똑똑한 통찰과 대비되는 공상적 이상주의의 연습으로만 간주될 것이다. 또한 소련이 붕괴되고, 중국이 국가자본주의를 수용한 이상 그의 이론은 과거에도 그랬던 것처럼 막다른 길로 들어섰다고 간주할 수 있다.

오늘날에는 북한과 쿠바만 마르크스주의를 신봉하고 있다. 반면 영국의 사회주의자이자 개혁가였던 베아트리스 웹은 정부의 규모와 범위를 둘러싼 근대의 논란의 중심에 서 있다.

3장

★ ★ ★ ★

베아트리스 웹과 복지국가

베아트리스 웹은 대부분의 서양인들이 현재 살고 있는 복지국가를 세운 대모였다. 그녀는 시민들에게 "강제로 누려야 할 최소한의 문명화된 삶"을 제공해주는 새로운 형태의 정부가 담긴 청사진을 설계함으로써 과거 어느 때보다 큰 정부가 탄생할 수 있는 길을 열어주었다. 또한 그녀는 자신의 신념을 확산시키고, 계속해서 확대되는 행정조직을 채우기 위해 지식인과 공무원을 훈련시켰다. 그녀는 전 세계적 차원에서 엄두도 내기 힘들어 보이는 일을 실현 가능한 일처럼 보이게 만들었고, 혁명적인 일을 점진적으로 발전시켜나갈 수 있을 것 같은 일로 보이게 만드는 데 천부적인 재능을 발휘했다.

그녀는 밀과 엇비슷하게 좌파적인 성향의 삶을 살았다. 베아트리스 포터Beatrice Potter는 빅토리아 시대에 많은 특권을 누리던 가족의 딸로 태어났다. 그녀는 자신을 "세계에서 가장 똑똑한 나라의, 가장 똑똑한 계급에 속한, 가장 똑똑한 가족 중 가장 똑똑한 구성원이었다"라고 묘사했다.[1] 사업가인 아버지 리처드 포터Richard Potter는 크림전쟁 발발 당시 프랑스군에게 막사를 팔아 큰 부를 축적했고, 이후 목재와 철도 재벌로 더 많은 돈을 벌었다. 그는 잉글랜드 서부의 글로스터셔에 지역 부동산과 런던에 대저택을 소유한 대서부철도 회장을 지냈다. 어머니 로렌시나Laurencina는 똑똑한 지식인이자 자유방임주의 경제학의 공식 신봉자였다. 베아트리스 가족이 보유한 다양한 집의 단골손님이었던 허버트 스펜서는 어리고 똑똑한 베아트리스에게 흠뻑 빠졌다.

그런데 나이가 들면서 베아트리스는 자신이 어린 시절 당연하게 누렸던 많은 것에 대해 의문을 품기 시작했다. 그 정도가 너무 지나쳤던 그녀는 결국 스펜서의 유고遺稿 관리인 자리에서 해고되었다. 그녀는 왜 특권 계층에서 태어난 멍청한 자식은 최고의 학교에 다닐 수 있지만 가난한 계층에서 태어난 똑똑한 아이는 그런 기회를 박탈당해야 하는지 알고 싶었다. 그녀는 또 왜 시장이 침체되었다는 이유로 정직한 노동자들이 궁핍한 생활로 내몰릴 수밖에 없는지 알고 싶었다. 그녀는 대표적인 급진주의자인 조지프 체임벌린Joseph Chamberlain과 사랑에 빠졌고, 또 다른 급진주의자인 그녀의 사촌 찰스 부스Charles Booth와 함께 런던의 빈민촌에서 일했다. 이후 그녀의 삶은 1890년에 시드니 웹을 만나면서 큰 변화를 겪었다. 시드니는 아름다운 베아트리스에 비해 매력이 전혀 없었다. 시드니는 언제나 유행에 맞지 않는 반짝이는 정장으로 올챙이배를 가리고 다녔으며,

체구는 작은데 머리는 아주 컸다. 하지만 베아트리스는 지칠 줄 모르는 그의 생각과, 계속해서 확대되어야 하는 정부의 역할을 옹호하는 그의 비전을 존경했다. 그는 "실현 가능한 모든 장소에서의 집단적 소유권, 다른 모든 곳에서의 집단적 규제, 모든 무력하고 고통받는 자들의 욕구에 맞춘 집단적 지원, 그리고 부, 특히 잉여부에 비례해 부과하는 집단적 과세"를 옹호했다.[2]

1892년 베아트리스는 이처럼 근면하지만 괴물처럼 생긴 남자와 결혼함으로써 주위 사람들을 충격에 빠뜨렸고, 행정부를 자세하게 다룬 일련의 책을 제작하는 과정에서 자신의 성욕을 승화시킴으로써 허버트 G. 웰스Hebert G. Wells 같은 지식인 동료들을 즐겁게 해주었다. 그녀는 시드니와 자신의 삶을 설명하면서 "우리는 정부에만 미래 세대를 위한 준비를 맡길 수 있다고 생각했다"라고 썼다.

베아트리스 웹은 홉스, 밀과 유사한 정치이론가는 아니었다. 그녀는 추상적인 개념을 붙잡고 씨름하기보다 관리상의 세부적인 점들에 대해 걱정하면서 한평생을 보냈다. 그녀가 쓴 가장 중요한 책은 1906년에서 1929년 사이에 정기적으로 출간된, 열 권으로 구성된 지방정부 연구서였다. 하지만 정부를 보편적인 이성과 영국적 양식의 구현체로 간주하는 등 그녀의 연구는 철학적 비전으로 가득 차 있었다. 그녀는 친정부 통제주의자들이 내세웠던 정부는 실력주의(물려받은 특권이 아닌)와 과학(맹목적인 편견과 반대되는)에 필요한 계획 수립(혼란 조장과 달리)을 옹호한다는 이데올로기의 핵심적 요소들을 제공했다. 그리고 지식인들이 스스로 조직을 이루고, 같은 내용의 설교를 되풀이할 경우(이것은 우파가 결국 모방하게 된 전략이다) 역사에 강력한 영향을 미칠 수 있다는 사실을 이해했다. 그녀가 변화를 일으키기 위해 쓴 방법은 점진적인 침투였다. 팸플릿을 발간하고 왕립위원회에 소속됨으로써 사회의 모든 기존 세력에 침투해 들어갈 수 있다면 굳이 왜 피와 눈물로 뒤범벅된 혁명을 일으켜야 한단 말인가. 웹 부부는 사회주의 사상 단체인 페이비언 협회를 설립했고, 전 세계로부터 들어온 새로운 유형의 사회공학자들을 훈련시키기 위해 런던 정치경제대학LSE을 세웠으며, 사회주의자 혁명의 치어리더로서의 역할을 하기 위해 정치 학예 주간지인《뉴스테이츠먼New Statesman》을 창간했다.

베아트리스는 더불어 사회주의의 어두운 면을 상징했다. 그녀와 시드니는 스탈린을 새로운 문명의 설계자로 칭송하면서 우크라이나에서 수백만 명이 기근에 시달리다가 숨졌다는 증거(그녀의 조카딸과 결혼한 저널리스트 맬컴 머거리지Malcolm Muggeridge가 제공한 증거들을 포함해서)를 반혁명적 선전으로 일축했다. 웹 부부는 '평범한 감각적인 사람'은 사실상 신뢰하지 않았고, 대신 보통사람들의 운명을 개선할 수 있는 '특별한 전문가'를 신뢰했다.[3] 그녀는 노동조합원을 "멍청이와 술꾼들"로 폄하했고, 마을 설계만큼이나 우생 설계에 열정적이었다. 즉 사람들이 강력한 정부의 기초였기 때문에 리바이어던이 사람들의 번식 습성을 관리하는 게 합당해 보였다. 건강하지 못한 사람들이 동료 시민들에게 여러 가지 문제를 일으키고 있다면, 그들의 번식을 허용할 이유가 무엇이란 말인가. 그리고 가장 똑똑한 사람들이 정부의 전체 질을 개선하고 있다면, 그들에게 더 많은 아이를 낳도록 권장하면 안 되는 이유는 무엇이란 말인

가. 이것이 좌파의 일반적인 시각이었다. 즉 그녀의 페이비언 협회 동료인 극작가 조지 버나드 쇼George Bernard Shaw는 "유일하게 기본적이면서 가능한 사회주의는 인간의 선별적 번식의 사회화다"라고 믿었다.[4] 반면 노동당의 주요 지식인이자 LSE의 교수인 해럴드 라스키Harold Laski(우연히 존 F. 케네디를 가르치기도 했다)는 우생학의 창시자인 프랜시스 골턴Francis Galton의 추종자였으며, 골턴의 가장 유명한 제자였던 칼 피어슨Karl Pearson 밑에서 우생학을 배웠다.[5]

웹 부부의 천재성은 이렇게 뒤섞인 불안감과 이상주의를 응집력 있는 정치 운동에 불어넣는 능력에 있었다. 그들은 단지 과거 창립을 도왔던 노동당과 영국의 세 정당이 운명을 같이하게 만드는 데 그치지 않고, 이 세 정당 모두의 환심을 얻었다. 그들은 한 가지 정치이론만 포용하기보다는 사회 정의로부터 정부의 효율성과 제국주의에 이르기까지 모든 가능한 '집산주의'를 옹호하는 주장을 포용했다. 그들은 마침내 가장 학식 있는 의견을 한 세대 전에는 상상조차 불가능했던, 국가는 최저 국민수준의 복지와 교육을 제공해야 한다는 관점으로 전환시켰다. 심지어 베아트리스가 "독선적이고, 건방지고, 머리가 나쁘고, 반동적"이라며 무시했던 처칠조차 최저 국민수준 및 '무시된 수백만 명'에 대한 생각을 포용했다.

이처럼 무시된 수백만 명을 돕는 일은 1905~1915년에 영국 자유당 정부가 표방한 가장 위대한 명분이었다. 이 명분은 가난한 학생들에게 무상급식(1906년)을, 노인들에게 연금(1908년)을, 가난한 사람들에게 예산 지원(1909년)을, 그리고 아프고 실직한 사람들에게 사회보험(1911년)을 지원했으며, 웹 부부가 내세웠던 안건들 중에 사회 부적격자들이 불임시술을 받게 만드는 다소 거북한 안건이 법률의 탄생으로 이어지기도 했다. 갑자기 불행한 사람들에게 복지 혜택을 제공하기 위해 전 국민을 상대로 과세하고, 사회복지로부터 빈민 구제법이라는 오명을 벗는 등 과거에는 전혀 그러지 않았던 두 가지 일이 평범하게 변했다. 이제 가난한 사람들은 게으름뱅이가 아니라 희생자로 간주되었다.

웹 부부는 당시 광범위하게 확산되고 있던 철학 혁명의 중심에서 있었다. 영국의 정치적 전통, 특히 자유와 평등 개념의 기본적 구성 요소들이 재조정 및 재해석되었다. 고전적인 자유주의적 전통에서 '자유'란 외부의 통제에서 벗어난 자유를 의미했다. 평등은 법 앞에서의 평등을 뜻했다. 즉 토지 귀족들이 누리던 법적 특권을 마감하려는 움직임은 18세기와 19세기에 일어난 중대한 투쟁이었다. 하지만 이제 자유는 결핍으로부터의 자유로, 평등은 기회의 평등(그리고 어떤 면에서는 존중의 평등)으로 재해석되었다. 그러자 정부의 보다 적극적인 개입이 필요하다는 시각이 힘을 얻었다. 결핍으로부터 자유로워지기 위해서는 사회복지사업이 추진되어야 했다. 평등한 기회를 제공하기 위해서는 모든 사람이 교육을 받고, 재능 있는 가난한 사람들이 대학에 다닐 수 있게 만들어야 했다. 교육은 단순히 사람들의 사회적 지위를 나타내기보다 점점 더 그런 지위를 결정하는 기능을 했다. 전성기 빅토리아 시대의 중요한 정치적 성격의 글이 밀의 『자유론』이었다면 제1·2차 세계대전 사이에 등장한 중요한 글은 웹 부부의 제자이자 LSE 교수였던 리처드 토니가 쓴 『평등Equality』(1931년)이었다.

토니가 속한 노동당의 존재 이유는 노동자들의 복지 수준 개선이었다. 그런데 이보다 더 놀라운 사실은 보수당과, 보수당이 이끄는 정부가 대공황과 씨름하던 시기에도 웹 부부가 내세웠던 최저국민소득 개념에 몰두했다는 것이다. 1914년에서 1933년 사이에 사회복지사업 종사자의 수는 두 배로 늘어났고, 다시 1933년에서 1940년 사이에 네 배로 늘어났다. 미래의 토리당원 출신 총리인 해럴드 맥밀런Harold Macmillan은 1930년대에 상당히 전형적이었던 큰 정부로의 전향자였다. 즉 그가 가졌던 노동자에 대한 귀족적 차원에서의 관심(해럴드는 참호에서 근위대의 장교로 복무했다), 보수적 실용주의(규제 없는 시장이 대공황이라는 혼란을 초래한 듯 보였다), 그리고 노회한 금융 사업가들에 대한 오만한 반감은 모두 그에게 정부는 가난한 사람들을 돌봐야 하고, 경제를 이끌어나가기 위해서 시장에 개입해야 한다는 확신을 갖게 만들어주었다. 장기적인 경제적·사회적 발전을 위해 계획을 수립하는 국가 기획과 정부의 개입은 철저히 '근대적'인 개념이자, 야심찬 정치인이라면 지지하고 싶은 개념이었다.

대공황은 또 다른 영국의 지식인들을 전 세계 논쟁의 중심으로 데려왔다. 그 주인공인 존 메이너드 케인스는 사회주의자라기보다 자유주의자였다. 즉 그는 웹 부부와 함께 물을 마시는 것보다 영국 총리를 지낸 허버트 헨리 애스키스Herbert Henry Asquith 부부와 샴페인을 음미하는 것을 더 좋아했고, 쇠락하는 자유당을 버리고 번창하는 노동당으로 전향하기를 일관되게 거부했다. 노동당은 그가 수긍하기 힘들 만큼 계급에 지나치게 집착했다. 또 본인이 직접 말했듯이 케인스는 자신과 케임브리지 킹스 칼리지를 위해 재산을 모으면서 자본주의적 투기에 "보통 수준 이상으로" 집착했다. 케인스는 또한 빅토리아 시대의 지식인들이 풍미한 수준 높은 문화를 보존하고자 했던 변함없는 엘리트주의자였다. 그럼에도 불구하고 그는 자신의 책 『고용·이자·화폐의 일반이론The General Theory of Employment, Interest and Money』(1936년)에서 자유방임주의적 자유주의, 특히 자본주의는 자기교정 메커니즘이라는 자유방임주의의 핵심적 효과에 대해 유례없는 신랄한 비판을 가했다.

케인스가 현대 경제학 언어를 써서 비판했고, 분노한 적개심보다는 자본주의 시스템에 대해 격분한 동정심이 배어 있었기 때문에 (게다가 그것을 아주 잘 썼기 때문에) 그의 비판은 훨씬 더 신랄한 느낌을 주었다. 본질적으로 케인스는 정부 지출을 신중히 활용함으로써 자본주의가 자력으로 구원받을 수 있는 방법을 제시했다. 『고용·이자·화폐의 일반이론』의 핵심적인 관찰 내용은, 고전적 경제학이 주장했던 것처럼 자연스럽게 완전고용으로 회귀하는 경향이 나타나지는 않는다는 것이다. 이와 반대로 자본주의 경제는 높은 실업률과 그로 인한 수요 감소 및 사회적 불안 위험으로 인해 파괴될 가능성이 있다는 것이었다. 유휴경제 시기에 중앙정부의 역할은 공적사업과 실업수당 지급에 돈을 써서 수요를 진작하는 것이었다. 자세히 살펴보면 정부의 이런 역할에 대해 많은 경고가 뒤따랐다. 케인스는 정부는 국내총생산의 약 4분의 1 이상을 소비해서는 안 된다고 주장했다.[6] 그는 추상적인 계획보다 유기적인 사회력을 신뢰했다. 그는 어느 모로 보나 실용주의자였다. 케인스는 "자본주의 정부는 반드시 여러 가지 원칙을 소유해야 한다"라면서 "타협과 상식에 따라 산다는 것은 아무리 좋게 봐도 기회주의적으로 사는 것임에 틀림이 없다"라고 말했다.[7] 하지만 그는 시장에서 보이지 않는 손에게는 정부라는 보이는 손의 도움이 필요하다고 확신했다. 그의 이런 통찰이 신조로 굳으면서 사람들은 점점 더 경고들을 망각했다. 결국 케인스의 경제 학설은 큰 정부의 지적 엔진이 되었다.

영국에서 국가 통제주의자가 이룬 승리는 전 세계에서 되풀이되었다. 러시아와 독일에서 큰 정부에 대한 숭배는 공산주의와 파시즘의 형태로 이루어졌다. 이런 식의 전체주의는 국가 숭배로 그치지 않았다. 나치와 공산주의자들은 모두 국가보다 당에 병적으로 집착했다. 실제로 그들은 정부를 장악하고 변형시키기 위해 당을 이용했다. 공산주의자들에게는 정부보다 무산 노동자인 프롤레타리아 계급이 역사를 움직이는 동력이었다. 히틀러에게 정부는 "큰 배일 뿐이며, 인종은 그 배가 싣고 있는 것"이었다. 하지만 히틀러와 스탈린(그리고 무솔리니, 프랑코, 페론*도)은 모두 상당한 양의 헤겔적 정부 숭배를 그들이 꾼 악몽에 혼합시켰고, 경제를 정부의 통제 하에 두었다.

동구권에서 공산주의는 오래 지속될수록 당이 아닌 관료주의의 유지 수단이 되었다. 영국 작가 조지 오웰George Orwell이 소설 『1984』(1949년)에서 정부를 빅 브라더로 묘사한 것은 맞았다.

큰 정부에 대한 열광은 미국에서 가장 자애로운 형식을 띠었

---

*제1차 세계대전 이후 파시즘 운동을 전개한 이탈리아의 정치인 베니토 무솔리니, 에스파냐의 독재자 프랜시스코 프랑코, 아르헨티나의 군인 출신 정치인 후안 페론 — 옮긴이

다. 분명 웹 부부의 생각을 뻔뻔스러울 정도로 지지한 사람들이 있었다. 미국인들은 '국가를 먼저' 생각하고, 자신에 대해서는 나중에 생각해야 한다고 주장한 진보운동 이론가 허버트 크롤리Herbert Croly는 웹 부부의 양키 홍보 담당자로 변신한 후 1914년 웹 부부의 시각을 널리 알리기 위해 종합 시사주간지《뉴리퍼블릭New Republic》을 창간했다. 이 잡지는 제2차 세계대전이 끝날 때까지 소련의 열렬한 팬 노릇을 했다. 하지만 미국식 큰 정부는 특히 두 명의 루스벨트 대통령에 의해 다른 방향으로 움직였다.

1901년부터 1909년까지 미국 대통령을 지낸 테디 루스벨트 Teddy Roosevelt는 자유방임주의적 자본주의 시대는 끝났다는 웹 부부의 주장을 받아들였다. 그가 보기에 정부는 자본주의자라는 사자를 조련하는 역할을 할 필요가 있었다. 루스벨트는 독점을 깨고, 소비자들에게 권한을 주기 위해 회사국(증권거래위원회의 전신) 같은 규제 기구들을 세웠다. 그는 "기업은 사람들이 만든 존재이기 때문에 사람들의 통치자가 되도록 허용되어서는 안 된다"라고 선언했다. 하지만 그는 존 D. 록펠러John D. Rockefeller와 앤드루 카네기Andrew Carnegie 같은 자본가들을 지방정부 관리들로 대체하기를 원하지는 않았다. 그는 자본주의를 비견할 데가 없는 부의 창조 기계로 간주했다. 따라서 그는 단지 자본주의가 확실히 더 나은 기능을 하도록 정부 권력을 이용하기를 바랐을 뿐이다. 그는 경쟁을 말살하는 대형 신탁들을 깨고 싶었다. 또 대중의 번영을 창조하는 것이 사실상 기업이 아니라 경쟁임을 인식했다. 그는 1906년 육류 검사법과 순식량약품조례 같은 법을 통해 사기를 치는 기업들로부터 소비자를 보호하려 했다. 그는 '정실 자본주의'에 대한 전쟁을 선포했다. 루스벨트에게 정실 자본주의는 1912년 그가 세운 진보당 강령에도 나와 있듯 '부패한 정치'와 '부패한 기업들'의 불경스러운 야합이었다. 루스벨트는 가난한 미국인들에게 그의 말대로 소위 '공정한 대우'(모든 것을 책임져주는 복지국가가 아니라 힘든 시기에 필요한 사회 안전망)를 해주고, 국가 인력의 질을 높이기 위해 정부를 이용하고 싶었다. 웹 부부가 정부의 힘을 증진시키기 위해 저질 제품들로부터 소비자를 보호하는 등의 합리적인 명분에 의존했다면, 루스벨트는 합리적인 명분을 발전시키기 위해 정부가 가진 힘에 의존했다.

이와 같은 공화주의와 진보주의의 똑똑한 결합은 미국을 과도한 유럽 스타일의 국가 통제주의로부터 보호해주는 역할을 했다. 테디 루스벨트의 민주당 소속 먼 친척인 프랭클린 D. 루스벨트Franklin D. Roosevelt의 지도 아래 대공황 극복을 위해 추진되었던 일련의 경제 정책인 뉴딜New Deal이 정점에 이르렀을 때조차 미국은 페이비언 협회 회원들이 좋아했을 법한 방식으로 국가 경제를 주도하는 기간산업 내지 주도 세력을 국유화하기를 거부했다. 루스벨트는 일반적으로 국유화보다 엄격한 규제를 더 선호했다. 그는 자본주의 규제를 돕기 위해 연방통신위원회와 전국노동관계위원회 등 수많은 위원회와 기구를 만들었다. 그중에서 가장 중요한 것이 1934년에 미국의 일류 투기꾼 중 한 명인 조셉 케네디와 함께 세운 증권거래위원회였다. 케네디가 위원회의 초대 위원장을 맡았다. 이를 두고 논란이 커지자 루스벨트는 케네디가 증권거래와 관련된 온갖 술수에 정통하기 때문에 더 잘되었다고 말했다. 루스벨트는 또한 시장의 실패에 대비하기 위해 공사公社들을 설립했다. 그로 인해 세워진 테네시 계곡 개발공사(뉴딜 정책의 일환으로 채택된 다목적 개발 사업을 추진하기 위해 1933년에 설립된 미국의 공사적 기관 - 옮긴이)은 남부에 전기를 공급하고, 전후 성장의 기초를 닦는 일을 도왔다. 1930년대의 다른 어느 곳에서나 마찬가지로 미국에서도 항상 좌파로의 움직임이 가시화되었다. 루스벨트는 기업들을 국유화시켜야 한다는 페이비언 협회 회원들의 믿음을 수용하지 않았지만, 모든 일을 아주 똑똑한 전문가들에게 맡기고자 하는 열정을 공유했다. 1930~1940년대 워싱턴은 정부 권력의 확대를 위해 분주히 움직이는 똑똑하고 젊은 정부 전문 고문단원으로 넘쳐났다.

새로운 예루살렘

제2차 세계대전은 큰 정부 시대에 처음으로 일어난 엄청난 갈등이었다. 전쟁은 과거에 목격하지 못했던 규모로 재원을 동원할 수 있는 정부의 힘을 증명해주었다. 사실상 모든 산업이 정부의 의지에 종속되었다. 사회의 모든 면은 구체적으로 수립된 계획에 따라 움직였다. 공산주의 러시아에서는 정부가 너무나 노골적으로 통제한 나머지 국민의 상상력 속에 연대감이 심어져 있었기 때문에 정권은 향후 수십 년 동안 그것을 공고히 해주었다. 영국과 미국에서도 정부는 큰 승리를 거두었다. 당시는 배급 통장, '함께 헤쳐 나가기', 캘리포니아 무기 공장에서 일하던 리벳공 로지Rosie the

Riveter(동명 소설의 주인공으로 제2차 세계대전 당시 무기 공장 등 공장에서 일하던 여성들을 상징하는 단어 - 옮긴이), 집단적 이익을 위한 공동 희생을 특징으로 하던 시대였다. 이 시대는 훨씬 더 공정한 사회에 대한 요구를 자극했다. 공동 희생은 공동 보호를 요구했다.

제2차 세계대전은 '자유'와 '평등' 같은 큰 정부 형식의 정치적 개념들이 승리를 거둘 수 있게 해주었다. 전쟁으로 인해 이보다 모호한 개념인 '형제애'가 다시 중시되었다. 19세기에 '형제애'는 철학 살롱보다 노동자 연맹에서 통용되었고, 논란거리라기보다 감정의 표출이었다. 하지만 형제애의 철학적 개념을 완성한 것은 LSE의 토머스 H. 마셜Thomas H. Marshall이었다. 마셜은 시민들은 18세기 시민권, 19세기 정치권, 그리고 20세기 사회권(교육과 의료 서비스의 대상이 될 수 있는 권리 등)처럼 세 가지 연속적인 물결 속에서 새로운 권리를 얻었다고 주장했다. 이러한 사회권의 기반은 우리가 공통된 운명과 의무를 공유하고 있다는 형제 간의 믿음이었는데, 이 믿음은 전쟁을 통해 탄탄해졌다. 하지만 '권리'라는 단어의 사용에 주의하자. 노동자 클럽이 유행하던 시기에 상호 의무가 요구되던 혜택들은 사람들이 강력한 정부로부터 요구할 수 있는 보편적인 '권리'로 다시 정의되고 있었다.

영국에서는 베아트리스 웹이 사망한 1943년까지도 여전히 더 큰 복지국가에 필요한 여러 가지 생각이 개발되는 중이었다. 1942년에 나온 「베버리지 보고서」*는 궁핍, 질병, 무지, 불결, 나태라는 사

---

*영국에서 1941년 6월에 창설된 '사회보험 및 관련 사업에 관한 각 부처의 연락위원회' 위원장인 경제학자 윌리엄 베버리지가 1942년에 제출한 보고서 - 옮긴이

회문제를 유발하는 '중대한 5대 악'을 척결하기 위한 계획을 제시했다. 이 보고서는 사람들로부터 열광적인 반응을 이끌어냈다.

사람들은 보고서를 사기 위해 밤새 줄을 서기도 했다. 또 보고서 발표자인 경제학자이자 사회개혁가 윌리엄 베버리지William Beveridge를 보기 위해 몰려들기도 했다(당시 상황에 대해 베버리지는 "환호하는 군중 사이로 코끼리를 타고 다니는 것 같았다"라며 투덜댔다).[8] 보고서는 22개 언어로 번역되었고, 영국 공군은 점령한 유럽 지역마다 보고서를 투하했다. 독일어로 번역된 보고서 두 부가 베를린에 있는 히틀러의 벙커에서 발견되기도 했다.[9]

1944년 교육법의 제정으로 영국의 의무교육 완료 연령은 15세로 높아졌고, 모든 아이가 자신의 '연령, 능력, 적성'에 따라 교육을 받게 되었다. 이어 1946년 제정된 국민보험법은 불행한 사람들에게 사회 안전망을 보장해주었다. 그리고 1948년부터 시행된 국민보건 서비스법 덕분에 영국인들은 무료 의료 서비스를 누리게 되었다(이제 영국인들은 기존에 납부한 세금으로 의료비를 내기 때문에 직접 의료비를 낼 필요가 없어졌다). 영국의 정치가 어나이린 베번Aneurin Bevan은 "이런 서비스들이 이제 국민들의 생득권이 되었다"라는 말로 당시 분위기를 함축적으로 설명했다.

베번은 노동자 계급의 선동가였다. 석탄 광부의 아들로 태어난 그는 노동당 부대표 자리까지 올랐다. 하지만 웹 부부가 말한 정부 간섭이 가진 힘을 보여주는 진정한 증거는 다시 한 번 정치적 분열을 초월할 수 있는 복지국가의 능력에 있게 되었다. 전후 영국이 세웠던 세 가지 위대한 기둥인 교육법과 국민보험법, 국민보건 서비스법에는 보수주의자(버틀러), 자유주의자(베버리지), 그리고 사회주의자(베번)의 이름이 새겨졌다.

1951년 10월 보수당이 재집권할 때 보수적 성향인 윈스턴 처칠Winston Churchill이 당 총재를 맡았지만 복지국가로 되돌리기 위해 아무런 일도 하지 않았다. 경제학자인 노만 맥크레이Norman Macrae는 향후 30년간의 합의 정책을 묘사하기 위해 영국 보수당 정부의 재무장관이었던 래브 A. 버틀러Rab A. Butler와 노동당 정부의 재무장관이었던 휴즈 게이츠켈Hugh Gaitskell의 이름을 합쳐 '버츠켈리즘'을 만들었다. 버츠켈리즘은 대립하고 있는 정당이 같은 정책을 들고 나오는 상황을 일컫는 용어다.

그리고 새로운 예루살렘을 만들자는 생각이 곳곳으로 퍼져나가면서 버츠켈리즘이 서유럽 전역으로 확산되었다. 1950년에서 1973년 사이에 프랑스, 서독, 영국, 네덜란드의 정부 지출은 각각 GDP의 27.6퍼센트, 30.4퍼센트, 26.8퍼센트, 34.2퍼센트에서 38.8퍼센트, 42퍼센트, 45퍼센트, 41.5퍼센트로 늘어났다. 당시 이들 나라에서는 국산 제품이 이전이나 이후 그 어느 때보다 더 빠르게 성장하고 있었다.[10] 국가는 상상할 수 있는 모든 방법을 통해 유럽에서의 삶을 윤택하게 만들었다. 국가는 프랑스전력청과 이탈리아 산업부흥공사를 경영했다. 이들 기업은 계속해서 부를 창조함으로써 다수의 노동자에게 일자리를, 다수의 소비자에게 다양한 상품을, 그리고 다수의 정치인에게 비자금을, 국가에는 세금을 주었다. 정부가 대학과 연구소, 도서관과 방송국을 경영했다. 영국의 옥스퍼드와 웹 부부가 세운 LSE, 프랑스의 그랑제콜Grandes Écoles 같은 명문 대학 졸업생들은 구태의연한 직업이나 민간 부문보다 계속 확대되고 있는 공공 부문에서 점점 더 많은 일자리를 찾았다. 심지어 정부는 TV와 라디오에 출연해 사회 지배층을 비웃는 일을 업으로 하는 젊은 인습 파괴자들에게 돈을 지원해주었다.

그토록 많은 엘리트가 새로운 예루살렘 건설을 위해 협력하고 있었기 때문에 합의가 국제적 조직을 창조하기 시작했다는 것은 놀라운 일이 아니었다. 1944년에 체결된 브레튼우즈 협정에 따라 1945년과 1946년에 각각 국제통화기금과 세계은행(두 기구의 창설 모두 케인스의 영향을 일부 받았다)이 탄생했다. 국제연합UN도 1945년에 설립되었다. 국제연합은 결코 세계주의자들이 기대했던 '인류의 의회'가 되지는 못했다. 상충되는 이데올로기로 인해 생긴 냉전은 그러한 꿈을 빠르게 파괴해버렸다.

하지만 서유럽에서 사회민주주의적 합의(그리고 독일이 동서로 분단된 뒤에도 유럽 대륙의 불안감을 초래할지 모른다는 우려)는 정부들 사이의 협력을 더욱 공고히 해주었다. 그로 인해 1951년에 먼저 유럽 석탄철강공동체가 세워졌고, 이어 유럽 경제공동체와 유럽 원자력공동체가 세워진 후 두 기구는 1967년에 유럽연합의 전신으로 통합되었다. 처음부터 유럽의 꿈에는 두 가지 두드러진 특징이 눈에 띄었다. 첫 번째는 유럽의 야망이었다. 새로 세워진 유럽 석탄철강공동체의 워싱턴 대표단이 1952년에 펴낸 첫 번째 회보의 제목은 '유럽 연방정부를 향해'라고 되어 있었다. 두 번째는 유럽이 가진 기술 집약적 성향이었다. 유럽을 세운 사람들은 뜨거운 대중적 의견을 깊이 의심했다. 그들의 경험상 그런 의견은 단지 파시즘이나 과격주의로 흘렀다. 이러한 새로운 기구들이 현명하고 감정에 좌지우지되지 않는 전문가들의 냉철한 지혜를 통해 운영되는 게 훨씬 더 바람직하다는 생각이었다. 이전에 어떤 형태의 정부보다도 이 새로운 유럽 정부는 관료주의적 심장을 달고 존재했다.

　미국은 정부가 경제의 기간산업을 경영해야 한다는 유럽식 믿음을 결코 받아들인 적이 없었기 때문에 국유화한 산업 수가 유럽보다 적었다. 하지만 전후 미국에도 큰 정부가 들어섰다. 제34대 대통령인 드와이트 아이젠하워Dwight Eisenhower는 "점진적으로 커지는 연방 정부는 급격히 확대되는 국가 성장의 대가"라고 선언하면서, 가끔 자신을 미국적 의미에서의 자유주의자로 칭했다. 제36대 대통령인 린든 존슨은 자신이 추진한 복지국가 프로그램을 웹 부부의 절친한 친구인 영국의 정치학자이자 사회심리학자 그레이엄 월러스Graham Wallas가 쓴 책 제목을 따서 '위대한 사회'라고 불렀다. 제37대 대통령인 리처드 닉슨Richard Nixon은 "나는 케인스 학도"라고 선언했고, 심지어 가격과 수입을 통제하기 위해 어린 도널드 럼스펠드를 고용했다. 미국은 공산주의를 배척하고, 달에 로켓을 보내고, 세계 치안을 유지하고, 가난이라는 재앙과 맞서 싸우고, 또한 존슨 대통령의 절친한 친구인 펜실베이니아 주 출신 상원 의원 조지프 클라크의 말대로 "태초부터 인류를 괴롭혔던 문제들을 우리 문명에서 제거하기 위해"[11] 큰 국가가 필요했다.

전 세계적인 꿈

서양에서조차 국가 통제주의에는 분명 어두운 면이 있었다. 종종 노동자 계급을 무시하는 관점에 고무된 채 정부를 통치하는 다수의 좌파 성향 인사는 베아트리스와 매우 비슷한 위세를 부렸다. 노동당 소속 정치인이었던 더글라스 제이Douglas Jay는 자신의 책 『사회주의자의 명분The Socialist Case』에서 "교육의 경우와 마찬가지로 영양과 건강의 경우, 영국 정부의 신사는 국민들이 그들 자신에 대해 아는 것보다 그들에게 무엇이 유익한지를 더 잘 알고 있다"라고 주장했다. 베버리지는 사촌 토니에게 "시간이 지나면서 좋은 혈통의 사람들이 높은 자리를 잡았기 때문에 부자들은 노동자 계급에 비해 전체적으로 훨씬 더 높은 수준의 성격과 능력을 상징한다. 좋은 혈통은 영원히 낮게 남는 법이 없고, 몇 세대의 사회 변화를 거치면서 반드시 위로 올라가기 때문에 상위 계급이 전체적으로 더 나은 계급이 된다"라고 말했다.

많은 진보주의자들은 홀로코스트(1930~1940년대에 나치가 자행한 유대인 대학살─옮긴이)의 참상이 알려진 뒤에도 계속해서 '선택 교번'을 지지했다. 스웨덴 웁살라 대학의 인종생물학연구소는 1974년까지 존속했다. 또한 사회민주주의 정부들은 스웨덴의 남녀 혼성 4인조 팝·댄스 그룹인 아바가 활동하던 시기까지 계속해서 '위생을 목적'으로 한 불임을 승인했다. 그래서 1934년에서 1976년 사이에 덴마크와 노르웨이, 스웨덴에서는 각각 약 6,000명, 4,000명, 그리고 6,000명이 강제로 불임 수술을 받았고,

그중 90퍼센트가 여성이었다.[12]

하지만 얼마간 큰 정부는 효과적인 듯했고, 급속한 경제성장세는 다소간 으스대는 사회공학 때문에 생긴 문제를 만회해준 것 이상의 역할을 했다. 미국에서 전후 시대는 새로운 고속도로와 학교, 복원병 원호법(복원병에 대한 대학 교육 자금이나 주택자금의 급부를 정한 것 - 옮긴이), 그리고 기회 확대를 특징으로 하는 비할 데 없는 우위를 누린 시대였다. 영국인들은 전후 시대보다 더 좋은 시대를 경험해본 적이 없었다. 프랑스인들에게 전후 시대는 한마디로 '영광스러운 30년'이었다. 독일인들은 '경제 발전의 기적'을 누렸다. 정부는 그것이 계몽될 수 있다는 사실을 보여주었다. 프랑스와 독일에서는 가장 똑똑한 다수의 지성이 공무원이 되었다. 정부는 유연해질 수 있다는 사실도 보여주었다. 1960년대에 정부가 경제의 기반시설을 장악하고, 많은 사람들이 벌어들인 소득의 절반을 세금으로 가져갔으나 정치인들은 국민의 개인적 도덕에 대한 통제를 풀었고, 그 결과 이혼과 낙태와 동성애가 모두 합법화되었다.

1960년대는 서양 정부의 전성기였다. 정부는 고객인 다수의 시민으로부터 많은 대가를 요구하지 않고 퍼주었으며, 추가적인 혜택을 제공함으로써 시민들로부터 나오는 모든 불만에 대응하는 보편적 제공자가 되었다. 아울러 정부는 더욱 행동주의자 방식으로 평등과 형제애의 개념을 재정의했다.

평등이 강조되면서 관심은 기회가 아닌 결과로 쏠렸다. 리처드 토니는 "개인의 타고난 능력이 저마다 다르지 않다는 낭만적 착각"을 일축했다.[13] 그는 기회가 평등하다는 것은 불평등해질 수 있는 기회가 존재한다는 의미이며, 실제로 인류 발전의 핵심은 돈이나 친인척보다 타고난 능력에 따라 사회를 계층화하는 것이라고 믿었다. 이런 식의 평등 개념은 1960년대에 가장 유명했던 연설 등을 통해 불쑥불쑥 튀어나왔다. 미국의 흑인 운동 지도자이자 목사인 마틴 루터 킹Martin Luther King Jr.이 1963년 연설 '나에게는 꿈이 있습니다'에서 사람들은 "피부색이 아니라 인격에 따라 평가받아야 한다"고 주장했을 때 그는 자신도 그런 대우를 받고 싶다는 요구를 하고 있었다. 하지만 다른 진보주의자들은 '결과의 평등'을 주장하면서 보다 유토피아적인 접근법을 취했다.

이런 접근법은 정부 활동의 대폭적인 확대로 이어졌다. 영국은 그래머스쿨(대학 진학을 목표로 하는 영국의 중등교육기관 - 옮긴이)을 종합 중등학교(학생들을 수준에 따라 선별적으로 받아들이지 않고 모두 모아 가르치는 중등학교 - 옮긴이)로 대체했고, 능력별 학급 편성을 축소했다. 미국인들은 점점 더 적극적인 형태의 차별철폐 조치를 선보였다. 이런 조치는 단순히 사람들의 재능을 선보일 수 있는 능력을 가로막는 제약만 없애는 데서 끝나지 않았고, 비례 원칙을 보장해주었다. 즉 흑인들과 다른 소수민족들은 그들의 전체 수에 비례하는 계약에 의거, 대학과 정부에서 자리를 보상받아야 했다. 한편 형제애는 과거 어느 때보다도 받는 쪽이 아니라 주는 쪽에 필요한 개념이 되었다. 복지수표나 국민연금을 받는 사람은 고마워하지 않았다. 그것은 그의 당연한 권리였고, 그에게는 그것을 누릴 권한이 있었다.

물론 이런 모든 일을 비판하는 사람들도 있었다. 마르크스주의자들은 서양 국가가 집단적인 억압 수단에 불과하다고 불만을 터뜨렸다. 새로 등장한 좌파들은 그런 억압은 서양 국가의 단순한 모습이 아니라 슬픈 모습이라고 주장했다. 일부 우파들조차 이런 복지 파티가 감당할 수 없게 될 것이라고 불평했다. 미국에서는 1964년 공화당 대통령 후보로 나선 배리 골드워터Barry Goldwater가 정부의 규모를 줄이고, 정부를 밀이 주창한 야경국가로 돌려놓으려 했다. 애리조나 주 상원 의원인 그는 "나는 정부 조직의 간소화 내지 효율화에는 별로 관심이 없다. 나는 정부 규모를 줄이길 원하기 때문이다"라면서 "나는 복지 증진을 약속하지 않겠다. 나는 자유의 확대를 제안하기 때문이다"라고 말했다.[14]

정부는 이런 모든 주장을 아주 쉽게 물리쳤다. 린든 존슨은 배리 골드워터의 주장과 정반대되는 "정부는 발전을 추구한다"라는 말을 내세워 당시 대선에서 압도적인 표차로 승리했다. 1964년 대선 운동 때 일어난 한 가지 사건은 정부에 대한 이러한 확신의 완벽한 본보기였다(우리 두 필자가 이전 책에서 들었던 것과 똑같은 사례를 들어 죄송하게 생각한다. 하지만 우리는 아직까지 이보다 더 적절한 사례를 찾아내지 못했다). 이 사건은 미국 북동부 뉴잉글랜드 지방에 있는 로드아일랜드 주에서 열린 집회에서 일어났다. 피곤해서 파김치가 된 존슨은 환호하는 지지자들 앞에서 자동차 지붕 위로 올라가 "단지 이 점을 말씀드리고 싶습니다. 우리는 많은 것을 선호하되 강력한 몇 가지에 반대합니다"라며 자신의 생각을 몇 단어로 함축해 전달했다.[15]

4장

★ ★ ★ ★

밀턴 프리드먼의 실낙원

1981년 이 책의 필자 중 한 사람이 일명 '갭이어gap year'(영국에서 고등학교를 졸업한 후 바로 대학에 진학하지 않고 다양한 경험을 쌓는 한 해 - 옮긴이) 동안 미국을 방문한 적이 있었다.[1] 그는 그레이하운드 버스를 타고 친구와 함께 이곳저곳을 돌아다녔다. 그는 미국 여성들에게 자신이 매력적인 남성임을, 그리고 미국 남성 바텐더들에게는 미숙하게 변조한 영국 국영철도 학생증에 나와 있듯 자신이 21세 성인임을 설득하기 위해 애썼다. 그러면서 그는 과거 자신의 부모를 만난 적이 있는 미국인들로부터 식사 등을 공짜로 해결했다. 이런 모험 도중 그에게 일어난 가장 기이했던 일은 어느 날 저녁 샌프란시스코에서 일어났다. 그가 찾아간 집 주인은 양계업으로 재산을 축적한 영국 사업가 안토니 피셔Antony Fisher였다. 안토니의 친구이자 그의 집 1층에서 살던 밀턴이 같이 사우나를 하게 됐다. 그리고 안토니와 밀턴은 필자에게 영국의 새 총리 마거릿 대처에 대해 질문을 던졌다.[2] 필자가 버벅거리며 답했지만 안토니와 밀턴은 광범위한 주제로 대화를 시작했다.

대화는 금리와 통화 공급 같은 주제로 비교적 평범하게 시작했지만, 당시 18세였던 필자는 조금 지루했다. 하지만 안토니와 밀턴, 특히 그중에서도 덩치가 작은 밀턴이 이야기를 시작하자 대화는 공상의 세계로 향했다. 그것은 영국 자동차 회사인 브리티시 레이랜드, 영국 국영철도, 그리고 브리티시 텔레콤이 매각되고, 세금이 인하되고, 부모들은 학교에서 '사용할' 수 있는 바우처를 받게 되고, 국민보건 서비스가 종료된다는 이야기였다. 또한 영국, 즉 전능한 광부 노조들이 전기를 끊어버리는 바람에 교실마다 촛불을 켜고 수업을 해야 했던 춥고, 먼, 기능이 마비된 영국은 자유 기업의 피난처가될 것이라는 이야기였다. 모두 유쾌하게 미친 이야기처럼 들렸다. 필자에게 이것은 같은 여행 도중 관람했던 미국 록 그룹 그레이트풀 데드Grateful Dead*의 정치 공연에서 밀턴이 기타와 보컬을 맡은 제리 가르시아 역할을 맡은 것 같았다.

안토니(훗날 그는 안토니 피셔 경이 되었다)는 자유주의적 우파의 대부 중 한 명이었다. 그는 런던과 뉴욕에서 각각 경제문제연구소와 맨해튼 연구소 설립을 도왔고, 다른 지역에서도 많은 연구소 설립

---

*1965년 미국 샌프란시스코에서 결성된 5인조 록 밴드로 2,300여 회의 라이브 공연을 하며 1960~1970년대 사이키델릭 록과 히피 문화를 대표했다. 이 그룹의 리더가 제리 가르시아Jerry Garcia 다 ─옮긴이

에 뛰어들었다. 하지만 끝없이 커지고 있는 서양 정부에 반대하는 혁명을 일으키는 데 그보다 더 중대한 역할을 한 사람은 바로 사우나에 같이 있던 밀턴 프리드먼이었다. 그것은 "생각하지 못한 것을 생각하자"는 혁명이었지만 기껏해야 절반의 성공에 그쳤다.

주요 부위만 가리고 있었지만 프리드먼은 비범해 보였다. 키는 150센티미터를 조금 넘는 정도였지만 그의 몸은 지적 에너지로 넘쳐났다. 그는 결국 21세기 후반 세계에서 가장 영향력 있는 경제학자이자 노벨 경제학상 수상자, 그리고 여러 대통령과 총리의 보좌관이 되었다. 그의 출신은 비천했다. 부모는 동유럽 이민자였고, 그는 브루클린 빈민가에서 성장했다. 또한 큰 정부를 굳게 믿으면서 인생을 시작했다. 젊은 프리드먼은 1932년에 미국 사회당 대통령 후보인 노먼 토머스Norman Thomas의 지지자로 시카고 대학에 도착했고, 워싱턴 DC에서 뉴딜 정책의 기관원으로 첫 직업을 구했으며, 1943년까지 공무원으로 일하면서 큰 정부의 가장 기괴한 도구 중 하나인 급여 원천과세를 만드는 일을 도왔다. 하지만 시카고로 되돌아오기 전에 그는 이미 다른 경로를 밟기 시작했다. 그리고 3년 뒤에는 집세 통제를 맹렬히 공격한 논문 「지붕이냐 천장이냐 Roofs or Ceilings」(1946년)를 시작으로 자신의 도착을 알렸다. 이 논문이 발표되자 프리드먼은 즉시 케인스 이론을 비판하며 시장의 자유를 옹호하는 사람으로 두각을 나타냈다.

그 이전 20년 동안 대부분 큰 정부에 대한 거부감은 미국보다 유럽에서 만연했다. 오스트리아 학파*의 창시자는 루트비히 폰 미제스였는데, 그는 정부 관리들에게 "당신들은 소위 '국가'라고 불리

는 신의 대리인이 아니다"라고 말했다.[3]

　제2차 세계대전 중 과학철학자 칼 포퍼Karl Popper는 미국에서 멀리 떨어져 있는 뉴질랜드에서 『열린 사회와 그 적들The Open Society and Its Enemies』을 집필하는 데 힘썼고, 독일의 집중 공격을 받던 런던에서 그의 친구이자 미국의 경제학자인 루트비히 폰 미제스의 제자 프리드리히 하이에크는 1944년 종이가 모자라 자신의 책이 흔적도 없이 사라질까봐 걱정하면서 『노예의 길The Road to Serfdom』을 썼다. 이 책은 출간되자마자 베스트셀러가 되었고, 궁극적으로 수백만 명에게 과도한 힘을 가진 정부는 압제자라는 생각을 새삼 갖게 만들었다. 하이에크는 단순한 필경사가 아니었다. 웹 부부와 마찬가지로 그는 조직화에 재능이 있었다. 또한 선견지명이 있는 사상가들로 이루어진 엘리트 집단이 '개입'을 통해 전체 여론의 동향을 바꿔놓을 수 있다고 믿었다. 비결은 광범위한 지식인들, 즉 그가 아이디어의 '간접 딜러들'이라고 부른 사람들을 재교육시키고, 새로 등장하는 실질적 문제들에 자유시장의 원칙을 적용할 수 있는 싱크탱크들을 그저 분위기에 젖어서가 아니라 매일, 그리고 몇십 년에 걸쳐 세우는 것이었다. 1947년 하이에크는 전 세계 자유주의 경제학의 선구자를 끌어모으기 위한 몽페를랭회라는 모임의 결성을 도왔다.

　몽페를랭회는 스위스 알프스에 세워졌지만, 반혁명의 미래는 대

---

*19세기 말 국가 주도 화폐 시스템과 정부 및 관련 기관이 시장에 개입해 결국 인플레이션을 일으키기 때문에 정부와 중앙은행의 간섭을 최소화하고, 실제 경제 활동을 하고 있는 당사자들에게 모든 권한을 줘야 한다고 주장한 학파 - 옮긴이

서양 건너에서 펼쳐졌다. 미국은 유럽보다 훨씬 더 강력한 개인주의 전통을 자랑했고, 재단과 저널들을 세우는 데 쓸 수 있는 돈이 더 많았다. 『노예의 길』은 미국에서 가장 많이 팔렸다. 실제로 《리더스 다이제스트》는 이 책을 요약정리해서 연재하기도 했다. 1950년 하이에크는 LSE를 떠나 시카고 대학으로 자리를 옮겼다. 특이하게도 그는 그곳에서 사회사상 분과위원회라 불리는 소수만 알고 있는 그룹에 고용되었지만, 케인스주의에 맞선 반혁명의 진원지는 경제학과였다. 일련의 전문가들이 현재 상태에 대한 비판을 쏟아냈다. 미국의 경제학자 프랭크 나이트Frank Knight는 사회개혁이 종종 반생산적인 결과를 낳는다는 사실을 입증했고, 각각 영국과 미국의 경제학자인 로널드 코스Ronald Coase(또 다른 LSE 출신)와 조지 스티글러George Stigler는 규제 당국자들이 종종 규제 대상인 사람들에 의해 포로가 된다고 주장했다. 시카고 학파**의 대부로 불린 게리 베커Gary Becker는 인적자본 경제학을 창시했고, 제임스 뷰캐넌James Buchanan과 고든 털록Gordon Tullock 같은 경제학자는 관료들도 기업인들과 똑같이 이윤을 극대화하려는 본능에 의해 동기를 부여받는다는 사실을 보여주었다.[4] 하지만 이들 중 프리드먼보다 강력한 도끼를 휘두른 사람은 없었다.

학자들 중에 프리드먼이 가진 복음주의에 재능이 있는 사람은 거의 없었다. 되돌아봤을 때 젊은 무전취식자가 샌프란시스코의 사우나에서 들었던 말은 프리드먼이 그를 고용한 한 대학에서 했

**신자유주의 학파라고도 불리는, 시카고 대학을 중심으로 발생한 경제학파로 정부의 개입보다 민간의 자유로운 경제활동을 지지했다 - 옮긴이

던 '지옥으로 가는 길'이라는 강의 내용이었다. 당시 프리드먼은 미국의 좌파(그리고 실제로 미국의 중도파)가 소중하게 여겼던 모든 것을 맹비난하면서, 완전히 다른 미래를 제시했다. 정부가 제공하는 의료 서비스는 프리드먼에게 돈 낭비였다. 학비 보조금은 가난한 계급을 특권 계급으로 강제 이주시키기 위한 방법이었으며 해외 원조는 제3세계 독재자들의 사욕을 채우는 행위에 불과했다. 계속해서 성장하는 서양 국가는 그가 내뱉는 짤막한 농담의 단골 공격 대상이었다. 그는 "연방정부에 사하라 사막을 맡기면, 5년 내에 모래가 사라질 것이다" 또는 "임시 정부 프로그램만큼 영원한 것은 아무것도 없다"라고 주장했다.

프리드먼은 진정 열정적으로 이런 말들을 쏟아냈다. 그는 정부가 이성과 박애의 구현이라는 자유주의적 기만을 혐오했다. 그는 정부로부터 혼란과 이기심만 목격했다. 그는 정부의 개입과 국가의 쇠락 사이에 직접적인 상관관계가 있다고 믿었다. 그리스와 로마 및 영국 왕국들의 역사만 봐도 그러하다는 것을 알 수 있다는 것이었다. 또한 그는 정치인과 관료들이 기업인들보다 어쨌든 좀 더 똑똑하고 이타적이라는 생각을 혐오했다. 관료들은 단순히 다른 방법으로 사욕을 채우는 길을 선택했을 뿐이었다. 심지어 그는 더나은 정부를 만드는 게 조금이라도 타당한지에 대해서도 의심했다. 국민 강탈이 정부의 주된 일이라는 생각 때문이었다. 그는 이렇게 말했다. "잘못된 일을 하는 데 집중하는 효율성은 악덕에 불과하다. 정부가 현재 쓰고 있는 소득의 40퍼센트나 되는 돈을 효율적으로 써봤자 우리는 이후로 오랫동안 우리의 자유를 잃어버릴 것이다."[5]

큰 정부의 자유주의자는 진보적인 반면, 작은 정부의 자유시장주의자는 보수적이라는 생각만큼 프리드먼의 마음을 움직인 것은 없었다. 그는 자신이 보수주의자인지를 묻는 질문을 받자 "세상에, 나를 그렇게 부르지 말아주세요"라며 이렇게 덧붙였다. "갈브레이스처럼 현 상태를 유지하고 싶어 하는 뉴딜 정책 지지자들이 보수주의자다"라고 말했다. 프리드먼은 자신을 존 스튜어트 밀과 제레미 벤담과 꼭 닮은 '철학적 급진주의자'로 간주했다. 종종 「왜 나는 보수주의자가 아닌가Why I Am Not a Conservative」라는 논문을 썼던 하이에크 역시 마찬가지였다.

에드먼드 버크(아일랜드 출신의 영국 보수주의 정치가로, 정치적 권력 남용에 반대했으며 시민의 행복과 정의를 실현하는 정치제도와 방법을 주장했다 - 옮긴이)와 같이 보수주의자인 러셀 커크Russell Kirk는 1940년대에 몽페를랭회를 방문해 몽페를랭회가 존 스튜어트 밀 클럽이나 제레미 벤담 기념 협회로 불리는 게 더 나았을 것이라고 투덜댔다.[6] 프리드먼은 한때 마거릿 대처를 '19세기의 자유주의자'로 칭하면서 그녀에 대한 최고의 찬사를 아끼지 않았다. 하이에크와 프리드먼은 달라진 시대에 맞게 과거의 원칙을 뜯어고치는 데 뛰어난 수완을 발휘했다.

하지만 내세우는 명분이 똑같더라도 프리드먼과 시카고 학파의 경제학자들은 하이에크와 오스트리아 학파와 아주 달랐다. 그들은 보편적인 지식인이라기보다 전문적인 경제학자라는 점에서 지적으로 편협했고, 오스트리아 학파처럼 만들어진 지식을 키우는 온실이 낳은 산물이라기보다 학문 간 경계에 과도하게 집착하는 전후 미국 대학의 산물이었다. 하지만 그들은 자신감이 강했다.

대공황에 당황하고, 케인스의 천재성을 보고 놀란 하이에크는 종종 방어적인 입장을 취했다. 그는 사실상 정부는 독점 형성을 막고, 통화정책을 감독하고, 법치를 준수하고, 사회복지사업뿐만 아니라 건강관리같이 다양한 공공재를 제공해 시장이 적절히 돌아가는 데 중요한 역할을 했다고 주장하면서 비교적 예리한 국가 이론을 발전시켰다.《이코노미스트》는『노예의 길』서평에서 "책 내내 신성시되는 모든 형태의 목적성을 가진 방향들로 목록을 만든다면 하이에크 교수는 되돌아가기보다 상당히 먼 길을 앞장서 가고 싶어 하는 것처럼 비춰질 것이다"라고 썼다.[7]

이와 대조적으로 프리드먼은 과도한 단순화를 시도할 정도로 공격적이었다. 그는 대마초의 합법화와 드래프트제의 일부 폐지 및 감세안을 옹호했다. 1962년 자신의 책『자유주의와 자유Capitalism and Freedom』에서는 농업 보조금 폐지와 최저임금에서부터 출입국 관리 철폐에 이르는, 케네디 시대의 큰 정부가 보기에는 그저 놀라울 뿐인 대담한 정부 가지치기 프로그램을 제안했다. 야경국가가 그레이트풀 데드의 시대로 재창조되었던 것이다.

이토록 극단적인 시각을 가진 사람이 어떻게 인기를 끌 수 있었을까? 여러 가지 이유가 있겠지만 무엇보다 프리드먼의 경제학에 흠잡을 데가 없었을 수도 있다. 그는 소비와 통화정책 역사에 대한 연구를 인정받아 제정된 지 불과 7년 뒤인 1976년에 노벨 경제학상을 수상했다. 또한 그가 올림픽에 출전해도 될 만큼 뛰어난 토론가였을 수도 있다. 1963년 《워싱턴 포스트》는 "미국의 일류 경제학자들 중에 누구도 법의학적 기술과 설득 능력 면에서 프리드먼을 상대할 수 없다"라고 인정했다.[8] 혹은 그의 메시지 전달 능력이 뛰어났을 수도 있다. 그는 《뉴스위크》의 고정 칼럼니스트로 활동했고, 다른 신문에도 자주 기고했다. 그것도 아니면 그가 정치학을 두려워하지 않았을 수도 있다. 프리드먼은 1964년에 미국 보수주의의 역사를 대표하는 정치인인 배리 골드워터의 수석 보좌관이었으며, 이후 로널드 레이건의 측근이었다. 1973년에는 레이건과 함께 예산 규모를 제한한 캘리포니아 개정헌법을 옹호하는 가두연설을 했다.[9] 두 사람은 개인적으로 돈독한 사이였다. 레이건은 "전염성이 강한 프리드먼의 열정을 거부할 수 없었다".[10]

심지어 프리드먼의 경쟁 상대인 갈브레이스조차 이러한 맹공에 직면하자 "케인스의 시대가 프리드먼의 시대에 의해 밀려났다"고 인정했다.[11] 하지만 프리드먼이 성공을 거둔 가장 중요한 이유는 역사학자 점점 더 프리드먼의 편을 들어주었기 때문이다. 한때 그는 '사상가의 역할'을 주로 "여러 가지 선택 가능성을 열어두고 사용 가능한 대안들을 가짐으로써 여러 사건이 무작위로 터지면서 변화가 불가피해질 때 그런 분위기를 뒤바꿀 대안이 존재하게 만드는 것"이라고 정의했다.[12]

1970년대와 1980년대에는 이런 '무작위로 터진 여러 사건'이 프리드먼을 똑똑한 잔소리꾼에서 실세로 바꿔놓았다.

복지국가의 위기

간단히 말하자면, 큰 정부는 과욕을 부렸다. "많은 것을 위하고 강력한 소수에 반하는" 정책에 대한 린든 존슨의 믿음은 그러한 과욕으로 이어졌다. 이제 '기본적인 최저 국민수준'에는 공정함, 평등, 행복이 포함되었다. 1960년대 말이 되자 리바이어던은 모든 사람에게 대학 교육을 제공하고, 인종차별주의 문제를 해결하며, 오페라를 대중화시킬 것으로 간주되었다. 이런 생각을 못할 이유가 없었다. 정부가 좋은 것이라면, 분명 강력한 정부는 더 좋은 것이라고 생각할 수밖에 없었다. 하지만 실상은 딴판이었다. 1970년대가 되자 미국 정부는 건드리는 일마다 실패하는 것처럼 보였다. 전쟁(베트남), 경제(스태그플레이션), 범죄(마약의 유행), 사회적 결속력(문화 전쟁들)에서 모두 그러했다. 복지국가에 대한 유럽의 열광도 식어가기 시작했다. 갈등, 에너지 위기, 그리고 폭동의 시대였다. 또한 영국의 종합 교육이나 미국의 '가난과의 싸움' 같은 1960년대에 유행했던 생각들이 미국의 신보수주의적 성향의 언론인인 어빙 크리스톨Irving Kristol이 썼던 고전적인 표현대로 '현실에 의해서 깨진' 시대였다.

설상가상으로 복지국가의 핵심 기능, 즉 웹 부부와 그들의 제자들이 열렬히 알렸던 생각들이 실패하고 있었다. 리처드 토니는 복지국가 체제에서 영국은 "부자들이 재산뿐만 아니라 건강과 생활에 대한 특혜를 누리고, 빈자들이 받는 벌이 가난뿐만 아니라 무지와 질병과 조기사망에 이르게 만드는 통치를 중단할 것이다"라고 약속한 바 있다.[13] 하지만 1970년대에 연령보정(나이를 올바르게 고치는 것 - 옮긴이) 사망률 면에서 영국의 상·하위 사회계층의 사망률 격차는 1930년대보다 두 배 이상 늘어났다.[14] 상위 계층이 하위 계층보다 더 부유해졌을 뿐만 아니라 더 뚱뚱하고 키도 컸다(상위 계층이 하위 계층보다 평균적으로 3.2센티미터가 더 컸다).[15] 미국에서는 '가난과의 전쟁' 설계자들조차 "전례가 없던 관대함이…… 1964년 이 전쟁이 처음 선포되었을 때보다 가난, 의존, 범죄 또는 절망을 줄이지 못했다"는 점을 인정했다.[16]

1960년대에 단순히 기회 평등보다는 결과 평등을 도모할 목적으로 추진되었던 많은 개혁이 특히 교육적 차원에서 매우 불평등한 결과를 낳고 있었다. 영국의 중등학교 폐지 결정은 사회적 유동성을 감소시켰다. 차별철폐 조치에 대한 미국의 열정은 덜 힘든 대학에서는 완벽하게 잘했을 수도 있는 소수민족 학생들이 엘리트 교육기관에서 공부하는 데 어려움을 겪으면서 학업 중퇴자의 수를 늘려놓았다.[17] 교육 분야 좌파의 리더 중 한 사람인 앨버트 H. 할시 Albert H. Halsey는 1972년에 "20세기 교육사의 중대한 사실은 평등주의 정책이 실패로 끝났다는 것"이라고 선언했다.[18]

로널드 레이건과 마거릿 대처가 권력을 잡을 무렵, 프리드먼의 큰 정부에 대한 가시 돋친 비난은 더 이상 설득력이 없어 보이지 않았다. 중산층 납세자들의 눈에는 리바이어던이 거액을 쓰고 있는 것도 모자라 자신들이 힘들게 번 돈을 낭비하고 있는 게 확실해 보였다. 하지만 그중 상당액이 중산층을 위해 쓰였다는 점에서 이런 시각은 위선적이었다. 교외 지역에서는 누구도 서양 대학들이 이제 중산층 아이들로 북적거린다고 불평하지 않았다. 중산층을 분노하게 만든 것은(그리고 서양 전역에 걸쳐 급속히 우파의 결집 구호가 되었던 것은) 정부가 가난한 사람들과 범죄자들을 과잉보호하고 있다는 생각이었다. 인종차별주의와 속물근성이 영향을 미치기는 했으나 실제로 이런 생각을 뒷받침해주는 사실들도 있었다. 가난한 사람들에게로 돌아간 돈 중 반생산적이었던 것으로 드러난 액수가 너무 많았던 것이다. 예를 들어 복지급여는 개인의 책임감을 약화시키고, 사람들을 가난 속에 갇혀 있게 만드는 비뚤어진 인센티브를 조장했다. 서양 전역에 걸쳐, 심지어 가장 부유한 사회에서조차 사회의 핵심 구성원들이 학업을 중도에 포기하고, 사생아를 낳고, 국가의 피보호자로 살았다. 이때 프리드먼은 예상치 못한 협력자들을 찾아냈다. 뉴욕 주 출신의 미래 민주당 상원 의원인 다니엘 패트릭 모이니한Daniel Patrick Moynihan과 우파로 확실히 전향하면서 신보수주의자들로 알려진 좌파 성향의 사회과학자 집단만큼 흑인 가족의 붕괴를 중대한 정치적 논쟁거리로 만드는 데 기여한 사람은 거의 없었다.

관료와 전문가들은 가난한 사람들에게 무엇이 필요한지 가장 잘 알고 있기는커녕 종종 엄청난 오판만 일삼았다. 도시 설계자들이 일으킨 '새로운 야만주의'(1950년대에 일어난 건축디자인의 기능적인 측면을 강조한 건축 양식 - 옮긴이) 때문에 서양의 어느 도시에서나 이런 문제들을 목격할 수 있었다.[19] 미국에서 도시 설계자들은 가난한 흑인들을 '프로젝트'라는 명목하에 빈민가로 몰아넣었다. 유럽 전역에 걸쳐 도시 설계자들은 노동자 계급의 거주지를 해체하고(그들이 아름다운 도심지와 훌륭한 철도역을 해체한 것처럼) 가난한 사람들을 소를 몰듯 고층 아파트로 몰아넣었고, 이런 아파트는 곧바로 범죄와 타락의 대명사가 되었다.

비효율성뿐만 아니라 비대함도 문제였다. 대처 이전 시대의 영국에서는 노동자 2,500만 명 중 약 3분의 1이 공공 부문에서 일했다. 제조업 부문 종사자들 중 절반 가까이는 보조금이 점점 늘어나는 데 반해 생산성은 점점 떨어지는 국영 산업체에서 일했다(1999년 석탄 산업은 1938년보다 3분의 1이나 적은 양의 석탄을 생산했고, 철도의 선로 길이도 1938년보다 절반으로 줄었다).[20] 규모가 커지자 산업은 복잡해지고 반응성은 떨어졌다. 수백 개의 상이한 정부 부처가 주관한 복지 혜택의 종류만 수백 배에 이르렀다. 예를 들어 영국 보건사회보장부는 모든 전단을 목록으로 정리한 전단까지 만들었다.

이런 문제는 필연적으로 경제에 엄청난 부담을 주었다. 새로운 예루살렘 건설을 위한 기본 계획을 세웠을 때 베버리지는 1945년에서 1965년 사이에 공공의료 서비스 비용이 실질적으로 오르는 일은 없을 것이라고 추산했다. 복지국가는 국민을 더 건강하게 만듦으로써 결과적으로 투자 비용을 건질 수 있을 것이라고 믿었기 때문이다. 실제로 이런 식의 공공지출은 천문학적으로 증가했다. 1970년대 중반까지 영국 국민소득의 절반 가까이가 공공지출에 쓰였는데, 그중 다수가 복지에 투입되었다. 스웨덴에서는 이 비율이 더 높았다. 그로 인해 세금이 터무니없는 수준까지 높아지자 국민들은 공공지출과 경제성장의 관계를 재평가하기 시작했다. 예를 들어 영국의 높은 세금은 '불로' 투자소득 비율이 90퍼센트가 넘어선 사업가인 안토니 피셔와 가수 믹 재거Mick Jagger를 해외로 내몰았다.

정부의 규모가 과거 어느 때보다 커지자 사회적 기능장애는 더욱더 심각해졌다. 기득권을 가진 사람들은 자기 몫을 챙기기 위해 더 사악하게 경쟁했다. 정부는 경제에 더 큰 부담을 주었고, 생산적 경제는 침체되거나 쪼그라들었다. 1970년대 중반 《월스트리트 저널》의 기사 제목은 "대영제국이여, 안녕! 당신을 알아서 반가웠습니다"였다.[21] 1976년 영국은 국제통화기금으로부터 구제금융을 받을 수밖에 없었다. 브레튼우즈 협정에 앞장섰던 선진 국가 중 처음으로 구제금융을 받게 된 것이다. 또 다른 대표적인 복지국가 스웨덴은 1970년대에 세계 제4대 부국이었지만 1990년에는 순위가 14위로 떨어졌다.

무엇보다 심각한 재난은 동양에서 일어나고 있었다. 이제 모든 사람의 눈에 웹 부부가 숭배했던 새로운 문명이 사실상 새로운 야만주의였다는 사실이 명약관화해졌다. 1950년대에 소련은 빠른 속도로 성장하고 있었다. 하지만 1970년대가 되자 소련은 잔인하고 위세를 부렸으며, 성장 속도도 더뎠다. 물론 대형 복지국가와 소련의 전체주의 사이에는 커다란 차이가 존재한다. 하지만 지난 50년간 서양의 큰 정부 지지자들은 공산주의에 거둔 승리(히틀러를 물리치고, 우주를 비행하고, 기록적인 양의 선철銑鐵을 생산함으로써)는 어느 정도 원군을 얻었다. 1970년대가 되자 1930년대의 경제 발전조차 대량 학살과 무자비한 폭압의 대가로 얻은 결과물이었음이 분명해졌다. 고상한 것은 없었고, 올림픽 퍼레이드에 참가한 마약중독

운동선수처럼 거짓되고 잔인한 것만 존재했다.

반발

노벨상을 수상하고 몇 주 지나서 밀턴 프리드먼은 시카고 대학을 떠나 스탠퍼드 대학 후버 연구소로 향했다. 그곳에서 그는 여생을 보내게 된다. 프리드먼이 캘리포니아로 온 지 2년 만에 반혁명의 트럼펫 소리가 들리기 시작했다.

1978년 무계획적으로 조성된 남부 캘리포니아 교외 지역 거주민들은 부동산 세금은 계속 오르고, 지방정부가 제공하는 서비스의 질은 개선 기미가 보이지 않는 데에 질렸고, 제리 브라운 주지사의 자유분방하고 어처구니없는 행동에 분노해 들고일어났다. 징세에 반대하며 적극적으로 시위에 가담한 하워드 자비스Howard Javis의 주도하에 캘리포니아 주민들은 프리드먼의 열정적인 지지를 받으며 제안 13호(고정자산세 과세 권한을 축소하는 방안 – 옮긴이)를 통과시켰다. 이 투표를 분수령으로 부동산 세금 인상 폭이 절반으로 줄었고 한도가 정해졌으며, 캘리포니아 주정부는 지방정부 긴급 구제에 나설 수밖에 없었지만 세금 인상이 아주 힘들게 되었다. 이어 미국 전역에 걸쳐 지출에 제한을 두려는 일련의 제안이 쏟아져 나왔다. 미국의 교외 지역은 참을 만큼 참았던 것이지만 이것은 단순한 저항에 불과했다. 본격적인 혁명은 1979년 영국 총리가 된 마거릿 대처와 1980년 미국 대통령에 당선된 로널드 레이건에 의해 주도되었다. 대처가 레이건보다 더 단호했다. 그녀는 "큰 정부, 과도한 조세, 그리고 관료주의에 맞선 전 세계적인 저항"을 역설했고,[22] 다른 대안은 없다는 허버트 스펜서의 말을 인용했다. 레이건은 대처보다 덜 강경했다. 그는 "나는 정부 사람입니다. 여러분을 도우러 여기 와 있습니다"라는 가장 무시무시한 영어 단어들을 뒤틀며 농담하기도 했다. 하지만 두 사람 모두 시작 단계인 분노를 일관성 있는 정책들로 바꿔놓았다. 단, 그러기 위해서는 실용주의가 필요했다. 대처는 레이건이 공항 관제사들과 맞서야 할 시기를 선택한 것과 동일한 방법으로 광부들과 맞설 시기를 선택했다.*

하지만 이런 선택에는 확신도 요구되었다. 두 사람 모두 앞서 보수주의가 목격했던 어떤 것보다도 이데올로기에서 훨씬 더 '반정부적'이었다. 레이건의 텃밭은 제안 13호를 지지한 캘리포니아 남부였다. 그리고 그는 미국의 대표적인 보수주의 학술연구단체인 헤리티지 재단이 만든 거대한 브리핑 도서로부터 첫 번째 임기에 쓸 많은 아이디어를 얻었다. 대처도 안토니 피셔가 세운 경제문제연구소와 멘토였던 케이스 조셉 경Sir Keith Joseph이 공동으로 설립한 정책연구센터와 유사한 관계를 맺었다. 레이건 도서관에는 레이건이 개인적으로 주석을 달아놓은 하이에크의 저서들이 보관되어 있

---

* 레이건은 1981년 공항 관제사들이 임금 인상을 요구하며 불법파업에 들어가자 직접 기자회견장에 나와 파업의 불법성을 설명하고 "파업자들이 48시간 내에 복귀하지 않으면 전원 파면하겠다"고 선언했다. 그는 신속하게 대체 인력을 투입하여 혼란을 수습하는 한편, 48시간이 지나도 직장에 복귀하지 않은 1만 1,000명의 관제사를 파면했다. 대처는 1984~1985년에 일어난 영국 탄광 노조 광부들의 파업 때 "광부들에게 굴복하는 것은 의회민주주의에 의한 통치를 폭도들의 통치에 넘겨주는 것이 될 것"이라며 법대로 밀고 나갔다. 이 기간에 1만 명이 넘는 광부가 체포되었고, '무노동 무임금'으로 1년간 급여를 받지 못한 노조는 무릎을 꿇었다 ─ 옮긴이

고, 레이건은 손가방 안에 에이브러햄 링컨의 말로 (잘못) 광범위하게 알려져 있는 인용문인 "절약을 막음으로써 번영을 창조할 수 없다. 강자를 약하게 만듦으로써 약자를 강하게 만들 수 없다. 임금 지불자를 끌어내림으로써 임금 소득자를 도와줄 수는 없다"와 함께 하이에크의 책 『자유의 구성The Constitution of Liberty』을 들고 다닌 것으로 짐작된다.[23]

레이건은 공산주의를 물리치고 미국의 보수주의를 개혁한 인물로 역사에 기록되었지만 정부 개혁의 경우 대처가 남긴 유산의 의미가 더욱 컸다. 그녀가 레이건보다 더 많은 정부 개혁에 나섰기 때문만은 아니었다. 1970년대가 될 때까지 고지식하고 야심 찬 대처는 전후 합의를 지지했다. 대처가 교육·과학 장관을 지낸 1970~1974년에 에드워드 히스Edward Heath 총리가 이끌던 영국 정부는 경제를 운용하는 데 자유시장 정책을 조금 더 추진하기 위해 잠시 애쓰기도 했지만, 실업자가 100만 명을 넘어서자 겁을 먹고 그와 같은 노력을 중단했다. 반면 히스 총리는 실업자 수를 줄이기 위해 엄청난 돈을 풀었고, 결국 인플레이션이 25퍼센트에 이르게 되었다.

대처가 영국 경제를 되살리기 위해 대처리즘을 내세운 게 바로 이때였다. 이것은 지적인 전향이라기보다 점점 더 강해지는 자신의 확신을 표현하려는 의지였다(1970년대 영국에서 활동하던 몇 안 되는 자유시장을 지지하던 지식인들 중 한 명인 언론인이자 정치분석가인 알프레드 셔먼은 대처를 "생각이 많다기보다 업무가 많은 사람"이라고 올바로 묘사했다).[24] 구멍가게 딸인 그녀는 빚을 혐오했고, 자립을 존경했으며, 글래드스톤이 말한 "노력, 정직하고 씩씩한 행동"을 높이 샀다.[25] 그녀는 영국의 지속적인 몰락에 상처를 입었다. 그녀가 살던 당시 영국은 제국으로서의 지위를 잃었고, 경제적 지위는 프랑스와 독일에 뒤처졌다. 그리고 대처는 '몰락 관리'를 둘러싼 복잡한 말에 분노했다. 그러다가 자유시장 이론을 접한 그녀에게 다시 희망이 생겨났다. 대처는 우파의 '허가받은 척후병 사상가' 역할을 수행하면서, 자신에게 하이에크와 프리드먼을 비롯해 급진적인 사상가들을 소개시켜준 케이스 조셉 경의 말을 경청했다.[26]

1979년 노동당 정부의 무능력, 특히 1978~1979년에 잇따라 터진 파업으로 사실상 국가 운영이 중단되고, 수송체계가 마비되고, 병원 입구에서 팻말을 든 시위가 이어졌다. 죽은 사람들을 매장조차 할 수 없어 '불만의 겨울'이라고 불렀던 시기에 노조의 시위를 통제하지 못한 정부의 무능력에 대한 불만 속에서 대처를 총리로 뽑은 영국 유권자들에게 이러한 대부분의 급진주의가 숨겨져 있었다. 하지만 일단 권력을 잡자 대처는 본색을 드러내기 시작했다. 그녀는 정부 지출을 줄이고, 통화 공급량을 억제하고, 외환 관리법을 없앴다. 이는 모두 전후 추진된 정책들과의 결정적인 단절을 의미했다. 대처는 임대주택들을 팔면서 노동자 계급에 대처리즘의 토대를 마련했다. 그리고 업계 보조금을 줄이고, 많은 기업들을 업신여겼다. 전 세계적인 경기 침체기에 추진된 이런 정책들의 결과로 실업자가 급증했다. 1981년이 되자 영국의 실업자 수는 300만 명을 넘어섰고, 경찰은 많은 도시의 도로에서 화염병을 투척하는 시위대와 맞서야 했다. 그리고 대처가 소속되어 있던 토리당의 중도파들조차 반기를 들었다. 이때 대처는 에드워드 히스 총리가 그러했듯, 물러나기보다 두 배로 강하게 자신의 정책을 밀어붙였다. 그녀는 1981년에 열린 토리당 전당대회에서 "정책을 되돌리고 싶으면 당신들이나 그렇게 하라. 나는 그렇게 하지 않겠다"라는 유명한 말을 남겼다.

돌이켜보면 그녀는 정말로 운이 좋았다. 영국의 좌파가 분열되는 바람에 당선 가능성이 없는 지도자들을 총리 후보로 내세우는 고집을 부렸다는 점에서 운이 좋았고, 아르헨티나의 군부 정권을 이끌던 갈티에리 장군이 포클랜드제도 침공 결정을 내려 운이 좋았다. 아르헨티나와 영국이 포클랜드제도의 영유권을 놓고 벌어진 이 전쟁에서 영국이 승리를 거두자 대처는 1983년 선거에서 승리했다. 그리고 경제학자들은 지금까지도 대처가 처방한 약이 지나치게 강한 것은 아니었는지를 두고 논란을 벌이고 있다. 영국 북부의 제조업 중 상당 규모가 사라졌기 때문이다. 하지만 그녀가 처방한 쓴 약은 영국을 바꿔놓았다. 1975년 27퍼센트에 이르렀던 물가 상승률은 1986년에 2.5퍼센트로 하락했다. 파업 때문에 잃어버린 날짜 수도 1979년 2,950만 일에서 1986년에 190만 일로 급감했다. 1979년 98퍼센트였던 세율 상한선은 1988년에 40퍼센트로 떨어졌다.[27]

1984년에는 위대한 민영화 움직임이 시작되었다. 이때 브리티시 텔레콤, 브리티시 항공, 브리티시 가스 같은 대기업들이 민간 부문에 매각되었다. 대처는 영국의 국영기업들 중 4분의 3을 민영화함으로써 300억 파운드가 넘는 국고를 확보했고, 90만 명이 넘는 종업원을 고용한 46개 대기업을 민영화시켰다.[28] 그녀는 일반 국민들에게 주식을 사라고 권장함으로써 '대중 자본주의'의 이미지를 만들었다. 그리고 리바이어던에 맞선 운동을 무질서하게 뻗어나가고 있던 브뤼셀의 도시 외곽 지역으로까지 확대했다. 1988년에는 벨기에 서북부 도시인 브루제에서 "우리는 영국에서 정부의 한계를 더 뒤로 밀어내는 데 성공하지 못하고, 그 한계가 유럽 수준으로 다시 정해지는 것을 목격했을 뿐이다"라고 고함쳤다.[29]

대처 덕분에 영국 정치의 무게중심은 극적으로 우파 쪽으로 이동했다. 1990년대의 신노동당은 대처리즘의 핵심주의를 수용해야만 파멸로부터 당을 구해낼 수 있다는 결론을 내렸다. 신노동당을 이끈 토니 블레어는 "경제활동은 민간 부문에 맡기는 게 최선이다"라고 말했다. 블레어는 영국 '헌법 4조'(웹 부부가 집어넣었고, 노동당이 기간산업 국유화를 약속한 내용)를 없앴고, 케인스의 이론과 거리를 두었으며, 신흥 부호들의 관심을 받을 수 있게 당의 정책 노선을 수정했다. 블레어와 절친한 자문관 중 한 명이었던 피터 만델슨은 자신은 많은 돈을 버는 사람들에 대해 '아주 너그럽게 굴 것'이라고 선언했다. 노동당에서 일어난 일은 1950년대에 토리당이 벌인 복지국가를 선호하며 낡은 자유시장 이론을 폐기 처분한 일의 경상鏡像(거울에 비친, 좌우가 바뀐 물체의 상 — 옮긴이)이나 다름이 없었다.

미국에서 레이건도 동일한 효과를 거두었다. 그는 대처와 똑같이 열광적인 방식으로 민영화 정책을 수용하지는 않았지만(미국 정부가 소유한 경제 부문이 훨씬 더 적었기 때문에 팔 것도 많지 않았다) 기지와 이상주의를 적절히 혼합해서 '더 영향력이 강한 정부'를 미국의 어떤 정치인이라도 어떤 질문에나 내놓기 아주 힘든 답으로 만들어버렸다. 이후로 '큰 정부'에 대한 거부는 미국의 우파가 실제로 이 원칙을 추종하지 않았어도 그들의 규범이 되었다.

좌파 쪽에서 일어난 효과는 심지어 더욱 극적이었다. 큰 정부와 진보적 사회 태도의 결합을 의미하는 '자유주의'는 주요 민주당원들이 의절해야 하는 중요한 무엇이 되었다. 1988년 민주당 대통령 후보로 나선 마이클 듀카키스 매사추세츠 주지사가 공화당 후보인 조지 H. W. 부시의 선거운동원들로부터 자유주의자라는 비난을 받자 그는 '중상모략'이라고 불만을 터뜨렸다. 하지만 이런 오명에서 벗어나기는 여전히 힘들었다. 그로부터 4년 뒤 빌 클린턴은 '제3의 길'을 포용했고, 그가 소속된 민주당은 가장 인간적인 이해집단들 중 일부와 싸우면서까지 보다 우파로 기울었다. 그는 '큰 정부의 시대'가 끝났다고 선언하면서 몇 가지 급진적인 국가 개혁에 착수하기 시작했다. 복지 개혁법안들(공화당이 장악한 의회의 설득에 따라)을 통과시켰고, 앨 고어 부통령에게 정부 위원회 개편 책임을 맡겼다. 2004년 민주당 대통령 후보인 존 케리는 자유주의자인지를 묻는 질문을 받자 "그것은 내가 지금까지 들어본 질문 중에 가장 우둔한 질문이라고 생각한다"라고 대답했다.[30]

대처와 레이건이 일으킨 혁명은 앵글로색슨 세계에서 끝나지 않았다. 정부가 비즈니스 세계에 개입하기보다 법과 질서 같은 공공재를 제공하는 데 집중해야 한다는 생각은 광범위하게 확산되었다. 각국 정부는 비대해진 공공 부문의 문제, 생산성 저하, 통제 불가능한 인플레이션 문제와 씨름하면서 앵글로색슨의 사례를 참고했다. 그리고 어디서나 그들은 경제의 기간산업으로부터 발을 뺐다. 1985년부터 2000년 사이 서유럽 정부들은 루프트한자(항공사), 폭스바겐, 르노, 엘프(프랑스 석유회사), 에니(이탈리아 석유회사) 같은 유명 국영기업들을 포함해 약 1,000억 달러 규모의 국가 자산을 매각했다. '산업 정책'은 몇몇 민영화된 기업의 황금주(보유한 주식의 수량이나 비율에 관계없이 기업의 주요한 경영 사안에 대해 거부권을 행사할 수 있는 권리를 가진 주식 – 옮긴이)를 보유하는 것으로 축소되었다.

공산화 후 각국은 워싱턴에서 이룬 합의를 특히 더 열렬히 받아들였다. 러시아는 수천 개의 산업 기업을 민영화시켰다. 공산주의가 무너진 후 폴란드 재무장관인 레세크 발체로비치Leszek Balcerowicz는 대처가 자신의 '영웅'이라고 선언했다. 페르난도 카르도소 브라질 대통령은 대처로부터 영감을 받은 민영화 프로그램을 도입했다. 매각 자산 가치를 기준으로 평가해봤을 때 이 프로그램의 규모는 영국에서 추진된 것보다 두 배나 컸다. 영국식 페이비어니즘의 보루인 인도에서조차 만모한 싱 총리는 "정부가 인도 국민들, 특히 인도 기업가들에게 부담을 주지 않게 만들기 위해서" 소위 '면허 통치'라 불리는 정부의 심각한 간섭을 중단하기 위한 정치에 힘썼다.[31] 1990년대에 잠시 인도의 재무장관을 지냈던 파라니아판 치담바람은 "대처 시대에는 경천동지할 계시가 내려왔다. 결과적으로 우리의 페이비언 사회주의는 영국으로부터 건너온 것이었다"라고 당시 상황을 요약정리했다.[32]

특히 블레어와 클린턴 신봉자들이 득세한 1990년대에는 큰 정부가 세계화 추세에 맞지 않는다고 간주하는 게 유행이었다. 리바이어던은 국제 자본주의라는 훨씬 더 강력한 힘에 의해 완전히 무너지게 되었다. 이때 클린턴의 선거 사무장을 맡았던 제임스 카빌은 자신이 엄청나게 강력한 힘을 가진 채권시장으로 환생하고 싶다는 농담을 던지기도 했다. 당시 빌 게이츠가 빌 클린턴보다 잡지 표지를 장식하는 횟수가 더 많아 보였고, 좌파는 세계 최대 경제주체 중 절반이 다국적기업이라는 (부정확한) 주장을 하기도 했다. 1997년《이코노미스트》는 정부에 대한 특별 기사를 통해 리바이어던이 완전히 사라졌다는, 당시 유행하던 생각에 대해 검토했다.[33]

절반의 성공을 거둔 혁명

따라서 레이건과 대처, 그리고 더 나아가 밀턴 프리드먼이 논쟁에서 승리했다. 1980년대 이후로 정부에 대한 논쟁은 계속해서 바뀌어왔다. 하지만 이 세 사람이 현실에서 승리를 거두지는 못했다. 그들이 승리를 거두었다면 이 책은 마땅히 존재하지 않는 게 당연할지 모른다.

가장 분명한 사실은, 리바이어던이 완전히 사라지지 않았다는 것이다. 대처는 1979년 GDP의 22.9퍼센트를 차지했던 사회복지 지출을 1990년에 22.2퍼센트로 줄이는 데 성공했다. 레이건은 민주당이 장악한 하원 의원들을 설득해서 자신이 추진하던 감세 정책과 동반한 지출 축소를 실현해내는 데 실패했고, 결과적으로 미국의 재정 적자는 폭발적으로 늘어났다. 대처와 레이건이 이끈 정부(그리고 그것의 무덤을 파는 사람들)는 케인스나 베버리지가 상상했던 어떤 정부보다도 훨씬 더 컸다. 이렇게 된 원인의 일부는 두 사람이 저지른 실수 때문이었다. 예를 들어 대처는 특히 경찰을 포함해 일부 공공 부문 개혁에 서툴렀다. 다수의 영국 도시를 지배했던 좌파 위원회에 대해 지나치게 큰 반감을 보인 나머지(덧붙이자면, 그들은 너무나 지독한 죄를 저질렀다) 전후의 어떤 총리보다 더 지방정부를 전례 없는 강력한 규제와 명령의 그물망 속에 가두어놓기 위해 힘썼다.

새로운 세기가 시작되면서 리바이어던은 다시 성장하기 시작했다. 미국에서 빌 클린턴이 내세운 비교적 소박했던 중도주의는 조지 W. 부시가 내세운 통치이념이자 정부의 비대화를 허용하는 '온정적 보수주의'(기존 보수주의 이념과 달리 이민자, 빈곤층 등 소외 계층 보호를 도입한 보수주의 - 옮긴이)에 의해 밀려났다. 전례가 없을 정도로 확대되었던 모든 사람의 생활을 지배하는 규칙과 법규의 집합을 특징으로 하는 '큰 통치 방식'은 좌파(다양성과 건강과 안전을 강조)와 우파(폐쇄회로 카메라, 마약과의 전쟁, 그리고 9·11사태 이후 테러리스트와의 전쟁을 강조) 모두에 의해 큰 정부보다도 빨리 확대되었다. 아들 부시가 대통령이 된 후 매년 약 1,000쪽 분량의 연방 법규가 첨가되었다. 2008년 그가 백악관을 떠났을 때는 큰 정부의 보수주의자가 더 큰 정부의 자유주의자로 대체되었다.

버락 오바마는 1990년대에 활동하던 민주당 하원 내 중도파 그룹인 신민주당원들보다 정부의 행동주의에 관심이 많았지만 민간 부문에 대한 관심은 덜했다. 클린턴이 미국 기업인들에게 그들이 정부 때문에 성공했다("당신들이 정부를 세우지는 못했다")고 말하는 장면을 상상하기란 매우 힘들다. 오바마가 2008년 콜로라도 주의 덴버에서 열린 전당대회에서 민주당에 자신의 일대기를 털어놓았을 때, 그것은 사악한 민간 부문(우연히도 그는 우리 두 필자의 고용주가 현재 소유하고 있는 회사에서 일한 적이 있다)에서 한 어린 죄인이 지역사회 조직자가 되어 순수한 삶을 살기 위해 도망쳤다가 진정한 사랑과 목적을 발견하게 된다는 내용이 담긴 구원담이었다. 그렇다고 진짜 오바마가 보수주의적 상상력을 지닌 유럽 사회주의자와 공통점을 갖고 있다는 뜻은 아니다. 일반적으로 오바마가 내세운 핵심 경제 정책은 철저히 실용주의적이었다. 제너럴모터스와 크라이슬러 같은 자동차 회사의 국유화는 긴급한 현안에 대한 일시적인 해결책이자, 공화당 출신 대통령이라도 쉽게 수용했을 수밖에 없는 해결책이었다. 하지만 대세는 좀 더 큰 정부 쪽으로 움직이고 있었다. 오바마가 국내에서 이룬 주요 업적인 의료보험 개혁은 그러한 패턴에 들어맞는다(그런 개혁이 절망적일 만큼 혼란스러운 미국의 의료보험 체제를 스웨덴의 그것과 동떨어지게 만들어놓았지만).

지난 10년 동안 유럽도 미국과 아주 유사한 패턴을 따랐다. 영국에서 신노동당은 집권 시기 중 어느 때보다 덜 신중해졌다. 고든 브라운 총리는 자신이 호황-불황 주기를 없앴다는 잘못된 믿음하에 정부 지출을 대폭 늘렸다. GDP에서 국가가 차지하는 몫은 2000년 37퍼센트 미만에서 2007년 44퍼센트로 늘어났다. 영국 경제가 고전하고 있는 상황에서도 이 비율은 2010년 51퍼센트로 계속 올랐다.[34] 하지만 서양에서 최소한의 자기 성찰 속에서 큰 정부가 재등장한 곳은 유럽 대륙이었다. 1990년대 초 유럽연합은 종종 경제 개혁 도구 역할을 했다. 1999년 유럽연합은 단일 시장을 개장했고, 유럽연합 집행위원회는 지나치게 노골적으로 유럽 내 산업을 지원해준 국가들을 따라다니며 괴롭혔다. 다수의 유럽 남부 국가는 1999년 탄생한 유로존에 들어가기 위해 최소한 약간이라도 긴축 정책을 펼쳐야 했다. 하지만 일단 단일 통화인 유로화를 쓰는 유로존에 들어간 이상 이들 국가는 독일과 같은 저금리로 자금 조달이 가능하다는 사실을 깨닫고, 그에 따라 돈을 쓰기 시작했다. 앞서 프리드먼은 항상 단일 통화에 대해 경고한 바 있었다. 그는 1997년 통화의 통일은 정치 분열을 초래할 것이라고 주장했다.[35] 2004년에 그는 유로존이 분열될 것으로 생각한다고 주장했다. 더불어 그는 유럽 대륙을 아우르는 큰 정부를 규탄하면서 "유럽연합이 해야 할 일이 뭔지 의심할 여지가 추호도 없다. 유럽연합은 자체 규칙과 규정을 폐기해야 한다. 또한 높은 수준의 지출도 없애야 한다"라고 말했다.[36] 하지만 누구도 프리드먼의 말에 귀를 기울이지 않았다.

그리스가 가장 황당하게 유럽연합의 규정을 어겼다. 2004년부터 2009년 사이 외국 자본이 몰려오자 그리스 정부는 자체 계산에 따라 명목상 세수를 31퍼센트 늘렸지만 주요 지출을 87퍼센트나 늘렸다. 그러자 부채는 늘어났고, 재난은 피할 수 없었다. 하지만 사실상 2000년부터 2012년 사이에 어느 나라에서나 국민소득 중에서 공공지출 비중이 급증했다. 이 기간 동안 프랑스에서는 51.6퍼센트에서 55.9퍼센트로, 이탈리아에서는 45.9퍼센트에서 49퍼센트로, 포르투갈에서는 41.6퍼센트에서 46.9퍼센트로, 그리고 아일랜드에서는 31.2퍼센트에서 44.1퍼센트로 각각 높아졌다. 평균적으로 이런 증가의 절반 이상은 금융 위기 이전에 일어났다. 유로존은 회원국들에게 브레이크를 밟아야 할 때 가속페달을 밟으라고 권장했던 것이다.[37] 한편 이론적으로 민주적 위임 통치권을 갖고 있기 때문에 의사 결정 권한이 있는 유럽연합의 입법부인 유럽의회EP는 평범한 기구로 전락하고 말았다.

유럽과 미국 모두 10년 이상 그들의 다양한 모순이 초래한 결과로부터 벗어날 수 있었다. 시장은 상당한 기간 동안 선진국 경제에 신용을 확대해줄 의사가 있었다. 하지만 2007~2008년에 터진 경제 위기는 서양 정치의 분위기를 바꿔놓았다. 이제는 줄 수 있는 것이 예전보다 훨씬 더 줄어들었다. 사실상 줄 수 있는 것이 사라졌다. 유로존에서 장기간 이어진 우유부단한 모습은 막을 수 있었던 위기를 세계 최대 경제 단위를 뒤흔들 수 있는 위기로 만들어버렸다. 미국에서 경제학자들은 이구동성으로 미국의 재정 문제에 대한 중기적 해결책을 요구해왔다. 적어도 두 곳의 대통령 위원회도 같은 요구를 했다. 하지만 의회와 오바마 대통령은 위기를 감당할 능력이 없는 것으로 드러났다. 민주당원은 정부의 복지 혜택 축소 승인을 거부하고, 공화당은 세금 인상을 거부했다. 결국 미국은 큰 정부처럼 돈을 쓰면서 작은 정부 카운티처럼 세금을 거두다가 재정 함정에 빠졌고, 이 차이를 메우기 위해 민간 저축자들로부터 거액의 돈을 빌리고 있는 실정이다.

이런 경우 정부는 어떻게 되는 걸까? 2004년 운명하기 2년 전, 프리드먼은 자신의 업적을 우울하게 자평하며 이렇게 말했다. "제

2차 세계대전이 끝난 후 사회주의자들이 득세했지만 실제로는 자유시장을 갈망하는 사람이 많았다. 현재는 사람들이 자유시장을 옹호하고 있지만 실제로는 상당히 사회주의자의 성격을 띠고 있다. 우리는 사상 전투에서 크게 승리했다(다만 그런 전투를 영구히 이길 수는 없다). 우리는 사회주의의 발전을 지연시키는 데 성공했지만 그것의 경로를 전복시키는 데 성공하지는 못했다.”[38] 이러한 평가는 특히 정부의 규모뿐만 아니라 정부가 가진 권력을 주시해봤을 때 지금 분명 더 암울하게 들릴 것이다. 프리드먼이 전달하는 메시지의 핵심은 밀의 그것처럼 자유였다. 조지 오웰이 『1984』를 썼던 아파트 인근에는 현재 32개의 CCTV 카메라가 설치되어 있다. 문 앞에서 보초를 서고 있는 야간 경비원은 집과 사무실 안에서 사는 유모가 되어 부엌, 거실, 회의실, 그리고 심지어 침실에서도 사람을 어깨너머로 살피고 있다. 하지만 그가 아주 착한 유모는 아니다. 정부는 어느 때보다 더 많은 책임을 축적했고, 다른 모든 사람에게 어느 때보다 더 많은 비용을 몰래 부과했다. 하지만 그러한 책임을 다할 수 있는 정부의 능력은 쇠퇴했다. 유일한 희망은 좌절감이 변화의 기대감을 낳기 시작하고 있다는 점이다.

프리드먼이 결국 집이라고 불렀던 정부보다 이런 변화를 잘 보여주는 곳은 어디에도 없다.

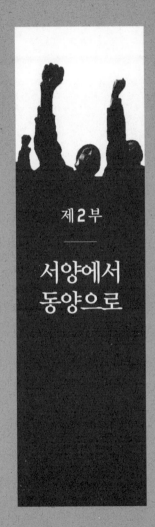

제2부

서양에서
동양으로

5장

★ ★ ★ ★

캘리포니아 정부의 대죄와
위대한 미덕

미국 캘리포니아의 도시 새크라멘토와 팔로알토의 차이만큼 서양 정부가 겪고 있는 여러 가지 문제를 생생하게 보여주는 사례는 없다. 이 두 도시의 직선거리는 90마일(약 145킬로미터 - 옮긴이)에 불과하다. 하지만 그들은 서로 다른 시대를 살고 있다. 새크라멘토는 캘리포니아의 주도다. 팔로알토는 사이버 공간에서뿐만 아니라 제조업, 로봇공학, 생명공학 분야에서 미래를 창조하고 있는 사업에 종사하는 도시인 실리콘밸리의 심장부다. 기업인들은 두 명의 스탠퍼드 출신인 빌 휴렛Bill Hewlett과 데이비드 패커드David Packard가 1938년 팔로알토에 있는 한 차고에서 컴퓨터 회사를 차린 이후로 그곳을 '신호등'처럼 여겼다. 이후로 실리콘밸리에서는 애플, 오라클, 구글이 탄생했고 전 세계의 거의 모든 정부는 자체적으로 이처럼 기적을 낳는 기계를 만들기 위해 애썼다.

50년 전 새크라멘토는 언덕 위에 있는 도시이기도 했다. 관비생官費生들은 캘리포니아의 꿈을 연구하기 위해 그곳으로 몰려들었다. 방문객들은 캘리포니아가 급성장하고 있는 그곳 주민들에게 어떻게 해서 물, 고속도로, 그리고 세계 최고의 국립대학 시스템을 제공하는지를 보고 경이로워했다. 당시 위대한 캘리포니아 주지사인 얼 워런Earl Warren과 팻 브라운Pat Brown은 이러한 해답을 제공하는 것에 매우 기뻐했다. 얼 워런은 공화당원이고 팻 브라운은 민주당원이었지만 두 사람은 하나의 청사진과 목적을 공유했다. 하지만 지난 20년 동안 중국의 CELAP 같은 기관 출신의 학생들은 가장순수한 형태의 서양 정부가 처한 위기를 연구하기 위해 새크라멘토를 찾는 경향이 더 강했다. 예산 분쟁, 극단적인 파트너십과 게리맨더링, 금권정치, 애처로울 정도로 낮은 유권자의 참여도, 감당하기 버거운 주민법안 발의, 부조리할 정도로 복잡한 구조, 그리고 허물어지는 기반시설에도 불구하고 캘리포니아 정부는 컸고, 파산을 겪었으며, 비효율적이었다.

팔로알토와 새크라멘토 같은 격차는 서양 전역에 걸쳐 되풀이되어 나타나고 있다. 월가는 워싱턴 DC와 다른 시간대에서 움직이고 있으며 독일 바이에른의 소규모 가족회사들, 이탈리아 밀라노의 패션 거장들, 그리고 뉴욕 소호Soho*의 멀티미디어 기업인들은 베를린, 로마, 화이트홀의 정치인들과 다른 규칙(과 시간과 임금)에 따

---

*소호는 원래 사우스 오브 하우스턴South of Houston의 약자다. 흔히 이 지역을 '뉴욕 패션의 메카'라 부르는데, 본래 소호는 젊은 예술가들이 모여 사는 예술의 거리였다 - 옮긴이

라 일한다.

캘리포니아의 가장 극단적인 형태에서 찾을 수 없는 정치적 전염병 같은 것은 없다. 캘리포니아보다 더 작은 정부의 수사학과 큰 정부라는 현실이 그토록 두드러지게 충돌하고, 밀턴 프리드먼이 겪은 절반의 혁명 실패가 그토록 분명히 드러난 다른 어떤 곳도 생각하기 힘들기 때문이다. 납세자들의 혐오감은 정부로부터 그것이 가진 자원과 합법성을 빼앗아갔지만 정부가 져야 할 의무는 계속해서 성장해왔다. 지난 수십 년 동안 지구상에서 가장 낙천적인 사람들로 간주되는 캘리포니아 주민들은 2014년 초 캘리포니아의 인구가 4,000만 명에 육박하면서 주정부가 각 지역의 행정 수요를 감당하지 못하고 있다고 주장하며 캘리포니아를 6개 주로 분할하자고 주장하기도 했다. 누구보다도 2011년 39대 캘리포니아 주지사로 재취임한 제리 브라운 체제하에서 추진되고 있는 가열찬 생존의 몸부림이 마침내 유용한 결실을 맺을지 모른다는 희망의 불빛이 등장하고 있는 것은 맞다. 하지만 우리 두 필자 중 한 명이 샌프란시스코의 초현실적인 사우나에 들어간 이후 지나간 시간 동안 캘리포니아는 유럽 국가와 미국에서 잘못된 모든 것을 보여주는 전형이었다.

캘리포니아에서는 정확히 어떤 증상들이 나타난 것일까? 일곱 가지 증상이 눈에 띈다. 이들 증상을 현대 정부가 지은 일곱 가지 대죄라고 부르겠다.[1] 우리는 또한 한 가지 위대한 미덕도 추가하겠다. 이러한 모든 점에서 캘리포니아는 늘 그렇듯 "더하면 더한 서양과 같다". 캘리포니아는 무엇이 잘못되고 있는지를 함축적으로 보여주는 본보기다.

1. 또 다른 시대에서 온 곳

캘리포니아의 행정지도를 보면 제리 가르시아가 사용한 약품 조제기*를 가지고 실험한 아이가 알약 가루를 묻히고 지도 위를 기어 다녔을 것이라는 결론을 내릴지도 모르겠다.

지도에는 중첩되는 수천 개의 카운티, 도시, 지구 등이 혼재해 있다. 비벌리힐스와 웨스트할리우드가 로스앤젤레스의 가운데에 자리하고 있지만 이 둘은 서로 다른 도시다. LA 학교지구의 학생 수는 68만 7,000명이지만 다른 23개 학교지구의 학생 수는 20만 명 이하다. 새크라멘토에서는 이런 상황을 더 분명히 알 수 있다. 캘리포니아에는 캘리포니아 해안위원회부터 언어병리학회, 청각학회, 보청기 공급 기구에 이르기까지 300곳이 넘는 비선출 이사회와 위원회가 존재한다. 캘리포니아에는 또한 세계에서 세 번째로 긴 헌법이 존재한다.[2] 일련의 주민법안 발의로 인해 예산의 4분의 3은 정부 통제 영역 밖에 있다. 자금 흐름은 불투명하기 짝이 없다. 제안 13호로 주가 지방정부에 구제금융을 제공할 수밖에 없게 된 이후로 새크라멘토는 워싱턴 DC에 보조금을 청하면서 동시에 다른 도시에는 보조금을 지불할 수밖에 없었다. 새크라멘토, 워싱턴, 그리

----

*제리 가르시아는 마약을 상습 복용한 것으로 유명하다 – 옮긴이

고 다양한 캘리포니아 주에서 건강, 학교와 복지, 그 밖에 다른 많은 분야에 필요한 돈이 난데없이 튀어나와 캘리포니아 정치인들은 돈을 구해 쓰는 책임을 지기가 불가능해지고 있다.

캘리포니아 주정부가 저지른 첫 번째 죄는 시대에 뒤처진 것이다. 캘리포니아 주정부가 가장 마지막으로 전면 개편을 한 게 1879년이었다. 당시 주의 인구는 86만 5,000명에 불과했고 대부분의 캘리포니아 주민은 농사를 지으며 살았다.

오늘날 캘리포니아의 인구는 3,700만 명으로 늘어났다. 또한 주 상원 의석 한 석이 대표하는 인구수가 당시 주 전체 상원 의석이 대표했던 인구수보다 많다(현재 캘리포니아 주 상원 의원은 40명으로 인구 95만 명당 1명이다 - 옮긴이). 역사학자 케빈 스타Kevin Starr가 말한 대로 "100만 명 이하의 사람들을 돌보기 위해 설립된 조직은 그보다 근 40배에 이르는 사람들을 통치할 때 집단적인 정치적 신경쇠약에 걸린다고 해도 놀랄 일이 못 된다".[3]

이런 점에서 캘리포니아는 전체적으로 서양 정부의 변형된 형태다. 서양 전역에 걸쳐 책임이 중첩되는 지역이 흔하다. 오스트레일리아에서는 연방정부가 1차 보건의료를 담당하지만 주에서 병원을 운영한다. 대부분의 유럽 국가에서 세금은 중앙정부가 걷지만 지방이나 지방정부가 그것을 쓰는 경향이 있다. 유럽연합은 유럽에서 워싱턴이 미국에서 하는 것과 같은 역할을 점점 더 많이 수행하면서 또 다른 층의 규칙과 지시를 덧붙인다. 미국 헌법은 무장 민병을 구성하고, 사람들이 직접 왕이 되지 못하게 막는 등의 일이 상당히 중요했던 때에 13개 주와 400만 명으로 이루어진 국가를 위해 제정했다. 헌법 제정자들은 노스다코타나 캘리포니아를 연방에 편입시킬 계획이 없었고, 캘리포니아의 인구가 노스다코타의 인구보다 57배 더 많았지만 두 주가 상원에서 같은 수의 투표권을 갖게됨으로써 생기는 결과를 상상할 수 없었다. 유럽에서 두 차례의 세계대전으로 인해 국가는 최근 들어 다시 설계되었지만 영국의 상원처럼 많은 오래되고 특이한 것들은 지금도 존재한다.

지나치게 많은 정부 부처가 우리 모두가 여전히 신을 두려워하는 자작농인 것처럼 기능한다. 미국 학생들은 19세기에 그랬던 것처럼 농장일을 돕기 위해 여름에 3개월 동안 학교에 가지 않고 쉰다. 미국 농무부는 현재 농업에 종사하는 인구가 전체 인구의 2퍼센트에 불과한데도 워싱턴에서 가장 큰 관료 집단 중 하나다. 안식일(토요일)을 신성시하는 기업인이 거의 없는 마당에 영국 국가보건 서비스BNHS는 여전히 주말은 쉬는 날이라는 개념을 존중한다. 그래서 토요일과 일요일에 일하는 의사 수가 적기 때문에 BNHS의 병원 위탁 사업체 149곳 중에서 129곳의 사망률이 주말에 더 높고, 런던 서부 힐링던 자치구의 한 사업체의 경우 사망률이 평균 27퍼센트포인트나 더 높다.[4] 유럽과 미국에서는 정부가 깃펜과 주판을 가지고 구글과 페이스북 세계를 통치하려고 애쓰고 있다.

현대성과 효율성의 관계는 단순하지 않다. 많은 오래되고 특이한 것들이 실제로 좋은 효과를 낸다. 즉 미국인들은 헌법이 틀리기보다 옳을 때가 훨씬 더 많기 때문에 마땅히 자신들의 헌법을 존중한다. 한편 새로운 형태의 정부인 유럽연합을 세우려는 서양의 가장 눈에 띄는 시도는 중첩된 책임의 문제로 혼란을 낳고 있다. "의회의 존립 목적이 무엇인가?"처럼 유럽연합에 대한 기본적인 질문에 대해서조차 대답하기가 힘들다. 공통된 금융 규제 시스템이 없는 상태에서 단일 통화를 만들려는 광기는 이제 누구의 눈에도 뻔히 보인다. 어떤 면에서 더욱 심각한 문제는 위기에서 도움을 받더라도 이러한 설계 잘못을 수정할 수 없는 유럽연합의 무능력이다.

따라서 '새로운 것'이 항상 '더 좋은 것'만은 아니다. 유럽과 캘리포니아는 그리 다르지 않다. 두 곳 모두 정확히 어떤 종류의 정부를 원하는지에 대한 논의가 필요하다. 두 곳이 공통적으로 겪고 있는 문제는 목적에 구조를 부합시키는 것이다. 또한 그것은 다음 두 가지 죄 때문에 상당히 복잡해졌다.

2. 보몰병

캘리포니아는 공공 부문을 보다 효율적으로 만드는 데 서툴렀다. 우리가 말하는 두 번째와 세 번째 죄는 유명 경제학자들의 이름을 딴 것으로, 정부가 계속해서 더 많은 낭비를 하는 이유를 설명하는 데 유용하다. 경제학자인 맨커 올슨Mancur Olson의 법칙은 정치와 이익단체가 가진 힘에 초점을 맞추었는데, 그 전에 두 번째 죄인 보몰병부터 생각해보자.

1966년 이후 발표한 일련의 논문에서 윌리엄 보몰은 기계 형태의 자본이 노동으로 대체될 수 있는 산업에서보다 노동 집약적 산업에서 생산성이 훨씬 더디게 증가한다고 주장했다.[5] 보몰은 고전

음악으로부터 얻은 사례를 통해 본래 선천적으로 노동 집약적인 인간 활동이 몇 가지 존재한다는 사실을 증명해 보였다. 예를 들어 베토벤이 현악 4중주를 작곡한 후 세상은 크게 달라졌지만 지금이나 그때나 네 명 미만의 음악가로 현악 4중주를 연주할 수는 없다. 보몰병은 정부가 경제의 노동 집약적 분야를 점유하고 있기 때문에 필연적으로 더욱더 덩치가 커질 수밖에 없다는 것을 의미한다. 제조업은 점점 더 효율적으로 바뀌어가지만, 교육과 의료 서비스 (정부에 의해 전부 또는 일부 서비스가 제공되는 경향이 있는) 같은 노동 집약적 서비스 분야는 그러하지 못하다는 주장이다. 보몰의 주장에 따르면, 일반 대학 교수는 10년 전보다 더 빠르게 강의를 할 수가 없으며, 일반 외과 전문의도 더 빠르게 수술할 수가 없다.

이 병의 반대되는 측면도 존재한다. 즉 온갖 생산성 개선 덕분에 부유해질수록 사람들은 (특히 일반상품 비용이 내려갈 경우) 교육과 건강에 더 많은 돈을 쓰려고 한다. 그리고 많은 교육과 의료 서비스 비용은 과학 발전 및 생활수준 향상과 더불어 올라간다. 2010년 말까지 버락 오바마의 수석 경제 자문관을 지낸 래리 서머스Larry Summers는 일반 미국인들의 임금을 TV 가격과 비교해서 평가했을 때 1970년대 이후 임금이 열 배 증가했지만, 의료 서비스 비용과 비교해서 평가했을 때는 오히려 감소했다고 지적했다. 평균적인 유럽인들의 임금 역시 마찬가지다.

이런 관점에서 볼 때 정부의 최근 역사 중 상당 시간이 보몰병과의 투쟁에 할당되었다고 할 수 있다. 단지 투쟁 방법만 달라지고 있을 뿐이다. 캘리포니아는 일부 서비스를 줄이고, 다른 서비스의 비용은 소비자들에게 전가했다. 주에서 거주하는 학생들은 현재 교육비의 절반 정도를 내고 있는데, 1990년도에는 12퍼센트만 내면 되었다.[6] 중요한 사실은, 교육의 생산성이 개선되지 않았고, 교육의 질은 쇠퇴하는 결과가 초래되었다는 점이다. 40년 전 캘리포니아의 공교육 시스템은 세계 최고 수준이었다. 오늘날 캘리포니아는 학생들의 문맹과 1인당 지출 비용 면에서 미시시피 주와 막상막하다. 보다 광범위하게 봤을 때 계속해서 상승하고 있는 고등교육비 문제를 해결하기 위한 미국의 노력은 학생 부채라는 전염병을 일으켰고, 학생들이 진 빚의 규모는 1조 달러에 이른다. 운영 재단들이 시설 투자에 인색하면서 유럽 대학들은 슬럼화되었다.

미국과 유럽 모두에서 사람들은 정부가 우리가 IT나 제조업 부문에서 기대하는 것과 같은 생산성 향상을 입증해 보이지 못하고 있다는 데에 분노하고 있다. 보몰의 생각이 옳다면 누구도 정부의 크기가 점점 더 커지는 것을 막기 위해 할 수 있는 일이 거의 없다. 이것은 우리가 7장에서 다룰 근본적인 문제다. 하지만 또 다른 규칙은 정치도 경제만큼 비난의 대상이라는 사실을 암시한다.

3. 올슨의 법칙

윌리엄 보몰이 정부 개혁가들의 뇌리에서 떠나지 않는 이름이라면, 맨커 올슨 역시 그러한 이름이다. 그는 자신의 책『집단행동의 논리The Logic of Collective Action』(1965년)에서 민주주의에서는 이익단체가 아주 유리하다고 주장했다. 특히 조직 결성은 많은 돈과 시간과 에너지를 필요로 하는 고통스러운 일이기 때문에 일반적인 목표를 추구하며, 돈을 쓰지 않고 정치적 행동의 수혜를 입고 싶어 하는 불로소득자들 때문에 괴로운 광범위한 선거구보다는 자기들의 이해관계에 깊숙이 연관된 목표만 추구하는 좁은 선거구가 조직적으로 움직일 가능성이 훨씬 더 높다. 이 문제에 대해 올슨은 "집단이 클수록 그만큼 공동 이익을 발전시키지 못할 것이다"라고 깔끔하게 정리했다.[7]

캘리포니아에는 항상 물처럼 부족한 자원을 차지하려는 특별 이익단체가 존재했다. 차이나타운을 보면 그러하다는 것을 한눈에 알 수 있다. 캘리포니아 주 중앙부의 대지구대인 센트럴밸리에 가면 농부들이 사막에서는 절대 재배해서는 안 되는 농작물을 경작하기 위해 주의 귀중한 자원인 물을 마구 소비해 눈앞에서 세금이 사라지는 광경을 목격할 수 있다. 하지만 뭔가 중요한 사실이 바뀌었다. 50년 전 캘리포니아의 엘리트 기업인들은 훨씬 더 공공심이 강했다. 그들은 세금을 낮추고 권력을 유지하려는 와스프WASP(미국 주류 지배계 – 옮긴이)로 이루어져 있었을지 모르지만, 정부의 복지에 대해 광범위한 관심을 드러냈다. 오늘날 할리우드와 실리콘밸리, 기타 특권을 누리고 있는 지역의 거주민들은 정부에 대해 심각한 반감을 드러낸다. 가장 극단적인 경우 부자들은 그들만의 경호원, 의료 서비스, 학교라는 폐쇄된 커뮤니티 속에서 외부와 벽을 쌓고 산다. 적어도 그들의 눈에 비친 그들과 정부의 관계는 납세에서 끝나고, 정부에 대한 유일한 관심이라고 해봤자 납세액을 최대한 줄이는 것이다. 한편 그들이 경영하고 소유한 기업들은 포괄적인 목표보다 편협한 이익(예를 들어 공략 대상을 정하고 실시하는 로비를 통해)을 추구해왔다. 그로 인해 기업인들이 샌프란시스코의 만안 지역인 베이 에어리어에서 운송 수단을 마련하는 등 공익적 프로젝트를 지원하기가 더욱 힘들어졌다. 또한 개별 기업이 다른 기업의 진입 장벽을 만들기 위한 로비를 벌이는 바람에 규제는 더욱 늘어났다. 이것이 현대 정실 자본주의의 실체이며, 그토록 많은 보조금이 그토록 많은 사람들에게 지원되는 이유를 설명해준다.

올슨의 법칙은 공공 부문에도 적용된다. 실제로 캘리포니아 주민들 중 1970년대에 폴섬 주립교도소에서 교도관으로 첫 사회 경력을 쌓기 시작한, 늘 중절모를 쓰고 다녔던 한 보수주의자만큼 이 법칙을 잘 이용한 사람은 드물다. 30년 전 돈 노베이Don Novey가 캘리포니아 교도관연맹CCPOA 회장이 되었을 때 2,600명의 회원만 그가 소위 "주에서 가장 힘든 관할구역"이라고 말한 곳을 담당했고, 캘리포니아의 감옥에는 3만 6,000명만 수감되어 있었다. 오늘날 캘리포니아의 감옥에는 13만 명이 수감되어 있고, 캘리포니아 교도관연맹의 회원 수는 3만 1,000명이며, 주는 최근 노베이가 만든 '범산 복합체prison-industrial complex'[8]에 쓸 돈을 일부 줄였지만 고등교육에 쓰는 돈과 대략적으로 같은 금액을 감옥에 쓰고 있다.

노베이는 공화당 출신 의원들, 감옥 건설업자들과 함께 '철의 삼각관계'(정책 과정에서 이익단체·관료조직·의회 위원회가 상호 간의 이해관계를 보호하기 위해 밀접한 동맹관계를 형성하고 있는 현상을 가리키는 개념 - 옮긴이)를 만들었다. 그리고 그는 관계 형성의 이유로 '죄인들에게 가장 강력한 판결을 내리기 위해서'라는 점을 들었다. 캘리포니아 교도관연맹은 같은 죄를 세 번 저지른 자를 종신형에 처하는 이른바 '삼진아웃법'을 후원했고, 피해자 권리 단체의 설립을 도왔다. 예비선거의 도전자들을 대부분의 공화당원에게 유일한 위협으로 만들었던 캘리포니아가 유리하게 바꿔놓은 선거제도는 노베이가 가진 힘을 더욱 키워주었다. 노베이가 시키는 대로 하지 않은 사람은 누구나 거액의 돈이 예비선거 때 적에게 가게 된다는 것을 알았다. 그러자 보수적으로 돈을 쓰는 사람들조차 돈을 물 쓰듯 써야 했다. 2002년 노베이가 캘리포니아 교도관연맹 회장직에서 물러날 무렵, 캘리포니아는 21개의 교도소를 세웠고, 일부 경비원은 연간 10만 달러가 넘는 돈을 집으로 가져갔다. 그들의 연금은 최대 임금의 90퍼센트에 이르렀고, 이르면 50세 때부터 은퇴할 수 있었다.[9] 최근 이러한 비금전적 혜택들이 알려지자 '범산 복합체'는 비난을 받았고, 삼진아웃법은 완화되었다. 하지만 개혁가들은 거듭 올슨의 법칙을 접하고 있다. 예를 들어 작정하고 달려든 소규모 로비는 광범위한 대중의 관심을 막아낼 수 있다.

캘리포니아의 예산은 노조들의 감시를 받는다. 교사 노조는 캘리포니아 교도관연맹이 감옥과 공화당원들에게 한 만큼 학교(와 민주당 출신 의원들)를 자세히 살피고 있다. 캘리포니아 교사연맹은 2000~2010년 선거운동에 2억 1,000만 달러 이상을 기부했다. 이는 주 내의 다른 어떤 기부 단체가 낸 돈이나 제약, 석유, 담배 산업에서 기부한 돈을 모두 합친 금액보다 많은 액수다.[10] 미국의 공공 부문에는 이보다 훨씬 더 큰 민간 부문보다 많은 노조원이 활동하고 있는데, 이런 추세는 유럽 내 많은 지역에서 모방되고 있다. 공공 부문 노조들은 상당한 영향력을 행사하고 있다. 그들은 자신들이 많은 피해를 보지 않고도 지하철 같은 핵심 서비스 가동을 중단시킬 수 있다. 그들은 또 중도우파 성향의 당들과 긴밀한 관계를 유지한다. 영국의 에드 밀리밴드Ed Miliband는 공공 부문 노조로부터 얻은 표 덕분에 노동당수가 되었다. 미국에서 1989년부터 2004년까지 열린 연방선거 때 가장 많은 돈을 쓴 곳은 주카운티지역임직원연합AFSCME[11]이었다. 공공 부문 노조는 또한 민간 부문 노조에 비해 훨씬 더 요령 있는 사람들의 지도를 받는다. 영국의학협회(의사들을 대표)와 전미교육협회(최대 교사 노조) 관리들은 이익단체의 대표라기보다 건강과 교육 전문가로 뉴스에 종종 등장한다.

이런 영향력은 크게 두 가지 차원에서 효과를 거둔다. 그중 하나는 공공 부문 근로자의 해고가 아주 힘들어진다. 캘리포니아 주에서 3년 이상 일한 교사들 중 불과 0.3퍼센트만 해고된다. 주의 전문역량 위원회는 책상에 포르노, 마약, 코카인을 탄 물병을 소지하고 있다가 적발된 교사를 해고하는 데도 미온적인 태도를 보였다.[12] 또 다른 효과는 교사들이 받는 혜택에서 찾을 수 있다. 경우에 따라 이것을 단순하게 임금이라고 말할 수도 있겠다. 2010년에 인구 3만 명의 가난한 남미계 사람들이 모여 사는 도시인 벨의 거주자들은 시행정 담당관과 경찰서장의 연봉이 각각 78만 8,000달러와 45만 7,000달러라는 사실을 알고 깜짝 놀랐다. 그로부터 2년 뒤 뉴스통신사인 블룸버그는 취재를 통해 더 놀랄 만한 연봉을 공개했다. 주의 정신과 의사 연봉이 82만 2,000달러이고, 간선도로 순찰대원이

본봉과 각종 수당으로 48만 4,000달러를 받고 있으며, 17명의 교도관과 900명의 교도소 근무자도 20만 달러 이상의 연봉을 받은 것으로 확인되었다는 것이다.[13] 이보다 더 중요한 문제는 임금 자체가 아니라 각종 복지 혜택에 있었다.

서양 어디서나 정치인들은 임금 인상률은 높지 않게 유지하되 휴가 일수와 특히 이미 충분히 많은 연금을 더 늘리는 식으로 공공 부문 임금을 '변칙적으로' 합의해왔다. 사람들은 얼마나 많은 그리스 공무원들이 50세에 은퇴를 했고, 중도에 공무원을 그만둔 사람이 얼마나 적었는지를 보고 당연히 충격을 받았다. 하지만 미국의 많은 공공 부문 조직은 공무원 연금을 장기근속 기간에 벌어들인 평균 연봉이 아니라 마지막 근무 연도의 연봉과 연계시키고, 조만간 은퇴할 경찰들과 지하철 기관사들이 거액의 초과근무 수당을 챙길 수 있게 해주는 식으로 연금을 크게 늘리는 데 고도의 기교를 보여주었다. 2012년 캘리포니아는 이런 관행을 막는 법을 통과시켰지만, 한 캘리포니아 공공 부문 노동자는 온갖 임금 이외의 부가 혜택과 상상 가능한 초과근무 수당을 무자비할 정도로 챙겨서 은퇴 시 60만 9,000달러를 받았고, 17명의 공공 부문 노동자는 연월차 수당으로만 20만 달러 이상 챙겼다.[14]

이탈리아 같은 일부 국가에서는 선출된 정치인들도 이렇게 거액을 챙기는 데 동참하고 있다. 이탈리아의 국회의원들은 1948년 이후 실질 가치 기준으로 세비를 600퍼센트 올렸다. 이는 영국이나 독일 의원들의 세비 인상률보다 두 배가 높다. 그들의 비금전적 혜택 역시 더 좋다. 이탈리아 대통령은 독일 대통령보다 여덟 배가 더 많은 900명을 수하에 두고 있다. 이탈리아는 총 18만 명의 선출된 대표로 이루어진 통치 집단을 위해 57만 4,215대의 공식 리무진을 소유하고 있다.[15] 그런데 이로 인한 주요 수혜자는 일반적으로 비선출 공무원들이다. 캘리포니아의 클레어몬트맥케나 칼리지 학자인 윌리엄 보에겔리William Voegeli의 "이런 파당들은 세금 먹는 하마 같은 공무원 조직의 문제를 찬찬히 뜯어보는 법이 드문 시민들은 물론이거니와, 자주 바뀌는 정치인들보다 훨씬 더 오랫동안 지배적인 영향력을 행사한다. 그들은 변화를 이루기 위해 오랫동안 격분한 상태로 남아 있는 법이 드물다"는 지적은 적절하다.[16] 그리고 이런 모든 문제로 인해 큰 손해를 보게 되는 건 국민들뿐만 아니라 그들과 관련된 모든 규칙이다.

4. 과도하게 행동하는 정부

우리가 살펴보았듯이 시드니 웹만큼 정부가 가진 힘과 전문가들의 지식을 더 신봉하는 사람은 거의 없었다. 하지만 이발사의 아들인 그조차 캘리포니아에서 미용사가 되기 위해 머리를 깎고 말리는 기술을 배우는 데 1년 가까이 투자해야 한다는 사실을 알고는 깜짝 놀랄지도 모른다. 그 점에서 우리는 대머리 주지사 브라운의 사진과 함께 '위험한 발 치료사들'에 대한 끔찍한 경고 및 '샌들을 안전하게 신는 계절'에 대한 고무적인 찬사 등이 등장하는 웹사이트를 운영 중인 캘리포니아 이·미용 기구에 고마워해야 한다. 사실 캘리포니아만 이런 것은 아니다. 텍사스 주 가발업계 종사자는 300시간 동안 수업을 받고 시험을 통과해야 한다. 앨라배마 주는 손 관리사들에게 의무적으로 750시간의 교육을 이수하도록 하고 있다. 플로리다 주는 4년제 대학 학위를 마친 뒤 2년 동안의 견습 과정을 거쳐 이틀 동안 치르는 시험을 통과해야 비로소 인테리어 디자이너로 일할 수 있게 했다. 시드니와 베아트리스는 지방정부를 주제로 열 권짜리 책을 쓸 수 있었을지 모르지만, 그들조차 리바이어던이 인테리어 색채 계획을 둘러싼 충돌로부터 사람들을 구해주리라고 상상해본 적은 없었다.

네 번째 죄는 '과도하게 행동하는 정부' 때문에 생긴 차고 넘치도록 복잡한 규칙들이다. 그리고 결국 가장 큰 두통을 유발하는 정부의 과도한 행동은 과세 형식을 띤다. 캘리포니아와 지방정부들은 텍사스의 12.1퍼센트에 비해 훨씬 더 높은 GDP의 18.3퍼센트를 탕진한다. 서양의 다른 어떤 곳과 마찬가지로 캘리포니아도 악행세(국민 건강과 복지 증진에 나쁜 영향을 끼치는 특정 품목의 소비를 억제하기 위해 부과하는 세금 - 옮긴이)처럼 세금을 올리면서도 선호 단체들에는 그런 세금을 감면해주는 새로운 방법을 끊임없이 개발 중이다. 2000년 초에 일어난 닷컴 붐은 정치인들이 자본이득세(자본자산의 매각에서 발생하는 이득과 손실에 대한 조세 - 옮긴이)를 걷고, 거품이 꺼졌을 때조차 그런 자본이득의 상당액을 차지하게 만드는 식으로 복잡한 세제를 더욱 복잡하게 만들었다. 연방 세제는 심지어 이보다 더 심각하다. 지난 10년간 미국의 세법 분량은 세 배 가까이 늘어났고(총 400만 단어 분량), 평균적으로 하루에 한 번씩 바뀌고 있다. 소규모 기업에 대한 각기 다른 정의만 42개다. 국세청은 고등교육을 받은 사람들을 위해 열다섯 가지의 상이한 감세 조치를 설명하기 위해 90쪽 분량의 소책자를 발간한다. 세금 신고업체 열 곳 중에 아홉 곳이 유료 세금 신고 서비스를 받는다는 사실이 전혀 놀랍지 않다.

세금은 규제 부담의 일부에 불과하다.[17] 구글이 초고속 광섬유 인터넷 시스템 시범 서비스를 텍사스 주 캔자스시티와 오스틴에서 시작하게 된 결정적 이유가 캘리포니아의 높은 세금 때문이 아니다. 그보다는 향후 복잡한 캘리포니아 환경품질법과 씨름해야 할지 모른다는 걱정 때문이었다. 2013년에 1,142개의 크고 작은 기업을 대상으로 실시한 조사 결과, 기업인 열 명 중 여섯 명 이상은 여전히 다른 주에 비해 캘리포니아에서 사업하기가 훨씬 더 힘들다고 토로했다.[18] 미국인들은 관료적인 형식주의에 중독되어 있다면서 유럽을 비난하길 좋아하지만, 미국 내 일부 지역에서는 이런 문제가 더욱 심각하다. 법적으로 정부 부처는 공보를 통해 새로운 규제들을 발표해야 한다. 1950년대에 공보의 분량은 연평균 1만 1,000쪽이 늘어났다. 21세기 들어 첫 10년 동안 다시 이 분량은 연평균 7만 3,000쪽이 늘어났다. 2009~2011년에 오바마 정부는 106개의 주요 규제를 만들었는데, 여기서 '주요'라고 함은 연간 최소 1억 달러의 경제적 영향이 예상되는 규제를 말한다. 이외에도 오바마 정부는 수천 개의 자잘한 규제도 만들었다. 오바마케어 관련 법의 분량은 2,000쪽이 넘었고, 도드-프랭크 금융개혁법은 899쪽에 이르며, 부수적 규제는 400쪽에 달한다. 연방정부는 병원들에게 개구리와 부딪혀 다친 부상자의 질병을 포함해서 그들이 치료하는 질병에 맞게 14만 개의 부호를 이용하도록 요구하고 있다.[19]

　이런 일이 발생하는 주된 이유는 올슨의 법칙 때문이다. 즉 업계가 일단 만들어진 이상 일자리를 정당화시키는 예외나 규제들을 위해 로비를 펼치기 때문이다. 예를 들어 시드니 웹의 이발 기술을 무용지물로 만들었을 것 같은 모든 '직업과 관련된 법'을 생각해보라. 1950년대에 미국인 노동자들 중 자격증이 필요한 사람은 5퍼센트 미만이었다. 오늘날 이 수는 30퍼센트 가까이 된다. 이들 외에 자격증 취득을 준비하고 있거나 현재 하고 있는 일에 어떤 형식으로건 자격증을 따야 하는 사람들까지 포함하면 38퍼센트로 높아진다. 고리타분한 규칙들의 제정을 밀어붙이는 기업 연맹 중 한 곳의 회원이거나 혹은 그런 규칙들의 시행 책임을 맡은 관료적 기구들 중 한 곳의 근로자가 아닌 경우를 제외하고 누구에게나 이 모든 고리타분한 행동 때문에 치러야 할 비용은 상당하다. 미네소타 대학의 모리스 클라이너Morris Kleiner 교수는 자격증을 딴 노동자의 소득은 그가 노조에 가입했을 때와 같은 약 15퍼센트 늘어나는 것으로 추산한다(자격증을 통해서도 보호를 받는 노조원들의 시간당 임금은 24퍼센트가 늘어난다). 당연한 말이지만, 일자리는 규제를 받는 직업보다 규제를 받지 않는 직업에서 더 빨리 늘어난다. 그리고 규제는 사람들이 일자리를 찾으러 다른 국가로 넘어가지 못하게 막는다.

　캘리포니아(그리고 사실은 유럽과 미국 모두에서)에서 통과된 다수의 새로운 법은 의료 서비스와 공기의 질을 개선하고 소수 인종에 대한 차별을 줄이자는 감탄스러운 목표들을 지향하고 있다. 하지만『공익의 붕괴The Collapse of the Common Good』을 쓴 필립 하워드Philip Howard의 지적대로 그 법들은 놀라울 정도로 거추장스러우면서 일단 법령집에 수록되면 전혀 불가능하지는 않지만 삭제하기가 아주 어려워진다. 이 문제를 해결할 수 있는 방법 중 하나는 텍사스의 사례를 따라서 입법부가 간헐적으로만 소집되게 만드는 것이다. 또 다른 해결책은 모든 규제가 일정 기간이 지나면 저절로 효력이 없어지는 일몰조항을 도입하는 것이다.

5. 모호한 숫자 게임

겉보기에 제임스 브라운James Brown 주지사는 예산 통제를 통해 캘리포니아의 예산을 12억 달러 적자에서 44억 달러 흑자로 돌려놓는 영웅적인 일을 했다. 하지만 어떤 숫자를 기준으로 보느냐에 따라 이 결과는 크게 달라진다. 사람들은 당연히 기업들이 재무제표에서 여러 가지를 숨기는 분식회계에 대해 비난한다. 2001년 파산한 미국의 에너지 회사 엔론은 이러한 분식회계로 악명이 높았다. 하지만 캘리포니아가 작성한 재무제표상의 숫자는 엔론의 그것보다 훨씬 더 의심스럽다.

주 예산의 균형을 잡기 위해 세금 인상을 소급 적용하고 여러 도시와 카운티에 비용을 떠넘기는 것과 같은 온갖 종류의 속임수가 필요했기 때문에 이런 일이 벌어진 것은 아니다. 지키기 아주 힘들지만 주 노동자들을 위한 의료 서비스와 연금 약속 같은 상환 불능 부채가 크게 쌓였기 때문이다. 캘리포니아의 경우 공식적으로 알려진 상환 불능 부채가 1,280억 달러이지만 캘리포니아 공공정책센터에 따르면, 제대로 계산했을 때 캘리포니아가 메워야 할 구멍은 주민 1인당 약 8,600달러에 달하는 총 3,280억 달러에 이른다. 객관적으로 보았을 때 브라운이 이런 구멍들 중 일부를 없앴지만, 그로 인해 캘리포니아는 마피아 두목 알 카포네보다 더 심한 전략을 썼던 일리노이 주에 이어 미국 내에서 두 번째로 신용 등급이 낮다. 국제적인 신용평가회사인 무디스는 이런 이유로 캘리포니아의 30개 도시를 신용 등급 하향 조정 검토 대상에 올려놓았다.

이 점에서도 캘리포니아는 국가의 전형이다. 2013년 현재 미국의 주들은 연금 프로그램 재정을 73퍼센트밖에 충당하지 못한다는 사실을 인정했다. 하지만 이는 무모하게 낙관적인 할인율을 적용해서(그래서 부채가 실제보다 더 적어 보인다) 계산한 숫자다. 기업이 사용해야 하는 할인율을 적용할 경우 실제로 충당 가능한 재정은 48퍼센트에 불과하다. 이는 주의 수입과 부채의 격차가 GDP의 17퍼센트인 2조 7,000억 달러에 달한다는 것이다. 미국의 많은 주는 끔찍한 수준의 부채로 신음하고 있다. 일리노이 주의 연금 적자는 연간 세수의 241퍼센트에 이른다. 이 숫자는 시 정부들이 지방자치제 직원들에게 남발했던 모든 의료 서비스 혜택과 추가적인 약속을 지키는 데 필요한 비용을 넣지도 않고 산출한 것이다. 2013년 디트로이트가 파산했을 때 갚지 못한 의료보험료와 연금 액수가 각각 57억 달러와 35억 달러에 달했다. 월가에서 일하는 사람이 은퇴 직전 사람들을 승진시키거나 노동자들에게 과도할 정도로 후하게 생계비지수 상승에 따라 임금을 인상해주는 등의 온갖 술수를 쓴다거나 디트로이트처럼 빚을 져도 면책을 받는다는 것은 상상하기조차 힘들다. 캘리포니아에서만 2만 명이 넘는 은퇴 공무원이 이미 10만 달러가 넘는 연금을 받는다.

연방정부의 수치도 이와 대동소이하다. 미국 연방헌법수정 제 14조(모든 미국인의 권리를 동등하게 보장하고 노예였던 사람들의 시민권을 인정한 1866년도의 수정법안 - 옮긴이)는 "미국이 지는 공공부채의 타당성이 문제화되어서는 안 된다"라고 규정해놓고 있다. 하지만 '부채'란 무슨 뜻인가? 미국의 가계부채는 13조 달러에 이른다. 이것은 수많은 보증과 약속을 제외하고 계산한 수치다. 샌디에이고에 소재한 캘리포니아 대학의 경제학자인 제임스 해밀턴James Hamilton은 연방정부의 주택, 대출 보증, 예금보험, 중앙은행인 연방준비제도이 사회가 쌓아둔 부채, 그리고 정부 신탁펀드들에 대한 연방정부의 지원액을 더한 결과 2012년 현재 미국 연방정부의 부외부채 규모는 공식적으로 알려져 있는 대차대조표상 부채의 약 여섯 배인 70조 달러에 이른다고 주장했다. 가장 큰 두 개의 구멍은 메디케어와 사회보장제도였다. 해밀턴은 메디케어에 27조 6,000억 달러, 사회보장제도에 26조 5,000억 달러가 각각 구멍이 뚫린 것으로 추산했다.[20] 그 외의 다른 전문가들은 국방 부채 같은 다른 부채들을 포함해서 이보다 더 큰 수치를 내놓고 있다. 레이건 시절 대통령 경제자문위원회에서 일했던 로렌스 J. 코트리코프Laurence J. Kotlikoff는 미국 정부가 써야 할 돈과 거둘 것으로 예상되는 세금의 총 재정 갭을 211조 달러로 계산했다.[21]

숫자를 둘러싼 모호함은 공공 부문의 심각한 폐해다. 최악의 경우 그런 폐해가 가히 범죄 수준이다. 아르헨티나 정부의 회계장부에서 하나라도 신뢰할 만한 숫자를 찾아보려던 부에노스아이레스에서 가장 존경받는 경제학자들은 협의 끝에 "무역 관련 수치 중에 하나가 신뢰할 수 있을지 모르겠으나 정말 그런지 확신하지는 못한다"라는 대답을 내놓았다.[22] 그리고 일단 나라에 문제가 생기면, 이런 숫자들은 걷잡을 수 없이 엉망진창이 된다. 그리스는 GDP 대비 부채 비율을 조작하기 위해 미국 투자은행인 골드만삭스의 지휘하에 합법적이기는 하지만 은밀한 통화스왑거래를 통해 힘든 시기에 대응했다.*

하지만 경영이 잘되는 곳들에서조차 GDP나 정부의 규모 같은 가장 기본적인 정보와 관련해 신뢰할 만하거나 일관된 수치를 얻기 힘들다. 2013년 여름 한 주 동안 미국의 GDP는 5,600억 달러, 즉 3.6퍼센트가 증가했는데, 이는 주로 미국이 GDP 평가 시스템을 캐나다와 오스트레일리아가 사용하는 시스템(단, G20 국가 중에서 이 두 나라 외에 다른 어떤 국가도 사용하지 않고 있는)으로 전환했기 때문이다.[23] 미국의 가장 유명한 세금 개혁가 중 한 명인 브루스 바틀릿Bruce Bartlett은 미국이 유럽 국가들에 비해 부채가 적어 보이는 이유 중 하나는 회계 방식 때문이라고 꼬집었다. 유럽에서는 대부분의 건전한 지출이 공공지출로 곧바로 드러나는 반면, 미국에서는

---

*2002~2007년에 그리스는 통화스왑거래를 통해 상당량의 자금을 조달했는데, 이때 골드만삭스가 가까이에서 도와주었다. 통화스왑거래를 통한 자금 조달은 실제로 대출이지만 부외부채로 간주되어 장부에도 잡히지 않는다 -옮긴이

세금 공제로 감춰진다는 것이다. 2012년 고용주가 제공하는 건강 보험 비용에 대한 세금 공제 비용은 약 4,340억 달러로, 미국 GDP의 약 3퍼센트였다. 예산에 이러한 '조세 지출'을 추가할 경우 미국의 순 사회복지비는 이탈리아, 덴마크, OECD 평균치보다 높은 GDP의 27.2퍼센트에 달했다. 교육에 대한 세금 우대 조치도 국가 투입 재정을 감추기 위한 유사한 방안이다. 실제로 또 다른 비평가인 수잔 메틀러Suzanne Mettler는 미국이 완전히 '감춰진 국가'라는 점을 반영하면 미국의 GDP는 유럽 국가들과 비슷한 규모라고 주장한다.

수입 쪽에서의 혼란은 더욱 심각하다. 대부분의 분석가가 기업을 평가할 때 가장 먼저 눈여겨보는 것이 기업의 수입원이다. 일률 과세를 적용하는 에스토니아처럼 몇몇 훌륭한 사례를 제외하고 정부의 수입 측면은 우스꽝스러우리만큼 복잡하며, 그래서 결과적으로 종종 부당하다. 거의 모든 지역의 세법들은 보조금과 면제 조항과 부자들에게 유리한 복잡한 사항들로 쪼개져 있다. 또한 세법들은 좀처럼 제대로 설명되는 경우가 드물다. 미국 세법의 가장 왜곡된 특성 중 하나(모기지 대출금 이자를 공제받을 수 있다는 사실)는 어떤 종류의 이자도 감면해준 1913년에 제정된 소득세법에서 우연히 남은 유산이다.

그러한 혼란은 주로 납세자들에게 불리하게 작용한다. 하지만 의심스러운 숫자들은 정부에도 점점 더 불리하게 작용하고 있다. 회계 숫자를 믿지 못하는 상황에서 어떻게 복잡한 조직을 제대로 경영할 수 있단 말인가. 또한 여러 다른 형태의 지출을 구분할 수 없을 때 어떻게 미래를 대비한 계획을 세울 수 있단 말인가. 기업은 투자를 위해 갚아야 할 장기부채와 단기운전자금을 구분한다. 정부는 아마 기업에 비해 더욱더, 특히 인프라를 중심으로 한 장기 프로젝트에 투자해야 할 이유가 있다. 학교나 다리를 세우기 위한 차입은 임금 지불이나 실업수당 또는 농업 보조금을 지불하기 위한 차입과 구분해서 취급되어야 한다. 하지만 실상은 그렇지 않다. 영국 연방정부는 권력을 쥔 후 다른 종류의 지출과 더불어 인프라 투자(보통 경제성장을 창출하는 방안으로 간주되는)를 삭감했다.

6. 가진 자에게 더 많은 것이 돌아갈지니

여섯 번째 죄는 정부가 더 이상 '진보적'이지 않다는 사실이다. 정부 지출은 그것을 가장 필요로 하는 가난하고 젊은 사람들보다 연로하고 비교적 여유가 많은 사람들에게 편중되어 투입된다.

캘리포니아에서는 부자와 빈자들 모두 정부로부터 푸대접을 받는다. 부자들은 특히 자본 이익세를 통해 정부 재정의 상당액을 담당한다. 빈자들은 소득세를 많이 내지 못하지만, 그렇다고 상당한 공공지출을 끌어가지도 않는다. 그런 지출은 주로 캘리포니아의 중산층에게로 돌아간다. 캘리포니아에서 중산층은 가난한 사람들보다 더 좋은 학교에 다닌다. 그들의 거주지 주변 거리에는 종종 더 많은 경찰이 배치되어 있다(컴튼보다 비벌리힐스를 순찰하는 자원봉사자가 더 많다). 그들은 공적 재정이 투입된 대학에 다니거나, 자기 집에 대해 모기지 부채 구제를 요구하거나, 보조금을 받는 농장을 소유하거나, 공적 자금이 투입된 발레단에 다닐 가능성이 훨씬 더 높다. 연방정부가 캘리포니아의 모든 거주민을 위해 돈을 뿌리는 유일한 경우는 오래되고 신뢰할 수 있는 메디케어와 사회보장제도가 가동될 때다.

이것 역시 정부의 전형적인 현상이다. 지난 1세기 동안 성장했지만 큰 정부는 거의 진보적이지 않다. 2012년 선거에서 공화당원들은 미국인의 47퍼센트(주로 부랑자들)는 전혀 소득세를 내지 않으며, 최고 부자 1퍼센트(생산자들)가 전체 소득세의 40퍼센트를 낸다는 사실을 중시했다. 하지만 "상세한 내용 속에 악마가 숨어 있다"는 속담 그대로다.[24] 빈자들이 지불 급여세와 지방세를 내는 반면, 더 부자인 미국인들은 건강보험, 모기지 금리, 교육 같은 것들에 대한 온갖 공제 혜택을 받는다. 이렇게 '조세 우대' 혜택을 받는 금액이 현재 미국 GDP의 8퍼센트인 약 1조 3,000억 달러에 달한다. 그리고 그중 60퍼센트 이상이 미국의 상위 20퍼센트 부자에게로 돌아간다. 모든 세금을 감안하면, 미국의 최상위 부자 1퍼센트가 지불하는 세금의 몫은 그들의 세전 수입 몫과 비슷한 21.6퍼센트로 떨어진다.

원장元帳의 지출 부분을 살펴보면, 빈자들의 사정은 더욱 나쁘다. 미국은 실업보험과 다른 현금 지원 면에서 후하지 않다. 또한 일반적으로 기회의 평등을 늘리는 데 최선의 방법으로 인식되는 미취학 교육 지원 면에서 다른 부유한 국가들보다 훨씬 더 인색하다. 충격적이지만 저소득층을 위한 공영주택 예산은 미국의 상위 부자

20퍼센트가 모기지 금리 공제를 통해 받는 돈의 4분의 1에 불과하다. 실제로 모든 공제액을 포함해 지출과 세금을 합산할 경우, 미국 정부는 소득 하위 20퍼센트보다 소득 상위 20퍼센트에 전체적으로 더 많은 돈을 쓴다.

유럽인들은 자신들이 미국인들보다 빈자에게 더 '친절하다'고 생각한다. 유럽만큼 빈자에게 많이 베푸는 것이 정말로 친절한 행동인지는 장시간의 논의가 필요하다. 정부 지원금이 빈자들의 대정부 의존도를 심화시키는 위험한 습관을 조장할 수도 있기 때문이다. 예를 들어 영국에서는 구성원들 중 누구도 공식적인 일자리를 가져본 전력이 없는 가구가 25만 가구나 된다. 하지만 유럽 국가들은 다른 면에서 덜 친절하다. 그들은 미국보다 소비세(이것은 빈자들에게 특히 더 큰 충격을 준다)에 더 많이 의존한다. 특히 노인들을 위해, '보편적' 복지를 통해 중산층에 보조금을 지급하는 경향이 강하다. 하지만 가수 믹 재거 경과 엘튼 존 경Sir Elton John처럼 돈이 많은 노인들에게까지 무임승차 통행권을 준다는 것은 그리 합리적이지만은 않다.

미국과 유럽의 한 가지 공통점은 정부 지출이 젊은이들보다 노인들에게 더 많은 혜택을 안겨준다는 것이다. 미국의 민간 싱크탱크인 예산정책 우선센터는 모든 복지 지출의 절반 이상이 노인들에게 가는 것으로 추산한다.[25] 영국 보수당에서 가장 이지적인 의원 중 한 명인 데이비드 윌렛David Willetts은 영국의 베이비붐 세대(1945~1965년에 태어난 사람들)는 정부로부터 그들이 낸 돈보다 20퍼센트 정도를 더 받아갈 것이라고 예상한다.[26] 세대 간 복지 혜택의 불평등으로 인해 가장 큰 손해를 보는 것은 젊은이들이다. 2007~2008년에 일어난 경제 위기로 인한 부담은 다른 잘못을 저질렀는지와 상관없이 위기 발생에 가장 적은 영향을 미쳤던 집단인 젊은이들이 압도적으로 많이 지게 되었다.[27] 특히 유럽에서 젊은이들은 현재 사회에서 배제되고 있는 것처럼 보인다.[28]

여기서도 일부 올슨의 법칙의 효과가 뚜렷이 작용하는 듯하다. 대부분의 미국 정치인들은 미국은퇴자협회AARP를 공격하느니 대중 앞에서 벌거벗고 등장하려 할 것이다. 서양 인구는 급속히 고령화되고 있으며, 노인들은 젊은이들보다 투표 참여율이 훨씬 더 높다. 이로 인해 정부 시스템은 젊은이보다 노인 위주로, 또한 미래보다 과거를 중심으로 돌아가게 된다. 두 명의 지식인인 니콜라스 베르그그루엔Nicholas Berggruen과 나탄 가델스Nathan Gardels가 "민주주의는 현재의 기득권층을 위한 투표라는 점에서 과거를 위한 투표다"라며 걱정했던 것이 옳다.[29]

7. 정치적 마비와 당파 간 그리드락

60년 전 캘리포니아의 정치는 다소 안이한 성격을 띠었다. 1950년대 초, 제리 브라운의 아버지이자 민주당 출신 법무장관을 지낸 팻 브라운은 금요일마다 당시 공화당 출신 주지사인 얼 워런과 새크라멘토에서 샌프란시스코까지 함께 자동차를 타고 다녔다. 지난 30년간 캘리포니아 공화당원들은 우파 성향을 띠고, 민주당원들은 좌파 성향을 띠자 양측 사이에 틈이 벌어지면서 강력한 파벌이 형성되었다. 2011년 주지사에 재임한 직후 1차 예산안을 홍보하는 자리에서 제리 브라운은 정치를 '모독 출신들'(모독은 미국 일리노이 주 랜돌프라 카운티에 있는 자치구다)과 '앨러미다 출신들'(앨러미다는 캘리포니아 주 앨러미다 군에 있는 도시다)의 원시적인 싸움으로 묘사했다. 본래 모독은 시골의 보수적 성향이 강한 공화당 지지율이 높은 카운티이고, 앨러미다는 샌프란시스코 동쪽에 있는 진보적 성향의 도시다.

폭스뉴스나 블로그 공간 같은 당파성이 강한 언론 매체를 통해 이러한 적대감을 비난하는 게 유행이 되었다. 하지만 문제는 이보다 더 심각하다. 캘리포니아인들은 생각이 비슷한 사람들끼리 모여 살고 싶어 한다. 샌프란시스코는 아마도 미국에서 좌파 성향이 가장 강한 도시일지도 모르며, 센트럴밸리는 우파 성향이 가장 강한 도시 중 하나다. 미국 해군 태평양 함대의 3분의 1은 샌디에이고에 주둔하고 있지만 샌프란시스코 거주민들은 투표로 군 신병 모집자들이 고등학교에서 신병 모집을 못하게 막고 있다. 그리고 정치권에서는 이처럼 일종의 '동류교배'식 모습이 게리맨더링에 의해 강화되어왔다. 게리맨더링은 18세기에 존재했던 부패 선거구의 현대판이다. 결과적으로 정치인들은 극단주의자들의 환심을 사야 비로소 소속 당의 표를 얻을 수 있다. 쾌락주의자이자 공화당 지지자인 아놀드 슈워제네거는 2003년 10월, 당시 주지사가 주민 소환투표에서 불신임당한 뒤 치러진 보궐선거에서 당선된 후 재선까지 성공했다. 그리고 제리 브라운이 더 확실한 민주당 과반수

표를 받아 다시 등장할 때까지 그리드락은 새크라멘토에서 유행했다.

2012년 워싱턴은 복지 혜택 처리는 물론이고 예산안도 통과시킬 수 없을 정도로 마비된 것처럼 보였다. 『보기보다 훨씬 심각한 미국 정치It's Even Worse Than It Looks』에서 각각 브루킹스 연구소와 미국 기업연구소 소속인 공저자 토머스 만Thomas Mann과 노먼 온스타인Norman Ornstein은 미국 정당들은 점점 더 이데올로기와 혐오에 집착하는 한편, 의회제도 내에서 의지를 관철시키기 위해 쓰는 비금전적 혜택과 뇌물이 부족해 다수당이 원내에 고립되는 원내 정당들처럼 행동하고 있다고 주장했다. 여론조사 기관인 갤럽이 1959년 첫 조사를 시작한 이후로 어느 때보다도 미국인들이 미국의 미래를 비관적으로 전망하고 있는 시점에 워싱턴은 시퀘스터 sequester(미국 연방정부의 예산 자동 삭감 조치 – 옮긴이)와 정부 폐쇄라는 혼란스러운 세상에 살았다. 2013년 연두교서에서 버락 오바마 대통령은 "지구상에서 가장 위대한 국가가 '만들어진 위기들' 속에서 비틀대며 본연의 임무를 계속 수행하지 못하고 있다. 우리는 그렇게 못하고 있다"라고 말했다. 그해 10월까지 미국 정부는 폐쇄되었다.

유로존은 더 심각한 경제 위기와 더 제 기능을 못하는 정치제도로 인해 이보다 더욱더 심각한 곤경에 빠져 있다. 유럽에서는 미국처럼 공화당원들과 민주당원들을 갈라놓은 격렬한 이데올로기적 다툼이 벌어지지 않을지도 모른다. 대부분의 유럽 정치인은 낙태와 동성애자 결혼 같은 미국 스타일의 문화 정쟁에 별다른 관심이 없는 실용주의적 중도파이기 때문이다. 하지만 유럽은 여러 가지 강력한 힘들 사이에 벌어진 갈등에 의해 마비되었다. 예를 들어 중앙집중화된 의사 결정을 바라는 유럽연합 정치인들과 국가별로 독자적인 결정을 내릴 수 있기를 바라는 각국 정치인들(특히 북쪽 지역의)의 갈등, 국가가 민간 부문에 간섭하지 못하게 만들기를 바라는 영국과 북유럽 국가들, 민간 부문이 국가에 속해 있다고 생각하는 대륙 국가들의 갈등이 그것이다. 이런 갈등들은 항상 모든 사람의 이익이 되는 결정조차 더디 내려지게 만들었다. 예를 들어 유로존의 공동 특허를 만드는 데만 12년이 걸렸다. 이런 많은 시간이 지난 후에도 이 하나의 시장은 유럽의 재화와 용역 중 4분의 1 정도에만 적용된다. 하지만 유로존의 위기는 그리드락을 존재론적 위기로 바꿔놓았다. 정치인들에게 타협을 강요하기보다 채권자와 채무자, 즉 게으른 국가 지원에 물린 북유럽 국가들과 간섭받는 데 물린 남유럽 국가들의 격차가 점점 더 심각해지고 있다. 그 결과 모든 구제 활동은 현실성이 떨어지고, 심각한 후회에 휩싸이게 된다.

아마도 이런 모든 그리드락과 웃기는 행동과 분노가 초래할 수 있는 가장 위험한 결과는 극소수의 외부인만 예상하는 결과일 수도 있다. 즉 겁에 질린 인재들이 이미 저임금과 엄격한 위계질서로 인해 망가진 공공 부문을 떠날 수도 있다. 이런 현상은 특히 정부가 시대의 흐름에 뒤처지지 않으려면 반드시 잘 이해하고 있어야 할 민간 부문의 여러 영역에서 분명하게 목격되고 있다. 캘리포니아에서 새크라멘토와 실리콘밸리의 실질적인 격차는 신입 직원들의 수준에 있다. 2012년 미국에서 치러진 선거에서 여섯 명의 엔지니어만 한 명의 의사, 한 명의 화학자, 그리고 한 명의 미생물학자와 같이 하원 의원으로 돌아왔을 뿐이다.[30] 유럽에서 정치는 훨씬 더 소외되는 것 같다. 2010년 치러진 영국 총선에서 자신이 '과학'이나 '연구' 분야에서 일한다고 말한 사람들 중에 하원으로 돌아온 사람은 세 명에 불과하다(법정 변호사의 경우 38명에 이른다).[31]

무엇보다 가장 큰 문제를 만나다

지금까지 설명한 일곱 가지 치명적인 죄와 관련해 가장 큰 걱정은 이 죄들이 인간이 처한 조건의 일부라는 사실이다. 정부가 겪는 문제가 항상 특별 이익단체에 지나치게 많은 권력을 주거나, 혹은 관료주의자가 늘어나서 생긴 결과라고 생각하고 싶은 유혹에 빠지기 쉽다. 하지만 그것은 국민에게 권력을 줌으로써 생긴 결과다. 민주주의는 비현실적인 기대와 모순되는 요구로 인해 망가지고 있다.

캘리포니아는 민주주의가 처한 위기의 극단적인 사례다. 그곳의 주민법안 발의 제도는 시민들에게 세금과 지출에 대해 직접적인 발언권을 주었기 때문이다. 캘리포니아 주민들은 완전히 예상 가능한 방식으로 그런 권력을 이용해왔다. 즉 그들은 더 많은 복지 혜택을 누리고 세금을 낮추기 위해 투표해왔던 것이다. 그들은, 예를 들어 정부가 부동산 등에 부과할 수 있는 세금에 한도를 정해놓았으며 동시에 사랑스러운 일(학교 예산)과 가혹한 일(삼진아웃법) 모두를 위한 지출 프로그램을 위해 투표했다. 다른 모든 주에서도 이와 동일한 현상을 목격할 수 있다. 미국이 정치적 마비에 빠진다면 묘비명에는 "국민의, 국민에 의한, 국민을 위한 정부"라고 적는 게 나을 수도 있다. 유로존이 붕괴될 경우 묘비명에는 2007년 장-클로드 융커Jean-Claude Juncker 룩셈부르크 총리가 했던 "우리 모두 무슨 일을 해야 할지 안다. 하지만 일단 그 일을 한 이상 재선이 되는 방법을 모른다"라는 말이 적혀 있어야 할 것이다.[32]

영국의 경제·정치학자인 월터 배젓Walter Bagehot은 과도한 세금(그로 인한 과도한 정부)을 막는 최고의 보호 장치는 여론에 대한 의회의 민감한 반응이라고 주장했다. 하지만 그는 낮은 세금과 큰 정부를 모두 원할 수 있는 대중의 능력 및 예산을 숨기거나 미래 세대로부터 차입함으로써 대중이 원하는 것을 제공해줄 수 있는 정치인들의 능력을 간과했다. 서양 유권자들은 밀턴 프리드먼이 내세운 작은 정부 혁명이 서비스를 덜 받거나 불안한 고기를 먹게 되는(프리드먼은 자신의 황금기를 이론을 믿는 텍사스 주의 라레도가 아니라 자유주의 성향이 강한 샌프란시스코에서 보냈다) 혁명이 아니라 세금 인하와 관료주의 척결을 의미하는 혁명이었을 때 그것을 포용하며 행복해했다. 신념 있는 정치인들은 기개가 부족해서가 아니라 유권자들이 더 이상 그들을 원하지 않았기 때문에 사라졌다. 시카고 대학의 루이기 징거러스Luigi Zingales 교수의 말대로 "우리가 베를루스코니*다".[33]

---

*세 차례에 걸쳐 이탈리아 총리를 역임했고 퍼주기 경제 정책을 남발한 것으로도 유명하다 – 옮긴이

그리고 위대한 미덕

캘리포니아에 대해 실망하기란 힘들지 않다. 100년 전에 아르헨티나가 미래처럼 보였지만 지금 이 나라 경제는 파산했다. 파산은 이제 캘리포니아에서 목격할 수 있는 장면 중 일부가 되었다. 캘리포니아 남부 도시인 샌버너디노가 파산했을 때 그곳의 시 변호사는 주민들에게 "문을 걸어 잠그고 총을 장전해두라"고 조언했다. 시가 더 이상 치안 서비스를 제공해줄 수 없다고 판단했기 때문이다. 주지사가 된 직후 제리 브라운은 사람들로부터 준 것을 빼앗다가 홉스가 말한 "만인에 대한 만인의 투쟁"이 쉽게 일어날지 모른다고 투덜댔다.

하지만 브라운 체제하에서 뭔가 중요한 점이 바뀌었다. 미국 내 그리스나 마찬가지인 캘리포니아는 자체 개혁에 착수하고 있다. 캘리포니아는 모든 마약중독자를 위해 가장 중요한 조치를 취했다. 즉 주에 문제가 있다는 사실을 인정한 것이다. 브라운은 균형예산을 잡아가고 있다(캘리포니아 상원 지도자인 대럴 스타인버그Darrell Steinberg는 이런 경험을 "초현실에 가깝다"고 묘사했다). 주 당국은 이제 흑자예산을 미래의 언젠가 쓰려 하고 있다(단, 이때 일시 차입금과 과세 기준의 변동성을 무시해야 한다). 그리고 브라운은 민주당원들이 지출을 크게 줄이는 방안을 받아들이도록 압박하는 한편, 유권자들이 세금 인상을 수용하도록 설득하면서 재정상태를 정비했다. 무엇보다 중요한 점은, 캘리포니아의 구조상 존재하는 몇몇 설계 결함이 슈워제네거 시절에 통과되었던 법들 덕분에 수정되기 시작했다는 사실이다. 입법부 예산 통과에 더 이상 3분의 2의 표가 필요하지 않다. 주는 오픈프라이머리와 선거구 재획정을 추진해 몇 가지 흥미로운 결과를 얻어냈다.

심지어 중도실용주의가 부활한 것 같기도 하다. 부활을 이끈 선구자는 한때 '정크본드junk bond(신용 등급이 낮은 기업이 발행하는 고수익·고위험 채권 – 옮긴이)의 왕'이라 불렸던 마이클 밀켄Michael Milken이었다. 그가 소유한 산타모니카 소재 연구소는 국가 상태에 대한 연례 보고서를 발행하고, 후원금을 받아 국가 상태 개선에 필요한 일련의 아이디어를 꾸준히 생산한다. 부활에 앞장선 또 다른 기구는 공화당과 민주당 고위급 인사들, 기업 임원들로 구성되어 있는 니콜라스 베르그그루엔이 이끄는 기술관료 집단인 중장기 기획위원회다. 위원회는 실리콘밸리와 새크라멘토의 격차를 줄이기 위해 애쓰고 있다. 또한 여러 가지 프로젝트를 후원했고, 브라운과 긴밀히 협력해왔다. 주지사 자신은 공화당의 감세 중독과 소속 당의 국가 중심적 세계관을 모두 비난했다. 그는 《블룸버그 비즈니스위크》와의 인터뷰에서 "복지는 의존성을 조장했고, 국가의 권력을 만든다"라며 "모든 것이 국가 중심적이라면 그런 상황은 우리가 스스로 더 많은 일을 할 수 있다는 생각과 맞지 않는다"고 말했다.[34]

그래도 여전히 연금을 포함해 고쳐야 할 문제가 산적해 있다. 재정 균형은 부자들에게 상당히 의존하고 있다. 상위 1퍼센트의 부자가 주가 걷는 소득세의 절반을 낸다. 다수의 캘리포니아 주 도시의 재정상태가 위태롭다. 하지만 기능장애에 빠진 캘리포니아가 변신을 시도할 수 있다면, 분명 다른 주에도 희망이 생길 수 있지 않을까? 분명 실제로 몇 가지 희망의 불씨를 찾을 수도 있다. 불행에서 벗어나 그동안 저지른 잘못들을 고칠 수 있는 캘리포니아의 능력은 여전히 가장 존경할 만한 특징이다. 유로존 위기는 일부 부실경영 국가들의 변화를 강요하고 있다. 예를 들어 이탈리아는 상당히 인상적인 연금제도 개혁안을 통과시켰고, 스페인은 왜곡된 고용 시장을 정리하기 시작했다. 미국에서는 정부보다 주 차원에서 더 많은 일이 추진되고 있다. 캔자스는 관료주의 청산을 위해 일명 '폐지자Repealer'라는 자리를 만들었고, 학생들이 특정 분야에서 취득하는 모든 직업 관련 자격증에 대해 '포상금'을 지급하고 있다. 45개 주가 새로운 교육과정을 개발 중이며, 38개 주는 성과에 따른 교사 임금 차별 지급 방안을 도입했다. 또한 42개 주는 차터스쿨charter school(공적 자금을 받아 교사, 부모, 지역단체 등이 설립한 학교 - 옮긴이) 설립을 허용하는 등 변화의 사례를 일일이 다 열거하기 힘들 정도다.

심지어 필자가 말한 세 차례 반의 혁명의 중심에 있던 국가에도 혁명이 일어나고 있다. 통제가 어려운 연립정부에 갇힌 이튼스쿨 출신의 늙은 실용주의자라면 급진주의자 노릇을 하기 힘들어 보일 수 있겠지만 데이비드 캐머런David Cameron 총리*는 공적 지출을 1990년 마거릿 대처가 총리직에서 물러났을 당시와 비슷한 GDP의 40퍼센트 아래로 줄이면서 2015년까지 방만한 지출로 명성이

---

*영국은 현재 보수당과 자유민주당으로 구성된 연립정부다. 또한 데이비드 캐머런을 비롯해 다수의 영국 총리가 영국 최고의 사립 명문인 이튼스쿨 출신이다. 한편 캐머런 총리는 1966년생이다 - 옮긴이

높았던 고든 브라운과 반대되는 경로를 걷고 있다.

캐머런 총리가 대처보다 덜한 반대에 직면한 이유는, 그가 대부분의 돈을 이데올로기를 초월해서 아끼고 있기 때문이다. 예를 들어 임금 동결, 위원회들을 상대로 한 시설 공유 지시, 경찰차 구입 대수 축소 등과 같은 방법이다. 그가 의료비로 쓸 돈을 따로 '용도 지정해놓지' 않았더라면 아마도 정부를 훨씬 더 날씬하게 만들 수 있었을 것이다(놀랍게도 2012~2013년 영국이 의료보험제도에 쓴 1,200억 파운드는 노동당이 권력을 잡았던 1997~1998년에 쓴 금액과 비교하면 실질 가치 기준 두 배에 해당했다). 하지만 캐머런 총리는 공립학교 중 절반 정도가 현재 교사들의 임금을 책정하기 위해 한두 가지 방식으로 하청을 준 교육 분야와 지불 방식을 단순화시키고 지불 한도를 정해놓고 있는 복지 분야에서 보다 대담한 개혁을 추진 중이다. 그는 또 지역주의를 단호히 밀어붙여 경찰서장들도 지방에서 선출된 경찰국장들에 의해 파면당할 수 있다. 또한 정부가 아닌 사회가, 중앙이 아닌 지방이, 개인이 아닌 공동체의 역할을 강조한 일명 '큰 사회'를 만들어나가려는 그의 초기 시도 중 적어도 일부는 계속 유효하다.

현재 서양 전역에 걸쳐져 있는 위기의 규모와 기존 체제의 부적절한 대응 능력에 자극받아 정부의 크기와 활동 범위를 둘러싼 진실을 알아내기 위해 여러 가지 질문을 던지는 사람이 늘어나고 있다. 그들은 도살 대상 성우聖牛(지나치게 신성시되어 비판과 의심이 허용되지 않는 관습 및 제도 등 – 옮긴이)만 찾는 데 그치지 않는다. 그들은 또한 급진적인 개혁에 필요한 청사진도 만들고 있다. 스웨덴의 팀브로 같은 보수 성향의 싱크탱크는 이제 단순히 규제 완화를 설교하는 것만으로 충분하지 않다는 것을 인정하고 있다. 팀브로는 정부 혁신에 더욱더 열을 올리고 있다. 영국의 정책 네트워크 같은 좌파 성향의 싱크탱크들은 좌파가 미래를 거머쥐려면 전능한 정부에 대한 중독에서 벗어나야 한다고 인정한다.

하버드 경영대학원 교수인 미국의 마이클 포터Michael Porter와 현재 런던 정부연구소에서 일하고 있는 영국의 전 교육부 장관 앤드루 아도니스Andrew Adonis처럼 정부 혁신에 관심을 보여온 사상가는 항상 존재했다. 하지만 이들 외에 정치인과 정책통뿐만 아니라 기업인까지 포함해 지난 10년간 얼마나 많은 사람들이 이 싸움에 참여했는지 주목할 만하다. 사모펀드인 블랙스톤 그룹의 공동 창업자 피트 피터슨Pete Peterson은 미국 정부가 처한 상황에 대한 베르그루엔의 절망을 공유한다. 그는 사람들이 미국의 적자 규모에 대해 관심을 갖게 만들기 위해 수억 달러를 쓰고 있다. 예전에 목소리를 냈던 사람들도 다시 긴급하게 이야기하고 있다. 앨 고어의 '정부 혁신' 프로젝트 창조를 도왔던 엘레인 카마크Elaine Kamarck는 브루킹스 연구소에 효율적 정부 관리 전문 센터를 세웠다. 토니 블레어 총리 시절 정책 기구의 대표를 지냈던 제프 멀건은 자발적인 기관들이 공적 문제를 해결하는 방식에 대해 관심이 많다. 데이비드 캐머런 총리 시절 멀건과 유사한 일을 했고, 큰 사회를 지지한 구루guru 스티브 힐튼 역시 구글 시대를 위해 정부가 재편되기를 바라고 있다. 예일 대학의 피터 슈크 교수는 '정부가 자주 실패하는 원인'에 대해 고민하고 있는 반면, 미국 변호사인 필립 하워드는 이 질문의 대답 중 일부가 "아무도 책임을 지는 사람이 없어서"라고 주장한다. 경영 컨설팅 회사들과 다른 기업들은 정부 혁신이 향후 수년 동안 가장 큰 도전이자 사업 기회 중 하나가 될 것이라고 생각한다. 컨설팅 회사인 맥킨지는 다이애나 패럴 이사의 지휘하에 대정부 컨설팅 센터를 만들었다. IBM은 정부 사업 센터를 두고 있다. 딜로이트와 액센추어 같은 컨설팅 회사들도 공공 부문의 실례를 상당히 많이 확보해놓고 있다.

하지만 이런 모든 노력에도 불구하고 발전 속도는 더디고, 저항은 거세며, 상황이 전도되는 경우가 비일비재하다. 정치인들은 구태의연한 방식으로 회귀한다. 유권자들은 금주 약속 습관을 버리지 못하고 계속해서 몰래 술을 마시는 것 같은 행동을 한다. 서양이 여전히 유일한 기회라면, 이런 더딘 발전은 전 세계를 위협할 것이다. 하지만 사실은 그렇지 않다. 동양이 경제적으로 발전하고 있을 뿐만 아니라 서양이 수백 년에 걸쳐 했던 일을 수십 년 만에 이루려 하면서 국가 건설 사업에 매진하고 있다. 전 세계 경제계의 '주변부'(예전에 동양이 이렇게 불렸다)가 중심부로 부활하고 있다. 과연 이런 현상이 정치계에서도 일어날지가 중요한 질문이 되었다.

6장

━━━━ ✦ ★ ★ ★ ★ ✦ ━━━━

아시아에서 찾는 대안

정부의 미래를 보고 싶은 사람이라면 누구나 오래전 정치계에서 은퇴한 리콴유 전 싱가포르 총리를 만나러 세계 최소 국가 중 하나인 싱가포르를 방문하면 된다. 총리직에서 물러난 후 1990년부터 2011년 5월까지 싱가포르 고문장관을 지내기도 했던 그의 거처는 물론 우연이겠지만 싱가포르의 내각 회의가 열리는 회의실 위, 여러 개의 방이 달린 좁은 공간이다. 리콴유는 방문객들에게 세상이 어디로 향하고 있는지 말해주고, 서양식 정부 모델이 시대에 뒤떨어지게 된 이유가 무엇인지를 거침없이 설명해준다. 그는 노쇠했지만 여전히 냉철한 눈빛을 지녔고, 사람들은 그의 말을 경청한다. 필자 중 한 명이 2011년 그를 만나러 싱가포르로 갔을 때 당시 사실상 중국의 차기 국가주석으로 확정되었던 시진핑習近平이

다른 사람들보다 먼저 그를 만나고 싶어 해 우리와 리콴유의 만남은 연기되었다.[1] 시진핑은 그를 "우리의 존경을 받는 어르신"이라고 부르기도 했다. 서양인들도 그를 만나기 위해 줄을 서서 기다렸다. 마거릿 대처는 "리콴유는 결코 틀리는 법이 없다"고 단언했다. 헨리 키신저 전 미국 국무장관은 "지금까지 내가 만나본 세계 리더들 중 누구도 리콴유만큼 많은 가르침을 준 사람이 없다"고 말했다.[2]

리콴유는 '아시아 내 서양의 대안 국가'라 부를 수 있는 싱가포르의 창시자로 조지 워싱턴, 토머스 제퍼슨, 제임스 매디슨 같은 역대 미국 대통령들을 하나로 합쳐놓은 것 같은 인물이다. 토머스 홉스의 시대 이후로 서양은 정치사상을 개발하는 데 가히 독보적이었다. 하지만 이제는 경쟁 상대를 만났는데, 대부분의 서양인이 강력한 중국과 연관해서 생각하지만 사실은 소국인 싱가포르에서 가장 선진화된 형태를 찾을 수 있는 차원이 다른 일처리 방식이다. 아시아 전역에 걸쳐 다른 국가들이 나름대로 정부를 발전시키면서 이 방식에 의존하고 있다. 이 방식에는 나름 문제와 모순들이 존재하고, 그런 문제와 모순들 중 대부분은 중국에서 두드러진다. 직설적으로 말하자면, 우리는 이것이 미래의 이상적인 방식이라고 생각하지는 않는다. 하지만 세계의 나머지 국가들은 아시아에서 찾는 대안으로부터 많은 것을 배울 수 있다. 우리는 서양이 더 이상 모든 최고의 정책을 갖고 있지 않은 시기에 살고 있다.

해리가 하이에크를 만났을 때

리콴유의 삶은 이런 변화를 보여주는 전형이다. 50년 전 아시아에서 '해리 리Harry Lee'*만큼 서양적인 사람은 거의 없었다.

조지 브라운George Brown 전 영국 외무장관에 따르면, 리콴유는 "수에즈 동쪽에서 가장 피비린내 나는 영국인"이었다. 싱가포르의 식민지 시대에 두각을 나타내는 학생이었던 그는 LSE와 케임브리지 대학에서 영국의 페이비어니즘에 심취했다. 특히 케임브리지 대학 법학과에서는 아내와 함께 우등생이었다. 그는 노동당을 지지했다. 1959년 독립 후 인민행동당 대표로 싱가포르에서 권력을 향해 나아갔을 때 그는 영국의 정치학자인 해럴드 라스키의 제자이자 베아트리스 웹의 헌신적인 추종자였다. 심지어 지금도 그는 영국 예찬가 분위기를 풍긴다. 아내가 누워서 세상을 떠날 때도 그는 루이스 캐럴Lewis Carroll, 제인 오스틴Jane Austin의 소설과 셰익스피어의 소네트를 읽어주며 그녀를 위로했다. 하지만 문학 이외의 분야에서는 젊음의 열정이 부족했다. 리콴유는 1960년대에 점차 우파로 전향하면서 싱가포르를 공산주의를 막는 방어벽으로 만들며 권력 장악을 강화했다. 1970년대가 되자 그의 회고록에 기술된 대로 그는 사회주의가 합리적이라는 환상을 모조리 버렸다. 그의 눈에 사회주의는 '영국 경제의 필연적인 몰락'을 초래했을 뿐이다.[3] 1990년대가 되자 그는 하이에크의 『치명적 기만 : 사회주의의 오

*가장 가까운 친구들과 가족은 리콴유를 '해리'라고 부르기도 했는데, 이 영어식 이름이 공식적으로 사용된 적은 없다고 한다 - 옮긴이

류The Fatal Conceit: Errors of Socialism』를 읽고, 양질의 교육을 받은 노동력과 법규와 낮은 세금을 바탕으로 국제적 기업들을 상대로 '개방형 정책'을 추진했다. 나아가 세계에서 가장 작은 정부 중 하나를 만들었다.

싱가포르는 사형제도가 있는 디즈니랜드이자, 맥킨지가 설계한 천국이자,* 껌을 씹는 게 금지되고, 길거리에서 쓰레기를 버릴 경우 태형에 처해지는 초대형 쇼핑몰이라는 식으로 리콴유의 창조물을 놀리기는 쉽다.

리콴유가 '아시아의 가치'에 대해서 많은 말을 했지만 그는 '거친' 실용주의적 기회주의자였다. 그는 적들을 감옥에 가두었고, 시민들을 어린아이들처럼 다루었다. 그리고 이 위대한 엘리트는 가족관계에 약점이 있었다. 그는 1959년부터 1990년까지 총리를 지냈는데, 그의 장남인 리셴룽李顯龍도 2004년 총리직에 올랐다.

하지만 단순한 사실은, 싱가포르의 부흥은 지난 70년 동안 일어난 기적 중 하나라는 것이다. 과거 한때 가난한 습지였던 나라가 지금은 전 세계 경제의 활기찬 중심지가 되었다. 싱가포르 사람들은 영국에 거주하는 과거 식민지 지배자들보다 더 높은 생활수준과 더 나은 교육과 의료 서비스를 누리면서 살고 있다. 2012년 기준으로 싱가포르의 GDP는 영국에 비해 17퍼센트에 불과한데도 말이다. 싱가포르는 중국뿐만 아니라 현재 복지국가를 세우고 있는 모든 신흥 아시아 강대국의 모델이다.

---

*맥킨지는 리콴유가 총리로 재임하던 시절에 정책 자문을 해주었다 - 옮긴이

리콴유는 현대 국가에 맞는 서양식 메뉴를 가져와 소량의 아시아적 가치에 홉스와 밀의 사상을 2 대 1의 비율로 곁들여 버무렸다. 그가 이때 가장 심혈을 기울인 것은 소량이 첨가된 아시아의 가치다. 리콴유와 그의 지지자들이 아시아가 가족에 더 많이 집중하고, 교육과 저축에 더 몰두하며, 고위 공무원 엘리트들을 더 많이 신뢰한다는 점에서 서양과 문화적으로 차이가 난다는 생각을 발전시켰기 때문이다. 하지만 이것은 사실 나중에 첨가된 매운 양념에 해당한다. 고기는 보다 홉스주의적 성격을 띤다. 리콴유의 출발점은 "인간은 안타깝게도 본질적으로 사악하며, 이런 사악함은 통제되어야 한다"는 생각이다.[4] 싱가포르는 특히 정부 주도적 자본주의 면에서 서양 국가들보다 더 권위적이며, 더 간섭적이고, 더 억압적이며, 염치없으리만큼 엘리트주의적이고, 심지어 조금은 왕권주의적이다. 리콴유의 가족은 리바이어던의 화신 같다. 하지만 밀의 느낌이 나기도 한다. 싱가포르는 국민들에게 성공하는 데 필요한 기회를 준 다음 그들이 자신에게 맞는 복지 혜택을 고를 수 있게 해주는 소규모 야경국가다. 싱가포르 국민들은 사회질서에 도전하지 않는 한 질병과 노년을 아주 잘 대비할 수 있다.

따라서 싱가포르의 권위주의적 현대화 모델은 '정부는 민주적이어야 하고, 관대해야 한다'는 서양 정부의 두 가지 기본적인 신조에 맞선 직접적인 도전을 상징한다. 리콴유가 표방하는 모델은 엘리트주의적이면서 인색하다. 다른 아시아의 대안들은 싱가포르만큼 체계적이지 않고, 두드러질 정도로 아주 잔인한 경로를 밟는 중국처럼 싱가포르와 다른 경로를 취한다. 그들과 싱가포르의 첫 번째 공통점은 서양이 모든 답을 갖고 있지 않다는 의심이며, 두 번째 공통점은 정부가 전 세계적 성장 경쟁에서 중요한 일부라는 인식이다. 서양에서 정부는 혼란스럽고, 안이하고, 무계획적이다. 싱가포르에서 정부는 용의주도하고, 진지하고, 체계적이다. 그리고 상당수의 신흥국 정부 역시 마찬가지다(민주적인 인도는 눈에 띄는 예외에 해당한다).

이것은 중요한 사실이다. 아시아인들은 서양인들보다 정부에서 정말로 더 열심히 일하고 있다. 중국 등 일부 국가에서는 서양과 경쟁하고 있다고 생각하기 때문에 그렇게 일한다. 하지만 서로 경쟁하기 때문에 그렇게 일하는 경우가 훨씬 더 흔하다. 리콴유의 친구인 헨리 키신저는 유럽은 국민국가를 거부하거나 아니면 적어도 그것을 얼마나 거부할지 결정하는 과정에 있는 반면, 아시아는 여전히 점점 더 국수주의적인 국가들이 서로를 떠받쳐주면서 베스트팔렌 체제 시대(신성로마제국을 정점으로 한 위계적 봉건 질서로부터 복수의 국가가 서로 동등한 지위에서 경합하는 근대국가 체제 – 옮긴이) 속에 살고 있다고 지적했다. 그들은 새로운 아이디어를 얻기 위해 필사적이다.

그렇다고 아시아인들이 올바른 아이디어를 선택할 것이라는 뜻은 아니다. 앞으로 살펴보겠지만, 아시아의 정부 모델에는 정말로 중대한 구조적 문제들이 존재한다. 이 모델을 중국만큼 다양한 국가에서 적용하기 시작할 때 특히 더 그러하다. 유럽식 정부 모델이 두 차례의 세계대전으로 사실상 파괴되었던 것처럼 아시아식 대안은 그것을 발전시킨 국수주의에 의해 쉽게 파괴될 수 있다. 모델은 또한 아시아인들이 리콴유나 중국이 주장하는 것보다 (서양인들과) 훨씬 덜 다르다는 사실에 의해서도 훼손될 수 있다. 아시아인들 역시 마음껏 먹을 수 있는 뷔페 같은 것을 원한다. 다만 분명한 사실은, 일부 아시아 국가는 대부분의 서양 국가보다 정부에 대해 훨씬 더 진지하게 고민하고 있으며, 그런 모든 고민이 결실을 맺고 있다는 점이다. 필자는 아시아에서 가장 뛰어난 대안인 싱가포르를 먼저 살펴본 다음, 모순과 잘못이 훨씬 더욱 두드러져 보이는 중국을 들여다보려 한다.

엘리트주의에 빠진 보모-하지만 날씬한 보모

싱가포르 정부는 훌륭하면서도 아주 으스대고 조금은 불길한 느낌이 들지도 모르는 보모 메리 포핀스(개구쟁이 아이들을 돌보면서 벌어지는 일들을 그린 뮤지컬 영화의 주인공 - 옮긴이) 분위기가 난다. 리콴유는 한때 "우리는 옳은 일을 결정한다. 사람들이 무슨 생각을 하건 신경 쓰지 말자"라고 말했다.

리콴유는 항상 싱가포르는 기업들에게 문호를 개방하고 있다는 점을 분명히 해왔다. 대형 다국적기업이 매장을 열기 쉽고, 관세 장벽이 낮고, 세금을 보다 쉽게 관리할 수 있는 나라는 거의 없다. 그와 동시에 정부가 경제를 이끈다. 정부는 처음에는 제조업 부문에, 다음에는 서비스 부문에, 그리고 지금은 지식경제에 초점을 맞추면서 기업들이 가치사슬에서 높은 부가가치를 창출하도록 만들고 있다. 정부는 또한 싱가포르 항공과 싱가포르 텔레커뮤니케이션 같은 싱가포르 최대 기업들의 지분을 소유하고 있다.

리콴유의 위세는 정치 분야에서 더욱 눈에 띈다. 무엇보다 그의 권위주의는 다소 노골적인 성격을 띠었다. 공산주의자로 의심받는 사람들은 구금되었고, 선거 결과는 조작되었다. 1968~1984년에 실시된 모든 선거에서 그가 이끄는 인민행동당은 모든 의석을 독식했다. 이제 통제의 성격은 더욱 교묘해졌다. 언론 통제가 있지만 모두 의회민주주의의 법적 테두리 안에서 이루어지고 있다. 2011년 총선에서 인민행동당은 최악의 결과를 맞이했다. 고작 60퍼센트의 지지율에 93퍼센트의 의석밖에 차지하지 못했다! 싱가포르의 지배층은 책임감과 효율성 사이에서 완벽한 조화를 이루어냈다고 주장한다. 싱가포르의 정치인들은 선거에서 정기적으로 검증을 받고, 선거구민들의 요구를 들어줘야 한다. 하지만 정부는 결국 승리할 것임을 알고 있기 때문에 장기적인 관점을 취할 수 있다. 현재 총리를 맡고 있는 리셴룽은 우리 두 필자에게 "우리의 힘은 우리가 전략적으로 사고하고 미래를 내다볼 수 있다는 데 있다"라면서 "정부가 (국회처럼) 5년마다 바뀌면* 그러기 더욱 힘들어질 것이다"라고 말했다.[5]

분명 이런 장점은 리콴유 부자에게 잘 어울린다. 하지만 무제한적인 민주주의가 싱가포르 같은 개발도상국에서는 효과적이지 않다는 리콴유의 확신은 이기주의 이상의 의미를 갖는다. 그는 필리핀이 민주화되고 얼마 지나지 않은 1992년에 자신을 초대한 사람

---

*싱가포르의 국회의원 임기는 5년이다 - 옮긴이

들에게 주제넘게 "민주주의의 과열은 통제하기 힘들고 무질서한 상황을 야기한다"라고 말했다.[6] 다른 곳에서는 "국가는 민주주의보다 규율을 개발해야 한다"라고 말하기도 했다.[7] 다른 이웃 국가들이 민족 전쟁 때문에 갈라지는 광경을 목격한 그는 민족 양극화가 생기는 것을 막기 위해 강제적으로 다른 민족들끼리 살게 만드는 데 대해 거부감이 없다(싱가포르 국민 중 80퍼센트 이상이 여전히 공공주택에 거주하고 있다).

좋은 정부가 되기 위해서는 대신 국가를 통치하는 '좋은 국민'으로 이루어진 교육받은 엘리트가 있어야 한다.[8] 서양인들에게 싱가포르는 현명한 수호자 계급이 '은'과 '동' 계급 사람들을 돌보는 계급제도가 존재하는 플라톤의 공화국처럼 보인다. 하지만 싱가포르에 보다 직접적인 영향을 준 것은 정부가 가장 똑똑한 사람들을 뽑는 중국의 만다린 전통이다. 어떤 나라도 싱가포르만큼 완벽한 공무원을 만들고, 그토록 염치없을 정도로 엘리트 모델을 추구하려고 애쓰는 나라는 없다. 싱가포르는 재능 있는 인재를 조기 발굴해 그들에게 학위 지원을 약속한 후 거액을 투자해 훈련시킨다. 고위직에 오르는 사람은 연간 최대 200만 달러의 임금을 포함해 풍족한 보상을 받지만, 중도 낙오자는 정리된다. 서양 공무원 조직의 고위 관리들 중에도 아주 우수한 인재가 종종 존재한다. 영국인들은 그런 우수한 인재를 '만다린'이라 부르기도 한다. 하지만 싱가포르에서는 조직의 말단까지 모두 그런 인재들이 지배하고 있다. 교사가 되려면 반에서 상위 3등 안에는 들어야 한다(교육 순위가 높은 한국과 핀란드의 교사들도 마찬가지다). 교장들은 종종 30대에 임명되고, 학교 성적이 높은 경우 성과급을 받지만 반대로 낮은 경우에는 재빨리 전근 대상이 된다. 시험은 어디서나 보편적으로 치러진다.

싱가포르는 새로운 서양의 자본주의자 엘리트나 또는 예전의 국가 주도 경제 시대의 관료주의적 엘리트와 아주 다른 새로운 유형의 엘리드들을 양성해내고 있다. 이런 엘리트들은 최신 경영 사상에 정통하며, 공공 부문에 민간 부문의 노하우를 접목시키는 데 거리낌이 없다. 그들은 또한 국가를 위해 자신의 재능을 기부하며 행복해한다. 실제로 그들은 공공 부문과 민간 부문을 오가며 생을 보낸다. 젊은 싱가포르 만다린들과 마주 앉아 이야기해보면 각각 미국과 영국의 정치 드라마인 〈빕Veep〉이나 〈더 씩 오브 잇The Thick of It〉에 등장하는 인물들보다는 골드만삭스나 맥킨지의 주니어 파트너들을 만나서 이야기하는 느낌을 더 많이 받는다. 좌측에는 대형 정유회사에서 파견근무 중인 사람이, 우측에는 재무부와 국방부에서 일하는 동안 LSE, 케임브리지, 스탠퍼드에서 학위를 받은 여성이 앉아 있는 식이다. 고위급 엘리트들은 추가 교육을 받기 위해 싱가포르 시민서비스대학을 들락거린다. 총리는 심지어 그들을 위해 MBA 스타일의 사례 연구들을 작성하기도 했다.

리콴유가 내세우는 비전에는 분명 여러 가지 허점이 존재한다. 그의 비전은 종종 그가 말하는 것은 당연히 무조건 맞다(그에게 모토가 있다면, 그것은 "나는 결코 어떤 것도 설명하지 않겠다"는 메리 포핀스의 모토일 것이다)는 단순한 공식으로 흐른다. 최근 몇 년 동안 싱가포르에서 민족 간 갈등이 생기기 시작했다. 플라톤은 가족 간의 유대관계를 깨기 위해 수호자들은 공동 육성되어야 한다고 말했다.

싱가포르의 엘리트는 가족 간의 유대관계로 단단히 결속되어 있으며, 리콴유는 똑똑한 사람들만이 똑똑한 사람들을 키울 가능성이 높다는 웹 부부의 오만함을 일부 보유했다. 그리고 그의 생각들 중 일부는 제임스 밀과 유연한 선거권이 가진 장점을 논하는 그의 계파를 떠올리게 만든다. 리콴유는 두 아이를 둔, 40세가 넘은 모든 사람에게 그들이 국가에 미치는 지대한 영향을 감안해 두 장의 투표권을 주고, 60세가 되었을 때 다시 투표권 수를 한 장으로 제한하면 좋겠다고 자주 말하며 다녔다.'

이와 같은 사실은 야경국가의 성격을 띤 싱가포르의 또 다른 측면을 보여준다. 리콴유는 미세 경영을 했지만 다른 현대 통치자 중 누구보다도 정부의 규모를 작게 유지하고, 국민들이 자신의 복지에 스스로 책임을 지게 만드는 데 집중했다. 싱가포르의 세계적 수준의 교육제도는 GDP의 불과 3.3퍼센트만 소비한다. 하지만 사회 이동을 제한하고, 중산층이 제멋대로 행동하지 못하게 막음으로써 가장 큰 비용을 절약한다. 리콴유는 서양은 마음껏 누릴 수 있는 복지국가를 세우는 잘못을 저질렀다고 생각한다. 뷔페에서는 모든 것이 무료이기 때문에 모든 사람이 포식한다. 반면 싱가포르의 접근법은 정부가 국민들에게 인생에서 좋은 출발을 할 수 있게만 해준 후 그들이 스스로 요리해서 먹을 수 있도록 장려하는 식이다.

싱가포르인들은 소득의 20퍼센트를 중앙적립기금에 납부한다. 이 기금에 고용주들이 근로자 소득의 15.5퍼센트를 추가로 납부한다. 기금은 국민들이 주택, 연금, 의료 서비스, 그리고 아이들의 제3차 교육(중등학교에서 이어지는 대학 및 직업교육 과정의 총칭 - 옮긴이)

에 필요한 돈을 지급한다. 서양의 복지국가는 사회적 지원에 기초를 두고 있다. 즉 자신의 환경에 따라 돈을 납부하면 된다. 싱가포르는 사회보험 모델을 따르기 때문에 중앙적립기금으로부터 받는 돈의 90퍼센트는 자신이 납입한 돈에서 받는 것이므로 열심히 일하면 그만큼의 보상을 받는다. 매우 가난하고 아픈 사람을 감당할 사회 안전망은 열악하다.

하지만 사람들은 부모와 정부 서비스 이용료의 단독 또는 공동 지급을 감당해야 한다. 리콴유는 공짜 보편적 복지를 혐오한다. 그는 일단 보조금을 주기 시작하면 중단하기가 항상 어렵다고 주장한다. 그는 사람들에게 도움을 주고 싶다면 아무도 가치를 이해하지 못하는 서비스를 제공하기보다 돈을 주는 게 차라리 더 낫다고 말한다. 그는 "서양인들은 사회의 윤리적 토대를 포기했다. …… 동양에서 우리는 자립심을 갖고 시작한다. 오늘날 서양 사회에서는 이와 정반대의 현상이 일어나고 있다"라고 주장했다.[10] 서양의 지도자들은 국민들이 자신이 책임의 당사자라는 사실을 받아들이기보다 모든 것을 사회 탓으로 돌리게 만듦으로써 사회로부터 재정적 혜택을 받는 게 마땅하다고 생각하고, "그런 행위가 치욕스럽다는 생각이 들지 않게" 만들었다는 것이다.[11] 리콴유의 눈에 민주주의는 서양이 가진 문제의 중요한 일부다. 그는 말했다. "대중적 민주주의에 의존할 경우 표를 얻기 위해서는 국민들에게 더 많이 퍼줘야 한다. 그리고 다음 선거에서 적을 물리치기 위해서는 더 많은 것을 퍼주겠다고 약속해야 한다. 따라서 이것은 결코 끝이 없는 경매 과정과 같고, 그에 따라 지불해야 할 비용은 다음 세대가 갚아야 할 빛이 된다."[12]

전체 인구가 520만 명에 불과한 싱가포르는 현대적 기준에서 아주 작은 나라다. 다만 정부에 대한 현재 우리의 관점에 영향을 준 다수의 전근대사회와 비교하면 그렇게 작지는 않은 편이다. 리콴유가 다른 환경에서 정치를 했다면 또 다른 늙은 독재자가 되어서 신빅토리아 시대에 열린 소규모 공연들처럼 서양 민주주의와 그것의 타락한 방식에 대해 투덜댔을 것이다. 하지만 그가 던진 메시지는 두 가지 이유 때문에 더욱 의미심장하다.

그 첫 번째 이유는 아시아의 신생 경쟁 국가들에게 갑자기 모델이 필요해졌기 때문이다. 그들의 모델에 대한 갈망은 국수주의의 부활뿐만 아니라 인구 변동을 통해 충족되었다. 아시아 전역에서 많은 국가가 복지국가를 세우기 위해 뛰어들고 있다. 인도네시아는 2014년 1월 2억 4,000만 명에 달하는 전 국민을 대상으로 건강보험 서비스를 제공하기 시작했다. 정부의 한 기관이 보험료를 받아 비용을 부담하는데, 이는 단일보험자체제(민간 보험사가 아니라 정부가 모든 의료 서비스 비용을 대주는 체제 - 옮긴이)로는 세계 최대 규모다. 중국과 필리핀 역시 건강보험 서비스를 대규모로 확대했다.[13] 아시아 국가들은 연금, 고용보험, 최저임금, 빈곤 퇴치 프로그램 등을 첨가하고 있다. 유럽 국가들이 복지국가를 세우는 데 약 반세기가 걸렸다. 일부 아시아 국가는 그것을 10년 내에 이루려 한다. 그리고 그들은 엄청난 규모로 그렇게 추진하고 있다. 중국 혹은 인도 전역에 걸쳐 연금제도를 도입한다는 것은 두 나라에 유럽연합과 미국을 합친 것만큼의 연금을 제공하는 것과 같다.

싱가포르는 이런 대단한 도전의 분명한 모델이다. 이곳 시스템은 극도로 효과적이며, 다수의 아시아 국가가 갖고 있는 자립 전통과 일치한다. 전체적으로 아시아 대륙에서 쓰고 있는 사회복지비의 규모는 부유한 국가들에서 쓰는 복지비의 약 30퍼센트이며, 특히 남미의 악명 높을 정도로 난해한 시스템에 비해서도 적다.[14] 지금까지 아시아는 서양의 사회복지 프로젝트보다 싱가포르 같은 사회보험 프로젝트에 의존하고 있다. 예를 들어 한국에서는 시스템으로부터 얻어내는 것의 약 80퍼센트가 이미 그것에 납입한 돈과 연관되어 있다.[15] 아시아 전체적으로 공중위생 지출은 여전히 GDP의 2.5퍼센트에 불과하다. OECD에 속해 있는 부유한 국가들은 약 7퍼센트에 이른다.

두 번째 이유는 서양 민주주의 모델과 자유시장 자본주의의 위기 때문이다. 1990년대에 아시아의 가치를 주제로 한 리콴유의 강연은 아시아인들에게조차 조금 생소하게 느껴졌다. 그 이전에는 워싱턴 컨센서스가 휩쓸고 있었다. 스탠퍼드 대학의 프랜시스 후쿠야마 교수는 "서양 자유주의를 대체할 성공 가능한 시스템적 대안의 완전한 소멸"에 대해 이야기했다.[16] 미국인들은 전 중국 공산당 지도자인 덩샤오핑鄧小平의 중국을 경제적 위대함과 연결해서 생각하지 않고 1989년 톈안먼天安門 광장에서 탱크들을 향해 걸어가던 외로운 학생에 대해 생각했다. 빌 클린턴은 장쩌민江澤民 전 국가주석에 대해 대놓고 그가 "역사의 잘못된 방향에"서 있다고 주장했다.[17]

1997년에 발생한 아시아의 경제 위기는 서양 민주주의의 자만심을 더욱 확고하게 해주었다. 당시 국제통화기금은 해외 은행들로부터 과도하게 차입한 한국, 태국, 인도네시아에 400억 달러의 구제금융을 지원해야 했다. 심지어 구제금융을 필요로 하지 않았던 지도자들까지 포함, 아시아의 지도자들은 지금까지도 자신들이 가진 지혜가 위기에 빠진 이 3개국뿐만 아니라 다른 국가로도 확산되었다고 생각한 국제통화기금과 세계은행, 미국 재무부 출신 관료들의 전지적 위세를 기억하고 있다. 위대한 민주주의가 나아가야 할 유일한 길처럼 보였다. 인도네시아에서는 30년간 독재 통치를 한 수하르토가 권력을 잃었다. 한국은 규제를 완화했다.

오늘날에는 양상이 아주 바뀐 것 같다. 지금까지 21세기는 서양의 정부 모델에게 끔찍한 세기였다. 미국이 벌인 테러와의 전쟁, 특히 이라크 침공은 민주주의의 이미지에 심각한 타격을 입혔고, 신용 위기는 자유자본주의가 유일한 대답이라는 생각을 무참히 공격했다. 또한 끝으로 유로존 위기와 2013년에 일어난 연방정부 폐쇄는 서양 정부가 기능장애에 빠진 것이 아니냐는 아시아의 의심을 확인시켜주었다. 점점 더 많은 사람들의 눈에 리콴유의 생각이 앞서 후쿠야마 교수가 불가능하다고 생각했던 '성공 가능한 시스템적 대안'을 제공해주는 것처럼 보였다.[18] 고뇌에 빠진 서양 지식인들은 민주주의와 자본주의를 재고하게 되었다. 저서『자유의 미래The Future of Freedom』에서 인도 무슬림 출신의 정치학자인 파리드 자카리아는 정부 권력을 견제하는 자유민주주의와, 그러지 못하고 자유를 제한하는 민주주의를 구분했다. 저서『불타는 세계World on Fire』에서 예일 대학 교수인 에이미 추아는 "민주주의는 가난한 다수가 우간다의 인도인들이나 동남아시아의 중국인들처럼 부유한 소수를 탄압하고 싶게 만들 수 있다"고 주장했다.

2000년대에는 '민주주의의 후퇴'와 '반민주적 르네상스'를 모두 목격했다.[19] 미국의 인권 감시 단체인 프리덤하우스는 전 세계의 자유는 2005년부터 2010년까지 매년 줄어든 것으로 추산한다. 이는 근 40년 만에 가장 오랫동안 지속적으로 감소한 시기에 속한다.[20] 독일의 비영리 기구로서 독일 사회의 여론을 이끌고 있는 베텔스만 재단은 실제로 더 이상 민주국가 자격이 없는(결함이 있는 선거 등의 이유로) 민주국가가 2006년과 2009년 사이에 53개국으로 대략 두 배가 늘어난 것으로 추산한다.[21] 2011년에 일어난 호스니 무바라크 이집트 정권의 몰락과 '아랍의 봄'(2010년 말 튀니지에서 시작되어 아랍 중동 국가 및 북아프리카로 확산된 반정부 시위의 통칭 - 옮긴이)의 도래는 민주화의 새로운 물결에 대한 기대감을 높였다. 하지만 2013년 이집트에서 선거로 뽑힌 무슬림 형제단(이슬람 가치 구현과 목표로 설립된 이슬람 근본주의 조직 - 옮긴이)의 정부가 전복되면서 그러한 희망은 시들어갔다.

결과적으로 싱가포르의 정부 모델은 아시아를 훨씬 더 넘어서까지 숭배자들을 끌어모으고 있다. 두바이는 초현대 금융 지구, 화려한 쇼핑몰, 국영기업들, 정부수월성 프로그램, 그리고 로버트 캐플란 하버드 경영대학원 교수로부터 빌린 '핵심성과 지표들'을 완비해놓고 아라비아 사막에서 싱가포르 모델을 모방하기 위해 애쓰고 있다. 두바이는 싱가포르, 뉴질랜드, 오스트레일리아, 캐나다 같은 세계 최고 정부를 '벤치마크'하는 중이다. 이 벤치마크 대상 명단에 미국이 들어가 있지 않다는 점을 주목하라.[22] 르완다도 친기업적 정책과 권위주의적 정부를 똑같이 혼합해서 중앙아프리카의 싱가포르가 되기 위해 애쓰고 있다.

좋은 정부의 모범으로 간주되는 법이 드문 러시아조차 싱가포르의 사례를 들먹인다. 우리 두 필자 중 한 명이 2010년 러시아의 일류 경영대학원 중 하나인 스콜코보를 방문했을 때, 그곳에는 아놀드 슈워제네거의 대형 사진 바로 옆에 리콴유의 대형 사진이 잘 보이게 전시되어 있었다. 블라디미르 푸틴 러시아 대통령은 리콴유의 영향을 받았다는 점을 언급하면서 개인적으로 민주주의의 한계(또는 그가 통치하는 러시아에서 민주주의가 갖는 의미)에 대해서 말할 때 리콴유와 아주 흡사한 분위기를 낼 수도 있다. 푸틴은 농담 삼아, 심지어 전 소련 국가보안위원회KGB 출신조차 선거에서 승리하려면 공공 부문에서 엄격한 효율성 제고 조치를 추진하기 힘들다는 사실을 깨닫는다고 말한다. 그런 면에서 통치자의 지지율이 보통 90퍼센트를 넘는 카자흐스탄에서 통치한다면 얼마나 안심이 될까. 하지만 정부 효율성에 대해서 말하는 다른 모든 현대 지도자와 마찬가지로 푸틴 역시 또 다른 나라, 즉 중국에 대해 더 부러워하며 말한다.

좋은 사회질서가 주는 즐거움

아시아의 대안을 유행시킨 것은 그 무엇보다도 중국의 부흥이다. 중국이 싱가포르의 확대판이라는 주장은 명백한 실수다. 중국에는 공산당 이데올로기의 잔재가 남아 있다. 중국의 통치자들은 계속해서 마르크스 이데올로기를 신봉하며(그들의 자식이 페라리를 타고 다니더라도), 결코 작은 정부 개념을 수용하지 못할 것이다. 중국은 또한 싱가포르보다 엄청나게 잔인하다. 즉 이 점에서 메리 포핀스가 아니라 로자 클레브 대령(영화 '007 시리즈'에 등장하는 007 제거 임부를 맡은 소련의 스메르쉬 작전국 국장 – 옮긴이)이 가끔 문제 해결사로 나서는 듯하다. 그리고 무엇보다 중국은 크기 면에서 싱가포르와 상대가 안 된다. 싱가포르는 중국 최대 20개 도시 명단에 겨우 들어갈 정도의 규모다. 전 세계 인구의 5분의 1이 사는 중국*은 특이하다. 중국은 아시아의 대안이 아니라 중국인들의 대안을 상징한다.

그러나 방향 면에서(그리고 중국에서 방향은 상당히 중요하다) 싱가포르는 국토 면적 이상의 역할을 수행한다. 덩샤오핑은 마오쩌둥毛澤東의 말년에 일어난 재난**을 수습하기 위해 중국을 재건하려고 시도하던 1980년대에 싱가포르 모델을 발견했다.

1992년 그는 "싱가포르에는 좋은 사회질서가 존재한다"라면서 "우리는 그들의 경험을 통해 배우고, 심지어 그들보다 더 잘해야겠다"라고 말했다.[23] 이후 중국 지도부는 CELAP 같은 곳 출신의 아랫

---

* 2014년 12월 현재 전 세계 인구는 약 70억 명이고, 중국의 인구는 13억 5,000만 명이 넘는다 – 옮긴이

** 마오쩌둥이 말년에 추진한 대약진 운동과 문화대혁명은 그의 최대 실수로 평가받는다. 소련식 경제 모델을 바탕으로 한 제1차 5개년 계획(1953~1957년)이 별다른 성과를 거두지 못하자 마오쩌둥은 대약진 운동(1958~1961년)을 통해 중국을 공산주의 단계로 진입시키려 했다. 대약진 운동은 생산력이 일정한 수준으로 올라와 있는 상태에서 진행된 것이 아닌, 거꾸로 인민의 정치적 의식을 개조함으로써 생산력을 증대하려는 것이었지만 경제적인 실책과 1959년부터 1961년까지 3년 동안의 대기근으로 최소 4,500만 명이 목숨을 잃었다. 또한 마오쩌둥은 1966년부터 사회제도를 사회주의화한 데서 한 걸음 더 나아가 인간 자체를 사회주의화하기 위한 문화대혁명(1966~1976년)을 전개했지만 수백만 명의 희생자를 냈다 – 옮긴이

사람들이 싱가포르에서 유학하는 동안 리콴유를 만나기 위해 싱가포르를 찾았다. 중국은 어떤 것도 아시아적이라고 부르기에는 너무나 자만심이 강하지만 시진핑이 내세운 '중국몽'(아메리칸 드림에 대응해 미국을 견제하고 중국 국민 개개인의 꿈의 실현과 이를 기반으로 중화민족의 위대한 부흥을 꿈꾸겠다는 것 – 옮긴이)은 중국이 과거에 외쳤던 슬로건인 '조화로운 사회'(후진타오 국가주석이 원했던 사회로, 민주와 법치, 공평과 정의, 성심과 우애, 활력과 충만, 안정과 질서, 인간과 자연의 조화로운 생존이 실현되는 사회 – 옮긴이)가 그랬듯이 아시아의 가치들에 대해 관심을 갖게 만든다. 현재 중국의 지도부는 리콴유가 표방한 세 가지 확신을 공유한다. 첫째는 서양의 민주주의가 더 이상 효율적이지 않다는 것이다. 둘째는 자본주의와 사회의 방향이 다시 설정되어야 한다는 것이다. 그리고 셋째는 올바른 정부를 만드는 게 국가의 성공과 생존의 열쇠라는 것이다.

지금까지 중국이 이룬 성공에 서양인들은 기절할 정도로 놀라워한다. 다보스에서 열리는 세계경제포럼에 참석하는 전 세계 거물들은 중국 정부가 효율성의 모범 사례라는 데 동의한다. 특히 미국의 뜨거운 그리드락이나 유로존의 끔찍한 무능과 비교해서 그러하다는 것이다. 포럼에 참석한 미국의 최고경영자는 "중국은 정말 일을 잘한다"라고 말했다. 세계 최고 부호 중 한 명은 "중국 정부 공무원들이 훨씬 더 똑똑하다. 놀랄 만한 일이다"라고 거들었다.[24] 스위스의 샬레charlet(스위스 산간 지방의 지붕이 뾰족한 목조 주택 – 옮긴이)들에는 중국에서 급히 체결된 계약들, 빠른 속도로 깔린 도로들, 그리고 멋진 자동차와 혁신적인 소프트웨어 프로그램을 설계하는 젊은 엔지니어들에 대한 이야기로 넘쳐난다.

여기에는 많은 진실이 존재한다. 중국의 위대한 국가로의 부상은 지난 30년 동안 가장 주목할 만한 지정학적 이야기에 해당한다. 중국은 이제 세계 제2위의 경제대국으로 성장했다.

뿐만 아니라 중국은 세계 최대 에너지 소비국이자 상품 수출국이면서 세계 최대 미국 국채 보유국이자 백만장자와 억만장자가 가장 많은 나라다. 중국은 또한 역사상 가장 대규모로 가난을 줄이는 데 성공했다. 정부가 이런 모든 일에 중요한 역할을 했다. 중국 정부(혹은 중국 공산당인데 기본적으로 중국 공산당이 중국 정부다)는 마음만 먹으면 가차 없을 정도로 강한 인상을 줄 수 있다. 중국 정부는 혼란을 초래하지 않고도 놀라운 사회 변화를 주도해왔다. 심지어 지금까지 대부분의 자본주의 국가보다 더 '자본주의의 위기'를 극복하는 데 놀라운 수완을 발휘해왔다. 권위주의적인 중국은 다수의 국민이 금융 위기에 대한 정부의 대응 방식을 승인한 유일한 국가다.[25]

그러한 성과의 규모는 인도와 비교했을 때 더욱 분명해진다(민주국가들은 이루기 힘든 성과다). 인도는 1947년 건국 당시부터 민주국가였다(실제로 민주주의 체제하에서 살고 있는 전 세계 인구의 절반이 인도에 산다). 인도에는 자유언론이 역동적으로 일하고, 판사와 회계 감사관들은 독립적으로 활동한다. 하지만 인도는 여전히 성장률에서부터 인프라의 질에 이르기까지 모든 면에서 중국에 밀리고 있다. 1990년대 경제 개방 이후 인도 경제는 정체 상태에 빠졌지만 중국은 계속해서 개혁을 추진 중이다. 인도 정부는 매우 크면서 동시에 매우 취약하다. 모든 관료적 형식주의를 억누르기 때문에 너무 크고, 핵심 기능을 적절하게 또는 전혀 수행하지 못하기 때문에 너무 취약하다. 하버드 대학 케네디 행정대학원 교수인 란트 프리쳇은 인도를 '마구 흔들리는 나라'라고 부른다.[26] 인도에서 무엇이 잘 안 돌아가는지 알아내는 가장 빠른 방법은 수돗물 한잔을 마셔 보는 것이다.*

이보다 더 지적인(그러면서 안전한) 방법은 고등교육 시스템을 살펴보는 것이다. 2000년 기준으로 인도 젊은이들 중 10퍼센트가 국내 대학에 다녔다. 당시 중국의 경우 이 비율은 8퍼센트였다. 그로부터 7년 뒤 이 비율이 중국은 23퍼센트로 세 배 가까이 높아졌지만 인도는 13퍼센트로 조금 올라가는 데 그쳤다. 2013년 QS 세계 대학 평가 순위에서 인도 대학 중에 단 한 곳(가장 유명한 대학 중 하나인 인도공과대학을 포함해서)도 상위 200위 안에 들지 못했다.

인도뿐만 아니라 미국에 비해 중국이 거둔 상대적인 성과는 중국이 거만해질 수밖에 없는 이유를 설명해준다. 하지만 두려움도 존재한다. 중국 정부의 관리들은 여전히 자국민들이 생각하는 것보다 훨씬 더 미국에 뒤떨어져 있음을 알고 있다. 중국의 전체 경제 규모가 조만간 미국만큼 커질지는 몰라도 1인당 소득 면에서는 훨씬 떨어진다. 중국 노동자들은 저임금을 받고 장시간 일하는 데 반해 생산성은 미국 노동자들에 비해 12분의 1 정도에 불과하다. 중국의 국방 예산이 급속히 늘어나고 있지만 여전히 미국에 비하면

---

*인도의 수돗물은 정수가 잘 되지 않는 것으로 악명이 높다 - 옮긴이

조족지혈 수준이고(중국인들은 여전히 일본의 해군력에 놀라워한다), 아시아에서 중국의 소프트파워가 커지고는 있지만 미국처럼 전 세계 제휴망을 갖고 있지는 않다. 서양이 가진 약점들을 무시하고 아시아의 우월성을 믿었지만 리콴유는 누가 앞서고 있는지 잘 알고 있다. 그는 "중국이 자유민주주의 국가가 되려고 한다면 붕괴될 것"이라고 경고하지만, 중국이 미국을 따라잡으려면 30년 내지는 50년이 걸릴 것으로 예상한다.[27]

아마도 보다 근본적인 차원에서 봤을 때 중국의 지도자들은 중국 정부가 특히 지방정부 차원에서 문제가 많다는 것을 알고 있다. 중국의 슈퍼마켓에서는 신년을 앞두고 지방정부 관리들에게 필요한 '답례' 차원에서 위스키 두 병을 미리 포장해서 넣어놓은 서류가방을 판다. 한 서양의 소매업체는 시진핑이 뇌물을 엄벌하자 2013년 매출이 20퍼센트 급감했다며 분노하기도 했다.[28] 2012년 국제투명성기구가 발표한 중국의 부패인식지수는 싱가포르보다 75위가 낮은 80위다. 실제로 효율성을 비교해놓은 전 세계의 어떤 지표를 살펴봐도 다보스 참가자에게 그토록 깊은 인상을 주었던 거만한 만다린 국가는 허점투성이다. 세계경제포럼의 「2013~2014 세계경쟁력 보고서」에서 중국은 30위에 불과하다. 관료주의와 뇌물로 인해 형편없는 평가를 받은 것이다.

중국의 정부 시스템을 깊숙이 들여다볼수록 덜 인상적으로 보인다. 대부분의 중국 도시는 토지 수탈을 통해 재정 수지를 맞춘다. 그들이 토지주들에게 적절하게 보상하지 않는 강제 취득 명령을 통해 도시 외곽에 있는 부동산을 매입한 후 개발업체에 팔면, 업체는 다시 그곳에 집을 지어 부유한 도시 중산계급에게 판다. 2012년 토지 재산권 판매로 얻은 수입이 지방정부 조세수입의 절반 이상을 차지했다.[29] 그리고 교육 같은 공적 서비스는 특히 고르게 제공되지 못한다. 그렇다. 중국 대학은 인도 대학보다 낮지만 많은 중국인들은 대학은 가난한 젊은이들이 다닐 수 없는 중산층의 요새라며 불평한다. 그렇다. 상하이는 다른 60개 국가를 누르고 OECD 국제학업성취도평가에서 1위에 올랐다. 하지만 대부분의 중국 학교는 다른 세계에 속해 있다. 투자는 개발도상국 기준으로 봤을 때조차 열악한 상태다. 중국 공산당이 운영하는 청년 조직인 중국공산주의 청년단의 기관지《중국청년보》는 중국에서는 아이를 16세 때까지 가르치는 데 드는 비용보다 지방정부 관리들을 포섭하고 그들에게 식사를 대접하는 데 다섯 배 더 많은 돈을 쓴다고 보도했다.[30] 중국의 시골 학교 상황은 처참한 수준이다. 도시 학교들은 상황이 조금 더 낫지만 중국에서는 여전히 아이를 명문 학교에 보내려면 뇌물을 줘야 한다. 그리고 이주 노동자 계급은 호구제도* 때문에 출생지에서 벗어날 수 없기 때문에 명문 학교에 입학할 기회조차 얻지 못한다.

중국 정부는 종종 두 세기에 걸쳐 돌아가는 것처럼 보인다. 방문객들은 포스트모던 양식의 마천루로 수놓아진 베이징과 상하이의 21세기 중국에 경탄한다. 중국은 또한 19세기 영국처럼 느껴질 수

---

*전 국민을 농민과 시민으로 구분하고, 농민이 도시로 이주하는 것을 막기 위해 중국 정부가 1950년대 말에 만든 제도. 2014년 중반부터 중국 정부는 최대 사회 모순 가운데 하나로 여겨온 이 제도에 대한 본격적인 개혁 작업에 착수한 상태다 – 옮긴이

도 있다. '낡은 부패'가 존재하기 때문이다. 중국의 엘리트들은 여전히 개혁 운동을 '난동'으로 규정하고, 호구제도를 영국의 구민법과 비슷하게 사람들이 더 열심히 일하게 만드는 유인책으로 이용하면서 '사회와 관련된' 사람들에게만 '정치 참여'를 제한하려 애쓰고 있다. 또한 중국에는 디킨스 시대의 스모그도 존재한다. 시골에서 도시로의 대규모 인구 이동도 일어난다. 21세기의 첫 5년 동안 3,500만 명에 이르는 중국인이 그렇게 이주했다(비교 차원에서 말하자면, 1920년 이전에는 3,000만 명만 대서양을 건너 미국으로 향했다).

따라서 중국은 일부의 주장대로 귀감이 될 수 없다. 중국의 리바이어던은 새로운 모델을 제공하기는커녕 종종 단편적이고 즉흥적인 방법으로 이러한 변화와 씨름하고 있다. 그것은 매우 일관성이 없는 결과만 야기하는, 어설프게 벌이는 싸움에 불과하다. 하지만 무엇보다 중요한 것은 방향이다. 우리는 퍼즐 전체를 풀려고 하기보다는 중국이 분명히, 훨씬 더 웅장한 규모로 싱가포르를 추종하려고 했던 아시아적 대안의 두 부분을 살펴보기로 하겠다. 그 두 부분은 국가자본주의와, 민주적으로 선출된 정치인들보다 능력 위주의 엘리트 기획자들에 대한 의존이다.

최고 자본주의자로서의 리바이어던

중국 국영방송인 중국중앙텔레비전CCTV의 본사 건물은 베이징의 스모그 사이를 성큼성큼 행진하는 거대한 우주 침략자를 닮았다. 중국해양석유총공사의 본사는 일렁이는 바다 위에 떠 있는 유조선 모양을 한 채 중국 외교부 정면에 자리 잡고 있다. 베이징의 국영기업들은 모두 그들이 새로 갖게 된 힘을 기리는 거대한 기념물을 세워놓고 있다.

리바이어던이 기업을 이끈다는 생각이 새롭지는 않다. 1791년 미국의 초대 재무장관인 알렉산더 해밀턴은 의회에 「제조업체 동향 보고서」를 제출했다. 세워진 지 얼마 되지 않은 나라 경제를 부양하기 위해 그가 추진한 계획의 일부였다. 해밀턴은 보이지 않는 손에 대한 아담 스미스의 생각대로 될 때까지 기다릴 시간이 없었다. 미국이 초기 산업을 육성하기 위해서는 관세를 부과해 그들을 보호해야 했다. 어쨌든 간에 기업들이 성장하는 데는 국가의 부양 노력이 중요한 역할을 했다. 동인도회사로부터 한국의 재벌에 이르기까지 많은 국가가 기업들에게 '협력 정신'이라고 말할 수 있는 것을 불어넣었다. 그런데 중국은 그 정도로 그치지 않았다.

중국 정부는 공산주의 시대에 그랬던 것처럼 경제 전반을 운용하기 위해 애쓰지 않는다. 또한 마거릿 대처 시대 이전에 서양에서 만연했던 것과 같은 국유화된 산업을 의도적으로 기피했다. 대신 중국 정부는 자본주의를 겨냥해서 '기반 산업'을 통제한다. 민간 부문은 종종 겉보기만큼 민영화되어 있지 않다. 컴퓨터 제조업체인 레노버와 자동차 제조업체인 지리 같은 일부 기업은 국가화폐(국가가 그 법제적 강제력을 뒷받침으로 발행·공급하는 화폐 - 옮긴이)를 지급받았다. 보다 일반적으로 말해서 공산당은 당의 목소리가 확실히 반영되도록 만든다. 공산당은 대부분의 대기업(국영기업과 민간기업 모두)에서 자체 사무실과 기업 직원들에 대한 파일들을 완비한 비밀 조직을 두고 있다(지리의 소유주는 지리의 공산당 지사 비서로 알려져 있다).[31] 공산당은 기업의 공식 이사회보다 더 영향력이 큰 회의를 열고, 특히 임원들을 임명할 때 종종 이사회가 내린 결정을 뒤집는다.

공산당 당교가 발간하는 신문은 해외에서 영업 중인 기업들이 당 지사를 세우는 문제를 다룬 기사에서 이런 상황을 "사람들이 있는 곳에 공산당 조직과 공산당의 활동이 존재한다"라고 간결하게 정리해주었다.[32]

그런데 정부가 방향을 설정할 때 활용하는 주된 도구는 전략 산업을 지배하고 있는 120여 개의 국영기업이다. 이들은 정부가 지분을 보유하고 있는 명목상 별개의 기업이다. 그들은 전반적인 정부 부문이 위축되었지만 더 부유하고 더 강력하게 변했다. 이동통신 전문업체인 차이나모바일의 고객 수는 7억 명이 넘는다.[33] 이 회사는 두 개 기관의 감시를 받는데, 그중 하나는 국유자산감독관리위원회SASAC다. SASAC는 대기업들의 지분을 보유하고 있는 세계 최대 지배주주다. SASAC는 지난 10년간 포트폴리오를 3분의 1 정도 줄이는 식으로 중국의 대표적 기업 창조에 앞장서왔다. 하지만 많은 국영기업은 특히 배당금을 지불할 때 성들이 중앙정부에 내는 것만큼 많은 경의를 SASAC에 표한다. 한편 또 다른 감시 기구인 공산당 중앙조직부는 날카로운 이빨을 갖고 있다. 마오쩌둥을 부장으로 하여 1920년대에 설립된 이곳은 현재 세계 최대 권력을 쥐고 있는 인사 부서다. 중앙조직부는 중국 내 모든 간부의 신상 파일을 갖고 있으며, 우수한 인재들의 경력을 세세히 감시하고, 기업의 모든 고위 임원을 임명하며, 최소한의 설명만 해주면서 고위 임원들에 대한 정기 인사이동을 실시한다. 2004년 중앙조직부는 중국 3대 전기통신 회사 사장들의 순환 근무를 명령했고, 2009년에는 3대 항공사, 그리고 2010년에는 3대 정유회사를 상대로 같은 조치를 취했다. 베이징 특파원을 지냈던《파이낸셜 타임스》의 리처드 맥그레거 기자는 자신의 책『중국 공산당의 비밀The Party』에서 중국의 50여 개 선도기업의 상사들은 모두 블룸버그 터미널(뉴스와 데이터를 공급받는 단말기 – 옮긴이)과 가족사진 옆에 당 고위층의 명령을 즉시(그리고 암호화되어) 받을 수 있는 '적색 기계'를 갖고 있다고 지적했다.[34]

그럼에도 불구하고 공산당은 국영기업에 많은 자유를 준다. 그들은 해외에서 경쟁하고, 각종 현대 경영 기술을 사용하면서 민간 기업들처럼 행동할 것으로 기대된다. 중국 외교부의 한 고위 관리는 "우리는 가끔 중국의 정치 및 기호와 부합되지 않게 일하는 기업들을 발견한다"라면서 "우리는 그들에게 그런 행동을 중단하라고 지시하지만 그들은 중단하지 않는다"라고 말했다.[35] 실제로 공산당과 국영기업의 관계가 기대했던 것과 반대로 갈 수 있다. 국영기업은 자신들의 정치적 주인을 조종할 수 있다. 예를 들어 중국의 대형 정유 기업들은 그들의 미국의 동료 기업들보다 에너지 정책에 훨씬 큰 영향력을 행사한다. 여기서도 관료들과 국영기업 경영진은 일상적인 경영 관련 결정은 경영진에게 맡기되 공통의 전략적 목표(일반적으로 특정 산업 지배하기)를 향해서 함께 나아간다.

중국인들은, 국가자본주의는 학습기라고 말한다. 국가의 대표

기업들은 중국이 자동차나 전자 같은 산업에서 기술을 익힐 수 있는 길을 터주었다. 중국인들은, 또 다른 큰 성취는 재능 관리라고 주장한다. 싱가포르가 민간 부문에 공무원들을 파견하는 것과 마찬가지로 국영기업에서 일하다 돌아온 관료들은 일을 더 잘하는 방법을 안다는 것이다. 국가자본주의가 정치인들이 기업에 영향력을 행사하게 허용한다면, 그것은 또한 기업이 정치인들에게 영향력을 행사하게 해준다. 이것을 새롭게 표현한다면, 엉망진창인 서양의 자본주의와는 다른 '협력 자본주의'인 셈이다.

중국식 국가자본주의는 세계로 확산되었다. 이것이 가능했던 이유 중 하나는 중국 기업들이 해외로 진출하고 있기 때문이다. 아프리카 전역에 걸쳐 중국은 석유, 목재, 다이아몬드, 구리, 철광석 등을 얻기 위해 힘쓰고 있으며 중국의 상인들은 쇼핑몰과 인프라를 구축하고 있다. 중국은 또한 이란, 러시아와 에너지 계약을 체결했다. 이 모든 해외 활동의 중심에 국가자본주의가 있었다. 국영기업은 중국의 해외 직접투자의 5분의 4에 자본을 댔다. 국영은행은 연화차관軟貨借款(달러 등 국제통화로 빌려주고 현지 통화로 상환받는 유리한 차관 – 옮긴이)망을 만들었다. 그리고 중국의 관점에서 봤을 때 국가자본주의의 미덕은 외교와 상업이 함께 발전한다는 데 있다. 러시아의 국영천연가스회사인 가즈프롬과 중국 석유천연가스공사가 다양하고 복잡한 방식으로 얽히게 됨으로써 중국은 러시아와 훨씬 더 사이좋게 지내기 쉬워졌음을 알았다. 중국은 또한 중동으로 향하는 예전의 실크로드를 재건하면서 중동 지역으로부터의 단일 최대 석유 수입국이자 중동 지역으로의 단일 최대 제조업 수출국으로 부상했다.

중국은 연결망을 홍보하는 차원에 머물지 않는다. 의도적으로 자국 모델을 홍보하고 있다. 외국 관리들이 훈련 프로그램 참여를 위해 중국을 방문할 때 CELAP 같은 곳의 교관들은 정부가 국가의 대표 기업에 집중하거나 특별경제구역으로 외국인 투자를 유치하거나, 아니면 기업들이 공산당에 합류함으로써 경제 활력과 정치 안정에 기여하게 만드는 방법처럼 중국 모델이 가진 여러 가지 미덕을 강조한다. 교관들은 또한 중국의 매끈한 정부를 미국과 인도가 처한 그리드락 및 혼란과 비교한다. 중국 정부는 전 세계 대학들에 공자학원孔子學院(중국어와 문화를 전 세계에 전파하기 위해 10년 전 중국 정부 교육청 산하에 창설된 공립 비영리단체 – 옮긴이) 지회를 설립했고, 보아오 포럼(매년 4월 중국 보아오에서 개최되는 아시아 지역 경제 관련 포럼 – 옮긴이)을 다보스 포럼(매년 스위스의 다보스에서 개최되는 '세계경제포럼' 연차총회의 통칭 – 옮긴이)의 이데올로기적 대항마로 이용하려 애쓰고 있다. 《중국일보》, CCTV, 신화와 그 밖의 다른 중국 언론들도 이런 노력에 동참하고 있다.[36] 중국은 심지어 아프리카연합(아프리카 국가의 단결과 협력 증진을 위해 조직된 국제기구 – 옮긴이)을 위해 에티오피아에 새로운 본부를 제공해주었다.

이러한 소프트파워는 효과를 내고 있다. 즉 국가자본주의가 다시 유행하게 된 것이다. 블라디미르 푸틴 러시아 대통령과 그가 이끄는 KGB에 이것은 흡수하기 쉬운 주의다. 국가 통제를 받고 있는 러시아 최대 은행 스베르방크와 가즈프롬의 주식은 러시아 증시 거래량의 절반 이상을 차지한다. 브라질에서 지우마 호세프 대통령이 이끄는 정부는 소수의 대표 기업에 재원을 쏟아부으면서 종종 기업들의 지분을 소규모로 확보, 새로운 산업 정책 모델을 만들었다. 학자인 세르지오 라자리니와 알도 무사키오는 이런 모델을 '소액주주 역할을 하는 리바이어던'이라고 묘사했다.[37] 남아프리카공화국 역시 간섭주의 쪽으로 약간 방향을 틀었다. 심지어 유럽에서조차 산업 정책을 수정하려는 시도가 등장하고 있다. 프랑스의 프랑수아 올랑드 대통령과 영국의 에드 밀리밴드 노동당수는 기업들을 통제하고, 특히 밀리밴드의 경우 가격을 결정할 준비를 하고 있다.

대규모 국유화된 산업들로 무장한 최초의 국가자본주의는 효과를 거두지 못했기 때문에 붕괴되었다. 이번 국가자본주의는 더 나은 효과를 낼 수 있을까? 중국이 새로 만든 국가가 주도하는 자본주의 모델은 분명 보다 세련되고 활기차 보인다. 하지만 그것 역시 심각한 약점들을 가지고 있다.

가장 분명한 약점은 부패의 범위다. 2013년 9월 장제민蔣潔敏 SASAC 주임이 뇌물 수수와 연관된 '심각한 규율 위반' 혐의로 조사를 받고 있다고 발표되었다. 그는 앞서 중국 석유천연가스공사에서 오랫동안 경력을 쌓았다. 당시 조사에는 정치적인 의도가 개입되었을 수도 있다. 그는 해임된 보시라이薄熙來 충칭 시 당 서기의 측근이었기 때문이다. 하지만 SASAC가 본연의 임무를 얼마나 잘할지를 둘러싼 우려는 더욱 심각하다. 다른 국가들, 특히 러시아에서 국가자본주의는 소위 '도둑 정치'(권력자가 막대한 부를 독점하는 정치 체제 – 옮긴이)에 의해 밀려났다. 싱크탱크인 피터슨 국제경제연구소는 지위·직권 사용에 따른 부정 이득과 비효율성 때문에 가즈프롬이 2011년에 400억 달러의 손해를 봤다고 믿고 있다.

투자자들은 국가자본주의에 냉랭한 반응을 보였다. 그런 반응은 중국 석유천연가스공사가 2007년 상하이 주식시장에 상장되었을 때 정점에 도달했을지 모른다. 이 회사는 상장 직후 잠시 사상 처음으로 시가총액 1조 달러가 넘는 기업에 오르기도 했다. 2008년에는 시가총액 기준으로 세계 10대 기업 중 여섯 곳이 국영기업이었다. 하지만 2013년이 되자 10대 기업 중에서 한 곳만 국영기업이었는데, 그 주인공이 중국 석유천연가스공사였다. 현재 중국 석유천연가스공사의 시가총액은 정점이었을 때와 비교해 4분의 1로 쪼그라들었다. 어떤 산업 투자자들이나 모두 국영기업을 신뢰하지 않는다. 가즈프롬의 주식 가치는 순익의 세 배다. 참고로, 미국의 석유화학회사 엑슨모빌의 주식 가치는 순익의 열한 배로 훨씬 더 높다. 중국 은행들과 전자통신 기업들 역시 같은 분야에서 활동하는 민간기업들에 비해 훨씬 더 인정받지 못한다. 그 이유는, 투자자들은 그런 기업들이 정부로부터 네트워크 구축이나 대출 확대 등 주주들의 이익에 반하는 행동에 나설 수밖에 없도록 강요받고 있다고 우려하기 때문이다.

일부 중국 국영기업이 좋은 성과를 내더라도 중국 경제성장의 대부분은 다른 곳에서 주도되고 있다. 베이징에 소재한 톈쩌天則 경제연구소는 공짜 토지를 포함해 모든 감춰진 보조금까지 감안할 경우 2001년부터 2009년 사이 국영기업들의 주식에 대한 실질 투자 수익률 평균은 −1.47퍼센트였다고 주장한다. 이보다 더 오래된 연구 결과들을 보면, 백퍼센트 민간기업에서 백퍼센트 국영으로 바뀌는 모든 기업의 생산성이 감소하는 것으로 나타난다.[38] 국영기업들은 중국 인터넷 전자상거래 포털 사이트인 알리바바 같은 실질적인 선도기업들에 돌아갈 수 있었던 부족한 자본을 빨아들인다. 그리고 국가자본주의 시스템은 전체적으로 혁신을 억누른다. 획기적인 아이디어를 내놓고 역동적인 문화 산업을 갖기 위해서는 각각 광범위한 지적 및 문화적 자유가 필요한 법이다. 중국 언론계의 한 논설위원은 안타까운 듯 "우리는 쿵푸와 판다를 갖고 있다. 하지만 우리는 〈쿵푸 팬더〉 같은 영화를 만들 수 없었다"고 말했다.[39] 중국 석유천연가스공사는 컨설팅 회사인 부즈앤컴퍼니가 선정한 세계 100대 최고 혁신 기업 명단에 든 유일한 국영기업이었다.[40]

공정하게 평가해봤을 때 국가자본주의가 이룬 성과는 장소나 산업별로 편차가 심하다. 그것은 소프트웨어 같은 분야보다 인프라 구축 같은 몇몇 산업에서 더 효과적인 것 같다. 마찬가지로 타이밍이 중요하다. 국가자본주의는 어떤 발전 단계에서는 국가의 성장을 추진할 수 있지만, 또 다른 발전 단계에서는 성장을 방해할 수 있다. 성숙하지 못한 경제에는 지식을 빠르게 흡수하는 것이 좋은 방법이 될 수 있지만, 제한된 재원으로부터 최대한 많은 것을 얻어내거나 새로운 아이디어를 생성하는 데는 그만큼 성공을 거두지는 못한다(이것이 중국이 사이버 스파이 활동에 여념이 없는 한 가지 이유다). 가장 통찰력이 있는 중국의 몇몇 관료는 중국 경제가 성숙기로 접어들면 국영기업들이 자연사할 것이라고 주장한다. 그들이 그 자체로 목적이라기보다는 순수한 자본주의로 가는 길에 거치는 중요

한 준비 단계들로 이해되어야 한다는 것이다.[41]

세계의 나머지 국가들에 내려진 심판은 더 나쁘다. 한국과 싱가포르에서는 권위주의적 근대화가 성공적인 기록을 냈을지 모른다. 하지만 아랍 세계는 어떠한가? 이집트의 국가자본주의는 지대추구(경제주체들이 자신의 이익을 위해 비생산적인 활동에 경쟁적으로 자원을 낭비하는 현상 - 옮긴이)와 비효율성을 감추기 위한 변명이었다(군이 경영하는 경제의 10퍼센트를 차지하는 수십 개의 기업만 이런 문제를 겪었던 것은 아니다). 혹은 사하라 사막 이남의 아프리카 국가들은 어떠한가? 정실 자본주의 때문에 성장률은 낮아지고 불평등은 심화되고 있다. 국가가 자본주의를 통제하려면 강력하고 유능해야 한다. 그렇지만 안타깝게도 이런 통제에 매료된 대부분의 국가는 취약하고 무능하다.

중국은 자본주의를 계속 통제할 것이다. 중국에는 국가자본주의자가 경영하는 은행들, 억만장자, 관료, 그리고 열성적인 이데올로그(실행력이 없는 이론가나 공론가 - 옮긴이)가 존재한다. 다만 중국의 한 분석가는 중국의 수많은 비효율성을 거론한 후 중국이 버틸 수 있는 날이 분명 얼마 남지 않았다면서, 중국이 "50년을 넘기지 못할 것"이라고 주장하기도 했다.[42]

마오쩌둥주의로부터 실력주의까지

서양 모델에 대한 중국의 두 번째 공격은 민주주의의 대안으로서 실력주의에 대한 지지다. 지난 30년 동안 중국 공산당은 혁명에 대한 믿음을 점차 교육받은 관료들에 대한 새로운 신뢰(혹은 아마도 이런 관료들에 대한 고전적 신뢰의 새로운 형태)로 대체해왔다. 현재 중국의 엘리트들은 실력주의가 단기적인 이익에만 집착하는 사고방식과 사회 분열 가능성 같은 민주주의의 폐단을 일으키지 않고도 고위 관료들의 정기적 교체 같은 민주주의가 가진 혜택을 선사할 수 있다는 리콴유의 믿음을 공유한다. 중국의 지도자들은 중국이 엄청난 규모의 사회 변화 압력 속에서도 붕괴되지 않게 막으면서 다음 선거 주기보다는 수십 년이란 장기적 관점에서 사고할 수 있다. 중국의 역사는 인구 3분의 1의 목숨을 앗아갔던 13세기 몽골의 침략부터 10년간(1966~1976년) 중국의 최고지도자 마오쩌둥이 주도한 극좌 사회주의 운동인 문화대혁명에 이르기까지 대규모의 죽음과 파괴로 점철되어 있다. 영구적인 실력주의는 중국이 급증하고 있는 연금과 건강보험 같은 민주주의가 회피하는 여러 가지 도전을 수용하게 만들었다.[43] 몇 년 전만 해도 중국의 시골에 거주하는 사람들 중 약 80퍼센트가 건강보험 혜택을 누리지 못했다. 이제는 사실상 모두가 그런 혜택을 누리고 있다.

공산당은 실력이 있는 사람이 고위직에 오를 수 있게 하기 위해 애쓰고 있다고 주장한다. 정상으로 가는 길은 멀고도 험난하다. 공산당 중앙당교와 CELAP에서 두각을 나타내고, 몇몇 유럽 국가를 합친 크기에 달할 수도 있는 성을 관리하며 행정 능력을 입증해 보여야 하고, 국영기업 경영을 통해 갈수록 더 사업가적 수완도 보여줘야 한다. 공산당은 모든 단계별로 후보의 능력을 검증한다. 성의 당 서기들은 경제성장 촉진과 빈곤 퇴치 같은 다양한 차원에서 거둔 성공에 따라 평가되며, 목표를 성취하지 못할 경우 곧장 강등된다.⁴⁴ 이를 두고 중국은 자국 정부가 대륙적 규모의 성과를 중시하는 정부라고 홍보한다.

공산당은 미래의 플라톤 철학의 수호자들을 찾아내기 위해 하위층을 보충하려 애쓰고 있다. 요즈음에는 새로운 당원들을 채용하는 주요 장소가 공장이 아니라 대학이다. 리처드 맥그레거는 2009년 '중국의 매사추세츠 공과대학MIT'으로 불리는 칭화 대학淸華大學 학생 세 명과 나눴던 대화를 기억한다. 학생들은 "공산당원이된다는 것은 탁월한 능력을 갖고 있다는 것을 보여주는 상징"이라면서 "공산당원이 되면 정부에서 일자리를 얻을 기회가 더 많이 늘어난다"고 말했다. 고등학교와 대학교 차원에서 모두 최우수 학생들에게 상으로 공산당 자리가 제시되었다.⁴⁵ 10년 가까이 칭화 대학에서 학생들을 가르쳤던 다니엘 벨 교수는 2010년 기준으로 학부생들 중 28퍼센트, 졸업을 앞둔 4학년 학생들 중 43퍼센트, 그리고 졸업생들 중 55퍼센트가 공산당원이라고 지적했다.⁴⁶ 공산당은 또한 기업들에 다리를 놓기 위해 열심히 애썼고, 현재는 중국 기업인들 중 3분의 1이 공산당원이다. 중국 공산당에 더 적절한 이름은 '국가개발당'일 것이다.

실력주의에 대한 중국의 관심은 뿌리가 깊다. 중국의 부모들은 1,000년이 넘는 시간 동안 "힘을 쓰며 일하는 사람은 지배되고, 머리를 쓰며 일하는 사람은 남을 관리하고, 학문이 뛰어난 사람은 관리가 된다"고 가르쳐왔다. 여론조사 결과를 보면, 대부분의 중국인은 똑똑한 지배계급에 의해 통치받는 걸 좋아한다.[47] 지적 능력을 숭배하기 때문이다. 중국에서는 영아용 조제분유가 늘 타이거맘들에게 '지력 강화제'로 포장되어 팔리고, 맥도날드의 웹사이트에 곱셈과 언어 학습에 도움이 되는 해피 코스(맥도날드 해피밀을 변형한 메뉴 – 옮긴이)를 제공하는 맥도날드의 마스코트인 로닐드 맥도닐드 교수가 등장한다.[48]

중국에서 신중하게 선별되고 승진되는 똑똑한 젊은이들이 중요한 문제들을 해결한 사례를 찾기는 어렵지 않다. 선전에서는 마홍이라는 젊은 공무원이 데이비드 캐머런 총리가 영국에서 시도하려 했던 비정부기구NGO가 노인 치료를 중심으로 한 공공 서비스를 제공하게 함으로써 '큰 사회'를 만드는 일을 하고 있다. 지역 NGO에 대한 규제를 대부분 풀었기 때문에 NGO들은 그녀에게 등록하기만 하면 끝이다. 2012년 중순 현재 그녀는 5,000곳이 넘는 '사회단체'를 참여시켜 그들에게 사회사업을 수행할 수 있도록 수억 위안을 지불했다.[49] 모든 사회단체는 기업 지배구조 같은 분야에서 제3자에 의해 평가를 받는다. 그리고 그녀는 평가 등급이 높은 단체에 더 많은 돈을 위탁한다. 2012년 현재 그녀는 26개 NGO를 폐쇄했고, 70곳의 다른 NGO에 내부 기준이 평균치에 미달한다고 경고했다. 그녀가 만든 이 모델은 이미 전국적으로 모방되고 있는 중이다.

마홍은 중국 최고의 공무원들이 기업가적 방식으로 사회문제를 해결하려 하고 있음을 보여주는 완벽한 사례다. 그녀는 전 세계에서 효과를 거둔 방식을 물색하는 일부터 시작한다. 그녀는 2005년

홍콩에서 공부했으며, 구호 대상자들에게 제공되는 조직적 복지사업인 사회사업의 약 90퍼센트는 정부가 돈을 대고 NGO가 실행한다는 것을 알았다. 그녀는 또한 싱가포르를 존경하며, 싱가포르로부터 쉬운 NGO 등록 허가와 미진한 성과를 내는 NGO들에 대한 엄격한 처벌 사이에서 균형을 잡는 법을 빌려왔다. 그녀는 "경제에서 민간기업들이 그렇게 하듯이" 사회단체들이 중국 사회의 성장 엔진이 되어주기를 바란다.[50] 실제로 그녀는 공공 부문은 민간 부문과 똑같은 방식으로 바뀌고, 정부는 기업과 자선단체들이 정부가 하던 일을 더 많이 해주는 데 적절한 환경을 조성해야 한다고 생각한다. 그녀는 "우리는 큰 국가로부터 작은 국가로, 그리고 작은 사회에서 큰 사회로 전환 중이다"라고 말했다.

이런 모든 노력 덕분에 마훙은 중국에서 가장 저명한 공공 부문 혁신상을 수상했다. 그리고 그녀는 국제적이고, 좋은 정부를 갖추고, 장기적인 계획을 세워 추진한다는 점에서 중국 고위 관료 정치의 단면을 보여주는 전형이다. 하지만 중국은 큰 나라다. 중국의 시스템이 실제로 얼마나 효과를 거둘 수 있을까?

중국의 시스템은 두 가지 면에서 승리를 주장할 수 있다. 첫 번째가 엘리트들의 광범위한 배치이고, 두 번째가 장기적인 접근이다. 중국의 3대 고위 관료인 총서기, 국가주석, 총리의 임기는 5년으로 최대 10년까지 연임할 수 있다. 최근 이런 권력 이양은 전적으로 평화롭게 끝났다. 공산당은 마오쩌둥 스타일의 개인숭배를 막기 위해 여러 가지 안전장치를 마련해두었다. 차기 지도자는 임기를 마친 지도자가 아니라 고위 지도자들의 집단적인 바람에 의해 결정된다. 다보스맨Davos man(해마다 스위스에서 열리는 다보스포럼에 참가해 세계화를 주장하는 사람들을 일컫는 용어 - 옮긴이)도 괜찮다. 중국 공무원 조직의 리더는 최소한 서양의 리더만큼 유능하다.

그리고 싱가포르의 지도부와 마찬가지로 중국의 지도부는 장기적인 시각을 취한다. 특히 서양의 경쟁자들보다 더 그러하다. 워싱턴에 있는 사람들 중에서 2016년에 열리는 대통령 선거 이후까지 생각하는 사람은 많지 않다. 미국 행정부는 2년차의 초기, 즉 직원들이 상원 인준을 받고 중간선거운동이 시작되기 전 약 6개월 동안만 전략적으로 일한다는 주장이 가끔씩 제기된다. 아시아 전역에는 장기적인 계획을 세우는 사람이 많다. 캘리포니아에서 개혁 운동을 후원했던 독지가인 니콜라스 베르그그루엔은, 중국 스타일의 실력주의는 장기적인 문제에 집중하고 독립적인 전문가를 끌어모으는 데 효과적이라고 주장한다. 그는 관련된 사람들이 선출되는 건 아니더라도 서양식의 이런 실력주의를 만들고 싶어 한다.

하지만 민주주의가 수반되지 않는 엘리트주의는 많은 문제를 수반한다. 이 문제들은 현재의 중국, 특히 지방에서 강하게 나타나고 있다. 예를 들어 마홍이 일하는 곳과 가까운 곳에서 양지안창은 마홍보다 더 힘든 시간을 보내고 있다. 그는 선전 시 인민정부 주임이자 화폐위조 문제를 다루는 뤄후구 시장감독국(산업·상업국) 국장이다. 그는 또한 중국에서 가장 신뢰할 만한 대표로 명성이 자자하다. 2005년 그는 민원 해결 담당 사무실 개소라는 이례적인 조치를 취했다. 그러자 정부에 대한 불만을 털어놓는 사람과 편지가 사무실로 쏟아져 들어왔다. 2012년까지 그는 약 2만 명을 대표해 3만

건에 달하는 사례를 맡았고, 그가 이런 고통을 짊어진 대가는 위협과 사기와 구타였다. 그가 이런 일을 시작하게 된 것은 1,400만 명에 달하는 선전 인구 중에서 1,000만 명이 넘지만 시에 호구 등록을 맡기기 힘든 이민자들 때문이었다. 그가 추적한 악당과 관료들(예를 들어 비위생적인 음식을 판 사람들) 중 일부가 감옥에 수감되었다. 하지만 선전 시민들이 '강력한 이익단체'라고 말하는 단체의 개입 때문에 수감되지 않은 사람의 수가 더 많았다.[51]

마홍과 마찬가지로 양지안창은 자긍심이 강한 공산당원이다. 그의 사무실에는 제복을 입고, 다양한 공산당 고위 관리들로부터 받은 표창장을 들고 있는 그의 사진들이 걸려 있다. 반부패 운동을 추진 중인 실력주의 정권이 이러한 책임감 있는 정부 사례를 포용하리라고 상상할 수도 있다. 하지만 정권은 양지안창 같은 주임들이 개인 사무실을 여는 것을 금지했다(그는 그동안 추진하던 운동을 계속하고 있으며, 그에게 계속해서 편지(대부분 등록된 편지)가 쏟아져 들어오고 있기 때문에 사람들은 그가 편지를 받았으며, 적절한 관료에게 그 편지를 보낼 것임을 알고 있다). 이것은 중국 정부의 개혁에 대한 마이동풍식 태도를 의미한다. 서양의 대형 다국적기업 CEO가 중국 정부의 고위 관료를 접견하기는 쉬울지 몰라도 중국의 일반 시민들은 단 몇 분만이라도 하위 관리를 만나려면 시련을 각오해야 한다. 무엇보다 사람들을 내쫓는 일을 중요하게 생각하고 살아온 공격적인 경비원들과 만남을 방해하는 비서들을 뚫고 지나가야 한다. 그래서 사람들은 분노하게 된다. 가끔 분노가 끓어 넘치는데, 2011년 중국 남부 광둥성에 있는 어촌인 우칸촌에서는 주민 수천 명이 강제 토지수용 조치에 반발해 시위를 벌이고 현지 관리들을 몰아내기도 했다. 하지만 대부분의 분노와 좌절은 이보다 덜 폭발적이고, 양지 안창이 해결하고 있는 종류의 민원과 더 유사한 형태로 제기된다. 그리고 불만을 품은 사람들은 중국판 트위터인 소셜 네트워킹이자 마이크로블로그 서비스인 웨이보에서 완벽한 토론 공간을 찾아냈다. 이곳에서는 공공 부문의 비효율성, 가난한 학교, 불결한 병원, 무능한 관료 집단에 대한 성토가 이어진다.

현재 시진핑 중국 국가주석이 베이징으로부터 더 많은 사람을 파견해 여러 성의 규율을 잡기 위해 노력 중이다. 중국 22개 성의 당 서기들(이들은 대부분 2012년에 열린 제18차 전국인민대표대회(당대회)에서 이루어진 지도부 개편 때 선출되었다. 이 대회를 계기로 시진핑 체제가 출범했다) 중 절반은 중앙정부 출신이다.[52] 그보다 5년 전만 해도 불과 두 명의 당 서기만 베이징이 직접 임명했다. 재정 붕괴 가능성도 커졌다. 중앙정부의 부채가 GDP에서 차지하는 비중은 22퍼센트밖에 안 되지만 성들은 최소 그 이상의 부채를 떠안고 있다. 하지만 그들을 통제하기는 힘들 것이다. 선전에서는 여러 부처가 통합되었을 때 주요 관료들은 모두 자리를 보존함으로써 부처장이 넘쳐나게 되었고, 이들은 모두 영향력을 행사하기 위해 다투었다. 중앙정부는 관료들에게 외국인 투자나 중증급성호흡기증후군SARS 같은 전염병처럼 국가적 차원에서 관리가 필요한 중요 사안들에 신속히 대처하도록 압박할 수 있는 힘을 갖고 있다. 하지만 다수의 다른 사안의 경우 지방정부는 그들을 무시해버린다. "산은 높고 황제는 멀리 있다"는 중국의 옛 속담 그대로다.

중국 공산당은 중국인들이 주장하는 것만큼 아주 실력주의를 따르지는 않는다. 시진핑을 포함해 공산당 엘리트 중 다수는 '유력 공산당 고위 관료의 자손'이다. 그리고 그런 자손이건 아니면 평민이건 상관없이 모든 공산당 지도자는 부와 특권을 축적하기 위해 체계적으로 가진 권력을 이용한다. 매년 중국 부자 목록을 발표하는 상하이 소재 「후룬 보고서」는 2012년에 중국 전국인민대표대회와 자문 그룹인 중국 인민정치협상회의 대표 중 가장 부자인 83명의 순자산 규모가 2,500억 달러를 넘어서는 것으로 추산했다.[53] 그리고 그것은 공표된 순자산에 불과하다. 2012년《뉴욕 타임스》의 데이비드 바보자 기자는 당시 총리인 원자바오溫家寶가 27억 달러의 자산을 관리했다는 사실을 입증했다.[54]

특권이 주는 비금전적 혜택들은 전체 시스템을 더욱 공고히 만들어준다. 2012년《신민주간》은 중국 정부는 350만 대의 관용차를 굴리고 있고, 그 유지비만 약 500억 달러에 달하며 외국 출장, 차량 유지, 접대비로 매년 약 3,000억 달러를 쓴다고 보도했다.[55] 한 대중적 인터넷 게시물은 중국 엘리트들에 대한 중국인의 일반적인 시각을 다음과 같이 정리해주었다. "그들은 고급 브랜드 자동차를 몬다. 그들은 독점적으로 출입할 수 있는 나이트바에 간다. 그들은 최고 호텔의 가장 안락한 침대에서 잔다. 그들의 가구는 모두 최고의 붉은삼나무로 제작되었다. 그들은 가장 조용한 장소에 있는 최고의 전망을 자랑하는 집에서 산다. 그들은 골프를 즐기고, 공적 경비로 여행을 다니고, 호사스러운 생활을 즐긴다."[56] 공산당 지도자들의 자녀는 모두 국내외 최고 명문 학교에 다니다가 이후 미국과 영국의 명문 대학에 진학하는 것 같다. 보시라이의 아들은 옥스퍼드에 있는 명문 사립학교인 해로우 스쿨과 베일럴 칼리지에서 공부했다. 심지어 그는 베일럴에서 교수들이 추천서를 써주지 않았는데도 하버드 케네디 스쿨 석사과정에 입학했다. 그는 옥스퍼드 학부생 보수연맹에서 친분을 쌓고, 정치를 하며 시간을 보냈다.[57]

그렇지만 중국의 실력주의 옹호 주장을 완전히 무시하는 것은 잘못일 것이다. 시스템의 오류는 중국만 갖고 있는 문제가 아니기 때문이다. 2016년 대선에서 힐러리 클린턴이 승리한다면 1989년 이후 미국 대통령 명단에는 부시, 클린턴, 부시, 오바마, 클린턴이란 이름이 들어갈 것이다. 아이비리그 대학들은 부유하고 인맥이 풍부한 집안의 자녀로 가득하다. 민주주의 국가인 인도도 이와 유사한 정실주의 문제로 고통을 받고 있다. 2014년 5월 총선 패배 전까지 집권 여당이었던 인도의 국민회의당은 독립 이후 네루와 간디 가족의 회사나 다름없었다. 2009년 인도 의회 의원들 중 3분의 1 가까이는 가족이 정치와 연관되어 있었고, 왕조주의는 늙은 세대보다 젊은 세대에서 훨씬 더 두드러진다. 30세 이하의 모든 의회 의원과 40세 이하 의원들 중 3분의 2가 그들의 자리를 '물려받았다'.[58]

따라서 중국의 실력주의에 대한 판단은 국가자본주의에 대한 판단과 똑같다. 모두 부분적으로는 좋다. 실력주의와 국가자본주의는 중국이 극소수의 서양 정부가 취하는 장기적인 관점을 취하게 해주었다. 중국의 실력주의와 국가자본주의 모두 서양 정부들이 빠질 수 있는 것보다 더 심각한 부패에 빠질 수 있다. 그리고 싱가포르에서 비교적 쉽게 통제할 수 있는 것이 중국처럼 큰 나라에서는 통제하기가 힘들어진다. 중국의 성 가운데 네 곳은 세계에서 인구가 가장 많은 20위 국가 안에 들 정도다.

베이징 컨센서스

이것은 어떤 의미가 있을까? 아시아에서 찾은 대안은 분명 서양 모델이 지금껏 접해온 어떤 것보다 가장 중요한 도전이다. 그 대안은 구소련(혹은 이런 문제에 있어 마오쩌둥주의 때의 중국) 모델보다 훨씬 더 중요해졌다. 중국에서는 권위주의적인 현대화가 중국이 놀랍도록 주목할 만한 발전기를 이루도록 이끌어주었다. 그런 과정 속에서 중국은 일반 중국인들의 눈에 스스로를 합리화하는 데 성공했다. 2013년 퓨 연구소가 실시한 세계인의 태도조사 결과를 보면, 중국인 중 85퍼센트는 국가가 나아가고 있는 방향에 대해 만족감을 드러냈다. 이것은 조사 대상 국가들 중 가장 높은 수치였다. 반면 미국의 만족도는 31퍼센트에 불과했다.

중국이 거둔 성공은 중국과 미국 정부가 이루어낸 합의의 상대적인 장점을 폭넓게 재평가하도록 만들었다. 세계화 문제에 관해 서양에서 가장 유명한 토머스 프리드먼Thomas Friedman은 자신의 교리를 다음과 같이 수정했다. "일당 독재에는 분명 단점들이 존재한다. 하지만 그것이 오늘날 중국처럼 상당히 똑똑한 집단의 사람들에 의해 통치될 때는 엄청난 장점을 가질 수 있다."[59] 영국의 지식인 마틴 자크Martin Jacques는 자신의 책 『중국이 세계를 지배하면when

China Rules the World』에서 제목과 같은 상황이 벌어질 때 과연 어떤 일이 생길 수 있을지를 묻는다.[60] 심지어 '워싱턴 컨센서스'라는 표현을 창안한 존 윌리엄슨조차 베이징 컨센서스가 그의 창조물에 빠르게 가까워지고 있다는 사실을 인정했다. 금융 위기 이후 정부에 대한 강의를 미국인이 아니라 중국인이 하고 있다. 베이징 대학교 국제학과 학장인 왕지시王緝思는 "다른 국가들이 중국으로부터 배우기를 원할 때 그들은 무엇보다 먼저 (중국과) 유사한 정부 형태를 수용해야 한다"고 조언했다.[61] 또 다른 중국의 지식인인 푸단 대학 초빙교수 장웨이웨이張維爲는 미국은 정치 시스템 때문에 쇠락할 운명에 처해 있다면서 미국을 깎아내렸다. 선거제도는 조지 W. 부시 같은 이류 대통령들을 탄생시키고 있다. 복지제도는 경제에 지속 불가능한 부담을 가하고 있다. 선거에서 패배한 사람들이 간단히 패배를 인정하던 시절이 있었다. 하지만 지금은 정당이나 의견 등의 대립이 워낙 심하다 보니 사람들은 적들의 기반을 약화시키는 데만 몰두한다. 장웨이웨이에 따르면, 세계는 상이한 정치 모델(실력주의 리더십에 기초한 모델과 보통선거에 기초한 모델)의 경쟁을 목격하고 있으며 "중국의 모델이 승리할지 모른다".[62]

하지만 중국의 다음 발전 단계는 지난번 발전 단계보다 훨씬 더 복잡해질 것이다. 중국은 부유해지면서 성장세는 둔화되고 있다. 중국 지도부가 만든 이른바 '만리 방화벽'이라는 인터넷 감시망은 그들이 여론에 대해 얼마나 신경 쓰고 있는지를 보여준다.[63] 중국 정부는 또한 그것의 정당성이 성과와 연관되어 있음을 고통스럽게 인식하고 있다. 정부는 분명 계속해서 경제를 성장시켜야 한다. 또한 필사적으로 더 나은 의료와 교육 서비스를 제공해야 한다. 시진핑이 내세웠던 중국의 꿈에는 중국에도 인구 고령화가 시작되고 있는 지금, 국민을 예전보다 더 잘 돌보겠다는 암묵적인 약속이 포함되어 있다. 중국에서는 현재 다섯 명의 근로자가 한 명의 노인을 부양해야 하는데, 2035년이 되면 두 명의 근로자가 한 명의 노인을 부양해야 한다. 계속해서 늘어나고 있는 여러 가지 서비스에 대한 수요, 엉망진창인 인구 통계학, 그리고 비효율적인 정부로 인해 중국의 미래는 중국이 상상하는 것보다 더 서양처럼 될지도 모른다.

보다 일반적으로 보았을 때 아시아의 대안도 그렇게 될지 모른다. 다른 모든 아시아 정부가 싱가포르의 모델을 존경하고, 비교적 절제된 복지국가로부터 시작하더라도 인구 고령화를 포함한 다른 많은 이유로 인해 제공하는 서비스를 확대하라는 압력을 받을 가능성이 높다. 2030년이 되면 일본을 제외하더라도 아시아의 노인 인구는 전 세계 노인 인구의 절반을 넘고, 암과 당뇨병 같은 비전염성 질병으로 인해 국제사회가 져야 하는 부담의 절반가량을 차지할 것이다. 그리고 부유해질수록 아시아인들은 불안하게도 더 관대한 사회 안전망을 선호하는 서양식 신호들을 보여주고 있다. 아시아의 대다수 국가에서 복지 공약이 유권자의 표심을 붙잡고 있으며, 가난한 노동자들이 신용 경색 사태를 극복하게 해주기 위해 2009년 태국에서 실시된 것과 같은 일시적 프로그램은 영구화되는 경향을 보였다. 우리 동료들 중 한 명이 지적했듯이 "아시아의 호랑이들이 캥거루와 코알라처럼 육아낭에 새끼를 넣어 가지고 다니는 유대목 동물처럼 변하고 있다".[64]

따라서 아시아 국가들은 서양 국가들처럼 변할 가능성이 높다. 리콴유가 내세웠던 작은 국가의 권위주의에 대한 비전은 모호해질 것이다. 하지만 아시아는 여전히 세 가지 이유로 눈에 띄게 다른 모습을 보여줄 것이다. 첫째, 대부분의 아시아 정부는 서양에서 일어난 일을 목격했다. 실제로 그것은 다른 아시아의 지도자들이 가장 잘 이해하고 있는, '아시아가 가진 가치들'을 주제로 한 리콴유의 강의 중 일부다. 그리고 둘째, 아시아인들이 새로 출발하고 있기 때문에 기술은 그들에게 더 나은 사회 시스템으로 도약할 수 있는 기회를 제공해준다. 이미 무수히 많은 소프트웨어 시스템을 갖고 있다면 애초부터 스마트카드에 기초한 복지 시스템을 구축하는 게 훨씬 더 쉬운 법이다. 아시아가 창의적으로 변신하고 있다는 것을 보여주는 몇 가지 유망한 신호가 등장하고 있으며, 우리는 이 책의 나머지 부분에서 그와 같은 신호들을 확인할 것이다.

그것은 아시아가 여전히 서양의 대안처럼 느껴지는 세 번째 이유로 이어진다. 아시아는 노력하고 있다. 아시아의 가치들에 대한 리콴유의 강의가 허풍으로 드러나고, 시진핑이 말한 중국의 꿈이 악몽으로 변하더라도 분명 싱가포르와 베이징에서 로마나 워싱턴에서보다 정부를 개선하는 방법에 대해 훨씬 더 많은 고민을 하고 있다. 역사학자 알려준 교훈을 보면, 국가들이 더 나은 정부를 만들려고 서로 경쟁할 때 정부의 수준이 향상되는 경향이 있다. 고등교육의 미래를 보고 싶다면 각각 학생들 중 40퍼센트와 25퍼센트씩 중퇴하는 미국과 프랑스로부터 배울 수 있을까?[65] 아니면 세계 최고 수준의 대학 진학률을 보여주는 한국으로부터 배울 수 있을까?

연금제도를 만들고 싶다면 미국의 사회보장연금과 싱가포르의 중앙적립기금 중 무엇을 참고하고 싶겠는가?

이런 질문들에 대답하기 어렵지 않다. 그리고 서양에서는 이런 질문들을 곰곰이 따져보지 않는다. 하지만 서양이 과거가 되었다는 생각에는 한 가지 중대한 예외가 존재한다. 이것은 아시아인들조차 인정하는 예외다. 프랑스 작가이자 지식인인 도미니크 모이시Dominique Moïsi는 2010년 노르웨이의 수도 오슬로를 방문했을 때 겪은 멋진 일화를 이야기해주고 있다(같은 해에 노르웨이인들은 중국의 변호사이자 작가로 반체제 운동 및 인권운동을 이끈 류샤오보劉曉波에게 노벨 평화상을 수여했다).*

모이시는 방문한 모든 부처와 싱크탱크에서 맹렬히 휘갈겨 쓰고 있는 똑같은 중국 관료 집단을 발견했다. 그는 결국 한 인터뷰 도중 "노르웨이가 중국의 미래다"라는 설명을 정중하게 들을 수 있었다.[66] 그런 사실이 중국인들을 독려할지도 모르겠다. 하지만 중국인들이 깨우침을 얻기 위해 싱가포르뿐만 아니라 북유럽 세계로 눈을 돌리는 것은 옳다.

---

*다른 노벨상이 스웨덴 왕립과학아카데미, 카롤린스카 의학연구소, 한림원(스웨덴 아카데미) 등에서 선정하는 것과 달리 노벨 평화상은 노르웨이 노벨위원회가 선정 및 시상 권한을 갖고 있다 – 옮긴이

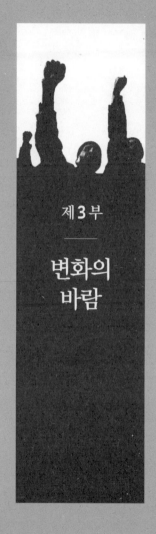

제 3 부

———

변화의
바람

7장

★ ★ ★ ★

미래가 먼저 도래하는 곳

21세기 내내 스웨덴은 사회주의 천국이자 북유럽 스타일의 복장을 한 페이비언주의자들의 꿈이 실현된 장소라고 말할 수 있다. 개화된 관료들은 국가가 모든 사람의 욕구를 보살피고, 금발의 관료들이 올바른 가정집 부엌 설계에 이르기까지 합리적 방식에 따라 모든 것을 주관하는 '인민의 가정'(1930년대 무렵 스웨덴 사민당이 주창한, 평등과 상호 이해를 바탕으로 좀 더 좋은 가정처럼 지내자는 개념. 이 개념을 토대로 스웨덴은 무상교육과 기초 의료보험을 도입해 스웨덴식 사회민주주의와 복지의 근간을 이루었다 - 옮긴이)을 세웠다. 한편 자동차 회사 볼보와 통신장비 제조사인 에릭슨 같은 사회적 책임을 진 기업들은 부를 창출했다. 이것이 미국의 언론인 마르퀴즈 차일즈가 1936년 자신의 책에서 칭찬했던 자본주의와 공산주의 사이의

'중도'였다(차일즈의 책 제목도 '중도'였다.) 경제계획 설계, 우생 증식, 그리고 가사를 공유하는 남성들을 옹호했던 스웨덴의 경제학자 군나르 뮈르달과 알바 뮈르달은 스웨덴의 웹 부부였다.

하지만 1960년대에 평등의 개념이 확대되자 스웨덴은 다른 유럽 국가늘에 비해 더 좌파 쪽으로 기울었다. 스웨덴은 '아이 중심 학습'이라는 명목으로 선별적 교육을 없앴고(10대들이 마음껏 뛰놀게 했다), 사회연대라는 명목으로 소득 평등화를 옹호했다. 모든 문제에 대한 해결책은 항상 똑같이 '정부 개입의 확대'였다. GDP에서 공공지출이 차지하는 몫은 1960~1980년에 두 배 가까이 늘어났고, 1993년에 67퍼센트로 정점을 찍었다. 공공 부문은 민간 부문이 전혀 새로운 일자리를 늘리지 못했던 1950~1990년에 100만 개가 넘는 새로운 일자리를 만들었다. 이런 모든 정부 활동을 위한 돈을 어떻게 내야 하는지를 묻는 질문에 대한 답변도 늘 똑같았다. 세금을 더 걷는 것이었다. 1976년에 『내 이름은 삐삐 롱스타킹Pipi Longstocking』 시리즈를 만든 '아동문학의 어머니' 아스트리드 린드그렌Astrid Lindgren은 소득의 102퍼센트를 내라는 세금 청구서를 받은 후 실업수당을 받으면서 근심 걱정이 없는 삶을 살기 위해 저술 활동을 포기한 저자 폼페리포사란 인물이 등장하는 풍자동화를 써 경제학자들 사이에 세금 논쟁을 불러일으켰다.

1932년부터 1976년까지 44년 동안 정권을 유지한 사회민주당은 세금 인상과 규제 강화를 통해 기업들의 호주머니를 털었다. 사회민주당의 창시자이자 대표인 올로프 팔메Olof Palme는 1974년에 "신자유주의 시대가 막을 내리고 있다"라면서 "미래의 열쇠는 놀라운 사회주의가 쥐고 있다"고 선언했다. 이때는 또한 군나르 뮈르달이 기이한 운명의 꼬임 속에서 영국의 하이에크와 노벨 경제학상을 공동 수상한 해였다. 이어 8년 뒤인 1982년 알바 뮈르달은 스웨덴 정부의 핵보유 의지 포기선언 공포에 기여한 점을 인정받아 노벨 평화상을 수상했다. 1990년이 되자 리콴유가 경멸적으로 말한 "모든 것을 먹을 수 있는" 국가를 스웨덴보다 더 완벽하게 보여준 사례를 어디에서도 생각해내기 어려웠다.

하지만 지금은 어떻게 되었는가? 스웨덴은 1993년 GDP에서 67퍼센트를 차지했던 공공지출을 현재 49퍼센트까지 낮췄다. 또한 1983년 이후 한계세율 상한을 57퍼센트로 27퍼센트포인트 낮췄고 부동산과 선물, 재산, 상속 유산에 붙이던 복잡한 세금을 없앴다. 유럽의 나머지 국가들이 빚더미에서 허덕이고 있지만 스웨덴은 견실한 재정상태를 보여주며 불빛처럼 반짝이고 있다. 스웨덴 정부는 경제 주기 동안에 반드시 재정 흑자를 달성해야 하는 재정적 구속에 스스로를 묶어놓고 있다. 스웨덴의 공적 부채는 1993년 GDP의 70퍼센트에서 2010년에는 37퍼센트로 줄었고, 같은 기간 예산은 11퍼센트 적자에서 0.3퍼센트 흑자로 돌아섰다. 이로 인해 소규모의 개방경제 국가인 스웨덴은 2007~2008년 몰아닥친 금융 위기로부터 신속하게 회복할 수 있었다. 스웨덴의 예산 적자는 GDP의 2퍼센트로 늘어났지만 공공부채는 여전히 GDP의 40퍼센트 미만이다.

심지어 사고의 변화는 이보다 더 대단하다. 스톡홀름 거리는 성우들의 피로 물들어 있다. 현지 싱크탱크들은 '복지 기업가들'과

'린 경영'(자재 구매에서부터 생산, 재고관리, 유통에 이르기까지 모든 과정에 손실을 최소화하여 최적화하는 경영 기법 - 옮긴이)에 대한 새로운 아이디어로 넘쳐나고 있다. 실제로 스웨덴은 정치인들이 자신들이 해야 한다는 것을 알고 있지만 좀처럼 용기를 내지 못한 대부분의 일을 끝냈다. 스웨덴은 확정급여형 연금을 확정기여형 연금으로 대체하고,* 기대수명이 늘어남에 따라 자동 조정되게 만들면서 연금제도의 건전한 토대를 마련했다.

스웨덴은 정부 규모를 줄이며 정부 개편에도 착수했다. 스웨덴 국민들은 사립학교가 공립학교와 경쟁하도록 이 세상 다른 누구보다도(분명 신중한 미국인들보다 더) 먼저 밀턴 프리드먼이 주장한 교육 바우처 제도를 도입함으로써 부모가 원하는 학교에 아이들을 보낼 수 있게 허용하고, 민간기업이나 비영리단체들도 '무료' 학교, 즉 돈을 받지만 정부가 운영하지 않는 학교를 세울 수 있게 했다. 스톡홀름에서는 학생들 중 절반이 정부 보조가 없는 사립학교에 다닌다. 국가 전체로 봤을 때 학생들 중 절반 가까이가 지역 학교 이외의 다른 학교를 선택했다(따라서 그들은 멀리 떨어져 있는 학교나 정부 보조가 없는 사립학교에 다닌다). 정부 보조가 없는 사립학교들 중 60퍼센트 이상이 영리기관으로 운영된다. 대부분은 1~4개 정도의 학교로 이루어진 소규모 기업이지만, 몇몇 기업은 국제영어학교 같은 대형 체인에 속해 있다.

---

*확정급여형 연금이란 근로자가 퇴직 시 받을 연금 급여액을 미리 정해놓은 연금 지급 방식을 말하고, 확정기여형 연금은 회사가 매달 금액을 적립하면 근로자가 개별적으로 투자를 해 수익을 내는 방식을 말한다 - 옮긴이

스톡홀름에 있는 성요란 병원st. Göran Hospital은 스웨덴이 복지국가에서 가장 성스러운 부분인 의료 서비스에 새로운 생각을 적용할 의지가 있음을 보여주는 사례에 속한다. 환자들의 관점에서 봤을 때 성요란 병원은 다른 공공 병원과 다르지 않다. 환자들의 시스템 악용을 막기 위해 스웨덴 전역에서 똑같이 적용되는 명목상 비용을 제외하고 이곳에서의 치료는 공짜다. 하지만 성요란 병원은 1999년부터 민간기업인 카피오가 운영해왔다. 카피오의 주인은 현재 노르딕캐피탈과 에이팩파트너스 같은 사모펀드들로 이루어진 컨소시엄이다. 의사와 간호사들은 상사와 이사회의 지시를 따라야 하는 카피오의 직원이다. 그리고 이면을 보면 분위기도 여느 병원과 사뭇 다르다. 의사들은 '도요타의 생산 모델'을 빌리고 업무 '흐름'과 '품질'을 개선해야 한다고 열정적으로 말한다. 의사와 간호사들은 과거에 서로 직업상 거리를 유지했지만 이제 그들은 도요타의 직원들과 마찬가지로 팀을 이뤄 함께 일한다(그리고 앉아 있다). 이처럼 모두가 개선 방법을 찾는다. 그중 한 가지 방법은 개별 환자의 상태와 비어 있는 침대를 알아보기 위해 일련의 자석 점들을 이용하는 것이다. 또 다른 방법은 환자들이 쉽게 택시를 잡을 수 있도록 그들을 한꺼번에 퇴원시키지 않고 아무 때나 퇴원할 수 있게 하는 것이다. 지금까지 도요타와 비슷하다는 이야기를 많이 했지만 성요란 병원은 의료계의 저가 항공사와 가장 흡사하게 느껴진다. 병실에는 4~6명의 환자가 머물며, 의사는 검소하고 엄격하다. 그럼에도 불구하고 대기시간을 줄이고 '일정 시간 내에 해야 할 처리량'을 늘리는 데 초점을 맞춘다. 그 결과로 인해 병원에서 걸리는 질병 수를 줄이는 혜택도 더해졌다.

　수술 성공률처럼 이런 모든 수치는 공적 데이터에 해당하기 때문에 환자와 납세자들이 모두 숫자를 확인할 수 있다. 스웨덴은 보건 등록 부문에서 선구자였기 때문에 개별 병원들이 이룬 성과를 보여주는 통계를 갖고 있다. 이런 통계는 전국 병원들이 부진한 성과를 낼까 두려워 더 열심히 일하게 만드는 강력한 인센티브 구실을 한다. 보스턴컨설팅그룹이 실시한 조사 결과, 스웨덴의 국립백내장기록부는 눈 수술 후 극심한 난시가 생기는 횟수를 줄였고, 최고와 최악의 병원들 사이의 격차를 절반으로 좁혔다. 성요란 병원은 특히 뛰어난 성과를 나타냈다. 1999년부터 이 병원 폐쇄를 검토해왔던 스톡홀름 자치단체위원회는 최근 카피오와의 계약을 2021년까지로 연장했다.

　성요란 병원은 폭넓은 혁명의 선봉에 서 있다. 병원의 최고경영책임자인 마취과 의사 브리타 윌그렌은 병원을 그레이하운드 경주속도를 결정하는 토끼에 비유했다.*

　스웨덴의 의료 서비스는 단언컨대 현재 선진 국가들 중에서 가장 효율적이다. 스웨덴의 평균 입원일은 프랑스와 독일의 5.2일과 7.5일보다 짧은 4.5일이다. 효율성이 높기 때문에 병원 수가 더 적어도 된다. 스웨덴에는 인구 1,000명당 2.8개의 병실이 있다. 프랑스는 6.6개이고, 독일은 8.2개다. 하지만 의료 서비스에 대한 사

---

*세계에서 가장 빠른 경주견인 그레이하운드는 달리는 트랙을 따라 같이 돌아가는 장대 끝에 매달린 먹이인 산토끼를 보고 뛴다. 이 산토끼는 가짜지만 그레이하운드는 토끼가 가짜인지 진짜인지 모른 채 본능적으로 토끼를 쫓아서 뛴다 - 옮긴이

실상 어떤 평가 기준으로도 스웨덴이 뛰어나다. 스웨덴 국민들은 다른 대부분의 선진국 국민들보다 장수한다. 그들의 경제적 건전성도 크게 개선되었다. 1993년만 해도 스웨덴 국민들은 영국이나 이탈리아 국민들보다 평균적으로 더 가난했다. 그러나 20년 후 스웨덴의 경제성장세와 생산성이 유럽의 경쟁국들을 압도하면서 그들의 생활수준도 덩달아 앞서 나갔다.

다른 북유럽 국가들도 스웨덴만큼 노력하고 있지는 않지만 건전한 상태를 유지하고 있다. 북유럽 4개국의 신용 등급은 모두 AAA이며 부채 수준은 유로존 평균보다 상당히 낮다.**

덴마크는 연금 수령 개시 연령을 65세에서 67세로 늦추는 등 일련의 개혁 조치에 착수했고, 고용의 유연성과 안전성을 동시에 추구하는 유연안전성*** 모델을 최초로 도입했다. 그 결과로 기업들은 미국 기업들처럼 쉽게 노동자를 해고할 수 있지만 정부는 해고된 노동자들이 새로운 일자리를 구할 수 있도록 돕는다. 덴마크는 교육개혁에도 착수해 부모들이 보유(제한) 현금을 갖고 공적 바우처를 '보충할' 수 있게 해주었다. 그러자 특히 코펜하겐을 중심으로 전통적 교과 중심 학교에서부터 회교도를 가르치는 종교학교와 나이 든 히피족 아이들을 위한 실험학교에 이르기까지 교육 시장이 번창하고 있다. 덴마크는 또한 일부에서 말하는 '똑똑한 국가'

**북유럽 4개국은 핀란드, 노르웨이, 덴마크, 네덜란드를 가리키며, 2014년 10월 국제적인 신용 평가사인 스탠다드앤푸어스는 핀란드의 신용 등급을 AA+로 강등 조치했다 – 옮긴이
***유연안전성이란 flexibility(유연성)와 security(안전성)의 합성어로, 기업에는 해고의 자유를 주고 해고된 노동자에게는 정부 지원과 재취업 기회 등 직업 안전성을 제공하는 노동제도를 뜻한다 – 옮긴이

의 선두주자가 되었다. 덴마크인들은 전자정부와 현금 없는 경제로의 전환에 앞장서고 있다. 그들은 SMS를 통해 세금을 납부할 수 있다는 사실을 자랑스러워한다. 덴마크는 똑같은 예전 납품업체에 매번 똑같은 휠체어 주문을 내기보다 업체에 휠체어보다 더 광범위한 '이동에 유용한 해결책'을 찾아오라고 요구한다. 이렇게 해야 신산업을 육성할 수 있을 것이라는 기대감 때문이다. 사람들이 더 건강하게 살 수 있도록 '유도할' 것으로 간주되었던 비만세(비만을 유발하는 제품에 별도로 부과하는 세금으로, 덴마크가 세계 최초로 도입했다 - 옮긴이)는 폐지되어야 했다. 하지만 스웨덴인(그리고 싱가포르인)과 마찬가지로 덴마크인도 새로운 서비스 제공 방식을 시도하는 한편, 그들이 추구하는 복지국가에 가장 적합한 것을 보존하면서 실험을 계속하고 있다.

지금까지 이 실험은 놀라운 성과를 거두고 있는 것 같다. 북유럽 국가들은 경쟁력과 복지뿐만 아니라 사회통합지수에서도 상위권을 점령하고 있다. 그들의 여성 경제 활동 참여율은 유난히 높고, 사회이동(사회계층에서 지위의 상하 이동 - 옮긴이) 비율도 세계 최고 수준이다.[1] 그들은 계속해서 풍부한 복지 혜택을 자랑스럽게 여긴다. 근로자들 중 약 30퍼센트는 공공 부문에서 일하는데, 이와 같은 비율은 OECD 평균의 두 배 수준이다. 그들은 개방경제와 인적자원에 대한 공적 투자의 결합이 필요하다는 믿음을 견지한다. 하지만 이 새로운 북유럽 국가의 모델은 정부 기능의 확대보다는 개인에 대한 지원에서 시작한다. 이것은 공공투자에 의한 경기 부양책보다는 재정에 대한 책임감에서 시작한다. 이것은 가부장제와 계획

수립보다는 선택과 경쟁에서 시작한다. 덴마크와 핀란드 모두 현재 캐나다의 싱크탱크인 프레이저 연구소가 산출하는 경제자유지수 면에서 미국을 앞서고 있으며, 스웨덴이 그 뒤를 쫓고 있다. 이제 북유럽 국가들은 과거의 관행에서 벗어나, 정부가 시장에 영향을 미치게 만들기보다는 시장이 정부에 영향을 미치게 하고 있다.

나는 미래를 보았고, 미래는 금발이다

북유럽 국가들은 세 가지 이유로 인해 중요하다. 첫째, 그들은 먼저 미래에 도달한 서양의 일부다. 그들은 다른 모든 국가보다 먼저 현금이 고갈되었다. 둘째, 그들은 리바이어던의 통제 가능성과 상관없이 이것에 대한 핵심적 논란 중 하나를 해결했다. 지난 1세기 동안 우리는 보몰병과 고령화사회가 가하는 인구학적 부담에서 벗어나지 못해왔던 것 같다. 하지만 북유럽 국가들은 이런 부담에서 벗어나기 위해 어떤 일이 가능한지를 보여주고 있다. 셋째, 그들은 이제 막 기술이 가진 힘을 이용하기 시작했을 뿐이다. 따라서 우리는 앞으로 나올 것이 지금보다 훨씬 더 많다고 생각한다. 비스마르크가 좋아한 문구 중 하나는, 정치는 '가능성의 예술'이라는 것이었다. 북유럽 국가들은 가능한 것에 대한 관점을 수정하기 위한 좋은 출발점이다.

북유럽 국가들이 먼저 미래에 도달했다. 그들은 예전 모델이 고장 났기 때문에 변화할 수밖에 없었다. 그리고 그들은 더 좋은 정부를 만들 수 있음을 알게 된 이상 계속해서 변화했다. 되돌아봤을 때 스웨덴은 몇 단계에 걸쳐 혁명을 이루었다. 1970년대와 1980년대는 좌절감이 커지던 시기였다. 스웨덴인들이 세계적인 가구와 의류 브랜드인 이케아와 H&M에서 골라 사는 데 점점 더 익숙해질수록 그들은 정부가 제공하는 획일적인 서비스를 받기 위해 줄을 서야 한나는 데 대해 더욱더 좌절했다. 그러자 팀브로 같은 싱크탱크와 경영자총협회 같은 사용자 단체들을 중심으로 스웨덴에 자유시장 이론이 스며들기 시작했다. 1983년 좌파는 특히 무모한 욕심을 부리다가 실패했다. 사회민주당은 노동조합의 기금을 이용해 스웨덴 최대 기업들의 지분을 인수함으로써 경제의 주요 기반시설을 국유화하는 방안을 검토했다. 이것은 팔메 대표도 감당하기 힘든 계획이었고, 의회 앞에 약 10만 명의 기업인이 모여 '경영자들의 행진'을 시작했다.

이처럼 1990년대 훨씬 이전 스웨덴의 모델에는 여러 가지 틈이 있었다. 하지만 이 모델이 바뀐 주요 이유는 붕괴 때문이었다. 1991년 스웨덴은 현지에서 '검은 밤의 위기'라는 경제 위기에 빠졌다. 당시 스웨덴의 은행 시스템은 가동을 멈췄고, 외국인 투자자들은 제3의 길에 대한 신뢰를 잃었으며, 모기지 금리는 잠시 500퍼센트까지 속등했다. 칼 빌트 총리가 이끄는 보수 정부는 대대적인 공공지출 삭감, 공공 서비스 제공 방식의 급진적 변화를 포함한 일련의 강력한 개혁을 추진함으로써 위기 극복에 나섰다. 되돌아봤을 때 스웨덴은 다른 경제국가들이 호황을 누렸고, 대외 수요도 견조했을 때 긴축 조치에 나선 것이 행운이었다. 하지만 이런 노력은 모두 정부가 국민들의 동의를 얻기 위해 힘쓰면서 전형적인 스웨덴

방식으로 추진되었다. 현명한 사람들로 구성된 위원회는 변화 청사진의 설계 임무를 맡아서 스웨덴 경제를 자유화하고, 정치제도를 개혁하기 위한 110가지 정책 제안을 제시했다.

다른 북유럽 국가들도 스웨덴과 비슷한 문제로 인해 변화에 나서지 않을 수 없었다. 1980년대 초에 덴마크는 '감자 위기'에 빠졌다. 국민들이 감자만 먹으면서 살게 될지 모른다는 생각을 하게 되면서 당시 경제 위기를 이렇게 불렀다. 노르웨이와 핀란드는 1990년대 초에 스웨덴과 마찬가지로 뼈마디가 저릴 만큼 지독한 경제 위기를 참아냈다. 핀란드에 닥친 위기는 소련 공산주의 붕괴로 인해 가장 신뢰할 만한 시장 대부분이 사라지면서 겪게 되었다는 점에서 특히 더 심각했다. 하지만 당시 위기는 단순히 현금 경색 사태만으로 끝났다. 예전의 북유럽 모델은 일부 대기업의 능력에 의존해서 국가 부양에 필요한 돈을 창출했다. 1990년대가 되자 에릭슨과 볼보 같은 기업들은 전 세계적인 경쟁에 직면하게 되었다. 예전 모델의 성패는 국민들이 위로부터의 지시를 수용하려는 의사가 있느냐에 따라 좌우되었지만, 북유럽 국가의 국민들은 보다 많은 요구를 하기 시작했다. 가부장제를 중시하는 복지국가는 가부장제 이후의 사회에서 생존할 수가 없다. 북유럽 국가의 국민들은 그들 정부에 지나치게 많은 부담을 주었다.

전 세계적으로 상당히 많은 나라의 정부가 현재 1990년대 북유럽 국가들이 겪었던 것과 같은 문제에 직면해 있다. 서양 정부는 스스로 지키기를 기대할 수조차 없는 약속을 해왔다. 하지만 이보다 더 흥미로운 사실은 북유럽 국가들이 계속 생존할 수 있었던 이유다. 그들은 정부 개편에 착수하자 그것이 효과적이라는 사실을 깨달았다.

다수의 개혁은 더 알뜰한 정부뿐만 아니라 더 나은 정부를 만들어냈다. 덴마크의 '유연안전성' 시스템은 덴마크가 유럽 대륙 내에서 가장 심각한 문제 중 하나였던 상당한 보호를 받던 내부자들과 무관심한 외부자들 사이에서 나눠진 이중적 노동시장이라는 문제에서 벗어날 수 있게 해주면서 숙련된 노동력을 유지하도록 도와주었다. 스웨덴의 바우처는 비용은 덜 들면서 교육의 질은 더 뛰어난 학교를 생산해냈다. 스웨덴 스톡홀름 대학 사회정책연구소의 앤더스 볼마크 교수와 웁살라 대학의 미카엘 린달 교수는 1988년부터 2009년 사이 스웨덴의 모든 학생에 대한 자료를 조사해본 결과, 특정 지구 내 '무료 학교'의 비중이 늘어날수록 다른 학교들은 성적에서부터 대학 진학률에 이르기까지 다양한 기준에서 더 좋은 성과를 낸다는 사실을 알아냈다.[2] 가장 큰 소득은 무료 학교보다 일반 사립학교에서 더 잘 확인된다.

서양 국가의 상황을 검토하고 있는 시점에서 이 같은 연구 결과는 우리에게 어느 정도 희망을 준다. 미국의 사회 비평가였던 앨버트 제이 노크는 1935년 자신의 책『우리의 적, 국가Our Enemy, the State』에서 국가의 성장을 멈추게 하려면 '수수방관'하면 된다고 주장했다. 그리고 우리가 목격했듯이 작은 정부 지지자들은 150년 동안 시련을 겪어왔다. 정치인들은 거듭 정부가 커지는 것을 막으려고 노력해왔다. 그들은 잠시 동안 성공을 거두기도 했다. 하지만 약간의 재정만 줄이려고 해도 영웅적인 노력이 요구된다. 대처와 레이건 시대에 일어난 슈투름 운트 드랑Sturm und Drang*을 생각해보라.

그리고 잠시 동안 줄어들던 예산은 다시 부풀려지기 시작한다. 돈을 물 쓰듯 했던 조지 W. 부시 시절을 생각해보라. 현대 정치의 철칙은 정부는 계속해서 더 커질 것이라고 믿지 않기가 어려웠다.

정부가 피부가 점차 단단하고 두꺼운 코끼리 피부처럼 변하는 상피병에 걸린 듯이 변하자 생산성은 엉망진창이 되었다. 컨설턴트들은 오랫동안 경영의 효율성과 컴퓨터화가 가진 미덕을 광고했지만 지금까지 그다지 많은 영향을 주지 못하고 있다. 구조조정은 사기 저하를 유발했고, 새로운 컴퓨터들은 돈만 많이 드는 무용지물로 전락했다. 영국 통계청은 1999년에서 2013년 사이에 민간 서비스 부문의 생산성이 14퍼센트 증가한 반면, 1999년에서 2010년 사이 공공 부문의 생산성은 1퍼센트 감소한 것으로 추산한다. 세계적 회계회사 KPMG의 공공 부문 관행 담당자인 앨런 다우니는 공공 부문의 생산성이 민간 부문의 생산성과 같은 속도로 증가했다면 영국 정부는 같은 서비스를 연간 600억 파운드 더 저렴하게 제공할 수 있었을 것이라고 지적한다. 600억 파운드는 구조적 적자와 거의 맞먹는 금액이다.[3]

북유럽 국가들은 이와 정반대의 결과가 가능하다는 사실, 즉 정부의 성과를 개선하면서 정부의 비대화를 억제하는 게 가능하다는 사실을 보여주는 강력한 증거를 제공한다. 성요란 병원은 정부

---

*원래는 18세기 후반에 일어난 문학운동으로, '질풍노도'로 번역된다. '질풍노도'는 봉건적으로 폐쇄된 당시의 독일 사회에서 지배적인 프랑스적 궁정 문화와 일면적 합리 정신에 항의하고, 감정·상상력·개성의 전적인 해방을 추구했다 - 옮긴이

서비스와 생산성 개선이 가능하다는 것을 보여주는 전형적 모델이다. 다만 과연 어느 범위까지 이런 개선이 가능한지가 문제다. 비관론자들은 온갖 종류의 반대 의견을 내놓는다. 분명히 말하지만 북유럽 국가들은 규모가 너무 작고, 이 나라 국민들을 모두 합쳐봤자 2,600만 명밖에 안 된다는 것이다. 분명 그들은 거대한 정부에서 시작했기 때문에 반대로 그만큼 줄이기가 쉽지 않았겠느냐는 것이다. 비관론자들은 결국 보몰병과 사회의 급속한 노화 현상을 막을 수 있는 방법은 없다고 주장한다.

우리의 주장은 정확히 그와 정반대다. 즉 우리는 북유럽 국가들은 이제 시작에 불과하다고 생각한다. 20세기에 기술은 권력을 집중시키고, 정부 조직을 너무 크게 만드는 경향을 보였다. 21세기에 기술은 점점 더 다른 방향으로 밀어붙일 것이다. 기술은 정부 규모를 축소시키고, 정부를 더욱 효율적으로 만들어줄 것이다. 20세기에 좋은 정부 개혁은 특별 이익단체들에 의해 거듭 좌초되었다. 21세기에는 좋은 정부 유형들이 공동의 이익을 도모하기가 더욱 쉬워지고 있다. 그렇다고 정부 규모가 반드시 줄어들 것이라는 뜻은 아니다. 하지만 이번 장에서 주장하는 바는 적어도 그것이 가능하다는 것이다.

보몰병 치료하기

윌리엄 보몰이 내세웠던 핵심 주장은, 제조업 부문의 생산성을 제고하는 메커니즘이 서비스 부문으로 확산되지 않는다는 것이었다. 하지만 고맙게도 그가 '병'으로 간주했던 것이 사실상 기술 지체의 사례임을 보여주는 증거가 늘어나고 있다. 디지털 혁신은 이미 소매 같은 서비스 부문과 언론, 출판 같은 지식 부문을 상당히 바꿔놓았다. 그것은 조만간 똑같은 노동력 절약 기술을 적용해서 교육과 의학 부문도 혁신할 것이다.

보몰이 즐겨 제시하는 현악 4중주의 사례는 사실 정반대의 결과를 드러내고 있다. 즉 일류 서비스의 가격은 급격히 떨어지고 있다. 베토벤의 현악 4중주를 라이브로 연주하는 데는 여전히 네 사람이 필요할지 모른다. 하지만 라이브 공연과 녹음 사이에 음질의 차이는 줄어들고 있다. 그리고 일류 녹음을 하는 데 드는 비용이 훨씬 더 저렴해지고 있다. MP3 플레이어와 음원 스트리밍 서비스 업체인 스포티파이의 한 달 이용료 10달러만 있으면 콘서트홀에서 듣게 되는 기침과 말소리의 방해를 전혀 받지 않고도 현악 4중주 연주를 들을 수 있고, 원하는 때에 원하는 장소에서 듣고 싶은 베토벤의 연주 녹음을 들을 수도 있다. 물론 지금껏 녹음된 거의 모든 연주를 마음껏 들을 수도 있다.

음악에 대한 한 가지 사실이 정부에 대해서도 사실이 되었다. 이제 보몰병을 치료할 수 있는 기회가 생겼다. 스타 대학 강사의 예를 들어보자. 지금까지 교육의 생산성은 사실상 방 안에 많은 사람을 집어넣을 수 있는 방법에 의해 제한되었다. 기술은 이제 그런 방법을 변화시키고 있다. 공짜로 전 세계 슈퍼스타의 강의 동영상을 시청할 수 있는데도 왜 매년 수천 달러를 내고 이류 강사들의 강의를 들으러 대학에 다닌단 말인가. 미국에서는 대학생 중 10분의 1은 현재 온라인으로만 공부하고 있으며, 4분의 1은 강의 중 일부를 온라인으로 듣는다. 하버드 대학생들은 자발적으로 TED 강의를 보고, 함께 강의 내용에 대해 논의할 수 있는 연구 모임을 결성해왔다.

MIT와 스탠퍼드, 그리고 UC버클리 같은 명문 대학들은 이미 대학 강의와 교재를 온라인에 올려놓고 있다. 유엔이 운영하는 온라인 대학교인 피플 유니버시티는 공짜 고등교육(수강 신청과 시험 채점에 드는 수백 달러를 계산하지 않고)을 제공한다. 교육 서비스 제공 회사인 메저먼트 인코포레이티드는 컴퓨터가 논문을 포함해 학생들의 필기시험을 평가할 수 있는 기술을 개발했다.[4]

사람들은 기술이 갖고 있는 교육 혁신 능력에 대해 종종 과장해왔다. 토머스 에디슨은 활동사진이 대학 강사들을 대체할 것으로 전망했다. 통신 강좌가 미래의 일로 간주되던 시기가 있었다. 1919년이 되자 약 70개의 미국 대학이 그런 미래에 대해 심각하게 우려한 나머지 자체 통신 강좌를 개설하기도 했다. TV에 기반한 영국의 원격대학처럼 성공 사례도 있지만 그들이 교육의 성격을 바꿔놓지는 못했다. 하지만 교육이 상호작용하는 것을 보여주는 신호들이 등장하고 있다. 이런 혁명이 고등교육 분야에서만 일어나고 있는 것은 아니다.

신기술은 보다 효율적인 교수법을 장려한다. 교사들은 '수업 방식을 뒤집고', 학생들이 집에서 주로 수업을 듣고, 교실은 개인적인 지도를 받는 용도로 활용할 수 있게 주요 수업 내용을 기록해놓을 수 있다. 이런 혁신은 심지어 개인 교습도 공짜로 제공할 수 있게 만들고 있다. 2004년 비영리 교육 단체인 칸아카데미를 설립한 인도 출신 미국인 살만 칸Salman Kahn은 자신의 대가족을 개인 지도할 목적으로 일련의 동영상을 제작해 유튜브에 올렸다. 이 동영상에는 곧 수백만 명의 팬이 생겼다(이들 중에는 빌과 멜린다 게이츠 부부도 있었는데, 그들은 이 동영상을 이용해 자식들을 가르쳤다). 칸은 훌륭한 개인 지도 교사이며, 사람들은 동영상 내용을 복습하고 싶으면 재생을 멈추고 뒤로 돌려 반복해서 시청할 수 있다. 칸아카데미는 현재 억만장자의 아이부터 일용직 노동자의 아이까지 한 달에 400만 명이 넘는 학생을 교육시키고 있으며, 간단한 산수부터 복잡한 미적분학과 금융까지 3,000개가 넘는 수업을 제공하고 있다.

공공 부문으로 넘어가보자. 이곳에서도 기술 덕분에 어디서나 열리기 시작하고 있는 유사한 기회가 넘쳐난다. 거의 모든 경우 똑같은 결론으로 귀결된다. 기술은 노동자들의 생산성을 향상시키고, 사람들이 학교나 병원이 얼마나 좋은지 알 수 있게 정보를 확산시키며, 보통사람들의 손에 더 많은 권력을 부여할 수 있다. 기술은 보통사람들이 종종 정부를 거치지 않고 집단적 문제를 해결하게끔 더 쉽게 뭉칠 수 있도록 해준다. 카풀은 대중교통 이용 부담을 줄여주는 한 가지 방법이다. 도로 혼잡 통행료 징수제는 공익을 위해 돈을 걷기 더 쉽게 만들어준다. 실제로 공공 부문 전반에 걸쳐 많은 기회가 존재한다.

아주 조용하게, 공공 부문의 핵심 영역에서 전달되는 서비스가 훨씬 더 효율적으로 변했다. 홉스에 따르면, 국가가 존재하는 주된 목적은 법과 질서를 부여하는 것이었다. 가장 냉정한 철학적 급진주의자들조차 국가는 범죄로부터 국민을 보호해줘야 한다고 생각했다. 야경국가의 존재 이유가 이것이 아니면 무엇이란 말인가. 국민 보호는 전통적으로 국가에 가장 노동 집약적인 활동 가운데 하나였다. 그것은 또한 보수주의자들이 더 작은 정부를 요구하면서 예외로 삼았던 활동이다. 반대로 보수주의자들은 극악무도한 약달자들과 치명적인 범죄자들이 가하는 위험을 지적하고, 치안 활동 강화를 요구하는 데 앞장섰다. 심지어 마거릿 대처조차 경찰 노조 앞에서는 몸을 낮췄다. 이것이 돈 노베이가 캘리포니아에서 똑똑하게 이용했던 분야다.

하지만 선진국 세계에서는 대략 1990년대 중반부터 범죄율이 급격히 하락했다(범죄율 하락 추세가 시작된 시기는 국가별로 다르다). 잉글랜드와 웨일스에서는 2012년 한 해 동안 8만 6,000대의 차량을 도난당했는데, 1997년에는 그 수가 40만 대에 이르렀다. 2012년에는 은행, 주택금융조합, 우체국이 69번 털렸는데, 1990년대에는 그러한 일이 연평균 500회나 되었다. 미국에서 폭력 범죄 수는 국가 전체로는 32퍼센트가, 그리고 대도시에서는 64퍼센트가 각각 감소했다.[5]

왜 이런 일이 벌어졌을까? 우파에 속하는 다수의 사람은 처벌이 강화되었기 때문이라고 주장할 것이다. 하지만 그런 주장은 타당성이 없다. 범죄율은 더 이상 많은 사람을 감옥에 집어넣지 않은 곳에서도 빠르게 줄어들고 있기 때문이다. 그보다 더 확실한 이유는 범죄자 공급이 줄어들고 있기 때문이다. 대부분의 범죄는 젊은이들이 저지르는데, 젊은이가 줄어들고 있는 추세다. 하지만 더 주된 이유는, 범죄 예방 능력이 개선되었기 때문일지도 모른다. 이것은 순찰 중인 경찰관들과 거의 관련이 없고, 더 똑똑해진 기술과 상당히 많은 관련이 있다.

경찰이 이러한 기술 중 일부를 이용하고 있다. 경찰은 컴퓨터로 범죄 '다발 지역'을 찾아내고, 그에 맞춰 경찰들을 배치하고 있다. 맨해튼의 일부 지역에서는 이런 노력이 강도 발생률을 95퍼센트 이상 줄이는 데 도움을 주었다.[6] 경찰은 CCTV 카메라(영국 어디에나 설치되어 있고, 다른 곳에서도 확산되고 있는)를 이용해 사람들의 행동을 전자적으로 감시하고 있으며, 휴대전화 통화 장소를 확인해서 범법자들을 추적하고 있다. 경찰은 또한 DNA 데이터베이스(컴퓨터로 쉽게 검색 가능한)를 통해 범죄자들을 찾아내고 있다. 하지만 범죄율이 줄어드는 가장 큰 이유는 기술이 일반 사람들의 손에 범죄를 퇴출할 수 있는 더 많은 힘을 주고 있기 때문이다. 그런 용도로 제작된 똑똑한 기기들의 가격은 점점 더 저렴해지고 있다. 심지어 소형 점포들조차 CCTV와 전자 태그에 투자하고 있다. 경보장치는 어디에나 설치되어 있다. 자동차는 센트럴 로킹(자동차의 모든 문을 한꺼번에 잠그거나 여는 장치 – 옮긴이)과 자동차 도난 방지 장치 때문에 절도가 더 힘들어졌다. 은행들은 방탄 스크린과 추적 가능하게 표시된 돈 때문에 털기가 더 힘들어졌다.

기술이 홉스가 말한 다른 위대한 국가의 기능에 속하는 인간의 노동인 전쟁까지 대체할 수 있다. 무장 드론은 중요한 목표물들을 없앨 수 있다. 무장 로봇은 일반 군인들과 함께 전장에서 싸우거나 아니면 아예 군인 역할을 대체할 수도 있다. 초소형 드론은 비디오 감시나 화학과 생물학적 무기의 위치를 찾아내어 첩보를 감지할 수 있다. 무인 지상 차량은 폭발물을 탐지할 수 있다. 로봇은 사람들을 위험으로부터 구해내고, 탱크를 들어 올리고, 폭발에 견디고, 식량이나 물 없이도 오랫동안 버티는 것처럼 사람들이 불가능하다고 여기는 일들을 할 수 있다. 미군에서는 정찰 임무를 수행하는 소형 '벌레들'과 적들을 겁먹게 만드는 대형 '개들'을 포함해 1만 2,000대가 넘는 로봇이 활약 중이다. 국방부는 또한 연료 보급 문제를 해결하기 위해 유기체로부터 연료를 얻는 에너지자율전술로봇EATR : Energetically Autonomous Tactical Robot을 연구 중이다. 로봇은 점차 공공 부문의 다른 영역으로 활동 범위를 확대해나가면서, 효율성을 높이고 비용은 크게 낮출 수 있는 기회를 제공해줄 것이다.

미래는 붉은색이 아니라 회색이다

하지만 보몰병을 치료함으로써 얻게 되는 어떤 소득조차 인구변동에 의해 희석되는 것은 아닐까? 2030년이 되면 부국들로 이루어진 OECD 회원국의 국민 22퍼센트가 65세가 넘는다. 이 같은 비율은 1990년도에 비해 두 배 가까이 상승한 것이다. 중국은 불과 6년 뒤면 이렇게 될 것이다. 고령화사회는 두 가지 차원에서 국가를 괴롭힐 것이다. 첫째, 연금 지원에 드는 돈이 크게 늘어날 것이다. 둘째, 만성질환이 확대되면서 공공 부문 중에서 이미 가장 효율성이 낮은 의료 서비스 부문에 그 어느 때보다도 큰 부담이 가해질 것이다. 북유럽 국가들은 이것이 보기와 달리 재난으로 이어지지 않을 수 있음을 보여준다.

고령화사회로 인해 의료 서비스에 드는 비용 부담이 커지리라고 예상하지 않는다는 것은 비현실적이다. 이것이 보몰병을 치료하려는 경제에 가장 감당하기 힘든 부분일 수도 있다. 그렇다고 이 문제를 극복할 수 없다는 뜻은 아니다. 우리는 다음 장에서 의료 서비스 부문에 기술을 도입함으로써 얻을 수 있는 여러 가지 소득에 대해 살펴보려 한다. 우리는 간호사, 환자, 그리고 심지어 기계 등 의사가 아닌 사람이나 기기에 의해 보다 많은 의료 서비스가 제공되는 혁명이 일어날 수 있다고 생각한다. 하지만 성요란 병원의 사례처럼 이런 모든 새로운 요소의 추가 없이도 보다 효율적으로 의료 서비스가 제공될 수 있는 여지는 충분하다. 스웨덴인들은 두 가지 면에서 훨씬 더 앞서가고 있다. 그중 하나는 그들의 시스템 각 부분이 상이한 질병들을 어떻게 치료하는지를 보여주는 병원 등록소의 적극적 활용이다. 두 번째는 모든 병원이 환자가 방문할 때마다 부과하는 소정의 비용이다. 이렇게 걷은 돈은 리콴유가 찾아냈던 뷔페식 복지국가를 막는 데 유용하다.

일부 순수 좌파들의 입장에서 이것은 국민보건 서비스 같은 제도들이 주는 위대한 공짜 서비스 제공 약속을 거부하는 것이다. 스웨덴인들은 훨씬 더 실용적이다. 의료 서비스 수준이 훨씬 더 기초적이었을 때 그러한 약속을 한 것이다. 그들의 눈에 병원들이 남용되는 게 사회의 이익에는 부합하지 않는다. 병원들이 제공하는 혜택을 조금만 바꿔도 모든 사람에게 더 많이 개방할 수 있다.

북유럽 국가들은 복지 혜택에 대해서도 같은 태도를 취해왔다. 1998년 스웨덴인들은 연금제도의 파산을 막고, 대폭적인 세금 인상을 막기 위해 연금 재정에 획기적인 접근법을 도입했다. 그들은 확정급여형 연금을 확정기여형으로 대체했다. 또 연금 중 일부를 민간에 위탁하는 식으로 민영화의 요소를 도입했다. 오늘날 스웨덴 국민의 절반 이상이 어느 시점에선가 적극적으로 민간 시장 참여를 결정했다(참여하지 않기로 한 사람들의 돈은 자동적으로 국가가 운영하는 투자기금으로 들어간다). 그리고 스웨덴인들은 은퇴 연령을 67세까지로 높이고, 기대수명이 늘어남에 따라 은퇴 연령도 자동적으로 높아지는 제도를 도입했다. 그들은 경기 침체가 닥칠 때 자동 발동되는 차단 장치를 설치했는데, 이에 따라 경제 상황상 국가가 지급을 감당하지 못하는 연금 액수는 줄어든다.

이 모든 사안은 초당적 합의를 통해 결정되었다. 스웨덴인들은 국가가 가구 재정을 책임감 있게 관리해야만 '그들의 가정'이 생존할 수 있다는 사실을 알고 있다. 그들은 또한 문제를 해결하기 위해 계속 애쓰고 있다. 정부는 고령화사회가 주는 영향을 해결하기 위해 애쓰는 '미래위원회'를 임명했다. 프랑수아 올랑드 대통령이 무책임하게도 프랑스의 은퇴 연령을 60세로 되돌려놓는 순간* 프레드릭 라인펠트 스웨덴 총리는 스웨덴인들은 75세가 될 때까지 일해야 한다고 암시했다.

---

*프랑스는 경제난과 평균수명 증가로 연금 누적 적자가 크게 늘어나자 2010년 니콜라 사르코지 대통령이 연금 산정 기준인 퇴직 연령을 60세에서 62세로 높였다. 하지만 2012년 좌파인 사회당의 올랑드 대통령은 퇴직 연령 환원을 공약으로 내세우며 당선되었으나 일부 계층의 퇴직 연령만 60세로 낮춘 뒤 오히려 연금보험료를 더 오래, 더 많이 내는 방향으로 개혁을 추진 중이다 - 옮긴이

다른 합리적인 국가들도 스웨덴처럼 행동하고 있다. 영국은 은퇴 연령을 68세로 높였고, 미국은 다양한 단서를 달아 은퇴 연령을 67세로 높이는 중이다. 은퇴 시기를 늦추면 세 가지 효과가 생긴다. 첫째는 정부가 줘야 하는 연금을 아껴 지출을 줄일 수 있고, 둘째는 근로자들이 더 오랫동안 돈을 내게 만듦으로써 연금 수입을 늘릴 수 있고, 셋째는 전체적인 경제의 생산력을 향상시킬 수 있다. 은퇴를 하게 되는 가장 큰 이유는 나무를 자르고 물을 끌어들이는 등 노동을 하다 보면 사람의 몸도 닳게 되기 때문이었다. 하지만 사람들은 더 오랫동안 더 건강한 삶을 살고 있다. 싱크탱크인 도시문제 연구소는 미국에 있는 일자리 중 46퍼센트는 노동자들에게 사실상 아무런 신체적 부담을 주지 않는다고 추산한다.[7] 그리고 더 나이든 노동자들이 기업에 더 유용할 수 있음을 보여주는 증거가 어느 때보다 더 많이 늘어났다. 많은 연구 결과가 55세에서 64세 사이에 기업인의 활동이 정점을 이룬다는 사실을 보여주고 있다.[8] 작고한 맥도날드의 창립자인 레이 크록은 맥도날드를 세계적인 프랜차이즈 업체로 키우기 시작할 때의 나이가 50대였다. 켄터키 프라이드 치킨, 즉 KFC의 창립자인 커넬 할랜드 샌더스가 KFC 체인 사업을 처음 시작할 때 그는 60대였다. 40년 전에는 로커들이 나이 들기 전에 사라지리라고 여겨졌다. 자신이 연주하곤 하던 장소에 가졌던 가슴앓이에 대한 불만과 암울한 전망이 가득한 인생에도 불구하고 가수 레너드 코헨은 75세 생일을 바르셀로나에 있는 무대 위에서 보냈다.

꿩 먹고 알 먹기

다른 어떤 주요 사안에 비해 요즈음 벌어지는 국가를 둘러싼 논란은 제로섬 게임을 하고 있는 것 같다. 좌파는 늘 국가 재정 '삭감'이 가난한 사람들에게 피해를 준다고 주장하는 반면, 우파는 복지 서비스 확대는 경제에 폐해를 준다고 주장한다. 하지만 사실상 비용을 들이지 않고 국가 재정상태를 개선하는 방법이 많다. 농업 보조금을 없애는 것이 한 가지 간단한 방법이다. 현대판 곡물법을 폐지하면 공공지출을 줄이는 즉각적인 효과를 내고, 잠재성장률도 올라갈 것이다. 빅토리아 시대의 자유주의자들은 특히 '낡은 부패'를 척결 대상으로 삼았다. 오늘날 이것은 기초 서비스에 피해를 주지 않고 정부 재정을 줄일 수 있는 방법을 보여주는 또 다른 사례다. 이미 놀라울 정도로 많은 일이 이루어졌다. 1990년대 초반에는 일부 나라에서 뇌물은 사업을 하기 위해 어쩔 수 없이 지불해야 하는 비용으로 간주되었다. 이런 뇌물 철폐만 다룬 국제법은 없었으며, 어떤 시민사회단체도 뇌물을 막기 위해 싸우지 않았다. 독일은 심지어 기업들이 해외에서 쓸 뇌물을 세금에서 차감할 수 있게 허용했고, 프랑스와 영국은 조금 더 교묘하게 독일과 똑같은 조치를 취했다. 이후로 뇌물 행위가 점차 늘어나자 법규가 상당히 엄격해졌다. 현재 38개 국가가 1997년에 채택된 OECD 뇌물방지협약에 서명했고, 독일의 전기전자 기업인 지멘스와 영국의 다국적 군수산업체인 BAE시스템을 포함해 다수의 대기업이 기소되었다. 그리고 기술은 국제적·국가적 부패를 억제하기 위해 일하는 시민단체인 국제투명성기구 같은 곳이 훨씬 더 뇌물에 관심을 갖기 쉽게 만들어주었다.

부패가 패배했다고 주장하는 사람은 아무도 없을 것이다. 실제로 러시아와 중국이 전 세계 자본주의 경제에 동참하면서 양국은 모이제스 나임 전 베네수엘라 무역산업장이 말한 '부정부패의 분출'을 경험하고 있다. 하지만 간단한 사실은, 많은 서양 국가에서 뇌물은 더 이상 예전에 그랬던 것처럼 용납되지 않는다는 것이다. 부패 사례는, 균형 예산을 만들기 위한 유일한 방법이 가난한 사람들을 착취하는 것이라는 생각이 틀렸음을 보여주는 강력한 증거다.

그것 역시 스웨덴으로부터 얻은 광범위한 교훈이다. 북유럽 국가 모델은 싱가포르 모델만큼 완벽하지 않다. 2010년 스웨덴은 사모펀드 회사가 경영하는 양로원을 둘러싼 스캔들에 휘말렸다. 언론에는 사모펀드 회사 임원들이 채널 아일랜드(프랑스 북서부에 위치한 영국령의 섬으로, 독자적인 정부 형태를 구성하고 있다 - 옮긴이)에서 얻은 불법 소득을 은닉하는 가운데 어떻게 해서 노인들이 그런 '죽음의 집'에 갇히게 되었는지를 다룬 기사로 넘쳐났다. 여전히 강력한 사회연대와 자랑스러운 평등주의를 내세웠던 옛 세계에 대한 향수를 느끼는 암류暗流가 강하게 감지되고 있다. 아마도 보다 많은 규제가 도입될 것이다. 하지만 일반 스웨덴인들은 국가가 그들의 자식을 어느 학교에 보내라고 지시하는 시스템으로 회귀하지 않을 것이다. 그리고 스웨덴 정부는 정부로부터 민간 부문의 돈과 전문지식을 없애버리지 않을 것이다.

여러 가지 문제에도 불구하고 새로운 스웨덴의 시스템은 실제로 예전에 크게 성공했던 중도의 새로운 형태에 해당한다. 스웨덴은 건강과 교육 같은 공익을 무료로 제공해준다는 점에서 계속해서 '사회주의적' 국가처럼 행동한다. 하지만 스웨덴은 그러한 공익이 최대한 성공적으로 제공될 수 있게 '자본주의적' 경쟁 방법들을 활용한다.

스웨덴과 싱가포르 모두 의심할 여지 없이 중요한 뭔가를 입증해 보이고 있다. 즉 그것은 정부가 더 작고도 더 효율적으로 변할 수 있다는 사실이다. 윌리엄 보몰과 다른 경제학자들의 끔찍한 경고는 모두 틀렸다. 정부 개혁이 실패한 대규모 사업에 불과하다고 전제할 이유는 없다. 그것은 제로섬 게임이 아니다. 하지만 개혁가들은 어떻게 개혁을 추진해야 하는가? 이 질문에는 두 가지 대답을 할 수 있다. 첫째는 실용적으로 추진해야 한다. 좌파건 우파건 상관없이 누구나 정부가 일을 더 잘할 수 있게 만들어야 한다. 둘째는 이데올로기적으로 추진해야 한다. 그러기 위해서 사람들은 정부가 해주기를 바라는 것만 요구해야 한다. 다음 두 장에서는 이 두 가지 차원에서 어떻게 이런 혁명이 전개될 수 있는지를 살펴보려 한다.

8장

★ ★ ★ ★

리바이어던 고치기

1930년에 제너럴모터스GM는 세계에서 가장 존경받는 기업이었다. GM은 중앙집권화된 분산화의 결작이었다. GM의 CEO인 알프레드 슬로안Alfred Sloan은 원자재 구매부터 자동차 대출 관리까지 모든 것을 관장하는 경영진 피라미드의 맨 위에 앉아 있었다. 이와 동시에 그는 회사의 다양한 부서가 호주머니 사정과 목적에 맞는 여러 가지 차'를 생산할 수 있도록 많은 경영상의 자유를 주었다. 그래서 부자들을 위한 캐딜락, 넉넉하지만 신중한 사람들을 위한 올즈모빌, 힘겹게 살아가는 사람들을 위한 뷰익 등이 출시되었다. '조용한 슬로안'*으로도 알려졌던 슬로안은 시끄러운 경쟁자인 헨리 포드에 비해 경쟁우위의 원천이 사람들에게 첫 차를 파는 것에서 교체할 차를 파는 것으로, 그리고 생산성 효율화라는 한 가지 중대한 혁명적 사고에서부터 무자비할 정도로 전체 공정을 개선해야 한다는 또 다른 혁명적 사고로 변하고 있다는 사실을 훨씬 더 잘 이해하고 있었다.

그는 자신의 직업이 경영이라는 것을 곧잘 자랑했다.

오늘날 세계에서 가장 존경받는 기업이란 소리를 듣기 위해 많은 경쟁이 펼쳐지고 있지만 '구글'이란 이름은 어떤 경쟁 목록에도 등장할 것이다. 슬로안이 봤다면 원색으로 칠해져 있고 탁구대, 수면 공간 등이 구비된 캘리포니아 주 마운틴뷰 구글 본사는 사무실이라기보다 유치원처럼 느낄 것이다. 하지만 구글의 성공에는 전혀 유치원 느낌이 나지 않는다. 구글은 1998년 스탠퍼드 대학생 두 명의 탁월한 예감에서 출발해 온라인상 모든 검색 활동의 80퍼센트를 통제하고, 온라인 광고를 지배하고, 심지어 슬로안의 옛 사업을 무인 자동차로 대체하는 혁신을 약속하는 진정한 거대 기업으로 성장했다. 구글의 지원자들 중 불과 1퍼센트만 구글에서 일할수 있는 기회를 얻는다. 그들은 GM의 옛 노동자들보다 훨씬 더 장시간 동안 근무한다(슬로안은 용인할 수 없었겠지만 GM의 옛 노동자들은 마티니 석 잔을 곁들인 점심과 여유로운 골프 경기를 즐기는 것을 싫어하지 않았다). 그리고 구글은 직원들을 회사에 붙잡아놓을 수 있도록 그들에게 세탁과 안마부터 와이파이가 설치된 회사 버스에 이르기까지 필요한 모든 것을 제공해준다.

---

*슬로안은 회의에서 말하기보다는 듣는 것을 중시해 안건만 소개한 뒤 자신의 의견을 내놓는 경우가 아주 드물고, 잘 모르는 내용이나 궁금한 점에 대해 질문할 뿐 회의에서 어떠한 간섭도 하지 않았다 — 옮긴이

슬로안이 GM을 이끌던 시절 이후 기업들은 이 위대한 경영자가 세운 경영 전제들을 거의 모두 재고해보았다. 기업들은 가파른 위계질서를 유연한 네트워크로 대체했다. 또 핵심 기능을 제외한 모든 기능을 외부에 맡겼다. 급성장하는 대기업들은 외부 전문가의 영입에 박차를 가했다. 그리고 그들은 혁신 같은 핵심 기능에도 협력하고 있다. 예전 GM처럼 자족적 활동을 하던 미국의 대표적인 비누·세제 및 기타 가정용품 제조업체인 프록터앤갬블은 이제 제품 아이디어의 절반 이상을 외부 전문가들로부터 얻는다. 하지만 결국 기업들은 기존 관행을 끊임없이 재고해보면서 움직이고 있다. 핀란드 휴대전화 제조업체인 노키아와 미국 온라인 포털 사이트인 AOL이 미래 기업이 되고, 사람들이 이스트만 코닥 카메라로 사진을 찍는 이야기를 하던 때가 그리 오래되지 않았다. 10년 전 페이스북은 존재하지 않았고, 인터넷 전화 회사인 스카이프는 에스토니아의 신생 기업에 불과했다. 슬로안이 활동하던 시절은 종신 고용이 관행이었고, 나이가 들면 자연스럽게 높은 자리로 승진했다. 슬로안은 GM을 20년 동안 경영했다. 지난 20년간 미국 CEO들의 평균 재임 기간은 약 5년으로 반 토막 났다. 조직도의 아래로 내려가보면 일반 노동자들은 이보다 훨씬 더 빨리 자리를 이동하고 있다. 제조업보다 종사자 수가 많은 미국 소매 부문의 평균 근속연수는 3년 정도에 불과하다.[1] 새로운 최첨단 산업 종사자의 수는 보통 전통적 제조업 종사자보다 훨씬 적다. 전성기 때 코닥의 직원 수는 약 14만 5,000명에 달했다. 코닥이 파산 신청을 하고 몇 달이 지난 2012년 4월에 페이스북이 10억 달러를 주고 사진 공유 애플리

케이션인 인스타그램을 인수했을 때 인스타그램은 고작 열세 명의 직원을 둔, 생긴 지 18개월밖에 안 된 회사였다.[2]

세 가지 힘이 기업계에 일대 지각변동을 일으켰다. 첫 번째 힘은 구글에 의해 구현된다. 전화기가 미국 가정의 절반으로 확산되는 데까지 71년이 걸렸다. 전기는 52년, 텔레비전은 30년이 소요되었다.[3] 인터넷은 불과 10년 만에 미국 인구의 절반 이상에게 확산되었다.[3] 이제 구글은 일반 광대역보다 100배 이상 빠른 초초고속 연결망을 실험 중이다.[4] 두 번째 힘은 세계화다. 슬로안이 이끌던 GM은 포드나 크라이슬러가 아니라 일본 기업들에 의해 전복되었다. 급성장하는 신흥국 시장들은 전기통신 분야에서 중국의 화웨이 같은 세계적 기업을 배출하고 있다. 케냐가 '모바일 머니'로 성공을 거두고 있듯이 아프리카도 서양보다 빠르게 도약하고 있다. 세 번째 힘은 소비자의 선택이다. 검은색 자동차만 탈 수 있었던 헨리 포드 때의 세상은 수많은 색상을 선택할 수 있는 시대로 대체되었다. 케이블 TV 기업들은 수백 개의 채널을 제공하고 있다. 인터넷 서점 아마존은 100만 권이 넘는 책을 판매하고, 주문한 책을 이튿날 배송해주고 있다. IT 전문지《와이어드》의 편집장을 지낸 『롱테일 경제학The Long Tail』의 저자 크리스 앤더슨의 말대로 "획일화를 강조하던 시대는 '다양한 시장'에 의해 밀려나고 있다".[5] 고객은 왕이라기보다 폭군이 되었다.

이런 모든 힘은 경영 기술을 더욱 중요하게 만들었다. 유행을 자주 타기는 하지만 경영 기술은 생산성에 크게 기여한다. GM보다 이러한 사실을 더 잘 보여주는 사례를 찾기는 힘들다. 미국 자동차 산업의 메카인 디트로이트는 1970년대에 도요타 같은 일본 자동차 업체들이 린 생산방식을 도입하자 휘청거렸다. 그리고 미국인들은 일본의 경쟁사들로부터 린 생산방식을 배우고 나서야 살아남았다. 심지어 기업들이 '매의 눈'으로 서로를 감시하는 지금과 같은 시대에도 경영은 큰 차이를 만들 수 있다. 경제학자인 스탠퍼드의 닉 블룸Nick Bloom과 LSE의 존 반 리넨John Van Reenen은 경영대학원에서 가르치는 것 같은 가장 광범위하게 수용되는 경영 기술을 활용하는 기업들은 동료 기업들보다 나은 성과를 낸다는 사실을 입증해 보였다.[6]

끔찍한 4가지 전제

정부가 겪는 문제는, 정부가 슬로안의 GM 시대에 갇혀 있기 때문에 생긴다. 정부 조직 내부에 있는 사람들조차 그렇다는 사실을 알고 있다. 버락 오바마 대통령은 한때 "우리는 정보화 시대에 살고 사업을 하고 있지만 흑백 TV 시절 이후로 중대한 정부 개편이 이루어진 적이 없었다"고 불평했다.[7] 핵심 문제는 컴퓨터나 자금 부족이 아니라 시대에 편승할 수 없는 전적인 무능력이다. 공공 부문은 슬로안의 GM에는 타당한 것이었겠지만 구글 시대에는 그렇지 않은 네 가지 전제에 조금도 감사하지 않았다.

첫 번째 전제는, 과거 자동차 제조업체들이 자체적으로 쓸 철을 제련했듯 조직들이 많은 일을 스스로 해결해야 한다는 것이다. 가장 극단적인 경우 정부가 공익에 도움이 된다고 생각되는 모든 일을 독점해야 한다는 의미가 된다. 이것이 소비에트 블록에서 득세했던 사고 형태였지만, 지금은 대체로 소멸되었다. 하지만 이보다 정도가 덜한, 정부가 최대한 많이 자체적으로 일을 해결해야 한다는 생각은 여전히 유효하다. 이러한 생각은 막대한 비용을 유발한다. 이것은 복지국가의 중심에 있는 교사 노조 같은 강력한 생산자 로비들을 제도화했으며, 공공 부문에서 민간과 자발적 조직들을 몰아냈다.

두 번째 전제는 의사 결정이 중앙집중화해야 한다는 것으로, 이같은 전제는 중앙정부가 복지국가의 청사진을 그렸던 20세기 중반에 태동했다. 미국에서는 뉴딜과 위대한 사회가 각 주에 대해 정부가 행사할 수 있는 권한을 대폭 신장시키자 일리노이 주 출신 상원의원인 에버렛 디륵센Everett Dirksen은 조만간 "여행 종합정보 회사인 랜드-맥날리 직원들이나 주들의 경계에 관심을 가질 것이다"라는 농담을 하기도 했다.[8] 권력을 중앙집권화할 수 있는 정부의 능력이 중요한 때가 있다. 예를 들어 국가가 적으로부터 공격을 받거나 엄청난 위기로 요동칠 때다. 하지만 루스벨트가 미국 경제에 활력을 불어넣어주거나 제2차 세계대전 이후 프랑스의 재건을 가능하게 해주었던 식의 논리가 오늘날 대학을 경영하거나 복지 혜택을 제공하는 문제에는 큰 효과를 거두지 못하는 것 같다.

세 번째 전제는 공공기관들이 최대한 획일적이어야 한다는 것이다. 관료들은 직업상 획일성을 선호하는 경향을 보인다. 예외는 이례를 의미하고, 이례는 혼란을 의미한다. 20세기 대부분의 시간 동안 이런 생각은 시대에 부합해 보였다. 대량생산이 거둔 성공은 베아트리스 웹과 드와이트 아이젠하워 같은 다양한 사람들에게 정부의 효율성 도모 열쇠는 모든 것을 위대한 기계에 끼우는 톱니로 전환시킬 수 있느냐에 달려 있다는 확신을 갖게 만들었다. 그리고 평등성 숭배 분위기는 국가의 임무는 누구도 불운이나 계급적 편견 때문에 정당한 몫을 얻지 못하게 해서는 안 된다는 생각을 중시했다. 하지만 오늘날처럼 유연한 생산성과 소비자 선택이 중시되는 세계에서는 이와 같은 획일성의 강조가 구태의연한 것 같다.

공공 부문에서는 그곳의 노동자들만큼 획일적인 게 거의 없다. 공공 부문의 노동력은 보통 스스로 정한 법규 때문에 인종과 성 면에서 다양하다. 하지만 안타깝게도 태도와 경험 면에서는 여전히 획일적이다. 공공 부문에는 평생직장을 얻었고, 언어도단 같지만 저임금을 받고 있다(둘 다 가끔은 사실이다)고 믿는 사람들 천지다. 승진은 나이와 연동되어 이루어진다. 발탁인사는 일반적이라기보다 예외적이다. 민간 부문은 이제 세계화되고 있다. 예를 들어 영국 기업들 중 3분의 1은 외국인이 경영하고 있으며, 영국 축구 감독이 프리미어리그에서 우승한 게 10년은 넘었다. 하지만 영국의 공적 서비스는 여전히 전적으로 공무원이 담당하고 있다.

일부 국가에서 이런 획일성은 전체 통치 계급으로까지 확대된다. 이론상 프랑스는 민간과 공공 부문 사이 사람들의 교류에 아주 능숙하다. 하지만 중국에서와 마찬가지로 이런 교류는 프랑스 국립행정학교 출신 고급 관료 집단 같은 패거리들이 주도한다. 1980년도 국립행정학교 졸업생들 중에는 2012년 대선에 나온 네 사람이 포함되어 있다. 그중에는 결국 대선에서 승리한 프랑수아 올랑드와 그의 옛 파트너이자 2007년 사회당 대선 후보로 나섰다가 패배한 세골렌 루아얄 등이 포함되어 있었다.[9] 두 교수의 연구에 따르면, 600여 명에 이르는 프랑스 정부의 고위 관료들 중 46퍼센트는 국립행정학교를 포함해 세 곳의 그랑제콜 중 한 곳 출신이다.[10]

마지막 전제는 변화가 항상 나쁜 결과를 낳는다는 것이다. 공공 부문이 모토를 갖고 있다면 그것은 "어떤 일도 처음에 하지 말라"일지 모른다. 규칙을 따르고, 머리를 숙이고, 힘든 일을 묵묵히 하면 앞서갈 수 있기 때문이다. 공공 부문에서 혁신을 주창했다가는 괜히 문제만 일으킨다. 이것이 해고를 유발하는 유일한 일이다. 시스템 개편을 위해 애썼다가는 의회 청문회에 불려나가 타블로이드판 신문으로부터 마녀사냥을 당한다. 공공 부문을 소재로 한 역사상 가장 위대한 정치 풍자극인 〈네, 장관님Yes, Minister〉은 변화 거부에 얽힌 이야기를 다룬다. 드라마의 주인공인 공무원 험프리 경은 건방진 상사가 경거망동하지 않도록 막는 게 자신이 맡은 일이라고 생각한다. 따라서 그의 입에서는 "네" 다음에는 항상 "안 됩니다"라는 말이 나온다. 토니 블레어는 "공공 부문에 종사하는 공무원들은 내가 만난 다른 어떤 사람들보다 '항상 이런 식으로 해도 된다면 항상 이런 식으로 해야 한다'는 생각에 사로잡혀 있다"라고 불평했다.

이런 태도는 민간과 공공 부문 사이의 현격한 성과 차이를 설명해준다. 구글 시대에 민간 부문에서 새로운 기술이나 아이디어는 수개월 내에 복제된다. 공공 부문에서는 다양한 시스템 사이의 성과에 아주 놀라운 차이가 존재한다. 맥킨지는 몇몇 서양 국가는 아무런 질적 소득이 없이도 대학 학위를 받는 학생들에게 평균보다 30퍼센트 더 많은 돈을 투자하는 반면, 다른 국가들은 아무런 손해를 보지도 않고 그보다 70퍼센트 더 적은 돈을 투자하는 것으로 추산했다. 이런 차이는 국가들 사이뿐만 아니라 국가들 안에서도 드러난다. 맥킨지는 가난한 주들과 나머지 주들 사이의 교육 성취도 격차 때문에 미국은 매년 최대 GDP의 5퍼센트에 달하는 7,000억 달러를 쓰는 것으로 추산한다.[11] 의료 부문 생산성 전문가인 존 올드함 경Sir John Oldham은 병원의 '일정에 없던 입원'(비싼 유형) 횟수가 여덟 배까지 차이 나는 영국 남부의 유사한 인접 지역 두 곳을 지적했다. 그는 또한 의사들이 비슷한 진료를 한 후 입원을 권한 건수가 열세 배나 차이가 났다는 사실을 지적했다. 돈을 가장 헤프게 쓰는 병원에 들어가는 돈을 전체 BNHS의 평균 수준까지 낮추기만 해도 연방정부가 의료 서비스 분야에 5년 동안 아끼라고 주문했던 150억 파운드에 육박하는 돈을 아낄 수 있을 것이다.

각국 정부가 이런 격차를 메우기는커녕 점점 더 게으르게 행동한다는 것을 보여주는 몇 가지 증거가 존재한다. 미국에서는 샌프란시스코에 있는 금문교를 짓는 데 1933년부터 시작해 4년이 걸렸고, 주간고속도로의 상당 부분을 세우는 데 1956년부터 시작해 15년이 걸렸다. 필립 하워드가 지적한 대로 매사추세츠 주 남동부의 코드곶 인근에 풍력발전 지대를 만들기 위한 프로젝트는 10년 동안 검토만 하고 있다. 17개 기관이 이 계획을 검토했는데 아직도 추가로 10년간 더 검토될 가능성이 농후하다. 이 프로젝트에는 현재 18건의 소송이 걸려 있다.¹² 정부들은 미래에 투자하기보다 물려받은 의무를 다하는 데 여느 때보다 많은 재원을 투자하고 있다. 미국의 재정 민주화를 보여주는 스튜얼-뢰퍼Steuerle-Roeper 지수는 세수 중 재량지출(예를 들어 사회보장과 메디케어 같은 의무 프로그램에 이미 할당되지 않은 지출)로 쓸 수 있는 비율을 평가한다. 그런데 이 비율은 1962년 70퍼센트에 육박했지만 2012년에는 10퍼센트 정도로 하락했고, 앞으로도 추가 하락이 점쳐지고 있다.

실제로는 어렵다

이런 사실들을 감안했을 때 보다 효율적인 정부를 만드는 게 단순히 의지의 문제처럼 들릴 수도 있다. 구글로부터 몇몇 괜찮은 관리자를 데려오면 문제가 잘 풀릴 것 같다. 하지만 정부가 지난 50년 동안 민간 부문에 뒤처진 상태로 남아 있었던 마지막 한 가지 이유가 있다. 그것은 정부 개혁이 사실 극단적으로 어렵기 때문이다. 실제로 민간기업 개혁에 비해 훨씬 더 어렵다.

정부에 들어와 일했던 민간기업인들이 거둔 성적은 상당히 좋지 않다. 그런 사람들이 자기 사업의 이익만 지키는 데 여념이 없는 이기주의자들이라서 그런 경우도 종종 있다. 이탈리아 국민들은 실비오 베를루스코니가 기업인으로서 갖고 있는 역량을 십분 발휘해서 경화硬化한 이탈리아 경제를 회생시킬 수 있으리라는 기대감을 갖고 그에게 거듭 표를 던졌다. 음, 그의 기념비를 찾고 있다면 주위를 둘러보라.*

베를루스코니는 2001년부터 2011년 사이의 10년 중 8년간 이탈리아 총리를 지냈다. 이 기간 동안 이탈리아의 1인당 GDP는 4퍼센트 감소했다.[13] 이는 아이티와 짐바브웨 외에 세계 최악의 성장률에 해당한다. 또한 이탈리아의 부채와 세금이 경제에서 차지하는 비중은 크게 늘어났다. 한편 이 늙고 탐욕스러운 색골은 가까스로 옥살이를 면했다.**

이와 달리 또 다른 언론 재벌인 마이클 블룸버그Michael Bloomberg는 성공적인 정부를 만들었다. 그는 3선 뉴욕 시장으로 놀라우리만큼 높은 인기를 누렸다. 하지만 그는 과거 도시를 경영하는 게 회사를 경영하는 것과 얼마나 다른지 깨닫지 못했다고 말했다.

사람들은 다양한 것들에 의해 동기를 부여받고, 당신은 훨씬 더 거슬리는 언론에 직면한다. 당신은 유능한 직원들에게 많은 돈을 줄 수 없다. …… 기업계에서는 실험하고, 승산이 있는 프로젝트를 후원한다. 건전한 프로젝트는 투자를 받고, 그렇지 못한 프로젝트는 퇴출된다. 정부에서는 불건전한 프로젝트도 모두 관심을 받는다. 그들을 격렬히 옹호하

* "기념비를 찾고 있다면 주위를 둘러보라"는 런던을 대표하는 성당인 성바울 대성당의 설계자 크리스토퍼 렌 경Sir Christopher Wren의 비석에 적혀 있는 문구 'si monumentum requiris, circumspice'를 인용한 것이다. 본래 이 비명에서 '그'란 렌을, '주위'란 런던 전체를 말하는데 저자가 인용한 문구에서 '그'는 베를루스코니를, '주위'는 이탈리아 전체를 가리킨다 – 옮긴이
** 베를루스코니는 이탈리아 최대의 미디어 그룹인 미디어셋을 비롯해 텔레비전·신문·출판·영화·금융·보험·스포츠를 아우르는 광범위한 기업을 거느린 거부다. 1994년 처음 총리로 선출된 이후 그는 부패와 탈세 혐의 등으로 수차례 기소되었지만 살아남았다. 또한 미성년 성매매 혐의로 재판을 받기도 했다. 2001년 두 번째 총리직에 올랐다가 2006년 총선에서 패해 물러난 뒤 다시 2008년 총선에서 승리해 세 번째 총리직에 올랐다. 하지만 2011년 이탈리아 경제가 디폴트 위기에 몰리면서 하원에서 예산지출 승인안이 부결되자 사임했다 – 옮긴이

는 사람들이 있기 때문이다.

정부에서는 거의 모든 일을 하는 데 더 힘이 든다. 블룸버그는 일본의 영업사원이 얼마나 많은 뉴스·데이터 단말기를 팔았는지 평가할 수 있었다. 하지만 교사가 교실에서 하는 일을 어떻게 평가한단 말인가. 특히 미스터 칩스Mr. Chips*를 진정 특별하게 만드는 천재성의 불꽃을 어떻게 평가한단 말인가.

우리 중에는 중요한 영향을 미친 교사들을 기억할 수 있는 사람이 많다. 또한 따분하고 게을렀던 교사들을 기억할 수 있는 사람도 많다. 하지만 전자에 속하는 부류의 교사들에게 피해를 주지 않고 후자의 부류에 속하는 교사들을 처벌하는 평가 시스템을 어떻게 개발할 수 있단 말인가. 예외적인 교사들은 종종 자신의 주장을 관철시키기 위해 모든 규칙을 깨버리기 때문에 그들을 정형화된 규칙에 따르도록 구속하는 어떤 시스템도 오히려 문제를 키우고 말 것이다. 이것이 평가를 포기하기 위해 드는 변명은 아니다. 민간 부문에서도 언론처럼 생산성을 평가하기 힘든 영역이 많다. 하지만 우리는 모호함이 상당히 많은 공공 부문에서 중대한 문제임을 인식해야 한다.

정부의 효율성이 떨어지는 데는 중대한 철학적 이유도 존재한다. 정부는 민간기업들과 매우 다른 독립체다. 그리고 시민들은 고객들과 매우 다른 존재다. 정부는 기업이 까다로운 고객들을 없애

---

* 영국의 소설가 제임스 힐턴James Hilton의 중편소설 『굿바이, 미스터 칩스Good-bye, Mr. Chips』에 등장하는 칩스라는 별명을 지닌 전형적인 영국의 노교사 – 옮긴이

는 것과 같은 방식으로 까다로운 시민들을 없앨 수 없다. 정부는 뒤뜰에 마천루를 짓는 등 우리가 하고 싶은 일들을 못하게 막아야 한다. 정부는 우리의 욕구와 다른 동료 시민들의 욕구 사이에 균형을 맞춰야 하기 때문이다. 정부는 또한 안전벨트 착용이나, 심지어 참전처럼 우리가 하고 싶지 않은 일들도 하게 만들어야 한다. 정부는 선택의 여지 없이 하는 일이 많다. 정부는 연속성에 절대적 우선순위를 둬야 한다. 즉 정부는 몇 주 동안 국경지대 경비를 중단할 수 없다. 정부는 마음대로 시민들마다 다른 규칙을 적용할 수도 없다.

　그리고 정부의 더딘 움직임이 항상 나쁜 것만은 아니다. 예를 들어 사람들을 전장에 내보내야 할지, 아니면 논란이 되는 증거를 토대로 누군가에게 유죄를 선고해야 할지를 결정할 때 특히 더 그러하다. 미국의 범죄학자 제임스 윌슨James Q. Wilson이 미국 정부에 대해 "헌정질서는 정부를 '비효율적'으로 만들기 위한 욕구에 의해서 활성화된다고 말해도 과장이 아니다"라고 말했을 때 그는 실제로 과장을 하고 있는 것일지도 모른다.[14] 하지만 시민들이 정부가 그들을 함부로 대하지 못하도록 온갖 방법을 동원해 정부의 자유로운 행동을 의도적으로 방해해왔다는 그의 말은 옳다. 조지프 나이 교수는 미국인들은 사실 정부가 일을 아주 잘하기를 원하지 않다며 "정부에는 특별히 중요한 뭔가가 존재한다. 정부는 강압적 권력을 갖고 있기 때문에 반드시 그 권력에 대해 건전한 의심을 해봐야 한다"라고 주장했다.[15]

왜 이번에는 다를 수 있을까

최근 수십 년 동안 정부를 고치기 위한 시도가 수십 차례 있었다. 조지 W. 부시 대통령은 '현대 경영학의 창시자'로 불리는 피터 드러커Peter Drucker가 쓴 글을 도대로 '경영 과제'를 마련했다고 주장했다. 앨 고어는 '정부 개편' 계획을 세웠다. 레이건은 정부의 낭비 요인을 줄이기 위해 사업가인 피터 그레이스J. Peter Grace를 위원장으로 하는 그레이스 위원회를 만들었다. 이러한 계획들은 하나같이 아무런 소득을 내지 못하거나 무산되었다. 그렇다면 왜 우리는 공공 부문이 급진적인 변화 직전에 있다고 생각하는가? 왜 그토록 많이 실망했지만 이번에는 다를지 모른다고 여기는가?

이런 생각을 하게 된 가장 분명한 이유는 재정 위기 때문이다. 20년 전 스웨덴이 그랬던 것과 마찬가지로 많은 국가의 정부가 돈이 떨어지고 있다. 또 다른 이유는 북유럽 국가들로부터 찾을 수 있다. 즉 정부가 훨씬 더 일을 잘할 수 있다.

정부에는 상당히 많은 효율성의 개선 여지가 존재한다. 일련의 정부들이 어떤 거창한 목적을 내세우지 않고도 정부의 규모를 줄이는 데 성공했다. 그들은 허리띠를 졸라매기 시작했다. 10년 전 캐나다가 그러했으며, '큰 사회'의 역할을 강조함에도 불구하고 영국의 데이비드 캐머런 정부도 광범위하게 봤을 때 그렇게 해왔다고 할 수 있다. 예산 삭감에 돌입한 지역 위원회들은 문득 국민들이 크게 의식하지 못하는 상태에서 여러 가지 시설을 공유할 수 있다는 것을 알아냈다. 공공 부문 노조들을 그토록 걱정스럽게 만들었던 '예산 삭감'은 민간 내지 비영리 부문에서 정기적으로 일어나는 것과 같은 종류의 예산 삭감에 비해 보잘것없는 수준이다. (우리 두 필자 중 한 명이 파리에서 열린 한 저녁식사 모임에 참석했는데, 그곳에서는 프랑스 기업인들이 자신이 맡은 부서가 실질 예산을 5퍼센트 줄여야 한다며 떠드는 한 정치인의 불평을 점잖게 경청하고 있었다. 그때 한 기업인이 자신이 2년이 조금 넘는 시간 동안 회사 비용을 실질적으로 20퍼센트 줄였다며 열변을 토하자 그 정치인은 입을 굳게 다물었다.) 굳이 천재적 기업가만이 55개의 개별 기업과 오바마케어의 핵심 웹사이트인 헬스케어 개발 계약을 체결하는 게 똑똑한 생각은 아니라는 것을 설명할 수 있는 것은 아니다.[16]*

또한 탈세 시민들에게 강제로 세금을 내게 하거나 정부의 구매력을 보다 잘 활용하는 것은 상식이다. 예를 들어 영국의 감사원은 NHS는 구매력을 통합함으로써 연간 5억~8억 파운드 이상을 아낄 수 있다고 주장한다. 이렇게 하면 병원 위탁 사업체들이 21종의 상이한 형식의 A4 용지와 652종의 상이한 수술용 장갑을 살 필요가 없어지기 때문이다.

그럼에도 불구하고 A4 용지나 수술용 장갑 구매 절차 개선 노력은 아직까지 약간의 성과만 거두고 있을 뿐이다. 진지한 개혁가들은 또한 정부가 시도하려는 대상뿐만 아니라 시도 방법도 바꿔야

---

*건강보험개혁법에 따라 18세 이상 미국 국민은 2014년 3월까지 웹사이트인 'healthcare.gov'를 통해 온라인 건강보험거래소에 가입해야 했지만 이 웹사이트가 제대로 접속되지 않는 사고가 일어났다. 미국 정부는 이 사이트 개발에 55개 기업과 5억 달러 이상을 투입한 것으로 알려졌다 – 옮긴이

한다. 다음 장에서 우리는 우리가 믿는 정부가 해야 할 일과 관련된 심오한 철학적 질문들에 대해 살펴보겠다. 이번 장에서는 정부가 이미 하고 있는 일을 더 잘할 수 있는지에 초점을 맞춰 이야기해보겠다. 그리고 이 점에서도 마침내 상황이 바뀌기 시작했다.

민간 부문에 큰 변화를 야기했던 두 가지 힘인 세계화와 기술은 보다 효율적인 형태의 정부를 확산시키면서 공공 부문에 일대 변화를 일으키기 시작했다. 어떤 식의 변화인지 보여주기 위해 우리는 나태한 정부를 만들면서 그런 정부를 파산시킬 가능성이 가장 큰 리바이어던의 일부인 의료 서비스에 초점을 맞춰보겠다.

모든 정부가 어느 때보다 전례 없이 늘어나는 병자들이 많은 의료 서비스를 요구할 것이라는 부담에 시달리고 있다. 미국 성인들 중 절반 정도가 당뇨나 고혈압 같은 만성질환에 시달리고 있으며, 세계가 점점 더 부유해질수록 부자들이 걸리는 병이 널리 확산되고 있다. 하지만 의료 서비스의 변화 속도는 더디다. 브루킹스 연구소의 로버트 코처와 최근까지 하버드 대학에 있었던 니크힐 사니의 연구에 따르면, 지난 20년간 미국의 전체 노동 생산성이 매년 평균 1.8퍼센트씩 늘어났지만 의료 서비스의 생산성은 매년 9.6퍼센트씩 감소했다.[17] 현재의 고비용 모델을 통해 안락한 삶을 사는 강력한 이익단체들도 존재한다. 워싱턴 DC에서 활동 중인 7대 로비 단체 중 다섯 곳의 운영 주체는 의사나 보험회사, 혹은 제약회사다.

문제의 본질

현대 국정 운영 기술과 현대 경영학을 비교할 때 가장 눈에 띄는 점들 중 하나는 전자가 정말로 편협한 지역주의에 빠질 수 있다는 사실이다. 세계화는 기업 세계를 지배한다. 결과적으로 경영자들은 끊임없이 서로에게서 배우고 있다. 정부들도 이런 식의 상호 학습이 가능하지만 그들은 제1차 세계대전 전후의 페이비어니즘과 1980년대 민영화 등 단계적으로 그렇게 학습하는 경향이 있다. 이제 또다시 아이디어가 급증하고 있는데, 이 중 가장 흥미로운 것들은 가장 예상치 못한 장소에서 나오고 있다.

디트로이트가 일본의 소형차를 비웃었던 것처럼 미국 의사들은 인도의 병원이 후진적이고 더럽다며 비웃는다. 2012년 인도 정부는 의료 서비스에 GDP의 불과 1퍼센트만 지출했다. 인도는 늘 의료진의 수가 부족하다. 인구 1,000명당 의사와 간호사, 조산사의 수는 고작 1.76명으로 미국과 영국이 기준으로 삼고 있는 12명은 물론이거니와 세계보건기구가 권장하는 2.5명에도 미치지 못한다. 인도의 유아 사망률은 중국에 비해 세 배가 더 높고, 미국에 비해 일곱 배가 더 높다. 하지만 의료 서비스 분야를 재고해볼 때 인도는 세계에서 가장 혁신적인 국가 중 하나다. 이런 혁신은 무無에서부터 병원 체인망을 세운 기업가이자 미국 의사들이, 미국 엔지니어들이 도요타의 설립자인 도요타 기이치로에 대해 기억하는 것과 같이 여길지 모를 데비 쉐티Devi Shetty가 그런 혁신을 이끄는 대표적인 인물이다.

쉐티는 인도에서 가장 유명한 심장 전문의다. 그는 인도 최초로 생후 9일 된 신생아의 심장 수술을 하고, 한평생 성인으로 존경받으며 살았던 고 테레사 수녀가 그의 환자 중 한 명이었다는 사실로 유명하다. 하지만 그가 유명해진 가장 큰 이유는 의료 서비스에 헨리 포드의 경영 원칙들을 도입했기 때문이다. 쉐티가 인도의 기술 수도인 벵갈루루에 세운 심장전문병원인 나라야나 흐루다알라야 병원에는 미국 심장전문병원 내 평균 침대 수인 160개보다 훨씬 더 많은 1,000개의 침대가 구비되어 있다. 쉐티와 그가 이끄는 40여 명의 심장병 전문가로 이루어진 팀은 1주일에 약 600차례의 심장 수술을 하고 있다. 어떤 서양 병원도 이처럼 많은 수술을 하지 못한다. 거듭 영감을 받았다고 밝힌 헨리 포드와 마찬가지로 쉐티는 규모의 경제(각종 생산요소를 투입하는 양을 증가시킴으로써 발생하는 이익이 증가되는 현상 - 옮긴이)와 전문화가 크게 비용을 줄이고 품질을 개선시킬 수 있다고 주장한다. 환자들의 수만으로도 그가 데리고 있는 외과 전문의들은 특정 수술 분야에서 세계 수준의 전문 지식을 얻을 수 있다. 또한 넉넉한 지원 시설은 그들이 행정 업무를 하느라 시간을 낭비하지 않고 전공 분야에 집중할 수 있게 해준다. 이곳 외과 의사들은 미국의 외과 의사들이 연간 진행하는 100~200회의 수술보다 훨씬 더 많은 연간 400~600회의 수술을 한다. 쉐티 자신은 1만 5,000회가 넘는 심장 수술을 했다. 돈이 많은 환자들은 가난한 환자들이 무료로 수술을 받을 수 있도록 수술비를 더 많이 내지만 규모의 경제로 인해 수술비는 아주 저렴한 편이다. 미국 내 심장 절개 수술 비용이 약 10만 달러인 데 비해 이곳에서 같은 수술을 받을 때 드는 비용은 2,000달러에 불과하다. 하지만 성공률은 미국 일류 병원들만큼 높다. 그리고 쉐티는 심장병 검사를 위해 인근 시골 지역으로 '이동식 클리닉'을 보내는 데 그치지 않고 다양한 지역의 자조 집단들과 협심해 매달 7센트 정도의 보험료만 받고 250만 명이 혜택을 받게 하는 의료보험 시스템을 만들면서 더 많은 인도 사람들이 그가 만든 시스템에 편입하게 하려 애쓰고 있다. 그가 치료하는 환자들 중 3분의 1이 이 시스템에 들어온 사람이다. 그토록 많은 가난한 사람들을 사실상 무료로 치료해주지만 그가 세운 병원은 전체적으로 건전한 수익을 창출하고 있다.

쉐티의 제국은 다른 곳으로 확산되고 있다. 그의 팀은 심장전문병원 옆에 중증외상센터, 1,400개의 침실을 갖춘 암전문병원, 그리고 300개의 침실을 갖춘 안과병원 등 세 개의 병원을 세웠다. 이 병원들은 규모의 경제를 실현하기 위해 실험실과 혈액은행 같은 핵심 시설을 공유한다. 그의 팀은 또한 인도의 다른 지역에 '의료 도시들'을 세우고 있다. 쉐티는 향후 5년 안에 그가 마음대로 이용할 수 있는 병원 침대 수를 3만 개 더 늘림으로써 나라야나 병원을 인도 내 최대 민영 병원으로 만들고, 병원이 납품업체들과 협상할 때 더 많은 교섭력을 확보함으로써 비용을 추가로 낮출 수 있게 할 계획이다. 런던 가이 병원에서 수련한 쉐티는 또한 외국에서 이런 생각들을 펼치고 싶어 한다. 그는 자신의 병원 외과의사들이 조언해줄 수 있도록 인도, 아프리카, 말레이시아 병원들과 동영상 및 인터넷 링크를 걸어놓았다. 그리고 그는 미국인들이 미국에서 수술받을 때 드는 비용의 절반 미만으로 심장 수술을 받을 수 있도록 케이

만제도(조세 피난처로도 유명한 카리브해에 있는 영국령 제도 - 옮긴이)
에 2,000개의 침실을 갖춘 병원을 설립 중이다.

쉐티는 의료 서비스에 대량생산 방식을 도입하는 데 집중한 인도
기업인들 중 한 명이다. 인도의 산부인과 병원 체인인 라이프스프
링 병원은 출산 비용을 다른 지역 병원들의 5분의 1 정도인 40달러
로 낮췄다. 아라빈드 안과병원은 영국 NHS에서 실시하는 눈 수술
횟수의 약 70퍼센트에 해당하는 35만 명의 환자에게 NHS와 비교
해 불과 1퍼센트밖에 안 되는 비용으로 수술을 해주고 있다. 수술실
에는 최소 두 개의 침대가 갖춰져 있기 때문에 의사들이 돌아가면
서 환자들을 수술할 수 있다. 아라빈드는 병원 훈련 모델을 약 30곳
의 개발도상국에 수출했다. 한편 또 다른 인도의 안과병원이자 사
회적 기업인 비전스프링은 13개국의 소매업체들에 사실상 진단과
원시 교정에 필요한 모든 장비 등을 일괄 제공해주기 위해 프랜차
이즈 모델을 사용하고 있다.

10년쯤 전이라면 서양의 의료 서비스 개혁가들의 눈에 이런 인
도의 개척자들이 흥미로운 구경거리 정도에 불과했을 것이다. 오
늘날에는 장소 불문하고 많은 정부가 긴축 조치에 착수함에 따라
그들의 생각이 주목을 받고 있다. 복지국가의 기본 원칙 개혁에 집
중하고 있으며, 영국 정부와 긴밀한 관계인 영국의 싱크탱크 리폼
은 쉐티와 아라빈드를 옹호했다. '경영학계의 아인슈타인'이라 불
리는, 세계에서 가장 존경받는 혁신 이론가인 하버드 경영대학원
의 클레이튼 크리스텐슨Clayton Christensen 교수는 공공 부문은 그가
소위 '돌연변이 생물체'라고 부른, 그곳에서 파생된 새로운 유기체

에 의해 전복될 것이라고 생각한다. 이런 생물체들과 관련해 중요한 사실은 그들이 어디서나 등장한다는 점이다.

크리스텐슨이 말한 돌연변이 생물체들은 강력한 생산자 단체를 무너뜨릴 수 있다. 인도에서 일어난 의료 서비스 혁명은 대량생산뿐만 아니라 의사들이 맡은 역할을 재고해볼 수 있는 계기를 열어주었다. 지난 1세기 동안 의료 서비스는 의사에게 집중되어 이루어졌다. 의사 없이는 어떤 수술이나 처방도 할 수 없었다. 그들은 의료업에 종사하면서 많은 돈을 벌었다. 미국에서는 재산 상위 1퍼센트에 드는 사람들 중 절반 가까이가 전문의지만 2001년 빈부 격차의 심화와 금융기관의 부도덕성에 반발하면서 미국 월가에서 일어난 '월가를 점령하라' 시위대는 어쨌든 이러한 사실을 놓쳤다고 말할 수 있다. 사회에서 그처럼 신뢰받는 역할을 얻기 위해 의사들은 대학 4년을 제외하고도 최소 7년 동안 많은 훈련을 받아야 한다. 미국에서는 대학 졸업생 중 80퍼센트 이상이 평균 15만 달러의 빚을 진 상태로 의대를 졸업한다.

의료 서비스 분야에서 의사들이 맡은 핵심(그리고 높은 수입을 올리는) 역할이 이제 위협받고 있다.[18] 환자들은 인터넷을 뒤져도 예측할 수 있는 의사들의 진부한 진단을 가만히 듣고 앉아 행복해하지 않는다. 한편 간호사부터 스마트 기계들에 이르기까지 의사 자격증이 없는 사람들은 특히 만성질환 치료를 위해 예전보다 훨씬 더 많은 통상적인 일을 수행할 수 있다. 맥킨지 조사에 따르면, 전세계 의료비의 60퍼센트가 이런 질병 치료에 쓰인다. 조지워싱턴 대학의 제임스 콜리James Cawley 교수에 따르면, 미국에서는 의사 조수들이 (전문의가 아닌) 지역 보건의가 맡은 일의 약 85퍼센트를 수행할 수 있다. 하지만 의사들은 자신의 텃밭을 지키려고 애쓴다. 미국 의학한림원이 2010년에 간호사들에게 1차 진료에서 더 중대한 역할을 수행하라고 요구하자 의사들의 주요 로비 조직인 미국의학협회가 즉각적으로 비판하고 나섰다. 이 협회는 "간호사들이 의료 서비스팀에 중요하기는 하지만 그들이 교육과 훈련 면에서 의사들을 대체하지 못한다"고 주장했다. 아시아와 오세아니아 지역 18개국의 의사회로 구성된 로비 집단인 아시아·오세아니아 의사연맹은 응급상황 발생 시에만 '업무 교대'가 이루어지기를 원한다.

사실상 이런 업무 교대는 반드시 이루어져야 한다. 그리고 인도는 다음 두 가지 이유로 이런 혁명에서 아주 중요한 역할을 할 것이다. 첫째, 인도는 의사가 아닌 사람들에게 더 큰 역할을 맡기는 것 외에는 다른 실질적인 방법을 갖고 있지 않다. 영국에는 환자 1만 명당 27.4명의 의사가 있다. 인도에는 고작 여섯 명에 불과하다. 둘째, 인도의 의료 서비스 수준은 매우 기초적이기 때문에 실험할 수 있는 여지가 충분하다. 아라빈드는 의사의 훈련을 필요로 하지 않는 많은 일을 처리하기 위해 의사마다 '눈 관리 전문 기술자'를 여섯 명씩 고용해놓고 있다. 회사 인력 중 60퍼센트 이상은 환자들을 받고, 진료 기록을 작성하고, 일반적으로 의사들을 돕는 '마을 소녀들'로 이루어져 있다. 인도의 종합 눈 건강 전문기관인 L. V. 프라사드 눈 연구소는 고등학교 학생들을 채용해 훈련시킨 후 검안사들의 일을 일부 맡는 '시력 전문 기술자'로 일하게 한다. 인도 보건부는 졸업생들이 시골 지역에서 기본적인 1차 진료를 담당할 수 있는 새로운 3년 반짜리 학위를 제안했다. 이 제안은 즉각 인도 의사들의 반대에 부딪혔지만 인도에서 시골 의료 서비스 종사자들이 추진하는 시범 프로그램(보건부와 쉐리는 이런 프로그램이 널리 보급되기를 원하고 있다)은 그들이 기본적인 질환을 진단하고, 적절한 약을 처방할 수 있는 완벽한 능력을 갖추고 있다는 사실을 확인시켜주었다.

인도는 또한 의료장비 가격의 급등 현상에 대한 다른 훌륭한 공격의 지휘본부에 해당한다. 쉐티의 병원에서 멀리 떨어져 있지 않은 곳에서 미국의 전기기기 제조 전문업체인 제너럴일렉트릭GE는 의료장비 가격을 최대 90퍼센트까지 낮출 수 있는 새롭고 혁신적인 '설계와 동시 제조를 하는' 기술을 최초로 선보이고 있다. GE가 개발한 휴대용 심전도 기계인 맥 400이 좋은 사례다. 이 새 기계의 가격은 예전 기계 가격의 절반인 100달러에 불과하며, 단 1달러만 받고 환자의 심전도 검사를 해줄 수 있다. GE는 전통적인 심전도 기계들의 비용을 높이는 불필요한 부가 기능을 모두 없앰으로써 이렇게 비용을 낮출 수 있었다. 그 결과 버튼이 불과 네 개로 줄어들었다. 부피가 큰 프린터는 간단한 표 판매기로 대체되었다. 기기 전체의 크기가 소형 배낭에 넣을 수 있을 만큼 작다. GE는 이제 이런 '인도' 기계들을 미국, 특히 미국의 시골 지역에 보급하고 있다.

아이디어들은 한 방향으로만 퍼지는 게 아니다. 많은 신흥 국가들이 도입 가능한 모델로 영국의 NHS를 살펴보고 있다. 정부가 모든 사람에게 서비스를 제공하는 단일 시스템은 현재 의료 시스템은 엉성하고 보험 혜택을 받을 수 없는 실업자 수가 많은 중국, 인도, 멕시코, 남아프리카공화국 같은 큰 나라에 몇 가지 매력을 선사한다. 신흥 국가 정부들은 또한 지역 보건의가 문지기 역할을 하면서 환자들이 병원 대기실에 몰리거나 전문의를 괴롭히지 못하게 만드는 방법에 대해 큰 관심을 보이고 있다. 버밍엄 출신의 의사인 니티 폴Niti Pall은 영국의 지역 보건의 서비스를 모델로 인도 도시들에 약 150개의 1차 진료 서비스를 제공하기 위해 예전 NHS 출신 동료들과 함께 사회적 기업을 세웠다.[19]

아이디어의 흐름은 의료 서비스 분야에만 제한되어 일어나지 않는다. 예를 들어 복지 분야의 경우, 브라질은 현재 인도가 병원에서 하는 것과 똑같은 역할을 수행하고 있다. 주로 아이들을 학교에 보내거나 아이들이 건강검진을 받게 하는 등의 일을 할 경우 가난한 가족들에게 돈을 지급하는 성공적인 '조건부 현금 이전' 프로그램인 볼사 파밀리아Bolsa Família 덕분이다. 이 프로그램을 운용하는 데는 GDP의 불과 0.4퍼센트 정도밖에 들지 않지만, 이것은 사람들이 그들의 기존 행동을 바꾸도록 유도한다는 점에서 사회적 불평등에 상당한 영향을 미쳐왔다.[20] 브라질 북동부에 있는 바이아 주 정부는 쇼핑몰이나 원거리를 여행하는 트럭처럼 편리한 장소에 신분증 발급부터 의료 서비스 지원 제공에 이르는 광범위한 공적 서비스를 제공하는 시민 지원 서비스센터를 설립했다. 사실상 이동하는 복지국가인 셈이다.

아마도 인도의 심장전문병원들과 브라질의 복지 트럭들이 약속한 것만큼 성과를 거두지는 못할지도 모른다. 하지만 그들은 모두 무엇보다 가장 큰 도전인 공적 비교의 중요성을 상징화한다. 이런 비교에 앞장선 것은 앞에서도 소개한 바 있는 국제학업성취도평가PISA다. 영국의 한 장관은 사석에서 PISA를 학교 개혁에 필요한 가장 중대한 단일 도구라고 부른다. PISA에 여러 가지 오류가 있지만(상하이에 집중해서 중국 학교들의 수준을 평가하는 것도 분명 오류였다) 그것은 미국·영국·프랑스 사람들에게 그들이 다니는 학교들이 한국·핀란드·일본·캐나다의 학교들에 비해 훨씬 더 열등하다는 사실을 보여주고 있다. 핀란드가 PSA에서 1등을 하자 그곳으로 전 세계 사람들의 방문이 줄을 이었다. 미국 부모들은 이제 미국 정부가 슬로바키아 정부에 비해 학교에 두 배 더 많은 돈을 쓰지만 자기 아이들의 수학 실력이 슬로바키아 아이들의 수학 실력과 거의 똑같다는 것을 알게 되었다. 이것은 미국 교사 노조들이 제기하는 게 합당한 문제처럼 보인다. 미국의 탐사보도 전문 언론인인 아만다 리플리Amanda Ripley는 2013년 PISA 순위를 토대로 『세상에서 가장 똑똑한 아이들The Smartest Kids in the World and How They Got That Way』이라는 책을 썼다. 그녀는 이 책을 쓰기 위해 한국, 핀란드, 폴란드(폴란드는 최근 PISA 순위에서 미국을 앞서고 있다)에서 1년 동안 교환학생 프로그램에 참가한 적이 있는 미국의 10대들을 추적했다. 리플리가 연구한 미국 학생들은 그들이 방문했던 나라 학생들이 얼마나 열심히 공부하고, 얼마나 적게 계산기에 의존하지 않았고, 얼마나 엄격히 학교들이 시험을 치르는지를 보고 깜짝 놀랐다. 똑똑한 아이들을 둔 국가들 중 어떤 곳도 미국처럼 학업 성취도가 떨어지는 학생들을 버릇없이 키우는 것이 현명하다고 생각하지 않는다.

시민들은 다른 나라 정부들이 몇 가지 일을 훨씬 더 잘하고 있다
는 사실을 이해하기 시작했다. 아이디어들은 국경을 넘고 있으며,
그들은 민간 부문을 혁신하고, 마침내 공공 부문에도 영향을 미치
기 시작하는 다른 강력한 힘인 기술의 덕을 일부 보면서 그렇게 확
산되고 있다.

픽스더스테이트닷컴

기술이 생산성에 어떻게 영향을 주는지 말해달라는 부탁을 받
자 페이스북을 경제적으로 후원했던 벤처 자본가인 피터 시엘Peter
Thiel은 앞에 놓인 화이트보드에 간단한 그래프를 하나 그린다. 세로
축이 '투입량'이고 가로축이 '생산량'이다. 이어 그는 두 개의 점을
찍는다. 민간 부문은 오른쪽 아래에 해당한다. 투입량은 비교적 적
지만 생산량은 많다. 정부는 좌측 맨 위에 해당한다. 투입량은 많지
만 생산량은 아주 적다. 바닷가에 거주하기도 하고 우주여행도 다
녀본 열정적인 자유주의자인 시엘은 공공 부문에 대해 동정심을
느끼지 않을지 모른다. 하지만 그가 그린 차트는 지난 40년 동안 일
어난 일에 대한 엉터리 안내서가 아니다. 안타깝게도 기술은 공공
부문을 바꾸는 데 실패를 거듭했다. 수십억 파운드의 돈이 새로운
컴퓨터에 투자되었지만, 군대를 제외하고는 별다른 효과를 내지
못했다. 1958년에 최초의 원시적 컴퓨터가 보급되었을 때 영국 세
무당국이 100파운드의 세금을 걷는 데 약 1파운드 16센트가 들었

다. 오늘날 컴퓨터 가격이 하락하고, 컴퓨터 보급이 확대된 가운데 이 비용은 1파운드 14센트로 하락했다.[21]

최악의 기술 문제들 중 다수는 의료 서비스 분야에서 일어났다. 웹사이트 오류 때문에 오바마케어는 시작부터 대실패로 전락했다. 문제의 사이트가 가동된 지 첫째 날, 오바마케어를 위해 웹사이트 등록에 성공한 사람은 여섯 명에 불과했다. 지난 20년 동안 보건 담당 부서들은 PC에 거액을 투자해왔지만 근본적으로 그들의 업무 방식을 바꾸지는 않았다. 새로 산 장비들 대부분이 조금 더 빨라진 타자기나 가상 파일 정리 캐비닛들이었다. 그런 것들은 분명 서류 작업을 거의 줄여주지 못했다. 미국의 준민영보험제도는 국유화된 유럽의 보험에 비해 훨씬 더 많은 양식 작성을 요구한다. 신약 형태의 기술은 비용 상승을 부추겼을 뿐이다. 로봇과 기계들이 인간의 오류를 없애줄 것이라는 꿈도 근거가 없는 것으로 드러났다. 환자들이 실제 사람들과 대화하기를 원하기 때문이다.

사람들은 항상 단기적으로 기술의 효과를 과대평가하지만 장기적으로는 그것을 과소평가한다는 격언은 당연히 공공 부문에도 적용된다. 이런 로봇을 예로 들어보자. 드론이 군사력에 도움을 주었듯이 기계는 의사들이 인간의 손으로 할 수 있는 것보다 훨씬 더 깔끔하고 정확하게 절개를 할 수 있게 해줄 것이다. 2001년만 해도 뉴욕의 의사들은 프랑스 스트라스부르에 사는 (다소 용감한) 여성의 담낭을 제거하기 위해 인터넷을 통한 원격 조정으로 로봇 장비들을 사용했다. 혹은 컴퓨터 은행들과 뒤죽박죽 뒤섞여 있는 건강 기록을 예로 들어보자. 현재 컴퓨터가 어느 때보다 훨씬 더 정확하게 연결되어 서비스 목표를 정하게 해주듯 소위 말하는 '빅 데이터'는 보건당국이 개인에 맞춘 의료 서비스를 제공하게 해줄 수 있다.

하지만 이 모든 변화를 야기하는 가장 큰 요인은 인터넷이다. 사람이나 회사의 비행을 폭로하는 문화가 교육에 그랬던 것처럼 의료 서비스 분야에도 점진적으로 확산되면서 의사 단체와 공공 병원이 교사 노조와 같은 역할을 하고, 그들의 성과를 단순화해 평가하려는 어떤 시도에 대해서도 맹렬히 비난을 퍼붓고 있다. 우리에게는 병원의 예산이 얼마이고, 얼마나 빠른 속도로 환자를 치료하고, 환자들의 치료 후 생존율이 얼마나 되는지를 아는 게 전혀 비합리적인 것 같지 않다. 그렇기 때문에 스웨덴의 보건등록제가 확산될 공산이 큰 것이다.

인터넷은 또한 훨씬 더 수월하게 만성질환을 감시할 수 있게 해주고 있다. 이미 몸 안팎에 부착하는 소형 센서들은 의사(혹은 컴퓨터화된 의사 대리인들)에게 인슐린 수치를 알려주고 문제를 해결하게 할 수 있다. 이로 인해 환자들이 병원에 가는 횟수가 줄어들고, 만성질환이 비상사태로 전환될 가능성이 낮아진다. 영국에서는 원격진료에 대한 무작위 실험을 통해 만성질환에 걸린 환자 6,000명의 상태를 조사했다. 그러자 응급실 입원 건수가 20퍼센트 줄어들었고, 사망률은 45퍼센트가 급감했다. 뉴욕의 몬테피오레 의료센터에서는 환자의 상태를 점검하기 위해 원격진료 방식을 도입한 후 노인 환자들의 입원 건수가 30퍼센트 이상 줄어들었다.

감시 혁명은 소위 '자조 혁명'에서도 일어나고 있다. 자조 혁명은 장애인 권리 증진 운동가들이 만든 "나를 제외하고 나에 대한 어떤 결정도 내리지 말라"는 구호로 그 성격이 잘 드러나는 운동이다. 미국의 알코올중독자 갱생회는 그동안 알코올중독자들을 지원하면서 놀라운 성과를 거두었다. 현재 인터넷은 심각한 질병으로 고통받는 사람들끼리 정보와 사회 지원을 교환할 수 있게 돕는 페이션츠라이크미PatientsLikeMe 같은 수백 개의 신생 단체를 탄생시키고 있다. 여기서도 마찬가지로 환자들이 자신의 건강에 보다 많은 책임을 지게 만듦으로써 얻게 되는 이익은 실로 엄청나다. 영국의 울프슨 예방의학연구소가 실시한 연구 결과, 영국의 암 발병 사례 중 약 43퍼센트는 '생활방식과 환경적 요인'이 원인이었다. 골초와 과음하는 사람의 수가 적은 사회일수록 의료 서비스 제공 비용이 낮아진다.

보다 일반적으로 봤을 때 인터넷에 기초한 협력은 사람들이 정부가 그들을 위해 해주던 일들을 직접 처리할 수 있게 해준다. 핀란드는 자원봉사자들이 국가 도서관 디지털화 사업을 도울 수 있는 디지털 플랫폼을 만들었다. 덴마크 정부는 외부 학자들이 자칫 국가가 직접 감당해야 하는 문제들을 연구할 수 있도록 자국 세금 기록을 공개했다. 에스토니아는 보기 흉한 쓰레기를 제거하기 위해 놀라운 협력 작업에 착수했다. 그 결과 자원봉사자들은 GPS 기기를 사용해 1만 곳이 넘는 불법 폐기물이 묻힌 장소들을 찾아냈고, 5만 명을 동원해 그것을 치웠다. 픽스마이스트리트FixMyStreet.com는 영국인들이 도로에 생긴 포트홀이나 고장 난 가로등을 알릴 수 있게 해준다. 보스턴은 시민들이 불쾌한 낙서나 도로에 난 구멍 같은 문제를 사진으로 찍어 GPS 정보를 첨부해 시 당국에 보낼 수 있는 애플리케이션을 개발했다. 이 정보는 공공근로 종사자들의 작업 순서를 정하는 데 사용된다. 또 다른 앱인 SK파크는 샌프란시스코 운전자들이 주차 공간을 찾도록 도와준다("덜 돌고, 더 오래 살자"). 텍사스에 있는 도시인 매너는 '매너 연구소'를 출범시켰는데, 이 연구소는 지역주민들의 개선 제안이 받아들여지면 제안을 낸 주민들에게 보상해준다. 상으로는 경찰과의 동승이나 1일 주지사 활동 등이 있다. 이러한 개혁들은 종종 저절로 계속 이어지는 것으로 나타난다. 워싱턴 DC 주지사인 빈센트 그레이가 시민들에게 '민주주의를 위한 새로운 앱'을 만들어달라고 부탁하자 그는 30일 만에 47개의 웹, 아이폰, 페이스북 앱을 받았다.

이것은 사용자를 공공 부문 세계의 중심에 갖다놓는 엄청난 '코페르니쿠스적 혁명'(토니 블레어의 자문관 중 한 명인 매튜 테일러가 쓴 말을 빌리자면)의 시작일 뿐이다. 현재의 중앙집권화된 국가는 정보의 공급량이 부족하다는 생각에 따라 만들어졌다. 국가는 보통사람들이 모르는 많은 것을 알고 있다는 사실로부터 권력을 얻고 있다. 하지만 현재 정보는 세계에서 가장 풍부한 자원 중 하나로, 누구나 컴퓨터나 스마트폰으로 엄청난 양의 정보를 쉽게 얻을 수 있다. 힐러리 클린턴을 위해 일했던 구글 회장 에릭 슈미트Eric Schmidt와 제러드 코언Jared Cohen은 『새로운 디지털 시대The New Digital Age』에서 이것은 개인과 권력 관계의 성격을 바꿔놓는다고 지적했다. 상명하달식 명령 계통을 따르는 정부는 충분한 정보를 습득한 시민 또한 '디지털 시대의 현자'로 불리는 돈 탭스콧Don Tapscott이 말한 '프로슈머들'*이 수천 명, 심지어 수백만 명이 가진 에너지와 능력을 활용할 수 있는 네트워크처럼 될지 모른다.

여기에는 다른 측면도 존재한다. 보다 네트워크화한 국가는 그렇게 새로 힘을 얻은 시민들이 그들의 행동에 대해 보다 많이 책임지기를 기대할 게 분명하다. 정부는 점점 더 사람들을 민간 보험사들과 똑같은 방식으로 유도할 것이다. 남아프리카공화국의 디스커버리 그룹은 스마트 카드를 사용해 사람들이 체육관에 가는 횟수와 구매하는 음식의 종류를 감시한다. 리콴유도 그런 식의 감시를 한 것이라는 상상을 어렵지 않게 할 수 있다. 왜 부모들이 아이들을 정시에 학교에 가게 만들지 않겠는가? 왜 주택 소유자들이 그들의 부동산을 지키리라 기대하지 못하겠는가? 책임에 대한 새로운 강조를 가장 효과적으로 보여주는 사례는 쓰레기 수집이다. 몇 년 전만 해도 우리는 대부분 휴지통에 쓰레기를 버리고 그것에 대해 더 이상 신경을 쓰지 않았다. 지금은 쓰레기를 재활용 가능 여부에 따라 종류별로 분리해서 버려야 한다.

다원주의가 안겨주는 즐거움

세계화와 기술이 정부와 피통치자들 사이의 균형에 변화를 주

---

*프로슈머prosumer는 생산자를 뜻하는 'producer'와 소비자를 뜻하는 'consumer'의 합성어로, 생산에 참여하는 소비자를 의미한다. 이 말은 1980년 미래학자 앨빈 토플러가 『제3의 물결The Third Wave』에서 21세기에는 생산자와 소비자의 경계가 허물어질 것이라고 예견하면서 처음 사용했으며 탭스콧은 『디지털 네이티브Grown Up Digital』에서 넷 세대를 모든 매체에 실시간으로 자신의 의견을 적극 반영하는 '프로슈머'라고 불렀다 – 옮긴이

기 시작하면서 일부 사람들은 그들이 확실한 패턴을 목격할 수 있게 되었다고 생각한다. 그런 사람들 중 한 명인 토니 블레어는 이렇게 말했다. "근대 서양 국가는 대량생산과 정부들이 국민에게 해야 할 일을 말해주고 모든 것을 제공해주는 지시와 통제의 시대에 탄생했다. 근대의 삶은 선택의 문제와 관련된다. 그리고 국가는 그것이 뭔가에 대한 대가를 지불하더라도 유일한 선택이 되어서는 안 된다." 블레어는 작은 중심과 다양한 공공 및 민간 제공업체를 둔 '관료주의 이후의 국가' 창조는 좌파가 포용해야 할 특별한 대의명분이 되어야 한다고 주장했다. "다른 모든 사회적 계급에서 시민은 사업에 열정적인 기구들로부터 서비스를 받는다. 국가를 투명성과 경쟁에 개방하지 않으면 부유한 사람은 누구나 국가로부터 벗어나기 위해 돈을 낼 것이다." 블레어는 공공 부문이 반드시 계속 성장해야 한다는 생각은 전혀 하려고 하지 않았다. 그는 국가를 미국의 차터스쿨과 영국의 특수학교처럼 더 작고 보다 혁명적인 단위로 쪼개는 것이 핵심이라고 생각했다. 그는 "정치인들이 아니라 소비자들이 점점 더 많은 선택을 할수록 국가의 규모는 더욱 작아질 것이다"라고 예언했다.[22]

블레어가 인정하듯 상황이 거의 그의 예언대로 진행되고 있다. 하지만 예전 국가의 뒤에 놓인 주요 전제들을 살펴보면 그들은 도전을 받기 시작한다는 것을 알 수 있다. 모든 것을 통제하려는 욕구는 다원주의에, 획일성은 다양성에, 중앙집권화는 지방화에, 불투명성은 투명성에, 현상 유지 정책 또는 변화 거부 성향은 실험주의에 밀려나고 있다. 국가는 각 사례별로 움직이기 시작했다(다만 그것이 훨씬 더 빨리 움직일 수는 있다). 우리는 다원주의부터 시작해 한 가지씩 차례차례 살펴보려 한다.

스웨덴에서 목격했듯이 공적 서비스 제공 주체가 누구인지 문외한인 정부로부터는 얻을 게 상당히 많다. 이것이 상식적인 말처럼 들릴지 모르지만 정부 내에서 '구매자 – 제공자 사이의 분리'는 그로 인해 정부 주요 기관들에 경쟁을 불러일으킨다는 점에서 가히 혁명적이다. 국가는 비상사태 때 사실상 항상 이와 같이 생각해왔다. 1940년 영국군이 프랑스 북부 항구도시 됭케르크에서 고립되기 직전 어떤 노동조합원도 군대를 구하는 일을 민간 선박들에 맡기는 게 옳은지에 대해 질문하지 않았다. 그리고 프랑스와 독일을 포함해 중부 유럽 내 다수의 공공연한 좌파 정부는 공공 환자들을 돌보기 위해 오랫동안 민간 병원을 이용해왔다. 뉴질랜드와 오스트레일리아는 점점 더 이런 고위 공무원들을 경쟁 관계에 있는 업체와 성과평가 거래를 체결하는 사업에 종사하는 고위 임원으로 간주한다. 1970년대 중반에 미국의 공공 부문(연방, 주, 지방을 모두 합쳐)은 모든 비용의 40퍼센트를 공무원들에게 썼다. 오늘날 이 비율은 29퍼센트까지 하락했다.[23] 이런 차이는 또한 영국의 서코 그룹처럼 공적 서비스 제공을 전문으로 하는 새로운 세계적 기업 집단을 만들고 있다. 서코 그룹은 영국 정부를 대신해 공공 및 민간 운송과 교통 통제, 항공, 군 및 핵무기, 구치소, 감옥, 학교 등을 운영하고 있다.

다원주의에는 두 가지 종류의 반대가 존재한다. 하나는 이데올로기적 반대다. 여전히 좌파 쪽에는 서비스가 좋은지보다는 서비스가 어떻게 제공되느냐에 더 관심 있는 사람이 많다. 하지만 좌파는 궁극적으로 서비스가 소수의 공공 부문 근로자와 다수의 시민 중 누구 편인지를 결정해야 한다. 두 번째는 첫 번째보다 더 심각한 실질적 반대다. 구매자와 제공자의 불화가 항상 사람들이 기대했던 것만큼 원만하게 해결되지는 않는다. 외주 계약은 삶을 더 복잡하게 만들 수 있다. 납품업체들을 선정하기 위해서는 새로운 관리자들이, 그리고 업체들이 제대로 일을 하는지 확인하기 위해서는 규제기관들이 필요하다. 새로 생긴 영국 국유철도는 뭔가 잘못되었을 때(이런 잘못이 생기는 횟수가 잦다) 비난받아야 할 대상이 누구인지 알기 어렵게 만들기 위해 100개의 서로 다른 조각(상이한 기업들이 상이한 지역을 관리하고, 인프라의 상이한 부분을 소유한다)으로 쪼개진다. 미국의 의료 서비스가 그토록 혼란에 빠진 한 가지 이유는 그중 상당 부분이 계약에 따라 외주를 주었기 때문이다. 정부는 결국 많은 돈을 지불하지만(분명 대부분 세금 우대 조치를 통해) 직접적으로 지불하는 경우는 드물다. 민간 부문과의 협력이 엉망진창이 될 수도 있다. 이라크 내에서 미국의 힘이 남용된 최악의 경우는 민간 보안회사들 때문에 생겼다. 그리고 평가를 잘하기는 힘들다. 학교가 성적을 높이기 위해 상대하기 힘든 학생들을 솎아내지 못하게 막으려면 어떻게 해야 하는가? 잘못된 평가 시스템은 치명적인 결과를 낳을 수도 있다. 영국의 스태포드 병원에서는 2005년과 2008년 사이 병원 관리자들이 목표 달성에만 지나치게 열을 올리다가 툭하면 환자들을 무시하는 바람에 보험통계업에서 예상했던 것보다 400~1,200명이나 더 많은 사람이 숨졌다.[24]

하지만 시스템을 완전히 포기하기보다 그것을 개선해야 할 여러 가지 이유가 존재한다. 계약은 적절히 맺고, 계약자들은 주의 깊게 감독되어야 한다.[25] 평가 시스템은 민감하게 설계되어야 한다. 시민들은 스웨덴에서 그렇듯이 다양한 계약자가 올리는 성과에 대해 최대한 많은 정보를 얻어야 한다. 정부는 민간기업들을 통제하기 위해 성과 관련 임금 같은 것들을 더 잘 활용하고 있다. 예를 들어 영국 정부는 서코의 수입 10퍼센트가 상습범을 10퍼센트 줄인다는 조건하에 수입을 돈캐스터 감옥 운영을 통해 얻을 수 있게 만들었다. 공공 부문 최고의 규제 담당자들은 시민 자신이다. 그렇기 때문에 그들은 돌아가는 상황에 대해 더 많은 정보뿐만 아니라 '그들의' 돈의 사용처에 대해 더 많은 선택권을 갖는 게 타당하다.

다양성이 가진 매력

첫 번째 변화와 관련이 아예 없지 않은 두 번째 중대한 변화는 정부가 덜 획일적으로 변하고 있다는 점이다. 정부는 점점 더 상이한 원칙들에 따라 조직되고, 상이한 사람들이 모여 일하는 '공공 부문' 내에서 상이한 조직들을 감당할 준비를 점점 더 많이 하고 있다.

제도적 다양성을 보여주는 가장 눈에 띄는 사례는 교육에서 찾을 수 있다. 미국에는 약 150만 명의 학생을 교육시키는 약 5,000개의 차터스쿨이 존재한다. 이러한 차터스쿨은 '기본 중시' 학교부터 진보적 학교와 직업학교에 이르기까지 종류가 다양하다. 영국에서는 학교의 절반이 자율학교다. 정부는 학교 모델을 더욱더 밀어붙이고 있다. 부모와 교사들로 이루어진 단체들은 '무료' 학교를 세울 수 있는데, 이런 학교들은 본질적으로 공적 자금을 지원받는 신생 교육기관이다.

공공 부문 내에서 다양한 학교가 존재한다는 것은 그 자체로 좋은 일이다. 기술에 소질이 있는 사람들을 위한 기술학교가 있고, 연극에 관심이 많은 사람들을 위한 '예술'학교가 있다면 우리의 자식들에게 적합한 학교를 찾을 가능성이 더 높아질 것이다. 또한 더 많은 아이디어가 등장하게 된다. '아는 것이 힘 프로그램'이란 뜻을 가진 미국의 차터스쿨 네트워크인 키프KIPP 학교들은 기존 학교보다 학습 시간이나 학기를 연장해서 심층적인 수업을 진행한다. 이 학교들은 토요일에 수업을 진행하기도 한다. 어떤 경우 이런 실험들이 실패로 끝나기도 할 것이다. 일부 차터스쿨은 재난이나 다름없었다. 하지만 전반적으로 봤을 때 이런 교육계의 '변종들'은 새로운 아이디어의 생성뿐만 아니라 전 조직에 영향을 미치는 개선 증진에 좋은 기록을 갖고 있다. 스웨덴에서는 학생들 중 상당수가 무료 학교에 다니는 지역이 전체 지역을 총망라했을 때 학업 성취도가 더 높다.[26] 가장 큰 소득은 차터스쿨 이외의 학교에서 목격된다. 최근 LSE가 발표한 보고서를 보면, 영국에서 특수 학교들은 더 나은 결과를 내고 있을 뿐만 아니라 인접 학교들의 성과도 증진시키고 있다.[27]

정부는 또한 인재 관련 실험에 관심이 많다. 오스트레일리아 정부는 고위 공무원들에게 싱가포르 수준에 버금가는 임금을 지불하기 시작했다. 오스트레일리아 장관은 영국 장관보다 두 배가 많은 연간 5만 파운드를 번다. 오스트레일리아는 고위직에 외부인을 영입하는 데 인상적인 노력을 기울여왔다. 영국 또한 공무원 조직 밖에서 민간 전문가를 영입하는 데 수완을 보여주고 있다. 고든 브라운 총리는 최근 스탠다드차타드 은행 회장을 지낸 머빈 데이비스 같은 중도파 기업인을 장관으로 영입하는 식으로 '모든 인재가 모인 정부GOATs : Government of All the Talents'를 만들기 위해 노력해왔다. 데이비드 캐머런은 영국 중앙은행인 영란은행 총재로 캐나다 은행 총재를 임명했다. 오스트레일리아 출신 영국 사업가인 데이비드 히긴스는 정부 재생국 국장과 올림픽조달청장을 맡았고, 현재는 종합철도정보의 경영을 맡는 등 일련의 정부 고위직을 거쳤다.

정부들은 또한 자발적 단체와의 협력에 열을 올리고 있다. 코드포아메리카Code for America는 평화봉사단과 티치포아메리카Teach for America*의 기능을 '합쳐놓은 조직'이다.

이 조직은 사회문제 해결을 돕고 싶어 하는 '코더Coder'로 알려져 있는 기술 전문가들을 모아놓은 인재은행을 유지한다. 이어 기술에 기초한 해결책이 필요한 문제들을 찾아내고, 인재은행 내 회원들에게 정부 관리와 함께 혁신적인 해결책을 찾아내는 일을 맡긴다. 코더가 만든 해결책의 목록은 길다. 예를 들어 눈에 파묻힌 소화전의 위치를 알려주는 보스턴 웹사이트, 지역 쓰나미 경고 시스템 내 방전된 배터리를 찾아내는 호놀룰루의 웹사이트, 부모들

---

*평화봉사단은 미국 정부가 미국 내에서 모집한 청년 중심의 봉사자를 훈련·파견하는 단체다. 티치포아메리카는 미국의 비영리 교사 양성 기관이다 - 옮긴이

에게 학교 통학 버스가 늦게 오는지를 알려주는 GPS 시스템, 필라델피아 내 벽화 위치에 대한 보행자용 안내 지침 등이 그것이다.

이것은 직업 공무원 제도를 바꿔놓기 시작했다. 대학 졸업 후 공무원이 되어 힘들게 고위직까지 올라가던 시대가 끝나고 있는 것이다. 경력을 쌓은 공무원들 중에서 민간 업체로 파견 근무를 가는 사람이 늘어나고 있다. 공무원 조직에 들어와 일하다가 나가는 민간 전문가의 수도 늘어나고 있다. 하지만 독립적 기계 같은 조직이 유동적 네트워크처럼 변하기까지는 여전히 갈 길이 멀다.

지방정부의 역할

최근 중앙정부보다 지방정부로부터 나온 최고의 아이디어가 정말로 많았다는 점은 주목할 만하다. 20세기 중반 뜨거웠던 중앙집권화 열정은 시들었다.

전 세계적으로 지방정부들이 국가정책을 뒤집고, 그 과정에서 낡은 사상적 분열을 봉합하면서 존재감을 드러내고 있다. 지방정부에서는 람 이매뉴얼 시카고 시장과 론 홀다이 텔아비브 시장처럼 아주 눈에 띄는 인물들이 활약하고 있다. 지방정부에는 또한 사상적으로 좌파와 좌파를 넘나드는 위대한 인물들이 일하고 있다. 보수주의자인 보리스 존슨 런던 시장은 그 자신이 "완전히 공산주의적 프로젝트"라고 말한 자전거 공유 프로젝트를 수용했고, 그의 전임자이자 노동당의 맨 왼쪽에 서 있다고 해서 '빨갱이'라고 불렸던 켄

리빙스톤은 도로 혼잡 통행료 징수제라는 완전히 자유시장에 어울리는 제도를 도입했다. 지방 정치인들은 대중의 머릿속에서 국가 정치인들을 점차 뛰어넘고 있다. 사람들은 그들을 훨씬 더 신뢰할 뿐만 아니라 그들이 해야 하는 말에도 종종 더 많은 관심을 기울인다. 중국을 방문한 빌 클린턴은 상하이 시장과 함께 라디오 방송에 출연한 적이 있다. 이때 방송국으로 걸려온 전화 중 3분의 2는 세계적 슈퍼스타인 클린턴이 아니라 시장에게 걸려왔다.[28]

지역중심주의는 두 곳에서 특히 좋은 성과를 냈다. 우선 미국이다. 워싱턴 DC의 마비로 야심찬 지역 정치인들에게는 개입 외에 다른 선택이 없었다. 마이클 블룸버그는 "지방에서 선출된 관리들은 말로만 떠들지 말고 행동하고, 언쟁하지 말고 혁신하며, 당파주의보다 실용주의를 지향해야 할 책임을 진다"라고 말했다. 미네소타와 매사추세츠는 빌 클린턴의 복지 개혁의 단초가 되었던 '일하는 복지' 정책을 최초로 추진했다. 매사추세츠는 버락 오바마가 전국적으로 추진했던 의료 서비스 개혁에 앞장섰다. 사실상 미트 롬니가 매사추세츠 주지사로 있을 때 앞장서서 추진했던 의료 서비스 개혁을 2012년 공화당 대선 후보로 출마하면서 반대했다는 말은 중앙과 지방정부의 상대적인 장점에 대한 흥미로운 언급이다.

지역중심주의가 특히 좋은 성과를 낸 두 번째 장소는 신흥 세계다. 개혁에 나선 정부들은 종종 지방정부를 개혁의 실험실로 이용하곤 했다. 1980년대 중국 선전이나 광둥성의 역할이나 오늘날 중동 지역 내 특별경제구역의 역할에 대해 살펴보자. 두바이 한 곳에만 상업적 분쟁을 해결하기 위해 영국식 사법제도에 의존하는 국제금융센터와 세계 최대이자 세계에서 가장 효율적인 항구 중 하나인 제벨알리 자유지대 같은 150개 경제구역이 존재한다. 인도와 중국도 국토가 너무 넓다 보니 최대 1억 명이 사는 지방에 상당한 자율권을 부여하지 않을 수 없다. 브루킹스 연구소의 빌 안토리스는 "전 세계 인구의 3분의 1이 거주하고 있는 인도와 중국의 상당 부분을 밑바닥부터 통치하는 지방 리더가 점점 더 늘어나고 있다"라고 주장했다. 어떤 경우 그로 인해 재난과 부패가 발생했다. 그와 달리 스타들도 출현했다. 예를 들어 인도 서부에 있는 구자라트 주지사를 지낸 나렌드라 모디Narendra Modi 인도 총리는 종파와 관련된 사건으로 불편한 기억을 갖고 있을지 모르지만* 인도에서 가장 기업 친화적인 정책들을 자유롭게 추진하면서 구자라트를 제조업과 수출 분야에서 인도의 최고 주로 만들었다. 다수의 기업인은 모디가 국가적 차원에서 이런 정책을 다시 쓰기를 원할 것이다.**

지역중심주의가 미래에 지금보다 더 큰 역할을 할 것이라고 기대할 만한 타당한 이유들이 존재한다. 어느 도시나 보다 중요해지고 있다. 전 세계 인구 중 도시 거주 인구가 차지하는 비중은 1800년 3퍼센트에서 1900년에는 14퍼센트로 높아지고, 오늘날에는 다시 50퍼센트 이상으로 상승했다. 2050년에는 이 비중이 75퍼센트에 이를 수도 있다. 개발도상국에서는 5일마다 100만 명이 넘는 사람

---

*모디는 2002년 구자라트 주에서 힌두교도의 공격으로 무슬림 1,000명이 사망한 사건을 방관했다는 비판을 받은 적이 있다 - 옮긴이
**2014년 5월에 인도의 총리가 된 모디는 외국인의 투자를 통한 인프라 확충과 제조업 육성, 이를 통한 일자리 창출을 골자로 한 '모디노믹스Modinomics'를 추진하며 국민들로부터 좋은 반응을 얻고 있다. 그는 청년 일자리 확대를 비롯해 작은 정부, 기업의 자유를 강조하고 있으며 모디노믹스의 기대감이 확산되면서 인도 증시는 연일 상승 랠리를 펼쳤다 - 옮긴이

들이 도시로 이주한다. 일부 도시는 거대 조직체가 되었다. 보시라이의 권력 기반이었던 충칭 시는 덴마크 인구의 여섯 배이자 캐나다 인구와 비슷한 3,000만 명이 거주하는 지역의 중심부에 위치해 있다. 도시들은 또한 지식 기반 경제의 중심지다. 싱크탱크인 새로운 미국재단의 파라그 카나 선임 연구원은 40개 도시 지역이 전 세계 경제 생산량의 3분의 2를 생산하며, 전 세계 혁신에서 창조하는 비중은 이보다 훨씬 더 높다고 추산한다. 필라델피아 연방준비은행 소속 경제학자인 제랄드 칼리노는 도시의 혼잡도가 높을수록 도시는 더 창의적으로 변한다고 지적한다. 1제곱킬로미터당 취업자 수가 두 배 늘어날 때마다 1인당 특허 건수는 평균 20퍼센트 늘어난다는 것이다.

도시들은 또한 국가 정부를 피해 상호 관계를 결성하고 있다. 샌프란시스코와 디트로이트는 각각 인도 IT의 본거지인 벵갈루루 및 자동차 수도 푸네와 밀접한 관계를 맺고 있다. 정부들 역시 마찬가지다. 제리 브라운은 캘리포니아와 중국 지방 당국들 사이의 관계 형성을 위해 특히 적극적으로 행동해왔다. 중간에 국가 정부를 거치지 않고도 아이디들이 한 지방정부로부터 다른 지방정부로 확산되고 있다. 예를 들어 300곳이 넘는 도시가 자전거 공유 프로그램을 도입했다. 가장 중요한 전 세계적 관계가 국가별 정부나 수도 사이의 관계였던 예전 세계는 이제 성공한 시장과 주지사가 과거 어느 때보다 더 복잡한 관계망을 구축하고 있는, 훨씬 더 네트워크화된 세계로 대체되고 있다.

약간의 실험

우리가 제4의 혁명이 없애주기를 바라는 낡은 정부의 마지막 저주는 어떤 면에서 다른 것들의 종합인 정체주의다. 변화를 거부하는 움직임을 바꾸기 위한 일이 일어난 적이 있는가? 생각의 변화를 도식화하기는 힘들지만, 우리는 우리가 지금까지 설명한 모든 다양한 것을 받아들인다면 뭔가가 바뀌기 시작하리라고 주장할 것이다.

어떤 경우 절망에 의해, 또 어떤 경우 기대감을 갖고 관료들과 정치인들은 예전과 다르게 생각하기 시작했다. 정부가 모든 일을 다 해줄 것이라는 추정, 획일성에 대한, 모든 것을 중앙집권화하려는 욕구. 우리는 서양 세계 어디서나 이러한 낡은 신조가 무너지고 있다는 것을 보여주는 사례를 찾을 수 있다. 그런 사례들이 개별적으로는 큰 의미를 갖지 못하더라도 합쳐지면 뭔가 대단한 의미를 선사할 수 있다. 그러면서 조금씩 새로운 모델이 출현하는 것이다. 아직까지 아무도 이런 제4의 혁명에 인상적인 단어를 붙이고, 이것에 확실한 철학을 입히지는 못했지만 우리는 홉스와 밀, 웹 부부와 관련된 변화만큼 극적인 변화를 겪으며 살고 있다.

이것이 극적인 주된 이유는, 이번 혁명이 아래에서부터, 즉 실험하는 시장들, 더 나은 학교를 요구하는 부모들, 그리고 국경을 넘어 퍼지는 아이디어에 의해 추진되고 있기 때문이다. 윗사람들도 조금 바뀌었다. 혁신을 강조하는 새로운 문화가 등장했다. 덴마크의 마인드랩과 헬싱키의 디자인랩처럼 북유럽 국가에서 유행하는 정책 연구소 설립 분위기가 다른 곳으로 확산되고 있다. 오바마 정부는 사회 기업가들이 낸 더 똑똑한 아이디어를 찾아서 "그들을 대통령 집무실로 가져오게" 하려고 백악관 내에 사회혁신 및 시민 참여국을 신설했다.[29] 보다 실용적이고자 하는 움직임도 눈에 띈다. 오바마는 취임사에서 "우리가 오늘날 던지는 질문은 우리 정부가 너무 큰지, 혹은 작은지가 아니라 좋은 성과를 내는지 여부다"라고 말했다.[30] 하지만 지금까지 미국 정부가 걸어온 길은 순탄치 않았다. 자칭 실용주의자인 오바마는 워싱턴 DC 흑인 시민들 사이에서 큰 인기를 끌었던 것과 같은 바우처 프로그램에 대해 계속해서 반대해왔다.

이런 모습은 바뀔 것이다. 심지어 미국을 포함해 여러 정부가 빠른 효과를 보는 것들을 찾아내는 방법 외에는 별다른 도리가 없다. 하지만 정치인들이 이러한 조직적 변화를 밀어붙이기 시작할 경우 훨씬 더 빠른 시일 내에 변화가 추진될 것이다. 되돌아봤을 때 지금까지 일어났던 30차례의 혁명 중 눈에 띄는 한 가지는 몇몇 지도자에게 다른 모든 사람을 움직이는 몇 가지 원칙을 찾아낼 수 있었다는 사실이다. 빅토리아 시대의 자유주의자들은 재능 있는 사람들에게 출세할 수 있는 기회를 주고 공개경쟁을 유도하는 것과 같은 몇 가지 중대한 정책에 달려들어, 그들을 정부 정책의 핵심으로 만들었기 때문에 성공했다. 페이비언주의자들도 똑같은 이유로 성공했다. 오늘날의 개혁가들도 소수의 핵심 아이디어를 찾아내어 추진해야 한다. 우리는 이제부터 그런 아이디어들을 살펴보려 한다.

9장

★ ★ ★ ★

정부는 왜 존재하는가

『미국의 민주주의Democracy in America』 서문에서 알렉시 드 토크빌은 "새로운 세계에는 새로운 정치 과학이 반드시 필요하다"라고 주장했다. 토크빌은 '정치과학'을 폭넓게 정의했다. 『미국의 민주주의』는 연방제의 성격과 당 조직 같은 정치과학의 통상적인 면을 연구했다. 하지만 정말로 그의 관심을 끌었던 것은 정부 조직이라기보다 정부의 생기를 불어넣어주는 정신이었다. 어떻게 해서 민주주의와 평등이라는 두 가지 원칙이 근대 삶의 구성 원리로 중요해진 것일까? 그리고 어떻게 해서 미국은 토크빌이 살던 프랑스에 비해 '새로운 세계를 만들기 위한 새로운 정치과학'을 만들면서 시대 변화에 그토록 잘 적응해간 것일까?

이 책은 근대 시대가 열린 이후로 세 가지 종류의 새로운 '정치과학'이 존재해왔다고 주장한다. 그들은 모두 ①주권을 강조한 16세기와 17세기 정치학, ②개인의 자유(와 상당히 많은 토크빌이 말한 민주주의)를 강조한 18세기와 19세기의 정치학, ③사회복지를 강조한 20세기 정치학이라는 세 가지 새로운 세계에 필수불가결한 것으로 드러난 과학이다. 우리의 제3의 혁명은 새로운 기술과 새로운 정치 압력 차원에서 정치과학을 다시 상상해보기 위한 시도다.

앞 장에서 우리는 제4의 혁명의 역할에 대해 살펴보았다. 전 세계적으로 보다 효율적인 정부를 만들기 위해 어떤 일이 벌어지고 있는가? 윌리엄 보몰과 기타 사람들이 찾아낸 발전을 가로막는 장애물은 약화되었다. 하지만 우리는 순전히 실용주의적인 개혁을 통해서만 그런 정부를 만들 수 있을 것이다. 기득권을 가진 사람들이 계속해서 도덕적 우위를 점하고 있다면 그들은 항상 실용적 개혁가들을 좌절시킬 수 있을 것이다. 운영 시스템이 컴퓨터의 작동 방식을 결정하는 것과 마찬가지로 정부의 작동 방식을 결정하는 것은 생기를 불어넣는 아이디어들이다. 정부의 위기는 조직의 위기 차원을 넘어 아이디어의 위기다.

정부와 개인 사이의 사회계약은 홉스와 밀이 재검토했을 때와 아주 똑같은 정신으로 면밀히 검토되어야 한다. 우리는 20세기에 홉스식 이상적 질서와 밀식 이상적 자유에 일련의 이상들을 추가한 정부를 목격해왔다. 종국적으로 우리는 평등의 의미와 시민권이 부여하는 권리에 대해 훨씬 더 광범위한 개념을 갖게 되었다. 아주 더 광범위한 개념을.

정부는 통제가 힘들 정도로 비대하게 변했다. 세계에서 가장 효율적인 기술관료들이 운영한다고 해도 정부는 여전히 야망 때문에 거대해졌고, 상충된 목표들 때문에 여기저기 끌려 다니는 혼란 상태에 머물 것이다. 설상가상으로 정부는 자유의 적이 되어가고 있다.

따라서 우리에게 가장 큰 영감을 주는 혁명은 자유에 가장 굳건한 토대를 둔 혁명이다. 서양 정부는 미국의 창시자들, 영국의 존 스튜어트 밀과 토머스 배빙턴 매콜리,* 프랑스의 알렉시 드 토크빌과 니콜라 드 콩도르세**처럼 18세기와 19세기에 활약한 위대한 자유주의자들의 정신을 되찾아야 한다.

초기 빅토리아 시대의 부풀린 정실주의를 중시했던 정부와 우리가 사는 시대의 재정 지원 혜택을 강조하는 정부 사이에는 유사점이 존재한다. 초기 빅토리아 시대의 정부가 철도시대의 정신과 그랬듯이 우리의 리바이어던은 인터넷 시대의 정신과 부조화를 이루고 있다. 리바이어던은 엄청난 양의 재원을 빨아들이지만 현대 기술이 가진 생산성 향상 능력을 제대로 활용하지 못한다. 그것은 상업 세계에서 가장 건강한 요소들과의 접촉을 끊으면서 예전 세계에 집착한다. 또한 그것의 민주주의의 정수는 제국 건설과 기득권층에 의해 약화되었다. 따라서 자유주의자들은 지금 옹호되어야 하는 대의명분을 옹호해왔다. 그 명분은 바로 자유다.

---

* 19세기 영국의 역사학자이자 정치가. 인도 총독 고문으로 만인의 법 앞에서의 평등, 영어 교육, 인도 형법전 작성 등 인도 통치상 중요한 제언을 했다 – 옮긴이
** 프랑스의 수학자이자 정치가로 프랑스 혁명기에 입법의회, 국민공회의 의원이 되고 국민 교육제도 확립에 힘을 기울였으며, 1793년에 지롱드 헌법 초안의 기초자가 되었다 – 옮긴이

자유의 정치학

19세기 자유주의자들은 자유와 개인을 각각 정부와 사회의 핵심으로 간주했다. 그들에게 정부가 맡은 가장 중요한 일은 평등이나 박애 사상 또는 그 외에 다른 케케묵은 프랑스 혁명의 철학을 고취시키는 게 아니었다. 그보다는 개인에게 하느님이 주신 힘을 써서 갖고 있는 잠재력을 백퍼센트 발휘할 수 있는 최대한의 자유를 주는 것이었다. 이것은 그 자체로 이익이었을 뿐만 아니라 진보의 소용돌이를 이용하는 방법이었다.

고전적 자유주의자들은 자유의 본질은 타인으로부터 간섭받지 않을 자유에 있다고 생각했다. 밀은 "진정한 의미에서 유일한 자유는 우리 방식대로 우리의 이익을 추구하는 자유다"라는 인상적인 말을 남겼다.[1] 그들은 정부가 사라져야 한다고 생각하지 않았다. 특히 밀은 창꼬치의 행동을 강제로 억제하지 않고 창꼬치에게 자유를 줄 경우 피라미가 죽게 될 수 있다는 사실을 인정했다.***

그들은 또한 정의 같은 다른 가치들의 이익을 위해 자유를 양보할 의사가 있었다. 하지만 그들은 정부가 침범할 권리가 없는 어느 정도 최소한의 개인적 자유 영역이 있다고 주장했다. 그것은 외부의 괴롭힘으로부터 보호되어야 마땅한 개인의 자결권 영역이었다.

*** 창꼬치는 날카로운 이빨을 가진 사나운 물고기로, 피라미처럼 주로 작은 물고기를 잡아먹고 산다. 미국의 과학자들이 창꼬치가 들어 있는 수족관에 피라미들이 담긴 투명한 어항을 넣었는데, 창꼬치는 피라미들을 향해 돌진하다가 유리에 코와 입을 부딪혔다. 그러자 창꼬치들은 피라미에게 전혀 관심을 보이지 않았고, 나중에 과학자들이 어항에서 피라미들을 꺼내 창꼬치와 같이 수족관에 넣어놓았지만 공격하지 않았다. 이처럼 정형화된 사고방식을 갖게 되는 것을 '창꼬치 증후군 pike syndrome'이라고도 한다 - 옮긴이

이러한 영역의 정확한 규모는 치열한 논쟁의 소재였다. 자유라는 명목하에 보호되어야 할 권리들의 목록 내용 역시 마찬가지였다. 하지만 그들은 모두 기본적으로 언론의 자유(종교의 자유를 포함한), 사생활의 자유, 표현의 자유, 소유의 자유를 보호하기로 합의했다. 정부가 이러한 기본적인 자유를 침해할 경우 정부는 권력을 남용하고, 전제주의에 빠진 것이었다.

그들의 주장은 다른 무엇보다도 더 도덕적인 성격을 띤 주장이었다. 즉 사람들은 살고 싶은 대로 살 수 있는 권리가 있으며 다른 사람들의 의지보다 자기 의지대로 살 때 인간애를 발휘한다는 것이다. 이것이 계몽주의 시대 독일의 철학자 임마누엘 칸트Immanuel Kant가 "가부장제는 상상할 수 있는 가장 강력한 전제주의다"라고 생각한 이유다. 하지만 그들의 자유주의는 실용적이었다. 사회주의자들은 공동의 복지 증진이라는 명분하에 자유에 대한 간섭을 정당화했다. 자유주의자들은 이것이 잘못된 거래라고 믿었다. 개인의 자유는 경제적 발전, 사회적 화합과 완벽하게 양립할 뿐만 아니라 후자를 이루기 위한 전제 조건이었다. 아담 스미스는 경제 발전은 자기 본위적 개인들이 상호 계약을 체결함으로써 얻게 된 결과라고 주장했다. 밀은 문명은 사람들이 원하는 대로 생각할 수 있는 최대한의 자유를 얻게 될 경우에 한해 발전할 수 있다고 주장했다. 글래드스톤이 국가를 위해 촛동강과 치즈 조각까지 아끼느라 분주했던 것도 이런 이유 때문이다. 고전적인 자유주의자들은 사람들이 자유의 진정한 의미에 대해 망각하고 있을지 모른다고 우려했다. 정부가 가난한 사람들을 돕기 위해 부자들에게 세금을 부과하는 것처럼 사람들이 승인하는 어떤 중요한 일을 하더라도 정부는 자유를 줄이고 있으며, 자유에 대한 모든 자잘한 공격이 쌓여서 하나의 거대한 공격이 된다는 사실을 인식해야 한다. 이런 생각은 1830년 영국의 시인이자 전기작가인 로버트 사우디Robert Southey 가 쓴 『사회에 대한 대화Colloquies on Society』에 대한 영국의 역사학자 매콜리 경의 서평에 가장 잘 표현되었다. 사우디는 수도원 해산* 이전에 영국 정부의 역할에 대해 이상적인 시각을 드러냈다. 매콜리는 사우디의 책을 다음과 같이 혹독하게 비판했다.

그(사우디)는 행정관의 역할은 국민의 생명과 재산을 공격으로부터 지키는 데 그치지 않고 건축가, 교장, 상인, 신학자, 모든 교구에 있는 바운티풀 부인,** 모든 집에 있는 꼬치꼬치 캐기 좋아하는 사람 역을 모두 맡으면서 정보를 캐고, 엿듣고, 문제를 해결해주고, 훈계하고, 우리 돈을 우리를 위해 쓰고, 우리 의견을 우리를 위해 골라주는 완벽한 팔방미인이어야 한다고 생각한다.

그의 원칙은 어떤 사람도 그의 통치자들이 그에게 해줄 수 있는 만큼 자기 자신을 위해 어떤 일도 그토록 잘할 수 없으며, 정부는 개인의 습관과 생각에 대한 간섭 강도가 강해질수록 더욱더 완벽함에 접근하게 된다는 것이다.

---

* 1539년 헨리 8세가 자신에게 충성하지 않는 가톨릭교를 뿌리뽑고 고갈된 왕실의 재정 문제를 해결하기 위해 수도원을 해산시키고 땅과 재산을 몰수한 사건 – 옮긴이
** 영국의 극작가 조지 파쿼George Farquhar가 1707년에 쓴 희극 〈멋쟁이의 책략Beaux Stratagem〉에 등장하는 돈 많고 자비로운 여인 – 옮긴이

매콜리는 아주 다른 자유주의적 관점을 제시했다.

지금까지 영국의 문명이 발전할 수 있었던 것은 사우디의 우상인 전지전능한 정부의 간섭이 아니라 신중하고 활기 넘치는 국민들이 있었기 때문이다. …… 우리 통치자들은 국민이 합법적인 의무만 수행하도록 엄격히 제한하고, 자본을 최대한 불리고, 상품을 적정가격으로 받게 하고, 산업과 정보가 응당한 보상을 받고, 게으름과 우둔함은 응당한 처벌을 받고, 평화를 유지하고, 재산을 지키고, 법 때문에 치러야 할 대가를 줄이고, 모든 정부 부서에서 엄격한 절약을 실천하는지 주시함으로써 그들의 발전을 최대한 도모할 것이다. 정부가 이런 일을 하게 되면 국민은 분명 나머지 일을 할 것이다.

매콜리가 활동하던 시절 이후 사람들은 '분명히 할' 나머지 일들이 줄어들었다. 어떤 경우 그것은 자유의 개념이 확대되었거나 왜곡되었기 때문이다. 공산주의 신봉자들은 '진정한' 자유라는 이름으로 통상 전제주의를 정당화했다. 하지만 보다 일반적으로 봤을 때 자유의 개념에 잠행潛行과 대중의 요구가 뒤섞여들었다. 현대 영국 정부의 규모에 대해 매콜리가 어떻게 생각했을지 상상해보는 것도 흥미로울 것이다. 경찰은 수천 개의 CCTV 카메라로 시민들의 일거수일투족을 끊임없이 감시하고 있다. 정부는 비밀리에 모든 커뮤니케이션을 감시한다. 교장으로서 정부는 국가 내 모든 학교의 교과과정을 통제하고, 학교의 90퍼센트를 운영한다. 보모로서 정부는 사다리에 올라가는 법이나 쓰레기를 치우는 법까지 가르친다. 방송사로서 정부는 하루 24시간 텔레비전과 라디오 방송을 쏟아낸다.

서양에서 자유의 가치가 점차 축소되자 전기작가이자 사상가인 이사야 벌린 같은 몇몇 자유주의자와 철학자의 걱정이 커졌으나 이런 변화가 더 광범위한 대중으로부터의 시끄러운 항의가 나오는 법은 거의 없었다. 오히려 그와 정반대다. 예를 들어 영국인들은 가끔 '아줌마'라고 불리는 공영방송사 BBC*를 좋아하고, 보안 카메라 때문에 더 안전하다고 느낀다. 이런 사실은 분명 매콜리와 밀을 더욱 걱정스럽게 만들었을 것이다.

예전의 고전적 자유주의자들에게 큰 정부와 대중민주주의가 결합될 것이라는 전망은 가히 놀라운 사실이었다. 그들은 민주주의가 단순히 탄압하는 힘을 소수에서 다수에게로 이전시키기만 한다면 그것은 군주독재 이상의 발전과 전혀 거리가 멀다고 경고했다. 미국의 헌법 제정자들은 정부가 다수의 바람에 의해 지지되었을 때조차 정부의 역할을 제한하기 위해 권리장전과 대법원을 만들었다. 부드러운 전제주의의 두려움에 시달리던 토크빌은 중앙으로부터 지방으로 권력 양도의 중요성을 강조했는데, 이것은 그가 미국에 매력을 느낀 이유 중 하나였다. 매콜리는 고품질의 교육 프로그램과 엄격한 실험을 통해 고위직에 최고로 똑똑한 인재들을 선별하는 게 중요하다고 강조했다. 엘리트 공무원은 입법부의 힘을 견제하는 역할을 한다는 것이었다.

많은 면에서 예전 자유주의자들이 우려했던 일이 벌어졌다. 국

---

* '아줌마'는 BBC를 친근하게 여기는 영국인들이 붙여준 이름이지만, 이 때문에 현대적인 새로움과 진보성을 갖추지 못한 고리타분한 방송사라는 인상을 풍긴다는 소리도 듣는다 – 옮긴이

민들은 거듭 정부의 역할 확대를 찬성하는 데 표를 던졌다. 자유는 고통을 받았다. 하지만 그로 인해 민주주의나 정부가 조금이라도 더 나아져 보이는 것 같지는 않다. 민주주의는 다소 추레하게 성장해왔으며, 이것이 우리 두 필자가 내린 결론의 주제다. 정부의 경우 그것은 역설에 사로잡혀 있다. 일반적인 민주 의지에 의해 후원받는 정부보다 더 강력한 정부는 없었다. 하지만 지금처럼 정부의 규모가 커지고 과도한 부담을 받는 정부만큼 더 미움을 받거나 비효율적인 정부는 없었다. 사람들은 어쩔 수 없이 자유를 포기했지만, 그 대신 얻은 것은 많지 않다.

리바이어던의 역설

서양 정부에 대한 신뢰 약화를 보여주는 지금까지 실시된 설문조사 결과를 단순히 더하기만 해서는 현재 유권자들이 그들의 통치자들에 대해 느끼는 경멸감을 제대로 파악할 수 없다. 18세기의 '낡은 부패'는 세계에서 가장 위대한 풍자 작품들에 영감을 주었다. 부패 선거구와 정치 뇌물이 없었다면 제임스 길레이James Gillray, 윌리엄 호가스William Hogarth, 조너선 스위프트Jonathan Swift(영국의 풍자작가이자 정치평론가) 같은 작가들이 어떻게 존재했을까? 풍자의 정신은 지금도 살아 숨 쉬고 있다. 뉴욕의 타블로이드판 일간지인《뉴욕 데일리 뉴스》는 의회를 미국 드라마 〈하우스 오브 카드House of Cards〉의 제목을 바꿔서 '하우스 오브 터드House of Turds', 즉 '똥통'이라고 불렀다. 〈하우스 오브 카드〉는 〈빕〉이나 〈더 씩 오브 잇〉*처럼 서양 정치인들을 사기꾼이나 천치, 또는 이 두 가지를 합쳐놓은 입이 건 사람으로 묘사한 미국 드라마다.

하지만 상황이 너무나 빨리 악화되었기 때문에 두 명의 냉철한 정치분석가가 『보기보다 훨씬 심각한 미국 정치It's Even Worse Than It Looks』**의 재판을 찍어내야 했던 세상에 대해 18세기의 위대한 풍자가들은 어떻게 생각했을까?

혹은 진지한 성향의 잡지로 간주되었던 잡지가 '어릿광대를 보내주오'라는 제목을 붙인 표지에 베페 그릴로와 실비오 베를루스코니의 모습을 실었다가 광대들로부터 엄청난 불만을 샀던 세상에 대해서는 어떻게 생각했을까?***

혹은 델라웨어 주의 유일한 의원 후보인 크리스틴 오도넬이 마법에 '잠시 빠진' 적이 있다는 사실을 인정하면서, 당시 뉴욕 주 유력 하원 의원 후보였고 현재 미국에서 가장 유명한 정치인 중 한 명인 앤서니 위너와 심각한 갈등을 빚으면서 자위행위 반대를 선거운동의 핵심 공약으로 내세운 세계에 대해서는 어떠할까?

---

*〈빕〉은 백악관에서 벌어지는 해프닝을 다룬 드라마이고, 〈더 씩 오브 잇〉은 영국 정부기관을 배경으로 한 정치 코미디다. 〈하우스 오브 카드〉는 워싱턴 정계에서 벌어지는 권력, 야망, 사랑, 비리 등 백악관 스캔들을 다룬 정치 스릴러 드라마다 – 옮긴이

**이 책은 미국의 유명한 의회·정치 전문가이자 브루킹스연구소 선임 연구원인 토머스 E. 만과 미국 기업연구소의 학자이자 정치과학자인 노만 J. 온스타인이 함께 썼고, 2013년 9월 출간 직후 베스트셀러가 되었다 – 옮긴이

***'어릿광대를 보내주오'는 1973년 2월부터 뉴욕 브로드웨이에서 상영된 뮤지컬 〈리틀 나이트 뮤직Little Night Music〉에 나온 음악으로, 브로드웨이 뮤지컬계의 거장 스티븐 손드하임의 대표곡이다. 《이코노미스트》는 2013년 5월 2일자 표지에 그릴로와 베를루스코니의 모습을 실으면서 '베페 그릴로와 실비오 베를루스코니가 이탈리아와 유로의 미래를 어떻게 위협하는가'라는 부제를 달았다 – 옮긴이

이 모든 사건은 정치를 코믹 엔터테인먼트 형식으로 바꿔놓았다. 이제 대통령이 되고 싶은 사람은 누구나 정치 코미디언인 존 스튜어트가 진행하는 프로그램에 등장해야 한다는 사실을 효과적으로 보여준다. 하지만 이것은 독한 날이 달린 웃음이다. 증폭되는 적대감은 정부를 보다 힘들게 만들고 있다. 연립정부들이 기준이 되고 있다. 2012년 기준 OECD 회원국인 34개국 중 4개국의 정부만 의회에서 압도적인 과반 의석을 확보했다. 그리고 마비 현상은 어느 때보다 통상적으로 나타나고 있다. 미국 의회는 1997년 이후로 제때에 적절한 예산안을 통과시키지 못했다. 벨기에는 2010~2011년에 무정부 상태로 541일을 보냈다. 서양 정부는 한창 '중년의 위기'를 겪고 있다.

과도한 부담과 불만

우리는 이 책에서 계속 정부를 권력에 굶주린 괴물인 리바이어던으로 불렀다. 하지만 근대 정부는 아동 소설 『찰리와 초콜릿 공장 Charlie and the Chocolate Factory』에 나오는 탐욕스런 소년 아우구스투스 글룹 같다.*

---

* 영국의 작가 로알드 달Roald Dahl이 1964년에 발표한 아동 소설로, 유명한 거대 초콜릿 공장의 주인인 윌리 웡카의 공장을 견학하게 된 소년 찰리 버킷의 이야기다. 이 소설에서 식탐이 많은 소년으로 나오는 글룹은 웡카의 초콜릿 공장 견학 자격을 얻은 다섯 소년과 소녀 중에 처음으로 황금 티켓을 찾아서 공장을 견학할 수 있는 기회를 얻지만, 웡카의 명령을 무시함으로써 가장 먼저 쫓겨난다. 소설에는 초콜릿 폭포와 초콜릿 강이 나오는데 초콜릿이 강과 폭포를 타고 흐르며 정제 과정을 거친다 – 옮긴이

근대국가는 가장 깊숙이 숨어 있는 본능, 즉 지나치게 많은 의무와 힘 등 갈구하는 것을 너무나 많이 얻기 때문에 처벌을 받는다. 초콜릿 강에서 초콜릿을 너무 많이 마신 것이다.

과식은 좌파와 우파 모두의 작품이지만 주된 죄인은 우리가 이 책에서 내내 주장했듯이 좌파다. 좌파는 정부의 과식을 정당화하기 위해 평등, 박애, 자유 개념을 거듭 재해석했다. 기회의 평등은 결과의 평등이 되었다. 박애는 우리 모두가 져야 하는 책임이 아니라 우리 모두 마땅히 받아야 할 복지권이 되었다. 그 결과로 밀과 이사야 벌린이 우려했던 것과 똑같은 방식으로 자유의 개념이 바뀌는 결과가 초래되었다. 사람들은 더 이상 자유를 외부 간섭으로부터의 자유가 아니라 무지나 부족 같은 사회적 재앙으로부터의 자유와 관련지어 생각한다.

이것은 실질적인 결과들을 낳고 있다. 따라서 정부가 잘못하는 그토록 많은 일은 정부가 불가능한 꿈을 좇는 책임을 맡다가 초래되었다. 정부가 이런 불가능한 목표 달성에 실패하는 횟수가 늘어날수록 실패를 만회하기 위해 점점 더 세세한 부분까지 통제하기 시작한다. 왜 그토록 많은 정부 프로그램이 비효율적이거나 반생산적인지를 연구한 20세기의 가장 위대한 경제학자 중 한 명인 로널드 코스는 이렇게 말했다.

중요한 이유는 현 시대의 정부 규모가 너무 커서 한계생산성(여타 요소의 투입이 고정된 상태에서 어느 한 요소의 1단위 추가 투입에 대한 증분된 산출의 비율-옮긴이)이 마이너스 단계에 도달했기 때문일지 모른다. 즉 이때 정부가 맡는 어떤 추가적인 기능도 이익보다는 피해만 야기할지 모른다. …… 연방정부 프로그램이 보이스카우트들이 늙은 숙녀가 복잡한 교차로를 건너게 도울 수 있는 재정 지원을 할 목적으로 만들어졌다면 우리는 모든 돈이 보이스카우트들에게 가지 않고, 그들이 도운 사람들 중 일부는 노인이거나 숙녀가 아니며, 프로그램의 일부는 늙은 숙녀들이 복잡한 교차로를 건너지 못하게 막는 데 집중할 것이며, 그들 중 다수는 아무런 감독 없이 최소한 건너도록 허가를 받은 장소에서 건널 것이기 때문에 숨질 것이라고 확신할 수 있다.

진보적 정치는 자기파멸적으로 변했다. 각각의 새로운 정부 부처나 프로그램이나 재정 지원 혜택은 정부가 핵심 기능에 집중하기 힘들게 만들고 있다. 민간기업들은 사세를 확장할 때 종종 규모의 경제가 주는 혜택을 누린다. 하지만 그런 식의 절약을 정부에서는 통상적으로 보기 힘들다. 또한 협력과 관료주의적 팽창에서 야기된 문제들은 고객들을 잃거나 파산에 직면하는 벌을 받지 않는 분야에서 훨씬 더 자주 목격된다. 진보적 정치는 또한 악순환의 소용돌이에 빠졌다. 유권자들이 정부로부터 어느 때보다 더 많은 것을 원하기 때문에 정부의 크기도 어느 때보다 더 커지고 있다. 하지만 유권자들은 정부가 그들의 삶을 무겁게 압박하기 시작하는 순간 정부에 대한 신뢰를 잃는다. 그 순간 그들은 정부에 더 많은 요구를 한다. 정부의 팽창을 이끈 바로 그 힘이 동시에 정부가 표방하는 권위를 해치고 있다. 정부는 계속해서 좌절감과 공포감을 일으키고 있다. 일반 시민들은 자신이 의존해온 연금이나 의료 서비스를 받지 못할까봐 걱정한다.

과식은 좌파만 초래한 결과는 아니었다. 우파도 탐욕주의만큼 죄를 지을 수 있다. 예를 들어 9·11사태 이후 안보국가의 성장을 보자. 이것 역시 유권자들이 원하는 결과였다. 그리고 여기서도 유권자들은 자신의 바람을 충족시키느라 고통을 받았다. 자유와 안보 사이의 균형은 안보를 발전시키지 못했을지 모르지만 분명 자유를 제한하는 식으로 큰 변화를 겪었다. 최근까지도 안보국가의 악폐는 '멀리 떨어져 있는' 관타나모, 아부그라이브,* 그리고 특별한 용의자 인도 프로그램(특히 미국에서 심문을 받고 있는 외국인 용의자를 더 가벼운 처벌이 가능한 국가로 송환하는 것 – 옮긴이)에만 국한되지 않았다.

하지만 브래들리 매닝과 에드워드 스노든**의 폭로는 진정 비밀스러운 리바이어던의 모습을 드러냈다. 그것은 1년에 9,200만 건이 넘는 문서를 대외비로 분류하고, 정서불안 기록을 가진 20대 초반의 일병인 매닝을 포함해 180만 명에게 '최고 보안' 허가를 부여할 수 있는 모습이었다.[2]

그런데 누가 이 모든 일의 책임을 졌는가. 미국 시민들(과 앙겔라 메르켈 독일 총리 등 미국 외 인사들)의 사적인 대화를 감시하는 권한은

---

*쿠바 남동쪽 관타나모 만 미국 해군기지 내에는 고문과 인권 침해가 자행된 것으로 알려지면서 폐쇄 논란이 일었던 수용소가 있다. 아부그라이브에도 이라크 최대 정치범 수용소가 있는데, 이곳에서 2004년 미군 병사들이 이라크인 수감자들에게 극도의 모욕과 고통을 주며 고문하다가 '웃고 즐기는' 모습이 담긴 사진이 공개되어 전 세계적으로 엄청난 비난을 받았다 – 옮긴이

**2010년 이라크에서 정보분석병으로 일하던 매닝은 폭로 전문 사이트인 위키리크스의 설립자 줄리안 어산지에게 미국 국방부의 아프가니스탄과 이라크 일지, 미국 국무부의 외교 전문 등 기밀자료 수십만 건을 넘겼다. 스노든은 미국 중앙정보부와 국가안보국에서 일한 컴퓨터 기술자로, 2013년《더 가디언》을 통해 미국 내 통화감찰 기록과 전 세계적으로 무차별적인 전화 도청과 이메일 해킹 행위를 폭로해 국제사회를 놀라게 한 프리즘 감시 프로그램과 관련된 국가안보국의 다양한 기밀문서를 공개했다 – 옮긴이

비밀스러운 법 해석에 기초해서 비밀 법원이 낸 비밀 사법 명령으로부터 나왔다. 인정하건대 이런 행동을 상원의 한 위원회가 감독했지만, 감독 정치인들은 추가적인 비밀 서약의 구속을 받았다. 미국 정보기관의 수장은 스노든이 폭로했던 첩보 행위가 지속되고 있는지에 대해 의회에 거짓 증언을 하면서도 죄책감을 느끼지 않았다.*

이것은 좌파와 우파 모두의 과부하 때문에 생긴 증세다. 누구도 지금 무슨 일이 일어나고 있는지 정확히 알지 못한다. 각각의 새로운 정부 부처나 정부 프로그램은 시민들과 그들을 대표하는 사람들이 정부 행동을 감시하고 정부의 잘못과 남용 행위를 고칠 수 있는 능력을 점점 더 약화시키고 있다. 정부는 지나치게 문어발식 확장을 하다가 고위 경영진조차 조직 내에서 무슨 일이 일어나고 있는지 잘 모르는 비대해진 대기업같이 변했다. 1960년대에 전성기를 구가하던 ITT를 생각해보라.**

그리고 메르켈의 휴대전화 감청에서부터 시작해 세금을 문제 삼아 보수단체들에 대한 특별 세무조사***에 이르기까지 오바마 정부가 일으킨 여러 가지 스캔들을 살펴보라.

---

*키스 B. 알렉산더 국가안보국 국장은 2013년 6월 하원 정보위원회 청문회에 출석해서 스노든의 폭로로 도마에 오른 정보 수집 활동과 관련해 9·11사태 이후 세계 20개국을 대상으로 한 50건 이상의 테러를 막았다고 (거짓) 주장했다 - 옮긴이

**ITT는 세계 최대의 수중 펌프 공급업체이며, 방위 및 보안 산업 분야의 제품을 군과 일반 소비자에게 제공하고 항공우주, 운송, 산업공학 분야의 부품을 제조하는 회사다. 1960~1970년대에 호텔, 렌터카업체, 식품업체, 출판사 등 다양한 분야의 회사 300곳 이상을 인수해 거대 복합기업으로 성장했다 - 옮긴이

***2012년 대선을 앞두고 미국 국세청이 보수 유권자 운동단체인 티파티 등 반오바마 성향의 단체 75곳에 대해 세무조사를 실시하며 논란이 되었다. '티파티'와 '애국자' 등의 단어가 들어간 단체들이 조사 대상이었던 만큼 당연히 공화당은 발끈했다. 당시 세무조사는 유권자들에게 보수단체에 기부하지 말라는 압박이나 마찬가지였고, 공화당은 오바마 정부가 권력을 남용했다고 비난했으며, 오바마는 보수단체에 대한 표적 세무조사는 용납할 수 없는 일이라며 목소리를 높였다 - 옮긴이

하지만 진짜 스캔들은 이 사건에 대한 오바마의 구차한 변명(사실 오바마가 자신이 고용한 200만 명의 공무원이 모두 무슨 일을 하고 있는지 알 수 있겠는가?)이 사실일지 모른다는 점이다. 유명한 정치 칼럼니스트인 조나단 라우치는 자신의 책『민주경색Demosclerosis』에서 이러한 소외감에 대해 잘 말했다. 그는 "미국 정부는 아마도 앞으로 남게 될 10~20퍼센트는 정치인과 유권자들이 통제하고 80~90퍼센트는 무수히 많은 고객단체가 통제하는, 제멋대로 뻗어나가며 주로 자기 조직화하는 구조로 진화했을지 모른다"고 말했다.[3] 그가 한 이 말은 화이트홀이나 브뤼셀도 마찬가지로 잘 설명할 수 있다.

기업이 통제 불능 상태에 빠졌을 때 돈은 잃고 빚은 늘어나는 경향이 있다. 영국 정부는 1975년 이후 불과 여섯 차례만 재정 흑자를 달성했다. 미국 정부는 1960년부터 2012년까지 52년간 불과 다섯 차례만 재정 흑자를 달성했다.[4] 1965년부터 1980년까지 25년 동안 연간 연방 적자 규모는 불과 두 차례만 GDP의 3퍼센트를 넘었다. 놀랄 정도로 많은 수의 국가가 GDP의 100퍼센트가 넘는 부채를 지고 있으며, 우리가 앞 장에서 살펴봤듯이 이 비율조차 각 주로 온갖 종류의 법적 책임과 의무를 숨기고 산출한 것이다.

이러한 채무 중에서 투자를 위해 투입된 것은 극소량에 불과하다. 미국 메릴랜드 주의 볼티모어에서 시작해 브라질의 수도 브라질리아에 이르기까지 부채는 모두 복지 혜택을 지원하는 데 썼다. 조지 버나드 쇼는 농담 삼아 한때 정치인들은 피터로부터 훔친 돈을 폴에게 주면 항상 폴의 표에 의존할 수 있다고 말했다. 이 말은 민주주의가 겪는 문제를 과소평가한 것이다. 왜냐하면 폴은 노인이 되었고, 피터는 어린아이이거나 태어나지 않았을 테니까.

부담 줄이기

이 모든 사실은 우리의 정치적 출발점이 어디이건 상관없이 제대로 작동하지 않는 정부를 가리킨다. 우리의 출발점은 자유주의다. 우리는 정부의 크기가 더 줄어들고, 개인은 더 자유로워지기를 바란다. 하지만 우리는 자유주의자가 아니다. 지금처럼 한쪽으로 치우친 상태에서조차 현대 정부는 자랑할 거리를 많이 갖고 있다. 정부를 악마의 작품으로 간주하는 미국인들은 미국 정부가 제2차 세계대전에서 승리를 거뒀으며, 거대한 주간고속도로를 세웠고, 달에 인간을 보냈으며, 인터넷의 토대를 마련했고, 수십 종류의 삶을 변화시키는 약품을 발견했다는 사실을 망각하고 있다. 독일인들은 나치즘의 폐허로부터 국가를 구했고, 유럽의 중심으로부터 정치적 극단주의를 추방했으며, 강력한 산업 대국을 만든 정부에 감사해야 할 이유가 더 많다. 우리는 정부가 야간 치안을 제공할 뿐만 아니라 인프라 지원을 돕는 등 몇 가지 필수 기능을 수행하고 있다고 믿는다. 인도가 중국에 뒤처진 이유 중 하나는 인도 정부가 도로를 만들고 학교를 짓는 데 매우 서툴렀기 때문이다. 칠레는 정부 크기가 작을 뿐만 아니라 강력한 정부를 갖고 있기 때문에 아르헨티나를 앞서갔다. 우리는 또한 줄어드는 정부의 크기를 실용주의로 보완해야 한다고 믿는다. 모든 사람이 개인적으로 의료 서비스를 받게 만드는 게 자유시장 사람들에게는 매력적으로 들릴지 모른다. 하지만 유럽의 단일보험자체제가 미국의 복잡한 민영보험체제보다 분명 더 효율적이면서 공평하다.

영국의 경제학자 알프레드 마셜Alfred Marshall은 1919년 자신의 책 『산업과 무역Industry and Trade』에서 "정부는 인간이 가진 가장 귀중한 소유물이다. 정부가 맡은 일을 최고의 특별한 방법으로 할 수 있도록 하는 것은 아무리 신경을 써도 지나치지 않다. 이런 목적을 이루기 위한 주된 조건은 정부가 시간과 장소의 조건에 따라 특별히 자격이 되지 않는 일을 억지로 하게 되어서는 안 된다"고 말했다. 하지만 지금까지 우리는 정부가 새로운 일들을 하게 정해놓는 것 외에 별다른 일을 하지 않았다. 그런 새로운 일들 중 다수는 정부가 해결할 수 있는 특별한 자격이 되지 않는 일이며, 이런 모든 일이 합쳐질 경우 정부는 상당한 부담을 받는다.

정부에 그러한 부담을 지울 경우 무시하기 힘든 두 가지 위험이 생긴다. 첫 번째로, 정부는 자기 무게를 견디지 못하고 무너질 것이다. 크지만 약한 정부보다 작지만 강한 정부가 더 선호되는 것은 큰 정부가 우리의 삶에 개입하고 우리에게 많은 돈을 부담시킬 뿐만 아니라 일반이고 기본적으로 처리해야 할 일을 못하기 때문이다. 두 번째로, 비대해진 정부는 대중의 불만을 초래한다. 우드로 윌슨Woodrow Wilson(제28대 미국 대통령)과 프랭클린 루스벨트 대통령의 보좌관으로 일했던 버나드 바루크는 국민들에게 "가장 실망하지 않으려면 가장 인색한 약속을 하는 사람을 뽑아라"라고 조언했다. 바루크가 활동하던 시대 이후 국민들은 가장 많은 것을 약속하는 후보를 뽑아왔고, 실망이 분노로 뒤바뀔 가능성은 높아졌다.

정부가 부담을 덜려면 무슨 일부터 시작해야 할까? 필자는 앞 장에서 경영 효율 향상과 똑똑한 기술 활용이 리바이어던을 날씬하게 만드는 데 일조할 수 있다고 주장했다. 정부가 이 순간 제공하는 것과 같은 서비스 제공을 고수하더라도 구글처럼 행동하고 예전 GM처럼 행동하지 않는 정부는 분명 더 똑똑하고, 더 효율적으로 변할 것이다. 하지만 이때는 정부가 하려는 것을 과감히 줄여야 한다.

리바이어던이 부담을 덜 수 있는 세 가지 방법이 있다. 첫째는 우파가 오랫동안 주장했던 대로 민영화를 부활함으로써 소유해봤자 아무런 소용이 없는 자산을 매각하는 것이다. 둘째는 좌파가 오랫동안 주장했던 대로 부자들과 좋은 네트워크를 확보한 사람들에게로 흘러가는 보조금을 줄이는 것이다. 그리고 셋째는 정부의 재정 건전성에 대해 관심 있는 사람이라면 누구나 오랫동안 주장했던 대로 진정 필요로 하는 사람에게만 복지 혜택이 장기적·지속적으로 제공되도록 복지정책을 개혁하는 것이다.

정부마다 잡을 수 있는 기회가 다르다. 나이지리아는 스칸디나비아보다 정실 자본주의를 공격함으로써 더 많은 소득을 얻을 수 있는 반면, 중국은 영국보다 정부 자산 매각을 통해 더 많은 소득을 얻을 수 있다. 우리가 제시한 처방들에 좀 더 집중하기 위해 우리는 세계에서 가장 잘 알려진 정부, 즉 미국 정부를 중심으로 설명하겠다.

다른 사람이 은을 사용하게 하라

첫 번째 처방은 민영화다. 민영화는 보수적 시각에서 봤을 때 1980년대에 일어난 절반의 혁명에서 가장 눈에 띄는 미완의 사업이다. 마거릿 대처가 1984년에 브리티시 텔레콤을 매각한 후 30년이 지났지만 정부가 기업, 건물, 토지 형태로 얼마나 많은 '가족이 아끼는 은'(귀족적 비평가 중 한 사람인 해럴드 맥밀런*의 표현을 빌리자면)을 계속 소유하고 있는지를 보면 놀라울 정도다.

이런 '가족이 아끼는 은'의 매각은 그토록 많은 국가를 짓누르고 있는 부채를 줄이는 훌륭한 방법이자 은을 더 잘 관리할 수 있는 묘책이기도 하다.

국가자본주의는 중국만 갖고 있는 특징이 아니다. 2012년 말 OECD 34개 회원국 정부는 총 600만 명이 넘는 인력이 고용되어 있고, 합산 가치가 전 세계 헤지펀드 산업과 같은 2조 달러에 달하는 2,000곳 이상의 기업을 일부 또는 전부 소유했다. 각국 정부는 공공재이자 전략적 국가 자산이라는 이유로 교통, 전기, 전기통신 같은 '망산업'의 상당 부분을 계속 소유하고 있다. 민간기업들이 시장 지배력을 이용해 고객들을 빼앗거나 가난한 사람들을 소외시키고, 외국 투자자들은 해외 시장 공략을 위한 교두보 확보 차원에서 그런 '망산업'을 인수할지 모르기 때문이다. 사실상 이렇게 막는 이유가 타당한 한 그것은 소유권보다 규제에 의해 다루어지는 게 합리적이다.

---

*해럴드 맥밀런 전 영국 총리는 대처의 정책에 비판적이었고, 1985년 대처가 추진한 민영화를 가족이 아끼는 소중한 자산인 '은'을 파는 것에 비유해 꼬집었다 - 옮긴이

미국은 정부가 600억 파운드에 달하는 르노와 프랑스 텔레콤 같은 기업의 지분을 소유하고 있는 프랑스보다 통제정책을 쓰는 경향을 자제하고, 그것을 덜 자랑스러워한다. 하지만 엉클샘Uncle Sam(미국, 미국 정부, 전형적인 미국인 - 옮긴이)은 드러나지 않은 국가자본주의자다. 예를 들어 세계에서 가장 수지맞은 출퇴근 철도 노선 중 하나를 통제하고 있으면서도 거듭된 위기로 휘청대는 철도여객공사를 소유한 이유가 무엇일까? 한 가지 대답은, 미국은 유럽에서 처음 민영화되었던 확실한 대형 자산을 비교적 적게 소유하면서 출발했기 때문이다. 미국의 전기통신과 공익사업(수도, 가스, 전기 등)은 민간 부문에서 운영되었다. 따라서 미국은 1980년대와 1990년대에 다른 종류의 자산에 몰려든 민영화의 물결에 올라타지 않았다. 다른 나라들은 우체국, 감옥, 공항 등을 민영화해왔지만 미국은 그러지 않았음을 알 수 있다. 미국의 공항들은 특히 매력적인 매각 대상처럼 보인다. 그들은 유럽과 아시아의 민영화된 공항들에 비해 훨씬 조잡하고 경영 상태도 엉망이기 때문이다.

미국의 활용하지 않은 토지와 부동산 규모만 해도 엄청나다. 미국 회계감사원은 정부가 '수조' 달러에 달하는 90만 동이 넘는 건물을 소유하고 있는 것으로 추산한다. 이 중 최소 4만 5,000동은 전혀 사용되지 않고 있거나 불필요한 것들이다. 여기에 워싱턴 중심부처럼 불필요하게 넓은 장소에 있는 정부 건물까지 더해보면 낭비되고 있는 토지나 건물 목록은 더 늘어난다. 프랑스가 작심하고 콩코르드 광장에 있는 국방부 건물을 임대해주고, 건물 입주자들을 파리 외곽에 있는 덜 안락한 사무실로 이주시킬 용기를 낼 수 있다면 미국도 그러지 못할 이유가 없다. 미국 내무부는 토지관리국과 다른 기관들을 통해 2억 6,000만 에이커의 토지를 관리한다. 이 토지 중 일부를 공공 부문에 남겨두는 건 합리적이다. 미국의 국립공원은 국가적 자랑거리 중 하나이기 때문이다. 하지만 농지까지 소유하고 있는 이유는 무엇일까? 보조금을 받고 관료주의를 유지하기 위한 편법이다. 정부가 전망이 가장 좋은 자산 중 상당 부분을 소유하고 있지만 미국의 셰일가스 혁명은 거의 전적으로 민간 토지에서 일어났다. 세계 최대 셰일유 생산지인 그린리버층은 연방정부 땅에 있다. 에너지조사연구소는 연방 셰일유 개발은 2050년까지 미국 경제에 14조 4,000억 달러를 기여할 수 있을 것으로 추산하고 있다.[5]

미국만 높은 가치를 지닌 미개발 공공재산을 소유하고 있는 건 아니다. 스웨덴 민영화 프로그램의 상당 부분을 지휘한 투자 자문관인 대그 데터는 많은 선진국 경제에서 정부가 소유한 상업용 부동산의 시장가치가 국가 부채를 웃도는 것으로 의심한다. 전체적으로 봤을 때 OECD 국가 정부들은 어쩌면 9조 달러 상당의 토지와 건물 위에 눌러앉아 있는지도 모른다. 하지만 미국의 우파는 민영화에 대한 생각에 특히 더 게으른 것 같다. 무지가 하나의 원인이다. 미국 정부는 특히 지방정부 차원에서 무엇을 소유하고 있는지조차 모른다. 고집이 또 다른 원인이다. 버락 오바마가 뉴딜 정책 때 상징적인 역할을 했던 전기회사인 테네시계곡개발공사 매각을 제안하자 유력 공화당 의원들이 반대했다. 미국의 국유지에 대해 20년 동안 제대로 된 토지원장을 만들려고 애썼지만 정치인들의 방조로 별다른 성과를 거두지 못한 그리스와 비교하는 것은 불공평할 것이다. 하지만 공화당 하원 의원, 목장주들과 내무부의 연합은 바람직하지 않다. 레이건의 후예들이 약간의 힘을 쓰면 할 수 있다.

포토맥 강 옆의 정실 자본주의

민영화가 미국 우파의 중대한 맹점이라면, 부자들에게 주는 보조금은 미국 좌파의 중대한 맹점이다. 왕실의 후원이 존 스튜어트 밀의 가장 큰 적이었듯, 부자들과 강자들을 위한 지원망 해체가 진보적 성향을 가진 미국이 최우선순위로 추진해야 할 안건이다. 지금까지 좌파는 부의 재분배란 명목으로 세금을 인상하는 데 집중해왔다. 하지만 미국의 부호들을 위한 복지국가를 해체하는 데 집중하는 게 훨씬 더 나을 것이다. 두 가지 공략 목표가 존재한다. 그 중 하나는 정실 자본주의다. 네트워크가 잘 갖춰진 산업들에 주는 모든 보조금을 철폐해야 한다. 둘째는 우리가 살펴봤듯이 부자들에 대한 지원으로 상당히 왜곡된 인세人稅제도다. 이런 문제들을 수정하면 리바이어던의 규모를 축소하고, 리바이어던이 실제 도움을 필요로 하는 사람들에게 에너지를 집중하는 데 유용할 것이다.

정실 자본주의는 올슨의 법칙 중 가장 지독한 사례를 보여준다. 아담 스미스의 주장대로 시장자본주의가 사익을 공익으로 전환시키는 방법을 제공한다면 정실 자본주의는 권력자들의 호주머니를 채워주고, 경제 경쟁력을 약화시키며, 대규모로 자원을 오용함으로써 공익을 사익으로 전환시키는 방법을 제공한다.

가장 오랫동안 정부 재정을 좀먹는 역사를 가진 산업은 농업이다. 미국 농무부는 매년 농부들에게 100억~300억 달러 규모의 현금 보조금을 지급한다(수확물의 시장 가격과 재난 발생 빈도에 따라 보조금 지급 액수가 달라진다).[6] 이 돈은 대형 생산업체로 쏠린다. 2010년 기준으로 가장 규모가 큰 10퍼센트에 해당하는 농부들이 전체 상품 보조금의 68퍼센트를 수령했다.[7] 이런 수혜 대상자들 중에는 아처 대니얼스 미들랜드(농산물 가공과 판매를 주력으로 하는 미국의 식품 기업 – 옮긴이) 같은 미국 최대 기업 중 일부와 미국의 언론 재벌인 테드 터너 같은 부호들과 전혀 농사를 짓지 않지만 한때 농지로 간주되었던 토지를 소유하고 있는 사람들 중 일부가 포함되어 있다.

이런 모든 잘못으로 인해 일어날 수 있는 가장 해로운 결과가 무엇인지는 말하기 힘들다. 농업 보조금은 돈을 평범한 납세자로부터 부자들에게로 이전한다. 이런 보조금은 토지의 과도한 경작을 조장함으로써 경제를 왜곡하고 환경을 파괴한다. 농산품 판매 활로가 막힌 신흥국 세계의 가난한 사람들에게도 피해를 주고, 전 세계 무역 거래의 기대감을 훼손한다. 그뿐만 아니라 이런 보조금은 낭비와 부패를 조장한다. 미국의 고질적인 비만 문제를 일으키는 데 기여한 설탕 산업은 특히 오랫동안 의회와 지저분한 관계를 맺어왔지만 지금도 정치인들은 이들의 로비를 들어주고 있다. 2008년 통과된 농업법에는 정부가 부풀려진 설탕 가격에 하락 압력을 가할 수 있는 '과도한 물량의' 수입 설탕을 매수해 그것을 에

탄올 생산업체에 파는 새로운 '설탕 – 에탄올' 보조금을 첨가했다. 마치 곡물법이 폐지되지 않았던 것 같다.

이 문제를 자세히 연구해온 카토 연구소는 1932년에 성질 고약한 의원의 재미있는 말을 입수했다. 그 의원은 "황무지 개간부터 대출과, 심지어 농부들에게 돈을 주면서 동시에 그들에게 수확물을 거래할 수 있는 적절한 시장이 없기 때문에 생산량을 제한해야 한다고 조언해주는 등 모든 방법을 동원해 농산품 생산을 자극하기 위해 연간 수억 달러를 쓰는" 농무부의 괴팍한 행위를 지적했다.[8] 그때와 비교해서 바뀐 것이라곤 수억 달러가 이제는 수십억 달러가 되었고, 관련 관료 부서의 규모가 얼토당토않을 정도로 커졌다는 사실이다. 미국 농무부는 10만 명이 넘는 사람을 고용하고 있으며, 연간 1,500억 달러 정도를 쓴다. 미국의 농업 로비가 생각해낼 수 있는 최고의 변명은, 유럽 중부는 그곳 농부들에게 더 많은 애정을 퍼붓고 있다는 것이다. 그런데 굳이 그럴 필요가 전혀 없다. 뉴질랜드는 미국보다 농업 부문에 대한 의존도가 네 배 더 높지만 1984년에 농업 보조금을 완전히 없앴다. 이런 변화는 처음에 강력한 저항으로 이어졌지만, 농부들은 곧 변화에 순응하면서 번창했다. 즉 농부들은 생산성을 높였고, 키위 같은 틈새시장을 개발했으며, 농업 외 소득 창출로 일거리를 다변화했다. 우리는 정말로 미국 농부들이 뉴질랜드의 경쟁자들보다 덜 독립적이고 혁신적이라는 사실을 믿어야 할까?

농업이 정실 자본주의의 '원로'라면, 금융 서비스 산업은 화려하게 치장한 '신참'이다. 금융 산업에 종사하는 로비스트는 미국 의원한 명당 네 명으로, 다른 어떤 산업보다도 많다. 월가는 사실상 국고로 향하는 지하 통로를 팠다. 역대 일곱 명의 재무장관 중 네 명이 투자은행과 긴밀한 관계를 맺고 있었다. 시카고 대학 부스 경영대학원의 루이기 징거러스 교수(이탈리아가 정실주의에 의해 파괴되고 있다고 느낀 그는 1988년에 미국으로 왔다)는 '대마불사too-big-to-fail' 신화에 사로잡힌 은행들로부터 나오는 은밀한 보조금 액수가 연간 340억 달러에 이르는 것으로 추산한다.[9] 다른 두 명의 경제학자인 토머스 필리폰과 아리엘 레셰프는 월가 임금의 대규모 인상분 중 3분의 1에서 절반 사이가 생산성 향상보다는 임대료로부터 나온다고 주장한다.[10] 사모펀드(소수의 투자자로부터 사모 방식으로 자금을 조성하여 주식, 채권 등에 운용하는 펀드 - 옮긴이) 분야에 종사하는 사람들이 그들의 소득을 자본이익으로 잡을 수 있다는 사실은 특히 부끄러운 일이다. 그리고 농업과 마찬가지로 금융 산업에 대한 이런 모든 특별 대우는 관료주의를 양산하고(앞서 설명했던 도드-프랭크 금융개혁법을 참고하라) 자본주의를 왜곡한다. 지금은 금융 산업이 규제망에서 벗어나 '은밀히' 만들어지고 있다.

임대 추구에 특별한 관심을 보이는 사례는 무수히 많다. 미국 정부가 화석연료 생산 보조금 지급을 중단할 경우 향후 10년간 400억 달러를 아낄 수 있다.[11] 워싱턴에서 로비에 드는 돈은 지난 15년간 두 배 이상 증가했다. 2010년 대법원이 시민연합에 내린 판결은 자유롭게 돈을 써서 선거에 영향을 미칠 수 있도록 기업들에 백지 위임장을 준 것이나 마찬가지였다.*

그리고 결코 미국만 이러한 것이 아니다. 영국 역시 다양한 산업과 지나칠 정도로 가까워지고 있다. 영국의 만다린들이 시골 저택으로 돌아가 십자말풀이를 하던 시절은 오래전에 끝났다. 지난 10년간 18명의 수석 각료와 공무원들이 영국 최대 회계회사 세 곳에서 일자리를 얻었다. 이들이 맡은 일에는 기업들이 세금을 최소한도로 낼 수 있게 정부를 대상으로 한 로비 활동이 포함되어 있다.

모든 진보주의자에게 이것은 잃어버린 중대한 기회다. 정실 자본주의에 맞선 싸움은 미국의 역사보다 더 오래전부터 시작되었다. 보스턴 티파티**는 차茶에 보조금을 지급하기 위해 런던의 정치적 인맥을 동원한 동인도회사에 대한 반발이었다.

민주당은 정실 자본주의 반대 운동을 할 경우 정부를 위해 많은 돈을 아껴주는 데서 그치지 않을 것이다. 민주당은 또한 19세기 영국의 급진주의자들이 곡물법과 후원의 형태로 '상류층을 위한 원외 구호제도'와 맞섰던 것과 상당히 유사한 방식으로 미래의 수호자가 될 것이다. 미국 국민 중 77퍼센트는 부자와 대기업이 너무 많은 권력을 쥐고 있다고 믿는다.[12]

'진정한 진보주의자들'[13]에게 이보다 더 큰 공격 목표는 부유한 개인에게 뿌려지는 모든 정부 지출이다. 우리가 이미 살펴봤듯이

---

*보수주의 성향의 대법관이 다수인 미국 연방대법원은 당시 미국 대통령 선거 등에서 기업의 선거자금 집행을 제한해서는 안 된다는 판결을 내렸다. 이들 대법관은 또한 수정헌법 제1조가 보장한 표현 및 언론의 자유를 들어 정부가 기업이나 노조의 정치적 목적을 위한 홍보 및 광고비 지출을 제한하지 못하게 판시함으로써 2008년 대선 때 비영리 기업인 시민연합이 힐러리 클린턴 후보의 필름 방영을 금지한 하급심의 판단을 뒤집었다. 따라서 기업들은 대선과 총선, 지방선거 후보들을 위해 돈을 물 쓰듯이 하는 게 가능해졌다 – 옮긴이

**1773년 12월 16일 밤, 미국 식민지의 주민들이 영국 본국으로부터의 차 수입을 저지하기 위해 일으킨 사건이다. 당시 영국이 미국 식민지 상인에 의한 차의 밀무역을 금지시키고, 이를 동인도회사에 독점권을 부여하는 관세법을 성립시키자 격분한 보스턴 시민들이 항구에 정박 중이던 동인도회사의 선박을 습격하여 차 상자를 부수고 그 안의 차를 모조리 바다로 던져버렸다 – 옮긴이

미국의 세제는 허점과 공제로 가득하다. 이렇게 해서 새는 세금을 합치면 GDP의 8퍼센트인 1조 3,000억 달러에 이른다. 대부분의 국가가 이런 식으로 부자들의 욕구를 충족시키지만 미국은 이런 식의 사치를 새로운 차원으로 끌어올린다. 예를 들어 모기지 대출에 대한 세금 경감 한도를 100만 달러로 정하거나, 사람들이 특히 후덕한 건강보험 패키지를 요구할 수 있게 허용하는 식이다. 모기지 대출에 대한 세금 경감 한도가 30만 달러만 되어도 이로 인한 적자 규모를 3,000억 달러나 줄일 수 있다. 그게 아니면 정부는 총액 한도를 제한할 수 있다. 즉 세금 공제율을 15퍼센트로 해도 향후 10년간 1조 달러를 아낄 수 있다. 실제로 이런 모든 공제 대상은 비교적 고통스럽지 않은 단계적 폐지가 가능할 수 있다. 특히 그로 인한 수익금이 적자를 메우고 세율을 낮추는 용도로 쓸 수만 있다면 그렇다. 이것이 버락 오바마 대통령이 공화당 의원들과 체결한 위대한 협상 결과다(복지 혜택 개혁에 관한 협상도 포함해서). 다시 한 번 단순화는 그 자체로 좋다. 왜냐하면 단순화는 너무 자주 어둠 속에 가려져 있는 뭔가를 비춰주기 때문이다. '조세 지출'은 공공지출처럼 보이지 않기 때문에 미국인들 중에서 그들의 정부가 부자와 권력자를 위해 얼마나 많은 돈을 쓰고 있는지 아는 사람은 극소수에 불과하다.

복지 혜택 줄이기

많은 정부들이 해결해야 할 가장 큰 문제는 복지 혜택의 폭발적인 증가다. 복지 혜택은 제2차 세계대전 이후로 '가차 없이' 늘어났는데, 인구 고령화로 향후 수년간 이전보다 더 '가차 없이' 증가할 것이다. 복지 혜택의 위기를 고쳐야 국가 파산을 막을 뿐만 아니라 복지국가의 핵심인 사회계약을 유지할 수 있다. 국가는 국민이 그들의 잘못 때문이 아닌 이유로 생긴 문제들로부터 고통받을 때 그들을 돌봐야 한다. 하지만 국가는 이미 위대한 복지국가의 뷔페를 마음껏 즐기면서 한평생을 보낸 부유한 베이비붐 세대에게 점점 더 많은 돈을 퍼붓고 있다.

이와 관련된 미국의 사례가 특히 흥미로운 것은 다음과 같은 세 가지 때문이다. 첫째, 복지 혜택은 사안의 핵심이다. 그것이 연방 지출에서 차지하는 비중이 20년 전에는 50퍼센트 미만이었지만 2012년에는 약 62퍼센트로 증가했다. 둘째는 이와 관련된 문제들이 걷잡을 수 없이 확산될 수 있다. 2012년 기준으로 연방정부의 부채는 GDP의 73퍼센트나 될 정도로 이미 크게 늘어났다(연방정부의 총부채는 103퍼센트다). 하지만 현재의 정책들이 유지될 경우 2035년이 되면 부채 비율이 GDP의 90퍼센트로 올라갈 것이다.[14] 인구 고령화에 따른 의료 서비스 비용 상승은 사회보장제도(연금), 메디케어, 그리고 메디케이드(가난한 사람들을 위한 의료 서비스 - 옮긴이) 등과 같은 기본적인 복지 혜택에 드는 비용을 끌어올리고 있다. 세 번째는 보다 즐겁다. 비교적 가벼운 개혁들을 실행함으로써 시스템이 건전하게 회복될 수 있다.

연방정부의 가장 큰 빚은 2012년 기준으로 GDP의 5퍼센트인 8,090억 달러가 든 사회보장제도다. 이 제도의 수혜자는 향후

20년 동안 연간 150만 명씩 늘어날 것이다. 이로 인해 2031년이 되면 사회보장제도에 드는 비용은 GDP의 5.9퍼센트로 오르게 된다. 하지만 이런 문제는 규정을 바꿈으로써 해결될 수 있다. 은퇴 연령을 65세 이후로 높이면 가장 큰 소득을 올릴 수 있다. 현재 평균 65세 은퇴자는 19년 반을 더 살 수 있을 것으로 기대된다. 1935년 사회보장법이 제정되고 5년 뒤인 1940년에는 은퇴 후 남성과 여성이 각각 12.7년과 14.7년 더 살 수 있을 것으로 기대되었다. 2022년이 되면 은퇴 연령은 몇 가지 조건이 붙겠지만 67세로 상향 조정될 예정이다. 은퇴 연령 상향조정 시기가 2022년에서 더 앞당겨져야 하며, 은퇴 연령도 70세로 상향조정되고, 스웨덴에서 그렇듯이 기대수명에 맞춰 계속 조정되어야 한다. 미국 의회예산국에 따르면, 그럴 경우 일하는 사람이 늘어나면서 GDP도 1퍼센트 증가하는 효과를 낳게 된다. 이로 인해 얻는 혜택은 임금 상승보다는 물가 상승과 같이 늘어날 것이다. 그리고 이상적으로 봤을 때 정부가 최저 국민수준으로 살게 해주지만 국민들이 추가 저축을 할 수 있게 허용되는 싱가포르 모델처럼 사회의 지원보다 사회보험이 더 중요한 역할을 해야 할 것이다.

사회보장제도보다 더 큰 비용이 드는 게 현재 GDP의 3.6퍼센트를 차지하며, 2035년까지 이 비중이 GDP의 5.6퍼센트로 증가할 것으로 예상되는 메디케어다. 메디케어 역시 인구통계에 맞춰 조정되어야 한다. 즉 메디케어 수혜 대상 연령을 현재의 65세에서 67세로 높여야 한다. 의료비 증가와 관련해 우리 두 필자는 저렴한 장비(GE가 인도의 쉐티 박사가 있는 곳과 아주 가까운 곳에서 생산하고 있는 의료용 키트처럼)를 사용하고, 더 많은 병원 업무를 의사가 아닌 사람들, 장비들, 기술에 맡겨 (인도의 쉐티 박사처럼) 병원 경영을 혁신함으로써 이런 문제를 극복할 수 있다고 생각할 만한 타당한 이유들이 존재한다고 주장해왔다. 하지만 진정 급진적인 미국은 오바마케어의 혼란을 뛰어넘어 새로운 아시아와 과거의 유럽 모두로부터 여러 가지 아이디어를 뽑아낼 것이다.

유럽도 스웨덴처럼 단일보험자체제 도입이 필요하다. 이것이 티파티 보수주의자들에게는 사회주의처럼 들릴지 모르지만, 이런 체제 도입으로 더 투명하게 보편적 건강 보장 서비스 제공이 가능할 뿐만 아니라 정부 지원과 일련의 민간 보험사들이 뒤섞인 지금과 같은 복잡하고 혼란한 체제보다 비용이 훨씬 덜 들 것이다. 정부의 지출 규모와 대상도 분명해질 것이므로, 예를 들어 자신이 예쁘다고 생각하지 않는 사람들이 받는 성형수술에 세금을 지원해주는 사태가 줄어들 것이다. 단일보험자체제는 영국의 보건성 자문기관인 국립보건임상연구원NICE(사실상 제한적 돌봄 서비스)과 비슷하게 약품의 비용 대비 효율성을 평가하는 독립적인 의료기구를 두고, 의약품 남용을 억제하기 위해 환자들에게 약간의 비용을 부담하게 하는 방법들과 접목시켜야 한다. 역시 싱가포르 모델을 바탕으로 봤을 때 아시아에 필요한 것은 사람들이 메디세이브Medisave* 방식

----

*싱가포르 의료제도의 핵심은 이른바 의료저축계정인 MSA(Medical Saving Accounts)제도다. 이것은 제3의 의료보장제도로 분류되는 적립기금 방식이며, 개인이 소득의 일정액을 적금처럼 붓는 메디세이브가 핵심이다. 싱가포르 국민은 1984년에 도입한 메디세이브를 통해 소득의 4퍼센트 안팎을 의료비로 저축한다. 우리나라처럼 건강보험이 없어서 메디세이브에 저축한 돈으로 개인이 의료비를 해결한다. 수입이 많을수록 메디세이브에 더 많은 돈을 저축하고, 저축한 돈을 가족 등에게 양도할 수도 있다. 개인 의료계좌로 치료비를 부담하므로 의료 쇼핑이 원천적으로 차단된다 - 옮긴이

을 통해 소득의 일정액을 의료비로 저축하게 만드는, 목적세 같은 것을 도입하는 것이다. 역시 싱가포르는 항상 국민들이 수술당 소액을 지불할 것을 요구하고 있으며, 국민이 일부 수술에 대해 받게 될 보조금의 액수를 결정하기 위해 그들의 수입을 조사한다.

대부분의 사람들은 정부가 연금과 의료 서비스 차원에서 모든 국민에게 최소한의 기본적인 복지 혜택을 제공해주는 것을 수용할 것이다. 하지만 형평성 면에서 이보다 훨씬 더 까다로운 질문들을 일으키는 다른 복지 혜택들도 존재한다. 유럽은 미국보다 훨씬 더 대단한 범죄자다. 유럽은 국민들의 지불 능력과 상관없이 무임 버스 승차와 겨울철 연료 보조금 같은 보편적인 복지 혜택을 퍼주는 습관이 들었다. 대부분의 경우 이런 문제의 해결책은 복지 혜택 신청자의 수입(자산)을 조사하는 것이다. 믹 재거 경이나 엘튼 존 경에게서 당장 무임 승차권을 빼앗아야 한다. 또 다른 해법은 개인이 공공투자로 인해 사회 전체보다 더 많은 것을 얻는다면 더 많이 내게 만들어야 한다. 대학에 다니는 학생은 고용 시장에서 엄청난 우위를 점한다. 그런데도 왜 더 가난한 납세자들이 그런 시장에 보조금을 내야 한단 말인가!

생활이 힘들고 일자리가 없는 사람들을 위해 돈과 복지 서비스를 제공해주는 복지 법안의 핵심 면에서 서양이 거액 저축과 엄한 사랑(상대를 생각해서 엄격한 방법으로 도움을 주는 것 - 옮긴이)에 빠진 리콴유의 모델을 추종할 필요는 없다. 서양에는 세 가지 정책을 제안할 수 있다. 하나는 조건의 제한이다. 남미 국가들은 아이들을 학교에 보내거나 병원에서 정기적으로 건강검진을 받는 사람들에 한해

복지 혜택을 제공한다. 보다 부유한 국가들도 기술과 교육에 투자할 의사가 있는 사람들에게 복지 혜택을 제공하는 식으로 남미 모델을 모방할 수 있다. 두 번째는 장애보험 개혁이다. 미국에서 사회복지제도의 장애보험 프로그램 등록자 수는 1970년 생산가능인구의 1.7퍼센트였지만 지금은 5.4퍼센트로 높아졌다. 미국인들은 실업수당이 떨어졌을 때 장애의 정의를 확대 적용해온 의사들의 권유로 장애보험에 가입해왔다. 미국의 장애보험제도는 사람들을 재취업시키고자 조금도 애쓰지 않는다. 이 제도는 병자들의 경제 상황이 호전되지 않았을 때 설계된 것이기 때문이다. 제도가 사람들의 재훈련에 초점을 맞춘다면 훨씬 더 나아질 것이다. 현재 덴마크는 근로 능력을 완전히 상실한 사람 및 유연근무제하에서조차 일할 수 없는 사람들에게 장애보험금을 지급한다.

세 번째는 투명성 제고다. 현재 복지 혜택은 다양한 시스템을 통해 제공되고 있다. 미국에서 근로소득 세액공제는 어린 자녀를 둔 엄마들에게 주는 지원금과 별도로 지급되는 주택부조와는 출처가 다르다. 개인이 정부로부터 얼마나 혜택을 받는지를 보여주는 단일점검표를 만들자는 영국에서 제안된 아이디어는 적절하다. 이것은 또한 정부에 지급 한도를 부여할 수 있는 여지를 준다. 그럴 경우 멀쩡한 사람이 복지 혜택에 의지해 살면서 저임금 일자리를 가진 사람보다 더 많이 버는 경우가 생기지 않을 것이다. 이것이 부자들에게 지급되는 다양한 정부 보조금에도 적용될 수 있다면 사람들이 얼마나 많이 보조금을 받고 있는지가 분명해질 것이다.

복지 개혁을 위해서는 수혜자들의 책임감도 늘어나야 한다. 공공 서비스가 공짜라는 생각은 늘 매력적으로 들린다. 사실상 그런 생각은 틀렸다. 사람들은 공짜 점심 따위는 없다는 사실을 보여주기 위해서라도 의료 서비스를 받으려면 아주 적은 액수라도 본인이 일부를 부담해야 한다는 의식을 가져야 한다. 또 사람들이 일정 기간 실업수당을 받았다면 재취업 훈련에 반드시 참가해야 한다. 사회복지제도는 다수의 사람이 반복적인 제조 업무에 종사하던 시기에 만들어졌다. 당시 실업수당의 지급 목적은 사람들이 과거에 했던 것과 아주 유사한 또 다른 일을 찾을 수 있을 때까지 경제적 어려움으로부터 벗어날 수 있게 돕는 것이었다. 하지만 오늘날의 경제는 특히 더 혁신적인 단계를 거치고 있다. 즉 정보기술은 전체 산업 질서를 재편하고 있으며, 세계화는 노동을 재분배하고 있다. 노동자들은 새로운 일자리를 얻을 기회를 잡기 위해 기술력을 키워야 한다.

이런 말이 무정하거나 비판적으로 들릴 수도 있다. 하지만 이것은 복지국가 정신에 부합하는 정신이다. 1942년에 마련한 복지국가에 대한 청사진에서 영국의 윌리엄 베버리지는 게으른 사람들에게 보조금을 지급하거나, 보조금을 낭비하는 사람들에게 관용을 베풀 경우 새로운 복지국가가 붕괴될까 걱정했다. 그는 실업수당을 받을 수 있는 시간의 양에 대해 엄격한 제한을 두었다. 그는 부자들이 가난한 사람들에게 주려고 만든 복지 혜택을 청구하지 못하도록 개인 자산 평가를 실시했다. 동정적으로 굴기보다는 매정하게 구는 게 더 낫다. 또한 현 세대에게 지나친 애정을 퍼붓기 위해 미래 세대를 가난하게 만들기보다 미래 세대에게 공정하게 구는게 더 낫다. 여러 정부가 기존 복지 혜택 프로그램에 드는 비용을 미래 세대(이 사안에 대해 발언권을 가질 수 없는)에게 거듭 전가해왔다. 미래 세대로부터 돈을 빌리겠다는 생각은 인구가 성장하고, 모든 사람이 자식들이 자신보다 더 부유해질 것임을 알았을 당시 타당했을지 모른다. 하지만 이제 그렇게 될 수 없는 이상 그런 생각은 훨씬 더 위험해 보인다. 특히 현재 미국 정부의 차입금이 인프라에 투입되거나 학교를 짓는 데 쓰이지 않고 있어서 더욱더 그렇다. 그 돈은 세제 혜택을 통해 정실 자본주의자들과 복지 지출로 쓰이고 있다. 이런 식의 지출은 전혀 진보적인 것이 아니다.

국민들이여, 깨어나라

지금까지 우리가 내놓은 제안이 모두 실현 가능할까? 이 제안들 중에 이미 다른 나라 정부가 실행 중인 것은 거의 없다. 하지만 미국 정부의 총체적 혁신 차원에서 개혁들을 개별적으로 추진하면 가장 좋은 성과를 낼 것이다. 남용 금지 같은 긍정적인 개혁은 자기강화적 경향을 띤다. 복지 혜택을 처리하고 세제 개혁을 준비해온 의회는 새로운 규제에 일몰조항을 도입하고, 국방 프로그램을 더 엄격한 잣대로 평가할 가능성이 훨씬 더 높아질 것이다. 개혁은 구조의 재설계만큼이나 사고방식의 개혁과도 많이 관련되어 있다.

개혁은 필연적으로 또 다른 질문을 야기한다. 레이건과 대처는 대동소이한 정책을 추진했으며, 두 정상은 분명 논란의 주제를 바꿔놓았다. 하지만 여전히 절반의 성공만 거두었다. 그런데 이번에는 왜 다를까? 이제는 빅토리아 시대에 일어난 혁명과 보다 흡사하게 두 가지 면에서 기회가 더 커졌다.

가장 중요한 것은 정보 혁명이다. 고전적인 자유주의자들은 산업혁명과 호흡을 같이했다. 그들은 변화를 갈망하고, 역사학자 자신들의 편에 서 있다고 확신하는 신흥 계급을 대표했다. 이제 철도와 우편체계의 발전에 따른 통신 분야의 획기적인 발달로 리바이어던을 보다 날씬하고 효율적으로 만들 수 있게 되었다. 즉 사무실에 모호한 지시를 내린 후 최고의 결과를 바라기보다 공무원을 직접 방문해서 그가 하고 있는 일과 성과를 감시할 수 있게 되었다. 정보 혁명은 또한 즉각적인 만족감을 느끼는 데 익숙한 소비자 계급을 창조하고, 정보를 민주화시키며, 우리가 살펴봤듯이 교육, 건강, 법률, 질서 등 정부의 핵심 기능 재편을 더욱 용이하게 만들면서 사회 대변화를 일으켰다.

두 번째는 경쟁과 관련되어 있다. 19세기의 자유주의자들은 인생을 인정사정 봐주지 않고 싸우는 경쟁의 장으로 간주했다. 1980년대에 사람들은 소련을 두려워했지만, 소련의 경제력이 아닌 소련의 미사일을 두려워했다. 이제 우리가 살펴봤듯이 동양으로부터 진정 무서운 위협이 등장하고 있다. 아시아의 기업들은 육체노동뿐만 아니라 정신노동에서도 서양과 벌인 경쟁에서 훨씬 더 성공을 거두고 있다. 그리고 아시아의 정치인들은 많은 면에서 쇠퇴한 서양 모델보다 월등히 생산적이고 효율적인 모델을 창조했다. 경쟁이 정치인들에게 정부 조직을 개편할 수 있는 용기를 부여할지도 모른다.

따라서 우리는 1980년대에 혁명을 완수하고, 정부를 전면 개혁하고, 정부와 시민들의 관계의 중심에 자유를 올려놓을 수 있는 황금 기회를 얻었다. 수십 년 전 서양인들은 민주주의는 (처칠의 명언을 빌리자면) "간헐적으로 시도되어온 모든 다른 정부 형태를 제외하고 역사상 최악의 정부 형태이자 동시에 다른 어떤 정부 형태에 비해서도 세계에서 가장 긴급한 문제들을 해결할 수 있는 능력이 많은 최고의 정부 형태"라고 확신했다. 오늘날 많은 사람들이 민주주의에 대해 재고해보고 있다. 비대한 정부가 겪는 문제들을 일으킨 책임이 민주주의에 있는 것 같다. 정치인들은 다른 사람들로부터 받은 돈으로 자리를 매수하고, 유권자들은 어려운 결정을 보류하고 있다. 서양이 희소성의 문제에 직면하자 민주주의는 점점 더 기능장애를 일으키게 되었다. 민주적 시스템이 정말로 까다로운 선택들을 해결할 수 있을까? 풍요와 빈곤의 문제를 모두 해결할 수 있을까? 아시아의 대안 모델과 벌이는 싸움에서 서양 모델이 가진 가장 위대한 이점이 점점 더 핸디캡처럼 보이고 있다.

결론에서는, 민주주의는 서양이 가진 중대한 이점으로 남아 있다는 주장을 펼칠 것이다. 온갖 혼란을 일으켰지만 민주주의는 정부가 사람들의 걱정을 해결하고, 재능을 계발하게 해준다. 하지만 민주주의가 제대로 돌아가려면 그것 자체의 개혁 역시 필요하다. 민주주의는 그것이 가진 최악의 본능에 탐닉하는 게 금지되고 최고의 본능을 드러내도록 장려되어야 한다. 정부가 가진 힘을 제한할 때 드는 명분은, 자유를 확대하기 위한 명분이자 동시에 민주주의가 다시 잠재력을 백퍼센트 발휘할 수 있도록 그것을 되살리기 위한 명분이기도 하다.

결론

————— ● ★ ★ ★ ★ ● —————

민주주의의 패배

미국 제2대 대통령인 존 애덤스John Adams는 "민주주의는 결코 오래 지속되지 못한다. 민주주의는 조만간 허비되고, 지치고, 스스로 목숨을 끊을 것이다. 지금까지 자살하지 않은 민주주의는 없었다"고 말했다.[1] 애덤스가 1814년에 쓴 이와 같은 우울한 말을 최초의 민주국가 건국자 중 한 사람이 썼다는 것이 이상하게 들릴 수도 있다. 하지만 애덤스와 그가 살던 시대의 민주주의는 정치라는 수수께끼를 푸는 자명한 대답과 거리가 멀었다. 기원전 322년 아테네가 마케도니아에 패배하면서 이 세상에서 민주주의는 사실상 사라졌다. 프랑스 혁명 형식으로 추진되었던 무제한적인 민중의 힘에 대한 유럽의 위대한 실험은 곧바로 유혈과 독재로 이어졌다. 하지만 애덤스에게 가장 큰 걱정은 인간 본성 자체에 대한 것이었다. 그는 이렇게 말했다. "민주주의가 귀족정치나 군주제에 비해 덜 공허하거나, 덜 오만하거나, 덜 이기적이거나, 덜 야심차거나, 덜 탐욕스럽다고 말해봤자 소용이 없다. 이런 말은 사실이 아니며, 역사상 어디에도 그렇다는 게 보이지 않는다. 민주주의에 대한 열정은 모든 단순한 정부 형태하에 있는 사람들에게 똑같이 있다. 그리고 그것이 억제되지 않을 경우 사기, 폭력, 잔혹함이라는 똑같은 결과를 낳는다.[2] 좋은 정부의 비밀은 인간의 열정을 분출시키는 게 아니라, 그것을 억제하는 데 있었다."

애덤스 시대에 활동한 다수의 일류 사상가도 이러한 걱정을 공유했다. 분명 교육을 받은 지식인이었던 그들은 모두 고대 그리스의 위대한 역사학자 투키디데스Thucydides가 쓴 『펠로폰네소스 전쟁사History of the Peloponnesian War』와 고대 아테네의 정치가이자 군인인 페리클레스Pericles가 민주주의의 미덕들을 기록해놓은 장례 추도문을 읽어보았다. 페리클레스는 민주주의가 어떻게 개인의 평등 원칙을 소중히 여겼고, 어떻게 소수의 특권층(그리고 종종 부패층)이 아니라 모든 시민의 재능을 활용했으며, 어떻게 정치제도에 대한 존경심과 전투에서 그런 제도들을 지키기 위한 의지를 머릿속에 심어주었는지를 말했다. 그들은 또한 『공화국』에 나오는 플라톤의 강력한 반론도 읽었다. 플라톤은 군중이 이성보다 감정에 의해, 장기적인 지혜보다 단기적인 사익에 의해 마음이 움직일까봐 걱정했다. 따라서 민주주의는 저속한 무리가 무대 위에서 전문 정치인들을 응시한 채 가장 멋진 연설과 달콤한 약속을 한 사람들을 뽑아주는, 한마디로 '극장주의'로 전락했다.

이러한 고전적인 의심들에 우리가 말한 제2의 혁명의 설계자들은 특별한 걱정을 더했다. 그것은 민주주의가 모든 정치적 미덕 중에서 가장 위대한 '개인의 자유'를 뭉개버릴 수 있다는 걱정이었다. 미국에서 애덤스와 건국의 아버지들은 다수의 압제에 맞서 온갖 종류의 방어물을 설치했다. 장기적으로 정치에 집중할 수 있게 상원 의원의 임기는 6년으로 정해졌다. 미국의 초대 대통령인 조지 워싱턴은 상원을 커피를 식히려고 집어넣는 접시에 비유했다. 대법관은 종신직이었다. 권리장전에는 어떤 정부도 깨뜨릴 수 없는 개인의 자유를 정리해놓았다. 영국에서 존 스튜어트 밀은 '대중이 개인보다 우위를 점하는' 경향에 대해 안절부절못했다. 민주주의 시대의 성격은 집단적이었다. 즉 다수가 도덕적 압력과 법적 규제를 합쳐서 소수의 순응을 강요했다. 밀은 특히 반대 의견을 가진 사람들이 대중으로부터 홀로 튀거나 일자리를 잃을까 두려운 나머지 스스로를 검열할지 걱정했다.[3] 프랑스에서 토크빌은 '부드러운 전제정치'와 민주사회가 개인을 무가치한 수준으로 전락시킬지 모른다는 생각(개인들이 모두 동등하지만 역시 모두 강력한 국가의 종들로 아무런 생각 없이 순응하는 삶에 안주하게 되는)에 대해 우려했다. 토크빌은 말했다. "그것이 전혀 압제적이지는 않지만 지나칠 정도로 방해하고, 통제하고, 무기력하게 만들고, 억누르기 때문에 각 국가는 결국 정부를 양치기로 둔 소심하고 근면한 동물 무리로 전락하게 된다."[4]

애덤스와 토크빌과 밀에게 민주주의는 강력하지만 불완전한 메커니즘이자 인간의 창의성을 개발하고 인간의 괴팍함을 억누르기 위해 신중하게 설계된 후에 효과적인 작동 상태가 유지되도록 만들어야 하는 중요한 무엇이었다. 오늘날 민주 질서의 장단점에 대해 그토록 기본적인 질문을 던지는 사람은 거의 없다. 몇몇 정치이론가가 훌륭한 책을 썼지만(정치 철학자인 래리 시덴탑이 쓴『유럽의 민주주의Democracy in Europe』가 가장 먼저 떠오른다) 이 주제에 대한 대중적 논의는 대체로 새로울 게 없는 상황이다. 이런 공허함 속에서 위험한 역설이 출현하고 있다. 한편으로 유권자들은 민주주의가 그들에게 선사한 정부를 거의 존경하지 않는다. 정도의 차이만 있을 뿐 유권자들은 지도자들을 혐오하고, 그들을 부패하고 비효율적이라고 간주한다. 반면 그들은 민주주의는 비평의 대상이 아닌, 정치 생활의 영원한 특징이라고 전제한다. 그들은 민주주의의 관행을 미워하지만, 민주주의 이론에 대해서는 결코 질문을 던지지 않는다.

이러한 상황이 지속될 가능성은 낮다. 애덤스가 옳았다. 즉 민주주의에 가하는 위협은 자살하려는 유혹으로부터가 아니라면 1차로 내부로부터 나오고, 이어 2차로 최소한 스스로를 낭비하고 소진시키려는 유혹으로부터 나온다. 최근 수십 년간 이어진 번영기에 민주주의는 너무 엉성하고 방종하게 변했다. 민주주의는 수많은 의무로 과부하가 걸렸으며, 특별한 이해관계로 인해 왜곡되었다. 19세기의 자유주의자들은 정부 조직의 혁신을 대의제도의 개혁과 통합해서 추진했다. 그래서 그들은 부패한 자치구를 없앴고, 전례 없이 넓은 범위로 선거권을 확대했다. 그들의 현대판 후손들도 똑같은 접근법을 취해야 한다. 즉 정부 조직을 다듬고 민주주의에 다시 활력을 불어넣어야 한다.

1세기가 지난 뒤에는

일반적인 서양 복지국가와 마찬가지로 서양 민주주의에 20세기
는 승리의 시대였다. 1900년만 해도 단 한 나라도 우리가 오늘날
민주주의로 간주하는 모든 성인 시민이 투표에 참여하는 선거로
창조되는 정부를 갖지 못했다. 그해 미국의 세계인권감시센터인
프리덤하우스는 전 세계 인구의 63퍼센트가 거주하는 120개 국가
를 민주국가로 분류했다. 2000년 폴란드의 수도 바르샤바에서 열
린 민주화 세계포럼에서 "국민의 의지가 정부가 가진 권한의 기본"
이라는 선언을 하기 위해 100개가 넘는 나라의 대표가 모였을 때
포럼은 축하 분위기 일색이었다. 미국 국무부는 "마침내 민주주의
가 승리를 거두었다"라고 선언했다.

하지만 승리가 그리 간단한 것만은 아니었다. 70년 전 공산주의
와 파시즘이 득세하고 있었다. 1931년 스페인이 일시적으로 내각
책임제로 복귀했을 때 무솔리니는 당시 상황을 전기 시대에 석유
램프 시대로 되돌아갔다고 비유했다. 1941년 프랭클린 루스벨트
가 "민주주의의 위대한 불꽃을 야만주의의 등화관제"로부터 지키
는 게 불가능할까봐 걱정했는데, 이런 걱정은 냉전 시대에 되풀이
되었다. 하지만 민주주의는 끝내 승리했다. 20세기 후반에 활약한
위대한 영웅들은 민주주의의 영웅이었다. 남아프리카공화국에서

다수결 원칙에 의한 민주주의로의 평화로운 이양을 주도한 넬슨 만델라Nelson Mandela*나 체코 공화국에서 벨벳 혁명을 일으킨 바츨라프 하벨**을 생각해보자.

『미국의 민주주의』 서문에서 토크빌은 "민주주의를 중단시키려는 노력은 하느님에 맞선 싸움처럼 보인다"라고 주장했다.[5] '하느님'이란 단어를 '역사'로 바꾸면 2000년까지 이것은 사회적 통념에 대한 선언이었다.

하지만 오늘날은 그때와 상황이 아주 달라진 것 같다. 민주주의의 발전이 오싹할 정도로 중단되었다. 프리덤하우스는 2001년에 비해 오늘날 민주주의 국가 수가 하나 줄어들었다고 지적한다. 민주주의는 국가들이 끊임없이 변하고 역사학자 만들어지고 있는, 소위 민주주의의 경계에서 특히 형편없어졌다. 그들의 잠재적인 민주적 자유가 야기하고 있는 혼란에 겁을 먹은(그리고 해방된 이라크에서 일어나는 약탈과 방황에 대한 도널드 럼스펠드가 태평스럽게 했던 "어디서나 그런 일은 생긴다"라는 말을 받아들일 의사가 없는) 걱정스러울 만큼 많은 국가가 민주주의를 거부하고 독재자를 선택했다.

* 1991년 남아프리카공화국에서는 백인 정부와 흑인 정당 간에 인종을 초월한 새 헌법의 제정을 위한 협상이 시작되었다. 그로 인해 흑백 인종차별 정책은 사실상 완전히 폐지되었고, 정부와 주요 흑인 정당인 ANC는 다수결 원칙에 의한 민주주의로의 이양에 협력했다. 이에 따라 1994년 4월 모든 인종이 참여하는 민주적 총선이 실시되었고, 이 선거에서 ANC가 완승을 거둠에 따라 ANC 의장인 넬슨 만델라는 국민통합을 위한 정부를 구성했다 - 옮긴이

** 하벨은 1968년 '프라하의 봄'으로 알려진 체코슬로바키아의 민주화 운동을 이끌었으며, 1989년 11월에는 공산 독재 체제에 항거하는 반체제 연합 시민포럼을 조직해 시위와 총파업을 단행했다. 결국 41년간 이어진 체코슬로바키아의 공산 체제가 무너졌고, 이때부터 피를 흘리지 않고 민주화 혁명을 이끌어낸다는 의미의 벨벳 혁명이라는 단어가 사용되었다. 이후 하벨은 1993년 첫 체코 대통령에 올라 2003년까지 재임했다 - 옮긴이

실제로 21세기 민주주의와 관련된 이야기는 부서진 희망과 창조된 약속에 대한 이야기다. 1989년 11월 9일 베를린 장벽 붕괴 이후 모든 사람은 패배한 쪽이 민주주의를 포용하리라고 생각했다. 1990년대에 러시아는 보리스 옐친Boris Yeltsin 대통령하에 그러한 방향 쪽으로 '술 취한' 발걸음을 몇 차례 옮겼다. 하지만 20세기의 마지막 날에 옐친은 사임했고,*** 블라디미르 푸틴에게 권력을 이양했다. 푸틴은 총리와 대통령을 두 차례씩 지냈으며,**** 반대파를 숙청하고, 언론에 재갈을 물리고, 정적을 위협하며 자신을 끈질기게 비판한 사람들을 대부분 투옥시킨 현대판 황제다.

실망감은 중동에서 훨씬 더 컸다. 2003년 이라크 침공은 민주주의 시대를 열어줄 것으로 기대되었지만 오히려 혼란만 초래했다. 2011년 이집트 호스니 무바라크 정권의 붕괴는 민주주의가 중동 지역으로 확산될 것이라는 기대감을 부활시켰다. 하지만 이집트에서 열린 선거에서는 자유주의 행동주의자들(이들은 수없이 많은 '황당한' 당으로 가망 없이 쪼개졌다)이 아닌 모하메드 무르시가 이끄는 무슬림 형제단이 승리했다. 무슬림 형제단은 이어 헌법을 조작하는 한편 경제가 붕괴되도록 내버려두었다. 그 정도가 너무 심하다 보니 군부가 이집트 최초로 민주적 선거로 뽑은 대통령을 축출하고 수천 명의 무슬림 형제단원을 죽이거나 투옥시키자 많은 시민

*** 옐친은 1999년 12월 임기 만료를 1년여 앞두고 사임했다. 옐친은 임기 중 술에 취해 일을 하는 등 여러 가지 무책임한 행동으로 비난을 받았다. 그는 1991년 쿠데타를 막아낸 민주화의 영웅으로 떠오르며 큰 인기를 얻었지만, 이후 러시아 정치계에 어두운 그림자를 남겼다—옮긴이

**** 2012년 5월 러시아 제6대 대통령에 오른 푸틴은 그 이전에 3·4대 대통령, 6·10대 총리를 지냈다—옮긴이

들은 환영했다.*

오늘날 아랍연맹에 속한 22개국 중 3개국만 민주국가라는 주장을 펼칠 수 있다. 심지어 튀니지, 리비아, 이라크조차 심각한 결함을 갖고 있다.

한편 민주 진영에 새로 합세한 가장 중요한 국가들도 빛을 잃고 있다. 1994년부터 남아프리카공화국을 통치해온 아프리카민족회의는 점점 더 부패했다. 현재 남아프리카공화국 대통령인 제이콥 주마Jacob Zuma는 권력을 이용해 엄청난 개인 재산을 모았다. 그는 집을 한 채 사기 위해 2,000만 달러의 공적 자금을 쓰기도 했다. 터키 총리인 타이프 에르도안Tayyip Erdogan은 적들을 하찮은 존재로 만들고, 언론인들을 구속했으며, 자신을 비판한 사람들을 경멸했다. 헝가리 총리인 빅토르 오르반Viktor Orban이 너무나 고압적으로 굴자 유럽연합 집행위원회는 그를 거듭 견책했다.**

이런 일들은 본질적으로 모두 중요한 차질에 속한다. 하지만 두 가지 새로운 사건에 의해 이런 차질의 중요성이 더욱 커진다. 첫 번째 사건은 6장의 주제인 상명하달식 현대화와 실력주의 선발을 강

---

*무바라크 대통령은 30여 년간 이집트를 통치하다가 2011년 일어난 '중동의 봄' 시민혁명에 의해 밀려났으며, 이집트 역사상 60년 만에 처음으로 치러진 자유민주 선거를 통해 선출된 이슬람주의 단체 무슬람 형제단 출신의 무르시 대통령도 2013년 7월 대규모 반정부 시위에 이은 군부의 쿠데타로 쫓겨났다. 취임 당시만 해도 무르시는 이집트 민주화의 새로운 상징이 될 것으로 기대를 모았으나 그가 만든 대통령의 권한을 비정상적으로 강화한 헌법 선언문은 현대판 '파라오 헌법'이라는 격렬한 비난에 휩싸였고, 기독교인과 여성들에 대한 기본권 보장 공약을 어겼다는 비판을 받았다-옮긴이

**헝가리는 지난 2008년 국제통화기금의 주도하에 구제금융을 받았지만 오르반 총리가 같은 해 국제통화기금과의 계약을 폐지하고 대형 은행들에 추가 세금을 부과하는 강경책을 펼쳐왔다. 그러다 다시 경제가 어려워지고 국가 부채가 늘어나자 유럽연합 집행위원회로부터 정책 실기와 관련해 거듭 비판을 받았다-옮긴이

조하는 베이징 컨센서스의 부흥이다. 우리는 이 모델이 보기보다 취약할 수 있지만 이 세계에서 가장 빠르게 성장하는 거대한 중국 경제가 자랑스럽게도 비민주적일 때 다른 국가들도 민주주의에서 등을 돌리기 훨씬 더 쉬워졌다고 주장해왔다. 그리고 두 번째 사건은 민주주의가 전통적인 심장부에서 심각한 문제로 고통받고 있다는 부정할 수 없는 사실이다.

변화가 필요한 시간

미국과 유럽연합 모두에서 아담 스미스가 두려워했던 온갖 허영, 오만, 이기심, 야망, 탐욕이 만연해왔다. 민주주의의 결점들이 이 두 위대한 민주주의의 챔피언을 통해 드러나고 있다. 미국이 겪는 문제들은 미국이 너무 많은 민주주의의 사악함의 전형적인 사례가 되고 있다는 사실에서 비롯된다. 이와 달리 유럽연합은 지나치게 적은 민주주의의 미덕을 보여주었다.

미국인들이 이제 동의하는 몇 가지 사실 중 하나는 그들의 정치제도가 혼란에 빠졌다는 점이다. 이런 혼란은 점점 더 큰 대가를 치르고 있다. 미국의 피터슨 재단은 2010년 이후 그리드락 같은 재정 불확실성으로 미국의 GDP 성장률이 1퍼센트포인트 둔화되었고, 200만 개의 일자리 창조가 중단되었을 가능성이 있다고 추산한다. 이런 혼란은 해외에 미치는 미국의 이미지(그리고 폭넓게는 민주주의의 이미지)에도 피해를 주고 있다. 과거 "위기 앞에서 정치는 다음 문제"*라고 했지만 더 이상 그렇지 않다.

이제 공화당 의원들도 버락 오바마가 타협하고 있다면서 그를 열렬히 비난한다. 이런 모든 사태는 미국의 우방과 경쟁국들을 짜증나게 만든다. 워싱턴을 가까이서 추종하고 있으며, 토크빌을 좋아하는 중국에서 가장 강력한 권력을 지닌 인사 중 한 명에게 정치인들이 그들의 대외 정책을 멈추고 싶다는 생각은 미국에 대한 가장 혼란스러운 일 중 하나다.

왜 이런 일이 벌어지고 있을까? 미국이 겪는 문제들 중 몇 가지는 미국의 민주주의가 지나치게 민주적이고, 플라톤과 밀을 짜증나게 만든 감정에 너무 취약하다는 사실로부터 비롯된다. 최근 미국을 두 차례나 국가 부도 위기로 내몬 예산 정쟁의 원인 중 일부는 정치인들이 유권자들이 대신 해주기를 바라는 일을 했기 때문이다. 다수의 공화당 의원이 세금을 조금도 올리기를 원치 않듯 다수의 민주당 의원은 예산을 조금도 삭감하기를 원치 않는다.

미국은 양극화된 국가이며, 워싱턴의 극장주의는 단지 그것을 보여주고 있을 뿐이다. 하지만 워싱턴이 겪는 문제들은 세 가지의 구조적으로 기이한 사건으로 인해 더욱 악화되었다. 첫째는 약점으로 전락할 위기에 빠진 장점이다. 미국이 중시하는 견제와 균형은 계속해서 다수의 압제를 막는 주요 기능을 수행하고 있지만, 이로 인해 미국은 효율성과, 심지어 정의 면에서 큰 손실을 입고 있

---

*공화당의 아서 반덴버그 상원의원의 말로, 그는 1947~1948년 민주당의 해리 트루먼 대통령에게 적극적으로 협조하며 현대적 국가안보 체계를 구축하는 데 공화당 주도의 의회를 이끌어나갔다-옮긴이

다. 미국의 건국자들은 진정 인구 57만 6,412명에 불과한 와이오밍 주 출신 상원 의원 한 사람이 최소 3억 1,500만 명의 다른 국민들을 대표하는 상원 의원들에 의해 정의되는 국민의 뜻을 그토록 쉽게 좌절시키게 만들고 싶었을까? 의사 진행 방해 행위와 기타 지연 행위가 당과 '파벌들'이 합의에 도달할 수밖에 없게 만들 것이라는 생각 역시 현대 미국 정치가 이데올로기적 열병에 사로잡혀 있는 이상 시대에 뒤떨어진 생각처럼 보인다. 2010년 미치 맥코넬 공화당 상원 원내대표는 "우리가 이루고 싶은 가장 중요한 일들 중 하나는 오바마 대통령이 단임 대통령으로 끝나게 만드는 것이다"라고 말했다. 미국의 정치 잡지 《내셔널 저널》은 이데올로기적으로 가장 자유주의적인 공화당 상원 의원이 가장 보수적인 민주당 의원보다도 보수적인, 이데올로기적으로 가장 양극화한 상태에 있는 것으로 판단한다. 당들 사이의 이데올로기적 중첩 정도가 전혀 없을 때는 오직 최종 수단으로 사용되리라 간주했던 의회 내 의사 진행 방해 행위와 지연과 기타 절차상 기이한 행동이 이제는 핑계로 보기도 힘든 핑계를 대며 이용되고 있다. 1949~2008년, 60년 동안 대통령이 지명한 사람들 중 68명만 상원을 통과하지 못했다. 2009년 1월에서 2013년 11월 사이 민주당이 마침내 의사 진행 방해 절차를 수정하자 오바마가 지명한 사람들 중 79명이 상원 통과에 실패했다. 오바마는 상원이 휴회 중(이 자체가 일종의 권력 남용이었다) 사람들을 임명할 수밖에 없었다.[6] 척 헤이글이 무공훈장을 받은 군인이자 공화당 상원 의원이었지만 오바마는 그를 국방장관에 임명하기 위해 공화당 상원 의원들의 동의를 얻는 데 애를 먹었다.

2013년 개혁을 감안하더라도 미국의 정치 시스템은 계속해서 개별 정치인에게 일을 망쳐놓을 수 있는 특별권한을 부여하고 있다. 결국 그러다 보니 프랜시스 후쿠야마 교수가 말한 대로 무엇보다 상대방의 정책이라면 무조건 반대하는 '거부권 정치' 경향이 강해졌다.

밀과 토크빌이라면 정치적 자유를 보호하기 위한 목적으로 만들어진 견제와 균형을 갖고 이리저리 주무르는 모습을 보고 몹시 불안해 했을 것이다. 다른 두 가지 구조적인 문제인 게리맨더링과 금권정치는 그들이 헌법으로 어느 정도 보호를 받기는 해도 정치적 자유에 대한 어떤 개념보다도 훨씬 더 낯설어 보인다. 실제로 그들은 낡은 부패의 냄새를 풍긴다.

게리맨더링은 단지 부패 선거구의 현대판 이름에 불과하다. 폐쇄형 당원 예비선거가 치러지고 의회 의석 중에 경쟁 가능한 의석 수가 그토록 적다는 사실은 극단주의를 고착화시킨다. 즉 대부분의 정치인에게 가장 중요한 것은 당내 가장 강력한 이익단체의 마음을 얻는 것이다. 그러다 보니 특정 당에 화력을 집중할 수 있는 캘리포니아 교도관들과 절충안을 무시할 수 있는 이념적으로 편향된 열성분자들 같은 특별 이익단체가 부당하게 많은 힘을 갖게 된다. 이보다 더 심각한 문제는 게리맨더링이 불공평하다는 단순한 사실이다. 기묘하게 그어놓은 지역들은 미국의 민주주의가 내부자들만 자신의 이익을 위해 직접 만든 '도박판' 같다. 정치인들이 자기 자신의 선거구 경계를 정할 수 있게 허용되는 한 이 문제는 지속될 것이다. 이 문제를 해결하는 가장 유용한 방법은 이미 몇 개 주에서 시행되고 있는, 독립 위원회에 선거구 조정 업무를 이양하는 것이다.

세 번째 문제는 돈이다. 미국의 정치인들이 이데올로기가 달라 점점 분열된다고 해도 그들은 돈을 추구하면서 단합한다. 2012년 대선에서 오바마는 선거비로 11억 달러를 썼고, 공화당 대선 후보로 나온 미트 롬니는 12억 달러를 썼다. 대선과 총선에 든 전체 비용은 2000년 선거 때의 두 배인 63억 달러에 이르렀다.[7] 상원과 하원 후보들은 재선을 도와줄 대변인, 대외홍보 전문가, 정치 컨설턴트들을 고용하기 위해 필요한 돈을 구하려 전화를 해댄다. 워싱턴 DC에서는 근 1만 2,000명의 로비스트(의원 한 명당 20명 이상)가 활동하며, 이들이 2012년 고객들로부터 받은 돈만 24억 달러에 이르렀다.[8] 이들은 고객들을 위해 대가성 청탁을 받아주는 등 공공연히 잘못을 저지르는 데 그치지 않는다. 이들은 또한 법률 제정을 더욱 복잡하게 만든다. 법규가 복잡할수록 특별한 권리를 은밀히 얻기가 더 쉬워진다. 이러한 정치 비용을 헌법으로 보장되는 언론 자유의 행사라며 옹호하는 것도 좋다. 하지만 그것은 미국 민주주의가 돈에 팔리고 있으며, 부자가 빈자보다 더 막강한 권력을 휘두르고, 청탁을 주고받고, 은밀한 거래가 이루어진다는 인상을 준다. 미국 정치인과 기부자들이 아무런 거래도 이루어지지 않는다고 얼마나 자주 주장하건 간에 영화 〈대부The Godfather〉의 한 DVD는 말할 필요도 없이 인간 심리를 주제로 한 어떤 연구나 모두 '선물'이 주고받는 쪽에 의무와 기대감을 만든다고 암시한다.

그러한 관행을 옹호하는 거짓말은 모두 터무니없지만 미국 민주주의의 문제는 본질적으로 엉망진창이 된 좋은 민주주의의 문제들이다. 테디 루스벨트는 돈과 특별 이익단체의 영향력에 기겁하겠지만, 그는 또한 미국의 아우게이아스 왕의 외양간(3,000마리의 소를 기르면서 30년간 청소를 하지 않았는데, 헤라클레스가 강물을 끌어와 하루 만에 청소를 했다는 신화 속의 대형 외양간 – 옮긴이)을 청소할 수 있는 정치적 기회 역시 감지할 것이다. 한편 유럽연합이 겪는 문제들은 이보다 훨씬 더 심각하다. 유럽연합은 처음부터 정말로 민주주의라고 할 만한 게 없었다. 그리고 분명 자체 시스템을 정화하기 위해 테디 루스벨트 같은 사람을 생산할 수 있는 메커니즘을 갖고 있지도 않다.

유럽연합은 엘리트들이 추진한 프로젝트로 출발했다. 그들이 대륙이 대중적 열정에 의해 거의 파괴되는 광경을 목격한 유럽의 지도자들은 그러한 열정을 계속해서 통제하는 기구를 만들고 싶었다. 유럽연합이 더욱 크고 탄탄해지자 그들은 '마지못해' 몇 차례 유럽 '민주주의의 결점'을 수정하기 위한 시도를 했다. 하지만 '마지못해' 그렇게 했다는 사실이 중요하다. 그래서 만들어진 민주주의의 주요 상징인 유럽의회는 기회주의자들과 반대 정당들의 수단이라고 폭넓게 조롱을 받는다. 징후로 봤을 때 전후 시대에 유럽연합이 내린 가장 중대한 결정인 1999년 유로의 도입은 민주적 의견 수렴 절차 없이 내려졌다. 유럽의 지도자들은 유럽연합의 권한을 강화시켜준 2007년의 리스본 조약*이 대중적인 지지를 얻을 수 있

---

*경제공동체를 넘어 유럽연합의 정치적 통합까지 목표로 한 일종의 '미니 헌법'으로, 정식 명칭은 '유럽연합 개정조약'이다. 2007년 12월 유럽연합 27개 회원국 정상이 포르투갈 리스본에 모여 서명한 데서 이름을 땄다 – 옮긴이

으리라 생각했지만, 독일의 시인이자 극작가인 베르톨트 브레히트의 "국민을 해산시키고 다른 국민을 뽑아라"**라는 시구를 연상시키는 행동으로 인해 국민투표에서 조약이 부결되었다.***

유로존 위기가 정점에 달하던 당시 유럽중앙은행은 대차대조표를 독일 전체 GDP에 버금갈 정도로 많은 3조 유로나 확대했다. 이것이 올바른 조치였을지 모르지만 아무런 상의 없이 취해진 조치이기도 했다. 유럽연합은 조만간 국가 예산을 감시하고 거부권을 행사할 수 있는 권한을 달라고 주장할 것이다. 역시 이런 주장이 논리적인 것 같지만 그것에 필요한 민주적 위임권의 출처가 어디인지는 알기 힘들다.

유럽의 반민주적 역학은 그 안에 있는 국가민주주의를 해치고 있다. 유로존 위기가 정점에 달했을 때 이탈리아와 그리스는 민주적으로 선출된 정부를 마리오 몬티와 루카스 파라데모스 같은 기술관료 지도자로 대체하도록 괴롭힘을 당하는 수모를 겪었다. 유럽연합은 오만하고 무능한 엘리트들에 맞서 그들로부터 '사기와 거짓말을 당한 힘없는 국민들'을 대변한다고 주장하는 포퓰리즘당의 온상이 되어가고 있다.

** 1953년 6월 러시아의 스탈린이 사망한 직후 일어난 동독 노동자들의 반정부 시위에 동독 정부가 "정부는 국민들에게 실망했다"라고 말하자 브레히트가 국민이 마음에 들지 않으면 차라리 국민을 다시 뽑으라며 냉소적으로 말했다 - 옮긴이

*** 이 조약은 당초 2008년 회원국들의 비준 절차를 거쳐 통과되면 2009년부터 발효될 예정이었다. 하지만 조약이 무산되지 않으려면 27개 회원국 전체의 비준을 받아야 했다. 그런데 아일랜드만 유일하게 의회의 비준을 거치지 않고 국민투표를 채택했다. 당시 아일랜드는 유럽연합 경제권 편입 이후 10년간 높은 경제성장률을 기록해왔지만 이민자 증가와 경제성장률 하락 등 악재가 겹치면서 유럽연합 통합에 대한 반대 목소리가 높았고, 2008년 6월 실시된 국민투표에서 조약은 부결되었다(단, 2009년 10월 다시 실시된 국민투표에서 비준됨으로써 2009년 12월 1일 이 조약은 발효되었다) - 옮긴이

네덜란드 우파 정당인 자유당의 헤르트 빌더스 당수는 "유럽이라는 이런 괴물"을 욕했다. 프랑스 극우 정당인 국민전선의 당수 장마리 르펜은 유럽연합을 "자체 모순들의 무게에 눌려" 붕괴될 운명에 처한 구소련에 비유한다. 그리스 극우 정당인 황금새벽당은 민주주의가 나치 스타일의 당들을 과연 어느 정도까지 용인할 수 있는지를 묻는 질문을 검증하고 있다. 지금으로부터 50년 전에 유럽의 포퓰리즘이란 괴물을 길들이기 위해 설계된 프로젝트가 실제로는 포퓰리즘을 부활시키고 있다.

기능장애부터 민주주의 병에 이르기까지

유럽연합은 국민국가들이라는 매개체를 통해 일했던 '대의민주주의'의 심각한 문제를 보여주는 극단적 사례다. 유권자들은 국가의 당 출신 대표들을 국가 사무실에서 일하도록 뽑고, 그런 대표들은 국가권력의 레버를 당긴다. 이제 이런 절차는 다소 낡아 보인다. 그것은 종종 좋은 이유로 인해 위아래로부터 위협을 받고 있다.

위로부터는 세계화가 국가정책들을 완전히 뒤바꿔놓고 있다. 국가의 정치인들은 대략 전 세계 자본주의라고 불리는 것에 무역과 금융 흐름 같은 것에 대한 더 많은 권력을 넘겨주었다. 그들은 세계무역기구나 사실상 유럽연합 같은 다양한 초국가적 기구에 대한 통치권을 합치거나 혹은 시장이 신뢰를 받기 위해 주로 중앙은행장 같은 기술관료들에게 권력을 이양했다. 이런 움직임의 뒤에는 설득력 있는 논리가 존재한다. 실제로 한 나라가 어떻게 혼자서 기후변화 같은 문제를 해결할 수 있단 말인가. 그리고 자제력이라는 고귀한 요소도 존재했다. 한 나라의 정치인이라면 돈을 찍어내라는 사이렌(아름다운 소리를 내어 뱃사람들을 유혹하고 위험에 빠뜨린 그리스 신화 속 요정 - 옮긴이)의 노래를 거부할 수 있는 최선의 방법은 돛대에 몸을 묶고, 자넷 옐런 연방준비제도이사회 의장의 도움을 받는 것이다.

카탈루냐와 스코틀랜드처럼 분리 독립을 시도한 나라들, 인도의 주들, 중국의 성들, 미국의 시장들처럼 마찬가지로 아래로부터도 강력한 도전이 제기되고 있다. 그들은 위대한 중앙집중화 시대에 국가 정부에게 넘겼던 권력을 되찾으려 애쓰고 있다. 또한 모이제스 나임이 '미시권력'이라 부른 전통적인 정치 방식과 거리를 둔 NGO부터 로비스트 등 일련의 세력이 존재한다. 인터넷은 장벽들을 허물면서 사람들이 조직화해 자기주장을 펼치기 쉽게 만들어주고 있다. 따라서 클릭 한 번만으로 선택과 투표를 하는 데 익숙해진 지금 같은 세상에서 불과 몇 년에 한 번씩 선거가 열리는 의회민주주의는 점점 더 시대착오적인 것처럼 보인다. 영국 의원인 더글라스 카스웰은 전통 정치를 사람들이 아이튠즈를 통해 음악을 사는 데 익숙해진 세상이 오자 파산한 영국 음반 매장 체인점인 HMV에 비유한다.[9]

아래로부터 제기되는 가장 큰 도전은 유권자 자신에게서 나오는 것이다. 시민들이 "순간의 쾌락에 젖어 하루하루를 살 것"이라는 민주주의에 대한 플라톤의 위대한 걱정은 선견지명이 있는 것으로 입증되었다. 장기적으로 미국에 대한 대중의 관심 부족 정도를 대략적으로 보여주는 한 가지 지표는 공공 부문의 자본지출이다. 이 것은 1860년대 중반 GDP의 5퍼센트에서 2000년대에는 약 3퍼센트로 떨어졌다. 지금 상황이 더욱 악화된 이상 유권자들은 정치인들에 대해 보다 냉소적으로 변했다. 아마도 이런 분위기를 보여주는 가장 극단적인 사례는 아이슬란드일지 모른다. 아이슬란드에서는 2010년 약속을 파기한 채 대놓고 부패해지겠다는 약속으로 최고당*은 수도 레이캬비크 지방선거에서 제1당을 차지했다.

주류 국가 정당의 당원 수도 급감했다. 영국의 경우 1950년대에는 유권자의 20퍼센트가 당원이었지만 지금은 고작 1퍼센트가 당원이다. 정당들은 점점 더 과반수 득표를 하기가 힘들어지고 있다. 2012년 OECD 34개 회원국들 중 불과 4개국 의회만 절대 다수당이 장악했다.

국민들이 정부로부터 바라는 게 거의 없다면 이러한 냉소주의는 건전한 것일지도 모른다. 하지만 그들은 계속해서 아주 많은 것을 바라고 있다. 그 결과로 한편에서는 정부에 의존하고, 다른 한편에서는 정부를 경멸하는 유독하고 불안한 혼합이 초래될 수 있다. 정부에 대한 의존은 정부의 과도한 팽창과 부담을 초래하고, 정부에 대한 경멸은 정부로부터 합법성을 앗아감으로써 모든 문제를 위기로 뒤바꿔놓을 수 있다. 민주주의의 기능장애는 포퓰리즘과 정치 :

---

*최고당은 당시 선거운동을 하며 모든 수영장에서의 수건 무료 지급과 시립동물원의 새 북극곰 지원, 공항의 디즈니랜드 유치 등 황당한 공약을 내걸었다. 한편으로 최고당은 지금이 정치를 쇄신할 때라며 '밝은 미래'의 변화를 약속하기도 했다. 현지 전문가들은 현 정부에 대한 불신과 2008년 금융 산업 붕괴가 최고당이 제1당으로 등극하는 결과를 낳았다고 분석했다 ─ 옮긴이

혐오증 등 이른바 '민주주의 병'을 일으킨다.

자본주의, 세계주의, 그리고 민주주의

이런 실패들은 중대한 질문을 불러일으킨다. 그것은 "민주주의가 진정 미래의 물결인가?"라는 질문이다. 민주주의가 필수불가결하다는 주장에는 두 가지 전제를 토대로 한다. 단, 아담 스미스라면 이 두 전제를 모두 서둘러 받아들이려 하지 않았을 것이다. 첫 번째 전제는 민주주의가 보편적 신조라는 것이다. 폭압을 제거하기만 하면 민주주의는 뿌리를 내리게 된다는 것이다. 두 번째 전제는 민주주의와 자본주의는 쌍둥이기 때문에 정치 분야에서의 자유로운 선택은 경제 분야에서의 자유로운 선택과 더불어 원활하게 할 수 있다는 것이다. 이러한 전제들이 후쿠야마 교수가 1989년에 쓴 논문 「역사의 종언The End of History」의 주제였다. 하지만 지난 15년간 검증 결과 모두 부족한 것으로 드러났다.

민주주의는 토니 블레어와 조지 W. 부시, 기타 여러 사람이 주장해온 대로 '보편적인 갈망'일지 모른다. 하지만 그것은 문화적으로 뿌리를 내린 관행이기도 하다. 민주주의는 고대 그리스에서 처음 시작되었고, 이후 19세기 중반 서유럽에서 다시 발견되었다. 서양 국가들은 거의 언제나 강력한 법률제도와 확고한 헌법상의 권리를 갖춘 섬세한 정치제도를 기존에 선보인 이후에야 대중 선거권을 선보였다. 그리고 그들은 개인적 권리라는 개념을 소중히 생각한 문화에서 그렇게 했다. 그럴 때조차 그들은 심각한 문제에 시달리고 있었다. 1920년대와 1930년대에 유럽의 절반이 권위주의에 굴복했다. 그러한 관점에서 보았을 때 러시아와 이집트에서 민주주의가 그토록 빨리 시들었다는 사실이 놀랍지만은 않다.

자유민주주의와 자유자본주의의 관계 역시 결코 자동적이지 않다. 이것은 정치인들보다 경제학자들이 훨씬 더 빨리 간파해온 문제이기도 하다. 제임스 뷰캐넌과 기타 '공공선택'* 이론가들은 민주적 정치인들이 항상 유권자들에게 영합하게 됨으로써 적자가 누적되고 기반시설 투자는 줄어들 가능성에 대해 우려했는데, 이는 굉장히 정확했다.

『더 나은 세계화를 말하다One Economics, Many Recipes』의 저자인 대니 로드릭 하버드 대학 교수는 현대 국민국가들은 삼자 택일의 궁지에 몰려 있다고 주장한다. 그래서 그들은 민주주의, 국가 자결권, 그리고 경제적 세계화를 동시에 추구할 수 없다는 것이다. 전후 시간 동안 그들은 민주주의와 국가 자결권을 추구한다는 명분하에 세계화를 희생했다는 것이다. 하지만 로드릭의 관점에서 보았을 때 이제 그들은 세계화라는 명분하에 민주주의와 국가 자결권을 점점 더 희생하고 있다.

자본주의가 필연적으로 야기할 수밖에 없는 불평등 문제도 존재한다. 미국 연방대법원의 판사를 지낸 루이스 브랜다이스는 "우리는 민주사회를 갖거나 소수의 손에 부가 상당히 편중되게 만들 수

---

*정부가 개입·선택하는 것은 시장을 통하지 않고 직접 생산·공급이 이루어지는 것이므로 비시장 선택이 되는데, 이러한 비시장선택을 '공공선택'이라고 한다 - 옮긴이

있다. 우리는 둘 다를 할 수 없다"라고 선언했다. 서양 민주주의의 황금시대는 분명 소득 불평등이 비교적 억제되었고, 국민국가들이 완전고용을 실현하고 복지 제공을 늘렸던 전후 장기간의 활황기였다. 민주주의는 그토록 많은 전후 전리품이 상위 1퍼센트에게만 돌아갔을 때 더 이상 황금처럼 보이지 않았다. 필자들의 동료인 영국의 칼럼니스트 필립 코간이 지적했듯이, 다른 많은 모순과 마찬가지로 이런 모순은 경제가 성장하고 정부와 시민들이 모두 쉽게 빌릴수 있는 '풍족한' 시대에는 통제가 가능했다. 하지만 2007~2008년에 터진 금융 위기는 그런 통제를 중단시켰다. 따라서 '결핍의' 시대에는 민주주의가 더 많은 압박을 받는다.

그렇다고 중국 스타일의 권위주의가 서양인들이 사는 곳 인근까지 영향을 미치고 있지도 않을 뿐만 아니라 민주주의가 붕괴 일보직전에 있는 것도 아니다. 민주주의는 특별히 적응 능력이 뛰어난시스템이다. 사람들이 투표권을 가지면서 20세기 초 민주주의는복지국가를 탄생시켰다. 민주주의는 여전히 사람들에게 평화롭게게으름뱅이들을 쫓아내고 위와 아래 어디서건 새로운 인재들을 영입할 수 있는 방법을 제공한다. 또한 인권을 강화시키고 혁신을 장려한다. 아마도 가장 기본적인 차원에서 사람들은 민주주의를 원하기 때문에 중국인들은 한국이나 대만인들의 사례를 답습할 가능성이 높다. 즉 더 부유해질수록 중국인들은 더 많은 자유를 요구할것이다. 하지만 그것이 서양에서 아무것도 하지 않거나 현재 서양민주주의를 공격하기 위해 몰래 접근하고 있는, 악마들이 가할 수있는 피해에 대해 수수방관하는 것에 대한 변명이 될 수는 없다. 다시 한 번 말하지만 위험이 존재한다. 서양 국가들은 민주주의가 부패하도록 허용해버림으로써 국민의 기대를 저버렸다. 하지만 국가 자체에 대해 더 큰 질문이 나왔듯 기회 역시 존재한다.

개편과 수정

우리가 앞서 정부 시스템을 개편하기 위해 주장한 바가 민주주의 시스템에도 적용된다. 공개적으로 활발한 활동을 하는 온갖 신조를 지닌 민주적 정치인들이 잘해낼 수 있기를 바라는 일련의 실질적인 일들이 있다. 우리는 이미 미국 정치인들이 직접 선거구를 자기 당에 유리하게 변경하기보다 독립 위원회가 정한 선거구들을 받아들이게 하는 등 몇 가지를 언급했다. 유럽 국가들에도 분명 해결해야 할 문제들이 있다. 스페인은 각 주에 너무 많은 권한을 부여하고, 이탈리아는 의원들(지나치게 많은 보수를 받는)의 수가 너무 많고 상·하원의 권한이 똑같이 강력하다. 영국은 선거구 획정 업무를 위원회에 위임했지만, 선거 시스템상 스코틀랜드가 자체 의회를 갖고 있음에도 불구하고 그곳 사람들에게 웨스트민스터에 있는 영국인들보다 더 큰 투표 영향력을 주고 있다.

하지만 개혁가들은 웅장한 프로젝트에 착수해야 한다. 민주정신을 되살리는 열쇠는 제한된 정부의 정신을 되살릴 수 있느냐에 달려 있다. 서양이 겪고 있는 중대한 문제는 지킬 수도 없는 의무들로, 정부에 과도한 부담을 주었을 뿐만 아니라 충족될 수 없는 기대들로 민주주의에도 과도한 부담을 주었다는 점이다. 이 책은 민주주의에 대한 플라톤의 두 가지 위대한 비판이 진실임을 거듭 입증해보였다. 플라톤은 유권자들은 장기적인 신중함보다 단기적인 만족감을 더 중시할 것이며, 정치인들은 뇌물을 주고라도 권력을 잡기 위해 애쓸 것이라고 비판했다. 또한 정치인들은 미래 세대가 갚아야 할 복지 혜택들을 약속했다. 더 작은 정부, 특히 다양한 금욕적 법령을 통해 스스로를 제한한 정부는 훨씬 더 지속 가능할 것이다.

　다시 한 번 말하지만 사람들이 민주주의의 문제를 응시할 때마다 해결책의 일환으로 자제력에 집중해왔다. 제한된 정부는 미국 독립 혁명의 핵심이었다. 헌법 제정 회의에서 헌법 초안의 기초를 맡아 '미국 헌법의 아버지'로 불리는 제4대 대통령 제임스 매디슨은 『연방주의자 논집』에서 "사람들 위의 사람들에 의해 관리되는 정부의 기틀을 잡는 데 가장 어려운 일은 첫째 정부가 피통치자들을 통치할 수 있게 하는 것이고, 둘째 정부가 의무적으로 스스로를 통제하게 하는 것"이라고 말했다. 미국 건국의 아버지들은 이런 생각을 실천하기 위해 많은 고민을 했고, 그 결과로 온갖 견제와 균형 장치가 마련되었다. 제한적 정부는 제2차 세계대전 이후 민주주의가 다시 득세하는 데도 필수적인 역할을 했다. 신학자인 라인홀트 니부어와 정치학자인 칼 프리드리히 등 전후 헌법 제정자들에게 정부는 스스로 자제하는 게 중요했다. 유엔의 법적 기초를 이루는 설립 조약인 유엔헌장(1945년)과 제3회 유엔총회에서 채택된 세계인권선언(1948년)은 다수가 원하더라도 국가가 깰 수 없는 권리와 규범을 확립해주었다. 프리드리히가 일부 작성에 관여한 독일연방공화국(독일이 통일되기 전 서독의 공식 명칭 - 옮긴이) 헌법은 미국 헌법을 모델로 삼았다.

이러한 견제와 균형 장치들은 탐욕스러운 왕과 권력에 미친 독재자들이 저지른 폭정에 대한 두려움이 바탕이 되었다. 오늘날 적어도 서양에서 민주주의의 건전성에 가해지는 위험은 세 가지 이상의 복잡한 형태를 띠고 있다. 첫째, 정부는 점차 자유를 줄이면서 계속 몸집을 키울 것이다. 둘째, 정부는 특별 이익단체에 더 많은 권력을 이양할 것이다. 정부의 기능이 방만하게 확대될 때 이런 권력 이양이 더 쉬워지는 법이다. 셋째, 정부는 감당할 수도 없는 복지 혜택을 만들거나 테러리즘 퇴치나 가난 종결처럼 기대감만 높이고 실패로 끝나게 될 달성 불가능한 목표에 매진하는 식으로 지킬 수 없는 약속을 계속할 것이다. 이런 모든 영역에서 정부는 과도하게 기능을 확장하고 있으며, 민주적으로 얻은 신뢰를 남용하고 있다. '자유'를 다시 '자유민주주의'로 되돌려놓을 때, 유권자와 정부 모두에게 자연스럽게 방만 경영에 빠져드는 경향을 스스로 자제하도록 설득할 시기가 도래했다.

사실상 이것은 어떤 종류의 자제를 말하는 것일까? 한 부분은 상당히 분명하다. 정부는 스위스가 경제 주기 동안 예산 균형을 약속하고, 복지 혜택에 적절한 경제적 지원(기대수명과 연금을 연동시키고)을 함으로써 그러했던 것처럼 재정적 '구속복'을 입음으로써 자제를 실천할 수 있다. 무엇보다 중요하면서도 서양 전역에 걸쳐 이미 시간이 많이 지난 자제 행위는 일몰조항의 도입이다. 지금의 법과 규정은 흡혈귀와 같다. 일단 탄생한 이상 죽이기 어렵다. 우리가 여기서 옹호해왔던 자금령을 포함해 각 법마다 10년의 법적 시한 이 만료되게 만드는 시스템은 정부로 하여금 스스로를 통제할 수밖에 없게 만들 것이다.

정치인들이 스스로 자제할 수 있게 만드는 다른 두 가지 방법은 현재 대의민주주의를 해치고 있는 두 가지 힘을 더 잘 사용하는 것이다. 위와 아래로부터, 즉 한편으로는 세계화로부터, 그리고 다른 한편으로는 적극적인 유권자들로부터 나오는 압력이 우리 생활의 일부가 되었다. 국가 정치인들은 기술관료들과 나임이 말한 '미시 권력'에 일부 권력을 넘겨줌으로써 이러한 힘의 균형을 맞추는 방법을 찾아야 한다.

경제적 측면에서는 일부 결정을 기술관료들(혹은 훌륭한 능력을 가진 위원회)에게 넘기는 게 합당하다. 통화정책 통제권을 독립적인 중앙은행에 넘기기로 한 결정은 성공적이었다. 그로 인해 1980년 대에 20퍼센트 이상이던 서양의 물가 상승률은 오늘날 거의 보합 수준으로 떨어졌다. 독립 위원회에 재정정책 통제권을 넘길 경우 복지 혜택을 통제하는 데 좋은 효과를 거둘 수 있다. 최근 몇 년 동안 미국이 재정 건전성을 회복할 수 있는 최고의 기회는 양당의 정치인이 모두 참여해 기본 세율을 낮추되 모기지 금리 공제 같은 다양한 면제 조항을 없애기 위해 세제 개혁을 권유한 심슨-보울스 위원회가 제공했다. 그런데 안타깝게도 이 제안은 막혔다.

분명 이러한 몇 가지 자제 행위, 특히 일부 결정을 제3자에게 위임하는 행위가 테크노크라시technocracy(기술관료 중심의 의사 결정을 토대로 한 사회 변화 – 옮긴이)의 위협을 확대시키기만 할까? 그렇다.

하지만 몇 가지 주요 결정만 위임 가능하게 하고, 위임을 공개적으로 투명하게 하고, 그것을 조심스레 행할 그런 위험을 줄일 수 있다. 유권자들은 중앙은행장들이 통화정책회의를 열어 기준금리를 정하면, 온라인에 올라온 회의록을 읽을 수 있다는 것을 안다. 그리고 테크노크라시로 흐르는 것을 제한하기 위한 또 다른 방법은 반대 방향, 즉 아래 유권자들, 특히 지방정부에 더 많은 힘을 몰아주는 것이다.

이 책의 주제는 초지일관 정부가 책임을 지고 있는 국민들과 가까이 있고, 정부가 중요 기술을 가지고 일할 때가 최상의 상태를 유지한다는 것이었다. 영국의 육아 사이트인 멈스넷 같은 인터넷 커뮤니티들은 '정치에 관심이 없는' 사람들이 식품 내용물 표시와 육아 정책 같은 정치적 문제에도 관심을 갖도록 권장한다. 정부의 과도한 지출을 제한하기 위한 방법을 찾고 있는 핀란드 국민들 역시 권력을 양도하고 전자민주주의(전자적 매체를 통해 대의민주주의의 한계를 극복하고 시민의 직접 참여로 참여민주주의와 직접민주주의를 구현할 수 있는 정보화사회의 민주주의 - 옮긴이)를 활용하기 위한 방법들을 실험해왔다. 연금제도와 관련된 결정들은 의회의 승인을 받아 기술관료들에게 맡길 수 있을지도 모른다. 하지만 지역사회의 중심이 되는 학교나 도서관 등 공동시설과 관련된 결정들은 소위 말하는 '흐르는 민주주의'(대의민주주의와 직접민주주의의 요소를 결합해 시민들이 공공의 사안에 대해 충분한 정보와 지식을 보장받고, 그들의 의견이 대의기구의 정치적 결정에 더 깊이 흘러 들어가는 민주주의 - 옮긴이)에 의해 결정될지도 모른다. 캘리포니아가 추진 중인 개혁들의 일부 역시 게

리맨더링 같은 문제를 기술관료들에게 맡기는 반면, 예비선거는 구석구석 개방함으로써 민주주의의 수혜 범위를 넓히기 위해 애쓴다는 점에서 이런 패턴에 적합하다. 토크빌은 지역민주주의의 완벽한 명분을 만들었다. "지역 기관들과 자유의 관계는 초등학교와 과학의 관계와 같다. 전자는 자유를 사람들이 미치는 범위 내에 갖다놓고, 사람들에게 그것을 평화롭게 즐기는 법을 가르친다. …… 느낌과 의견이 모아지고, 마음은 여유를 찾으며, 인간의 사고는 다른 어떤 방법이 아니라 바로 사람들끼리 서로 미치는 영향에 의해 발전한다."[10]

결국, '단결'이다

제4의 혁명은 많은 것과 관련되어 있다. 이것은 더 나은 서비스를 제공하기 위해 기술이 가진 힘을 이용하는 문제와 관련되어 있다. 이것은 전 세계 곳곳에서 더 똑똑한 생각을 찾아내는 문제와도 관련되어 있다. 이것은 구시대적 노동 행위를 없애는 문제와 관련되어 있다. 하지만 가장 중요한 사실은 두 가지 위대한 자유주의 사고가 가진 힘을 되살리는 문제와 관련되어 있다는 것이다.

이것은 사회적 권리보다 개인적 권리를 더 중시함으로써 자유정신을 소생시키는 문제와 관련되어 있다. 그리고 이것은 국가가 져야 할 부담을 경감시킴으로써 민주주의 정신을 소생시키는 문제와도 관련되어 있다. 국가가 너무 많은 약속을 남발할 경우 시민들 사이에서 민주주의 병과 의존 성향을 조장한다. 민주주의가 유연성, 혁신, 문제 해결 능력 제고에 필요한 최고의 본능을 표현할 수 있는 유일한 길은 해주겠다는 약속을 줄이는 것이다. 이것은 엄청나게 중요한 싸움이기도 하다. 민주주의는 기본적 권리와 자유를 지키기 위한 보호 장치다. 이것은 또한 혁신과 문제 해결에 나서겠다는 확약이다. 하지만 민주주의가 가진 최악의 본능과 맞서는 싸움은 힘들 것이다.

우리가 이 책에서 연대순으로 정리한 세 차례의 혁명은 모두 엄청나게 힘든 싸움이었다. 이 혁명들은 사람들이 오랫동안 간직해온 전제들에 질문하고 종종 국가의 중심에 서 있는 사람들의 강력한 반대에 맞서 아주 다른 세상을 꿈꿔야 했다. 홉스는 권력이 신이나 혈통뿐만 아니라 대중적 질서의 문제를 해결할 능력에 의해 정당화되는 세상을 정의했다. 초기 근대 유럽의 위대한 건국자들은 그들의 특권을 질투한 성직 상원 의원과 성직 이외의 상원 의원들과 맞서 싸워야 했다. 그들은 또한 여행이 힘들고 교육받은 관료의 수가 적은 세상에서 행정기구를 만들어야 했다. 밀은 권력이 개인의 자유에 의해 제한되는 세상을 꿈꿨다. 18세기와 19세기의 위대한 개혁가들은 구질서로부터 그토록 많은 것을 얻었던 낡은 부패 세력과 오랫동안 싸워야 했다. 베아트리스 웹은 국가의 사악한 개입과 관련해서 그녀가 어린 시절에 품었던 전제들을 다시 생각해 보았다. 20세기 초 사회주의자들은 극단적인 의심의 배경 속에 학교와 병원과 실업수당을 제공하는 근대 복지국가를 세운 맹렬한 제도 구축자였다.

하지만 이런 각각의 혁명은 거대한 보상을 안겨주었다. 초기 근대 유럽은 세계에서 가장 역동적인 대륙이 되었다. 빅토리아 시대의 영국은 낡은 부패 시대에 비해 더 낮은 비용에, 더 나은 서비스를 제공해준 자유주의 국가를 창조하고, 별다른 혼란이 없는 가운데 대중민주주의로의 이전을 감독했으며, 광대한 제국을 매우 저렴하게 통치했다. 복지국가는 수백만 명의 국민에게 끔찍할 정도로 가혹할 수 있는 세상 속에서 유형의 유가증권을 제공했다.

제4의 혁명은 앞서 일어난 혁명들보다 더 쉽지 않을 것이다. 레이건-대처가 추진한 개혁이 절반의 성공만 거두었다는 사실이 이런 예상을 방증한다. 제4의 혁명은 많은 서양인에게 이미 자명한 소유물로 폭넓게 간주되고 있는 두 가지, 즉 복지국가와 민주주의 관행을 재고해볼 수밖에 없게 만들 것이다. 그들이 최근 들어 자멸적으로 변했기 때문에 그렇다. 복지국가는 무질서하게 변했고 민주주의는 방종하고, 지속하고, 종종 타락하게 변했다. 국민들에게 더 적은 복지 혜택을 제공하는 더 작은 정부가 더 강한 정부라고 설득시키기 힘들어질 것이다. 마찬가지로 민주주의에 금욕적인 규정들을 적용하기도 힘들어질 것이다. 특별 이익단체들의 입장에서는 국민을 선동할 수 있는 기회가 열릴 것이다. 의회 의원들은 자신의 썩은 자치구를 쉽게 포기하지 않을 것이다. 정실 자본주의는 보조금을 얻기 위해 열심히 싸울 것이다.

하지만 개혁가들은 그들이 추구하는 명분의 부인할 수 없는 세 가지 중대한 사실을 고수하며 개혁을 밀어붙여야 한다. 첫 번째로 부인할 수 없는 사실은 무대책의 대가는 크다는 것이다. 초기 근대 유럽이 국가기구 만들기를 거부했거나 20세기 초 유럽이 가난한 사람들에게 서비스를 제공하길 거부했다면 큰 대가를 치러야 했을 것이다. 개혁에 나서지 않은 현대 복지국가는 스스로의 무게에 눌려 침체의 늪에 빠질 것이다. 이미 현대 복지국가는 가장 절실히 도움을 필요로 하는 사람들을 돕지 못한 채 부조금을 애지중지하고 있는 기득권층에게 퍼주고 있다. 그리고 민주주의는 존 애덤스가 예상했던 대로 쇠약해질 것이다. 두 번째 부인할 수 없는 사실은 기회다. 제4의 혁명을 밀어붙임으로써 얻게 되는 보상은 역동적인 성격을 띨 것이다. 즉 사회 내에서 가장 강력한 혁신적인 힘을 이용하는 어떤 국가라도 다른 국가들보다 앞서 나갈 것이다. 끝으로, 부인할 수 없는 사실은 역사학자 개혁가들의 편에 서 있다는 것이다. 이번 혁명은 자유와, 개인의 권리와 관련되어 있다. 이러한 혁명은 처음에는 유럽을, 그다음에는 미국을 발전시킨 전통이다. 서양은 계속해서 국가 개혁을 단행해왔기 때문에 세계에서 가장 창조적인 지역이 되어왔다. 우리는 서양이 지금처럼 어려운 시기에 또다시 개혁을 단행할 수 있으리라고 절대적으로 확신한다.

■ **감사의 말**

이 책에서 우리 두 필자는 공공 부문의 생산성에 대해 함부로 떠들어댔고, 소수의 사람이 다수의 다른 사람이 한 일로 인해 과도하게 인정받고 있다고 불평했다. 이것은 분명 상당히 위선적인 태도다. 기자인 우리가 이처럼 비교적 짧은 책을 집필하기까지 많은 시간이 걸렸고, 평소와 마찬가지로 다른 사람들의 도움에 지나치게 자주 의존해왔지만 그들에게 줄 수 있는 보상이라고 해봤자 여기서 고마움을 표시하는 것이 전부이기 때문이다. 게다가 뭔가 잘못되기라도 한다면 우리를 도와준 분들이 대신 비난을 받을지도 모른다.

우리는 《이코노미스트》에 가장 큰 빚을 졌다. 《이코노미스트》는 우리가 기존에 쓴 기사들을 쓸 수 있게 허락해주고, 일자리를 제공해주면서 우리가 정말 최고로 좋은 위치에서 이 책의 주제를 검토할 수 있게 해주었다. 우리의 모든 동료는, 심지어 우리 둘 중 한 명이 그들의 상사라는 사실을 감안하면서까지 믿기 어려울 정도로 참고 기다려주었다. 그리고 조사, 교정, 사진 선택, 표지 디자인, 게다가 무엇보다 가장 어려운 필자들의 사진을 찍는 데 직접적으로 도움을 준 모든 분에게 감사의 말씀을 전하고 싶다.

또한 우리의 마음씨 고운 친구들은 이 책을 읽어보며 조언을 아끼지 않았고, 우리가 집필하느라 함께 생활할 수밖에 없었는데도 잘 참아주었다. 우리가 책의 주제가 식상해지거나, 혹은 순간적인 쾌락을 즐기고 싶은 유혹에 빠질 때마다 친구들은 우리가 정신을 바짝 차리고 집필에 집중할 수 있게 독려해주었다.

이 책의 편집을 도와준 분들에게도 진심으로 감사하다는 말씀을 빼놓을 수 없다. 출판업계에 종사하는 분들이라도 세세한 부분까지 신경을 쓰지 못하는데 그분들은 예외였다. 훌륭한 분들과 같이 일할 수 있었던 우리는 정말 행운아다.

이전에 책을 쓸 때처럼 이 책을 쓰는 동안 우리 가족들은 또다시 인내심을 갖고 참아주었다. 우리의 집필 작업 때문에 성탄절과 생일과 공휴일을 제대로 보내지 못한 아내, 부모님, 아이들에게 사과한다. 그리고 끝으로 한마디만 더 하자면, 제4의 혁명이 일어나면 우리 아이들에게 일어날 것이다. 그들에게 이 책을 바친다.

■ 주석

서문

1 "Politics and the Purse," Daily Chart, *The Economist*, September 19, 2013.

2 Alexander Hamilton, "The Federalist Number One," in *The Federalist Papers*, Clinton Rossiter, ed. (New York: New American Library, 1961), p. 1.

3 Boyd Hilton, *A Mad, Bad, and Dangerous People? England 1783–1846* (Oxford: Oxford University Press, 2006), p. 558.

4 Vito Tanzi and Ludger Schuknecht, *Public Spending in the 20th Century: A Global Perspective* (New York: Cambridge University Press, 2000), p. 6, and "Economic Outlook," OECD, January 2013.

5 Neil King and Rebecca Ballhaus, "Approval of Obama, Congress Falls in New Poll," *Wall Street Journal*, July 24, 2013. Based on a *Wall Street Journal*/NBC poll in July 2013.

6 Francis Fukuyama, "The Middle-Class Revolution," *Wall Street Journal*, June 28, 2013.

7 Gurcharan Das, *India Grows at Night: A Liberal Case for a Strong State* (New York: Allen Lane, 2012).

8 The outstanding value of domestic bonds stood at $70 trillion; government bonds accounted for 61 percent of that. "Bond Markets," Financial Markets Series published by TheCityUK, London, October 2012.

9 "Working-Age Shift," *The Economist*, January 26, 2013.

10 Two canny optimists are Martin Wolf ("The Reality of America's Fiscal Future," *Financial Times*, October 22, 2013) and Lawrence Summers ("The Battle over the US Budget Is the Wrong Fight," *Financial Times*, October 13, 2013).

11 Ezra Klein, "The U.S. Government: An Insurance Conglomerate Protected by a

Large, Standing Army," *Ezra Klein: Economic and Domestic Policy, and Lots of It* (blog), WashingtonPost.com, February 14, 2011.

12 Merkel used these numbers in remarks to the World Economic Forum in January 2013.

13 John Maynard Keynes, *The End of Laissez-Faire* (London: Hogarth Press, 1927). This was first delivered as a lecture at Oxford University in 1924.

1장 토머스 홉스와 국민국가의 부흥

1 One of us (AW) was a colleague of Finer's when he was writing his book and still recalls with awe the diminutive man's determination to scale the mighty mountain he had fixated upon and his enthusiasm for discussing his findings of the day over lunch, tea, dinner, and late-night drinks.

2 Virginia Woolf, "Mr Bennett and Mrs Brown," in *The Hogarth Essays* (London: Hogarth Press, 1924).

3 It is not clear whether *Leviathan* was published in late April or early May. The books started being noticed in bookshops in May.

4 George Will, *Statecraft as Soulcraft: What Government Does* (New York: Touchstone, 1983), p. 30.

5 A. P. Martinich, *Hobbes: A Biography* (New York: Cambridge University Press, 1999), p. 2.

6 Noel Malcolm, *Aspects of Hobbes* (Oxford: Clarendon Press, 2002), pp. 2–3.

7 O. L. Dick, ed., *Brief Lives* (Oxford: Oxford University Press, 1960), p. 604.

8 Ibid., p. 12.

9 Alan Ryan, *On Politics: A History of Political Thought from Herodotus to the Present* (London: Allen Lane, 2012), pp. 445–46.

10 Geoffrey Parker, *Global Crisis: War, Climate Change and Catastrophe in the Seventeenth Century* (New Haven, CT: Yale University Press, 2013), p. xix.

11 Ibid., p. 64.

12 Niall Ferguson, *Civilization: The Six Killer Apps of Western Power* (New York: Penguin Books, 2012).

13 "Think how far Christendom once extended and how many lands are now lost to the victorious Turk, who holds North Africa and the Balkans and has besieged Vienna," Louis Le Roy, a French philosopher, wrote in 1559. "Meanwhile, as though in answer to Mohammedan prayers, Europe is soaked in her own blood." John Hale, *The Civilization of Europe in the Renaissance* (New York: Athenaeum, 1993), pp. 6–7.

14 Ibid., p. 42.

15 Rondo Cameron, *A Concise Economic History of the World: From Paleolithic Times to the Present* (New York: Oxford University Press, 1997), p. 86.

16 Ferguson, *Civilization*, pp. 73–74.

17 Francis Fukuyama, *The Origins of Political Order: From Prehuman Times to the French Revolution* (London: Profile Books, 2011), p. 124.

18 Charles Tilly, "Reflections on the History of European State Making," in Charles Tilly, ed., *The Formation of National States in Western Europe* (Princeton, NJ: Princeton University Press, 1975), p. 42.

19 Charles Wilson, *Profit and Power* (New York: Springer, 1978), p. 2.

20 Malcolm, *Aspects of Hobbes*, p. 8.

21 Daron Acemoglu and James Robinson, *Why Nations Fail: The Origins of Power, Prosperity and Poverty* (New York: Crown, 2012), p. 233.

22 Étienne Balázs, *La bureaucratie celeste: Reserches sure l'economie et la societe de la Chine traditionelle* (Paris: 1968), quoted in David Landes, *The Wealth and Poverty of Nations: Why Some Are So Rich and Some So Poor* (New York: W. W. Norton: 1998), p. 57.

23 Jonathan Spence, *The Search for Modern China* (New York: W. W. Norton, 1999), pp. 122–23.

24 Samuel Huntington, *The Clash of Civilizations and the Remaking of World Order* (New York: Simon & Schuster, 1996), p. 70.

25 Jonathan Israel, *Radical Enlightenment: Philosophy and the Making of Modernity* (Oxford: Oxford University Press, 2001), pp. 2–3.

26 John Locke, Second Treatise on Civil Government, 1690.

27 Steve Pincus, *1688: The First Modern Revolution* (New Haven, CT: Yale University Press, 2009), p. 371.

28 Ibid., p. 8 and passim.

29 Thomas Paine, *Common Sense*, 1776, Project Gutenberg e-book.

30 Ryan, *On Politics*, p. 534.

31 Paine, *Common Sense*.

2장 존 스튜어트 밀과 자유국가

1 John Stuart Mill, *Autobiography* (Project Gutenberg e-book, 2003), p. 5.

2 Ibid., p. 34.

3 Ibid., p. 52.

4 Ibid., p. 156.

5 W. D. Rubinstein, "The End of 'Old Corruption' in Britain 1780–1960," *Past and Present* 101, no. 1 (November 1983): p. 73.

6 Peter G. Richards, *Patronage in British Government* (London: George Allen & Unwin, 1963), p. 23.

7 Boyd Hilton, *A Mad, Bad, and Dangerous People? England 1783–1846* (Oxford: Oxford University Press, 2006), p. 558.

8 Martin Daunton, *State and Market in Victorian Britain: War, Welfare and Capitalism* (Woodbridge: Boydell Press, 2008), pp. 73-74.

9 The Northcote-Trevelyan Report of the Organization of the Permanent Civil Service, vol. 1, November 23, 1854. Reprinted in Report of the Committee on the Civil Service, 1966–68 (chaired by Lord Fulton).

10 Ibid., p. 108.

11 Ibid., p. 109.

12 John Stuart Mill, "Reform of the Civil Service," *Collected Works of John Stuart Mill* vol. 18 (Toronto, 1977), p. 207.

13 David Vincent, *The Culture of Secrecy: Britain 1832–1998* (Oxford: Oxford University Press, 1998).

14 Michael Sandel, *Democracy's Discontent: America in Search of a Public Philosophy* (Cambridge, MA: Belknap Press, 1998), p. 156.

15 *Democratic Review*, 1838, vol. 1, issue 1, p. 6.

16 Alan Ryan, *On Politics: A History of Political Thought from Herodotus to the Present* (London: Allen Lane, 2012), p. 695.

17 Mill, *Autobiography*, p. 97.

18 A. V. Dicey, *Lectures on the Relation Between Law and Opinion in England During the Nineteenth Century* (London: Macmillan, 1920), pp. 430–31.

19 Oxford University Commission: Report of Her Majesty's Commissioners Appointed to Inquire into the State, Discipline, Studies and Revenues of the University and Colleges of Oxford (London, 1852), p. 149.

20 Quoted in Simon Heffer, *High Minds: The Victorians and the Birth of Modern Britain* (London: Random House, 2013), p. 445.

21 Gladstone speech at Saltney, Cheshire, October 26, 1889.

22 Michael Dintenfass and Jean-Pierre Dormois, *The British Industrial Decline* (London: Routledge, 1999), p. 14.

23 Bentley B. Gilbert, *The Evolution of National Insurance in Great Britain: The Origins of the Welfare State* (London: M. Joseph, 1966), p. 61.

24 From a speech in July 1854, quoted in G. S. Boritt, *Lincoln on Democracy* (New York: Fordham University Press, 2004), p. 64.

3장 베아트리스 웹과 복지국가

1 Bertrand Russell, *The Autobiography of Bertrand Russell*, 1872–1914, vol. 1 (London: Allen & Unwin, 1967), p. 107.

2 Quoted in W.H.G. Armytage, *Four Hundred Years of English Education* (Cambridge: Cambridge University Press, 1970), p. 174.

3 Norman and Jeanne MacKenzie, eds., *The Diary of Beatrice Webb*, vol. 2, *1892–1905: All the Good Things of Life* (Cambridge, MA: Harvard University Press, 1984), p. 63.

4 George Bernard Shaw, *Man and Superman*, quoted in A. E. Dyson and Julian Lovelock, *Education and Democracy* (London: Routledge & Kegan Paul, 1975), p. 270.

5 Granville Eastwood, *Harold Laski* (London: Mowbray, 1977), p. 4.

6 Vito Tanzi, *Government Versus Markets: The Changing Economic Role of the State* (Cambridge: Cambridge University Press, 2011), p. 126.

7 Quoted in Robert Skidelsky, *Keynes: A Very Short Introduction* (Oxford: Oxford University Press, 2010), p. 46.

8 Nicholas Timmins, *The Five Giants: A Biography of the Welfare State* (London: HarperCollins, 1995), p. 25.

9 Christian Caryl, *Strange Rebels: 1979 and the Birth of the 21st Century* (New York: Basic Books, 2013), p. 54.

10 Martin van Creveld, *The Rise and Decline of the State* (Cambridge: Cambridge University Press, 1999), p. 361.

11 Quoted in John Samples, *The Struggle to Limit Government* (Washington, D.C.: Cato Institute, 2010), p. 24.

12 Jim Sidanius and Felicia Pratto, *Social Dominance: An Intergroup Theory of Social Hierarchy and Oppression* (Cambridge: Cambridge University Press, 1999), p. 196.

13 R. H. Tawney Papers, "The Finance and Economics of Public Education," London School of Economics, a lecture given in Cambridge, February 1935, p. 5.

14 Barry Goldwater, *The Conscience of a Conservative* (Portland, OR: Victor Publishing, 1960), p. 15.

15 John Micklethwait and Adrian Wooldridge, *The Right Nation: Conservative Power in America* (New York: Penguin, 2004), p. 63.

4장 밀턴 프리드먼의 실낙원

1 John Micklethwait.

2 The author should state clearly that he is not absolutely sure that the

conversation happened in a sauna. The two boys did stay with Fisher, they did meet Milton Friedman, and they had a sauna. Whether it was all at the same time is unclear. He remembers it as being in a sauna. His traveling companion, now a major general, confirms the conversation took place but is not so sure it was in a sauna. It was a very long time ago.

3 Daniel Stedman Jones, *Masters of the Universe: Hayek, Friedman, and the Birth of Neoliberal Politics* (Princeton, NJ: Princeton University Press, 2012), p. 55.

4 Buchanan and Tullock did not teach at Chicago, but they were educated there.

5 Angus Burgin, *The Great Persuasion: Reinventing Free Markets Since the Depression* (Cambridge, MA: Harvard University Press, 2012), p. 192.

6 Ibid., pp. 90–91.

7 Ibid.

8 Daniel Yergin and Joseph Stanislaw, *The Commanding Heights: The Battle Between Government and the Marketplace That Is Remaking the Modern World* (New York: Simon & Schuster, 1998), p. 147.

9 Burgin, *Great Persuasion*, pp. 206–7.

10 Ibid., p. 207.

11 Ibid., p. 154.

12 Jones, *Masters of the Universe*, p. 180.

13 R. H. Tawney, *Equality* (New York: Capricorn Books, 1961), p. 163.

14 Brian Watkin, *The National Health Service: The First Phase and After: 1948–1974* (London: Allen & Unwin, 1978), p. 155.

15 Paul Addison, *No Turning Back: The Peacetime Revolutions of Post-War Britain* (Oxford: Oxford University Press, 2010), p. 38.

16 Quoted in John Samples, *The Struggle to Limit Government* (Washington, D.C.: Cato Institute, 2010), p. 54.

17 Richard Sander and Stuart Taylor, *Mismatch: How Affirmative Action Hurts Students It's Intended to Help, and Why Universities Won't Admit It* (New York: Basic Books, 2012).

18 A. H. Halsey, ed., Department of Education and Science, *Education Priority*, vol. 1, *Problems and Policies* (London: HMSO, 1972), p. 6. Cf. A. H. Halsey, "Sociology and the Equality Debate," *Oxford Review of Education* 1, no. 1 (1975), pp. 9–26.

19 The phrase came from Reyner Banham, an architectural historian.

20 Christian Caryl, *Strange Rebels: 1979 and the Birth of the 21st Century* (New York: Basic Books, 2013), p. 183.

21 Charles Moore, *Margaret Thatcher: The Authorized Biography*, vol. 1, *Not for*

Turning (London: Allen Lane, 2013), p. 315.

22 Caryl, *Strange Rebels*, p. 160.

23 Yergin and Stanislaw, *Commanding Heights*, p. 107.

24 Moore, *Margaret Thatcher*, p. 245.

25 Ibid.

26 Ibid., p. 352.

27 Charles Moore, "The Invincible Mrs. Thatcher," *Vanity Fair*, November 2011.

28 Yergin and Stanislaw, *Commanding Heights*, p. 123.

29 "Bruges Revisited," the text of the speech delivered in Bruges by Margaret Thatcher on September 20, 1988 (London: Bruges Group, 1999).

30 Hendrik Hertzberg, "Walking the Walk," Talk of the Town, *New Yorker*, February 4, 2013.

31 Manmohan Singh, quoted in Patrick French, *India: An Intimate Biography of 1.2 Billion People* (London: Allen Lane, 2011), p. 164.

32 Caryl, *Strange Rebels*, p. 326.

33 Clive Crook, "Special Report on the Future of the State," *The Economist*, September 20, 1997. Crook, to his credit, demolished the idea that the state would wilt away.

34 "Taming Leviathan," *The Economist*, March 17, 2011, p. 5.

35 Milton Friedman, "The Euro: Monetary Unity to Political Disunity?" Economists Club, *Project Syndicate*, August 28, 1997.

36 Richard Carter, "Friedman: 'Strong Possibility' of Euro Zone Collapse," *EUObserver*, May 17, 2004.

37 Stephen D. King, *When the Money Runs Out: The End of Western Affluence* (New Haven, CT, and London: Yale University Press, 2012), pp. 49–50.

38 Burgin, *The Great Persuasion*, p. 223.

5장 캘리포니아 정부의 대죄와 위대한 미덕

1 Some of the material in this chapter is based on a section in "Taming Leviathan," a special report in *The Economist*.

2 Troy Senik, "The Radical Reform That California Needs," *The Beholden State: California's Lost Promise and How to Recapture It*, Brian Anderson, ed. (Boulder, CO: Rowman and Littlefield, 2013), p. 77.

3 "Taming Leviathan," *The Economist*, p. 5.

4 Jon Ungoed-Thomas and Sarah-Kate Templeton, "Scandal of NHS Deaths at Weekends," *Sunday Times*, July 14, 2013.

5 William Baumol and William Bowen, *Performing Arts: The Economic Dilemma*

(Cambridge, MA: MIT Press, 1966).

6 Regents of the University of California, Budget for Current Operations, 2012–13. For the 1990–91 figure see "UC Budget Myths and Facts," Chart on Per Student Average Expenditures of Education, http://budget. universityofcalifornia.edu/files/2011/11/2012-13_budget.pdf/?page_id=5.

7 Mancur Olson, *The Logic of Collective Action: Public Goods and the Theory of Groups* (Cambridge, MA: Harvard Economics Studies, 1965), p. 36.

8 This term was popularized by Angela Davis: see "The Prison Industrial Complex": CD-ROM, Ak Press, 1999.

9 "Fading Are the Peacemakers," *The Economist*, February 25, 2010.

10 Troy Senik, "The Worst Union in America," in Anderson, *Beholden State*, p. 199.

11 "Enemies of Progress," *The Economist*, March 17, 2011.

12 Senik, "The Worst Union in America," pp. 203–5.

13 Mark Niquette, Michael B. Marois, and Rodney Yap, "$822,000 Worker Shows California Leads U.S. Pay Giveaway," Bloomberg, December 10, 2012.

14 Michael Marois and Rodney Yap, "Californian's $609,000 Check Shows True Retirement Cost," Bloomberg, December 13, 2012.

15 Perry Anderson, "An Entire Order Converted into What It Was Intended to End," *London Review of Books*, February 26, 2009.

16 William Voegeli, "The Big-Spending, High-Taxing, Lousy-Services Paradigm," in Anderson, *Beholden State*, p. 27.

17 "California Reelin' " *The Economist*, March 17, 2011.

18 Joel Stein, "How Jerry Brown Scared California Straight," *Bloomberg Businessweek*, April 25, 2013.

19 Edward McBride, "Cheer Up" (special report on American competiveness), *The Economist*, March 16, 2013.

20 James D. Hamilton, "Off-Balance-Sheet Federal Liabilities" (working paper no. 19253, National Bureau of Economic Research, July 2013).

21 National Center for Policy Analysis, "America's True Debt: The Fiscal Gap" (issue brief no. 101, September 7, 2011), available at http://www.ncpa.org/pub/ib101.

22 Interview with Micklethwait, Buenos Aires, October 9, 2013.

23 "Boundary Problems," *The Economist*, August 3, 2013.

24 All the numbers in this segment are from "For Richer, for Poorer," Zanny Minton Beddoes's special report on the world economy in *The Economist*, October 13, 2012, especially from "Makers and Takers."

25 Beddoes, "Makers and Takers" *The Economist*, October 12, 2012.

26 Richard Reeves, " 'The Pinch': How the Baby Boomers Stole Their Children's Future by David Willetts," *Guardian*, February 6, 2010.

27 Dennis Jacobe, "One in Three Young U.S. Workers Are Underemployed," *Gallup*, May 9, 2012.

28 Don Peck, "How a New Jobless Era Will Transform America," *Atlantic*, March 1, 2010.

29 Nicolas Berggruen and Nathan Gardels, *Intelligent Governance for the 21st Century: A Middle Way Between West and East* (Cambridge: Polity, 2013), p. 26.

30 Gavin Newsom, *Citizenville: How to Take the Town Square Digital and Reinvent Government* (New York: Penguin Press, 2013), pp. 80–81.

31 Dennis Kavanagh and Philip Cowley, *The British General Election of 2010* (New York: Palgrave Macmillan, 2010), p. 327.

32 Quoted in "Staring into the Abyss," *The Economist*, July 8, 2010.

33 Luigi Zingales, *A Capitalism for the People: Recapturing the Lost Genius of American Prosperity* (New York: Basic Books, 2012), p. xiii.

34 Joel Stein, "How Jerry Brown Scared California Straight," *Bloomberg Businessweek*, April 25, 2013.

6장 아시아에서 찾는 대안

1 Graham Allison and Robert D. Blackwill, with Ali Wyne, *Lee Kuan Yew: The Grand Master's Insights on China, the United Sates and the World* (Cambridge, MA: MIT Press, 2013), p. xv.

2 Ibid., p. vii.

3 Quoted in Michael Barr, "Lee Kuan Yew's Fabian Phase," *Australian Journal of Politics & History*, March 2000.

4 Ibid., p. 128.

5 "Taming Leviathan," *The Economist*, March 19, 2011, p. 9.

6 Joshua Kurlantzik, *Democracy in Retreat: The Revolt of the Middle Class and the Worldwide Decline of Representative Government* (New Haven, CT: Yale University Press, 2013), p. 79.

7 Allison and Blackwill, *Lee Kuan Yew*, p. 27.

8 Ibid., p. 32.

9 Ibid., p. 120.

10 Ibid., p. 113.

11 Ibid., p. 34.

12 Ibid., p. 25.

13 "New Cradles to Graves," *The Economist*, September 8, 2012.

14 "Asia's Next Revolution," ibid.

15 "Widefare," *The Economist*, July 6, 2013.

16 Francis Fukuyama, "The End of History," *National Interest*, Summer 1989.

17 Joint news conference in Washington, D.C., October 29, 1997.

18 Fukuyama, "The End of History."

19 Kurlantzik, *Democracy in Retreat*, p. 201.

20 Ibid., p. 7.

21 Bertelsmann Foundation, "All Over the World, the Quality of Democratic Governance Is Declining" (press release), November 29, 2009.

22 Jim Krane, *Dubai: The Story of the World's Fastest City* (London: Atlantic Books, 2009), pp. 137–38.

23 "Taming Leviathan," *The Economist*, p. 8.

24 Interview with John Micklethwait, Davos, January 2013.

25 Kurlantzik, *Democracy in Retreat*, p. 142.

26 Lant Pritchett, "Is India a Flailing State: Detours on the Four-Lane Highway to Modernization," Kennedy School of Government, working paper, May 2009.

27 Allison and Blackwill, *Lee Kuan Yew*, p. 15.

28 Interview with John Micklethwait, March 5, 2013.

29 Dexter Roberts, "Is Land Reform Finally Coming to China?," *Bloomberg BusinessWeek*, November 20, 2013.

30 Jiang Xueqin, "Christmas Comes Early," *Diplomat*, November 24, 2010.

31 Timothy Beardson, *Stumbling Giant: The Threats to China's Future* (New Haven, CT: Yale University Press, 2013), p. 73.

32 David Shambaugh, *China Goes Global: The Partial Power* (Oxford: Oxford University Press, 2013), p. 188.

33 Paul Mozur, "China Mobile's Profit Growth Eases," *Wall Street Journal*, April 22, 2013.

34 Richard McGregor, *The Party: The Secret World of China's Communist Rulers* (New York, HarperCollins, 2010).

35 Shambaugh, *China Goes Global*, p. 69.

36 Kurlantzik, *Democracy in Retreat*, p. 128.

37 "Leviathan as a Minority Shareholder: A Study of Equity Purchases" by the Brazilian National Development Bank (BNDES) 1995–2003, Harvard Business School, working paper.

38 Adrian Wooldridge, "The Visible Hand: A Special Report on State Capitalism,"

The Economist, January 21, 2012. An OECD paper in 2005 noted that the total-factor productivity of private companies is twice that of state companies. A study by the McKinsey Global Institute in the same year found that companies in which the state holds a minority stake are 70 percent more productive than wholly state-owned ones.

39 Shambaugh, *China Goes Global*, p. 254.

40 Beardson, *Stumbling Giant*, p. 99.

41 Jagdish Bhagwati and Arvind Panagariya, *Why Growth Matters: How Economic Growth in India Reduced Poverty and the Lessons for Other Developing Countries* (New York: Public Affairs, 2013), p. xvii.

42 Off-the-record interview with Adrian Wooldridge, November 2011.

43 "Social Security with Chinese Characteristics," *The Economist*, August 11, 2012.

44 Nicolas Berggruen and Nathan Gardels, *Intelligent Governance for the 21st Century: A Middle Way Between West and East* (Cambridge: Polity Press, 2013), p. 45.

45 Richard McGregor, *The Party: The Secret World of China's Communist Rulers* (New York: HarperCollins, 2010), p. 31.

46 Daniel A. Bell, "Political Meritocracy Is a Good Thing (Part 1): The Case of China," *Huffington Post*, August 21, 2012.

47 Ibid.

48 Tom Doctoroff, *What Chinese Want: Culture, Communism, and China's Modern Consumer* (New York: Palgrave Macmillan, 2012), pp. 105 and 127.

49 He Dan and Huang Yuli, "NGOS Get Boost from Shenzhen Register Reforms," *China Daily*, August 21, 2012.

50 "Taming Leviathan," *The Economist*, March 17, 2011, p. 1.

51 Ibid., p. 11.

52 Ivan Zhai and Echo Hui, "Beijing Steps Up Centralisation of Power to Control Provincial Leaders," *South China Morning Post*, July 5, 2013.

53 Pranab Bardhan, "The Slowing of Two Economic Giants," *New York Times*, July 14, 2013.

54 David Barboza, "Billions in Hidden Riches for Family of Chinese Leader," *New York Times*, October 25, 2013.

55 Beardson, *Stumbling Giant*, p. 194.

56 McGregor, *The Party*, p. 140.

57 Andrew Jacobs and Dan Levin, "Son's Parties and Privilege Aggravate Fall of Elite Chinese Family," *New York Times*, April 16, 2012.

58 Rupa Subramanya, "Economics Journal: Why Do We Accept Political

Dynasties?" *Wall Street Journal*, February 15, 2012.

59 Thomas Friedman, "Our One-Party Democracy," *New York Times*, September 8, 2009.

60 Martin Jacques, *When China Rules the World* (London: Penguin, 2010), p. 168.

61 Interview with Wang Jisi, *Asahi Shumbun*, June 12, 2010.

62 Zhang Weiwei, "Meritocracy Versus Democracy," *New York Times*, November 9, 2012; Zhang Weiwei, "China and the End of History," *Globalist*, March 5, 2013.

63 Bhagwati and Panagariya, *Why Growth Matters*, p. 207.

64 "Asia's Next Revolution," *The Economist*, September 8, 2012.

65 OECD (2013), "Education at a Glance 2013: OECD Indicator," OECD Publishing, http://dx.doi.org/10.1787/eag-2013-en.

66 Interview with Dominique Moïsi with John Micklethwait, January 18, 2013.

7장 미래가 먼저 도래하는 곳

1 Jo Blanden, Paul Gregg, and Stephen Manchin, "Intergenerational Mobility in Europe and North America," Centre for Economic Performance, London School of Economics, April 2005.

2 Anders Böhlmark and Mikael Lindahl, "Independent Schools and Long-Run Educational Outcomes: Evidence from Sweden's Large Scale Voucher Reform," (CESifo Working Paper Series No. 3866, Institute for the Study of Labor, Bonn, June 29, 2012).

3 Alan Downey, "Mind the Gap," in *Reform: The Next Ten Years*, Nick Seddon, ed. (London: Reform Research Trust, 2012), p. 125.

4 James Manyika et al., "Disruptive Technologies: Advances That Will Transform Life, Business, and the Global Economy," McKinsey Global Institute, May 2013, p. 42.

5 "Where Have All the Burglars Gone?" *The Economist*, July 20, 2013.

6 "The Curious Case of the Fall in Crime," ibid.

7 "Age Shall Not Wither Them," *The Economist*, April 7, 2011.

8 Lynn Hicks, "Older Entrepreneurs Find New Niche in Startups," *USA Today*, March 11, 2012.

8장 리바이어던 고치기

1 Gerald F. Davis, "The Rise and Fall of Finance and the End of the Society of Organizations," *Academy of Management Perspectives*, August 2009, p. 30.

2 Ludwig Siegele, "Special Report on Start-ups," *The Economist*, January 18,

2014, p. 13.

3 Ken Auletta, *Googled: The End of the World as We Know It* (New York: Penguin Press, 2009), p. 15.

4 Don Tapscott and Anthony D. Williams, *Macrowikinomics: Rebooting Business and the World* (New York: Portfolio / Penguin, 2012), p. 253.

5 Chris Anderson, *The Long Tail: Why the Future of Business Is Selling Less of More* (New York: Hyperion, 2006), p. 5.

6 Nicholas Bloom and John Van Reenen, "Measuring and Explaining Management Practices Across Firms and Countries," *Quarterly Journal of Economics* 122, no. 4 (November 2007).

7 Gavin Newsom, *Citizenville: How to Take the Town Square Digital and Reinvent Government* (New York: Penguin Press, 2013), p. 9.

8 Bruce Katz and Jennifer Bradley, *The Metropolitan Revolution: How Cities and Metros Are Fixing Our Broken Politics and Fragile Economy* (Washington, D.C.: Brookings Institution Press, 2013), pp. 176–77.

9 "Old School Ties," *The Economist*, March 10, 2012.

10 Ibid.

11 McKinsey & Company, "The Economic Impact of the Achievement Gap in America's Schools," April 2009, available at http://mckinseyonsociety.com/downloads/reports/Education/achievement_gap_report.pdf.

12 Philip K. Howard, "Fixing Broken Government" (seminar for the Long Now Foundation, San Francisco, January 18, 2011).

13 In U.S. dollars at constant prices since 2000.

14 James Q. Wilson, *Bureaucracy: What Government Agencies Do and Why They Do It* (New York: Basic Books, 1989), p. 326.

15 "Taming Leviathan," *The Economist*, March 17, 2011.

16 "Whoops," *The Economist*, November 2, 2013.

17 "Squeezing Out the Doctor," *The Economist*, June 2, 2012.

18 Ibid.

19 "How to Sell the NHS," *The Economist*, August 3, 2013.

20 Marcelo Neri, a local economist, told us that Bolsa Fam.lia accounts for 17 percent of the narrowing in inequality since 2001.

21 TaxPayers' Alliance, "New Research: The Cost of Collecting Tax Has Barely Fallen in over 50 Years," May 20, 2012, available at http://www.taxpayersalliance.com/home/2012/05/cost-collecting-tax-barely-fallen-50-years.html.

22 Interview with John Micklethwait, quoted in "Taming Leviathan," *The Economist*, March 19, 2011, p. 11.

23 John D. Donahue and Richard J. Zeckhauser, *Collaborative Governance: Private Roles for Pubic Goals in Turbulent Times* (Princeton, NJ: Princeton University Press, 2011), p. 9.

24 Bernard Marr and James Creelman, *More with Less: Maximizing Value in the Public Sector* (London: Palgrave Macmillan, 2011), p. 18.

25 Ibid., p. 55.

26 Anders Böhlmark and Mikael Lindahl, "The Impact of School Choice on Pupil Achievement, Segregation and Costs: Swedish Evidence" (IZA Discussion Paper no. 2786, May 2007), available at http://ftp.iza.org/dp2786.pdf.

27 Stephen Machin and James Vernoit, "Changing School Autonomy: Academy Schools and Their Introduction to England's Education" (Centre for the Economics of Education discussion paper no. 123, April 2011), available at http://cee.lse.ac.uk/ceedps/ceedp123.pdf.

28 Benjamin R. Barber, *If Mayors Ruled the World: Dysfunctional Nations, Rising Cities* (New York: Yale University Press, 2013), pp. 84–85.

29 William D. Eggers and Paul Macmillan, *The Solution Revolution: How Business, Government, and Social Enterprises Are Teaming Up to Solve Society's Toughest Problems* (Boston: Harvard Business Review Press, 2013), p. 15.

30 Marr and Creelman, *More with Less*, p. 3.

9장 정부는 왜 존재하는가

1 John Stuart Mill, *On Liberty* (1859) (Oxford: Oxford World's Classics series, 1998), p. 17.

2 Figures are from the Director of National Intelligence's report to Congress on Security Clearance Determinations for Fiscal Year 2010, September 2011.

3 Jonathan Rauch, "Demosclerosis Returns," *Wall Street Journal*, April 14, 1998. Note that the quote does not appear in *Democsclerosis* the book.

4 Christopher DeMuth, "Debt and Democracy" (working paper presented at the Legatum Institute, May 21, 2012).

5 Joseph R. Mason, "Beyond the Congressional Budget Office: The Additional Economic Effects of Immediately Opening Federal Lands to Oil and Gas Leasing," Institute for Energy Research, February 2013, available at http://www.instituteforenergyresearch.org/wp-content/uploads/2013/02/IER_Mason_Report_NoEMB.pdf.

6 Chris Edwards, "Agricultural Subsidies" (Washington, D.C.: Cato Institute, June 2009), available at http://www.downsizinggovernment.org/agriculture/subsidies.

7 "The Agriculture Reform Act of 2012 Creates Jobs and Cuts Subsidies," Democratic Policy and Communications Center, June 13, 2012, available at http://www.dpcc.senate.gov/?p=issue&id=163.

8 Edwards, "Agricultural Subsidies."

9 Luigi Zingales, "How Political Clout Made Banks Too Big to Fail," *Bloomberg View*, May 29, 2012.

10 Thomas Philippon and Ariell Reshef, "Wages and Human Capital in the U.S. Financial Industry: 1906–2006," *Quarterly Journal of Economics* 127, no. 4 (November 2012).

11 Hamilton Project, *15 Ways to Rethink the Federal Budget* (Washington, D.C.: Hamilton Project, 2013).

12 "Public Views of Inequality, Fairness and Wall Street," Pew Research Center, January 5, 2012, available at http://www.pewresearch.org/daily-number/public-views-of-inequality-fairness-and-wall-street/.

13 "True Progressivism" was a creed put forward in *The Economist*, October 13, 2012.

14 Statistics come from the Congressional Budget Office, "The 2013 Long-Term Budget Outlook," September 17, 2013.

결론 민주주의의 패배

1 "Letter to John Taylor of Carolina, Virginia," in George W. Covey, ed., *The Political Writings of John Adams* (Washington, D.C.: Regency Publishing, 2000), p. 406.

2 Ibid.

3 "Civilization," (1836) in John Stuart Mill, *Dissertations and Discussions* (New York: Cosimo, 2008), p. 172.

4 Alexis de Tocqueville, *Democracy in America* vol. II, 1840, George Lawrence, tr., J. P. Mayer, ed. (London: Fontana Press, 1994), p. 692.

5 Ibid., p. 12.

6 "Dropping the Bomb," *The Economist*, November 30, 2013.

7 The Center for Responsive Politics, http://www.opensecrets.org/bigpicture/.

8 Ibid.

9 Douglas Carswell, "iDemocracy and a New Model Party," The Spectator.com, July 15, 2013.

10 Tocqueville, *Democracy in America*, p. 63.

KI신서 5812

제4의 혁명

1판 1쇄 인쇄 2015년 3월 10일
1판 1쇄 발행 2015년 3월 16일

지은이 존 미클스웨이트 · 에이드리언 울드리지 **옮긴이** 이진원
펴낸이 김영곤 **펴낸곳** (주)북이십일 21세기북스
부사장 이유남
해외콘텐츠개발팀 김상수 조문채 **해외기획팀** 박진희 김영희
디자인 표지 김인수 **본문** 디자인포름
마케팅본부장 이희정 **마케팅** 민안기 김한성 김홍선 강서영 최소라 백세희
영업본부장 안형태 **영업** 권장규 정병철 오하나
출판등록 2000년 5월 6일 제10-1965호
주소 (우 413-120) 경기도 파주시 회동길 201(문발동)
대표전화 031-955-2100 **팩스** 031-955-2151 **이메일** book21@book21.co.kr
홈페이지 www.book21.com **블로그** b.book21.com
트위터 @21cbook **페이스북** facebook.com/21cbook

ISBN 978-89-509-5701-8 03340
책값은 뒤표지에 있습니다.